4복음설교(설교집)

믿음에 대한 설교
[상권]

신학박사 **송 기 호** 지음
(송기호 박사 107번째 저서)

정오출판사

머 리 말

　예수 그리스도 안에서 필자가 70대 후반에 창성교회에서 주일날의 낮 시간과 저녁 시간에 어떤 것은 성령의 감동에 의하여 수요일날 저녁 시간에 외친 설교의 원고들을 일부 모아서 약간씩 수정과 보완을 하여 역사와 현실 위에다 올려놓은 것이기에 성도들과 독자들의 오해가 없기를 바라고 있습니다.
　필자의 성서연구나 설교의 연구들은 하나 같이 성서 안에서 연구가 된 것이니 거의가 타인의 지적소유권을 침범한 것이 없음을 알려드립니다.

　그리스도 안에서 본서는 "믿음에 대한 설교〔상권〕"으로 "제 107번째로 나온 책"입니다. 필자의 저서로서 처음에 나온 책이 바로 "마가복음 연구 제 1권"이었는데 그것이 1989년도 이었습니다. 처음의 책이 지금으로부터 29년 전인 1989년도이고 현재 마태복음 4000편연구 설교집이 60권으로 완작하여 출간되었고 그리고 본인의 저서 "믿음에 대한 설교〔상권〕"이라는 설교집이 출간이 되어서 나오게 된 것은 전적으로 하나님 아버지의 도우심과 은총이 아닐 수가 없습니다.
　이 천국의 메시지는 1970년대 초반에서 1980년대 초반까지 매 주일마다 창성교회에서 외친 메시지인데 원래는 300페이지 이상으로 하여 30-40권으로 구성하고 설계가 된 것이지만 1970년대에는 이사를 6개월에 한 번씩 하는데(가난하여) 1970년대 말경에 한 번은 이사 하는데 비가 너무 많이 와서 차에 물이 엄청 차서 상당수의 책들과 원고가 물에 젖어서 책들이나 상당수의 원고들을 버리게 되었습니다. 이 때에 버린 원고에 대한 원고만을 상당수 버린 것이 아니고 다른 연구의 원고들도 사용이 불가능해져서 상당수를 버렸는데 그 이후에 지금까지 버린 그 원고들에 대한 아까움과 애착과 미련들을 버리지 못하고 때때로 생각이 납니다. 이제까지 남겨진 원고들을 준비해서 출간하려는 계획이 있으니 많은 기도 부탁드립니다.

필자가 평생을 두고 성서를 연구하고 설교를 연구하는 그 과정에서 먹을 것이 거의 없음에도 불구하고 아무런 불평이나 불만이 없이 기도하며 지금까지 따라준 아내에게(정오출판사 대표 오영순목사) 먼저 감사함을 드리고 어려운 환경과 여건 속에서도 말이 없이 따라준 자녀들에게(송영아목사, 사위 정지일목사, 송영주목사, 송영석강도사, 며느리 김지연집사) 진심으로 남편과 아버지로서 감사함을 드립니다. 지금도 아내와 사랑하는 자녀들의 기도와 물질과 마음으로 아버지를 돕고 있음에 감사하지 아니할 수가 없습니다. 나의 가정과 식구들을 하늘이 도와주시고 복을 주실 것입니다.

본인을 위하여 기도하고 있는 대한예수교 장로회 총회(연합장신) 임원들과 지교회의 목회자들에게도 감사를 드립니다. 그리고 회원들 모두에게도 진심으로 감사함을 드리고 창성장로교회 장로들과 성도들에게도 감사함을 드립니다.

끝으로 본 "믿음에 대한 설교"의 설교집이 상권과 하권으로 나오게 됨을 감사드립니다. 끝으로 설교를 연구하고 있는 자들 모두에게 다소나마 보탬이 되었으면 하는 마음 간절합니다. 주안에서 독자들의 건투를 기도드립니다.

2018년 가을

대한예수교 장로회 총회(연합장신) 사무실에서

꼭 알아두어야 할 사항들

 그리스도 안에서 동서사방을 둘러보니 할 일들은 너무나 많은데 점점 나이가 들어가고 있다. 필자가 1940년생이니 내 나이도 이미 적은 것이 아니다. 그러나 시편 92:13-15절의 말씀 그대로 하나님 앞에서 목사로서 해야 할 일들이 아직도 너무나 많으니 큰일이다.
 이미 지금은 21세기이지 19세기나 20세기가 아니다. 19세기 중엽부터 20세기는 각종 신학연구가 기독교의 그 주류 형식을 이루었으나 그러나 다가 온 21세기는 "설교연구와 설교의 시대"인 만큼 그 누구도 이를 잊으면 결코 아니 된다. 설교가 성서 66권 안에서만 공개와 합법적으로 10만여 편 정도가 나오는데 그 중에서 목사들 그 개인이 일생동안 그 얼마를 연구하고 자기의 인생과 일생을 마치고 그 끝을 맺을 것인지 그것이 심히 아리송하다. 목사들 그 누구도 말이다.

 거두절미하고 나는 목사로서 성서 66권 안에 10여만 편이나 되는 설교들 중에서 과연 몇 편이나 공식적으로 연구와 설교를 하고서 그리고 이 세상에다 공개와 공식적으로 남겨 두고 죽을 것인지 그것이 심히 아리송한 것은 사실이다. 누구도 목사로서 1년에 매주일 마다 최선을 다하여 설교를 한다고 해도 1년이 52주일이니 고작 50편 또는 52편 정도이다. 모름지기 매주 설교를 한편씩을 하고서도 큰 소리를 치는 목사들이 너무나 많다. 그 한편이 10만 편의 설교에서 대단한 것으로 망각과 망상과 착각들을 떨고 있으니 어찌 이것들이 역사와 현실위에서 크게 문제가 되지 아니할 것인가?
 거두절미하고 나는 살아서 그것도 목사로서 몇 편의 설교를 만들고 연구를 하고 그것을 외치다가 저 세상으로 갈 것인가 함이다. 그리고 나는 몇 편의 설교와 설교연구들을 이 세상에 다 공식적으로 남길 것인가? 설교의 십일조만 해도 1만 편이나 되는데 나는 목사로서 최소한 죽기이전에 이 1만 여편 이상을 공식과 공개적으로 연구나 만들어서 남기고 갈수가 있을 것인지 그것이 모두에게 의문이고 아리송한 과제이다.

거두절미하고 이미 죽은 목사들이나 살아있는 목사들을 보라. 하나 같이 그들이 설교라고 주장하는 그 설교들의 노트나 원고들을 가져다 보라. 그것들 중에서 역사와 현실과 기독교적으로 "이것이 설교이다"라고 세상과 기독교 위에다 공개를 할 수가 있는 설교들이 과연 몇 편이나 될 것인가? 아무리 보아도 그 설교들의 10% 미만은 간신히 턱걸이로 공개를 할 것이지만 90%는 이미 사장이 되고 사문 설교로서 역사나 현실위에다 절대로 공개를 할 수가 없는 것들이니 이것이 바로 그 목사의 영원한 비극이고 안타까움인 것이다.

지금에의 필자는 이에 대하여 최선을 다하려고 한다. 솔직히 설교 한편이 그 얼마나 귀중하고 복되고 아름다운 것인지를 아는가? 그럼에도 목사로서 일생동안 성서와 설교를 연구하면서 설교를 1만여편 정도를 세상에다 남겨 놓고 간다는 것은 분명히 의미를 많게 하고 있는 것이 아니겠는가?

21세기는 설교와 설교 연구의 광장이고 그 때이니 이를 바로 알아서 푯대를 향하여 달려가는 것이 고귀하다. 바른 이해를 하면서 연구에 연구를 몰두와 거듭하지 아니하면 안 된다.

주후 2018년 가을

대한예수교 장로회 총회(연합장신) 사무실에서

차 례

마가복음 9:22-23 믿음은 축복이다(1) ················· 7
마가복음 9:22-23 믿음은 축복이다(2) ················ 18
마가복음 9:22-23 믿음은 축복이다(3) ················ 31
요한복음 3:16-18 믿음은 승리이다(1) ················ 44
요한복음 3:16-18 믿음은 승리이다(2) ················ 56
요한복음 3:16-18 믿음은 승리이다(3) ················ 67
마가복음 9:22-23 믿음은 현실이다(1) ················ 81
마가복음 9:22-23 믿음은 현실이다(2) ················ 94
마가복음 9:22-23 믿음은 현실이다(3) ··············· 105
마가복음 9:22-23 믿음은 현실이다(4) ··············· 116
누가복음 17:5-10 믿음은 충성이다(1) ··············· 128
누가복음 17:5-10 믿음은 충성이다(2) ··············· 139
누가복음 17:5-10 믿음은 충성이다(3) ··············· 151
마가복음 15:21-24 믿음은 동참이다(1) ·············· 162
마가복음 15:21-24 믿음은 동참이다(2) ·············· 174
마가복음 15:21-24 믿음은 동참이다(3) ·············· 187
마가복음 15:21-24 믿음은 동참이다(4) ·············· 200
마가복음 15:21-24 믿음은 동참이다(5) ·············· 212

마태복음 21:18-22 믿음에의 결과(1) ·················· 224
마태복음 21:18-22 믿음에의 결과(2) ·················· 236
마태복음 21:18-22 믿음에의 결과(3) ·················· 247
누가복음 8:1-3 믿음은 헌신과 드림이다(1) ············ 258
누가복음 8:1-3 믿음은 헌신과 드림이다(2) ············ 270
누가복음 8:1-3 믿음은 헌신(헌납)과 드림이다(3) ······· 281
마가복음 9:22-23 믿음은 약속이다(1) ················ 293
마가복음 9:22-23 믿음은 순종이다(1) ················ 304
마가복음 9:22-23 믿음은 약속이다(2) ················ 315
마가복음 9:22-23 믿음은 약속이다(3) ················ 325
마태복음 8:5-13 너희 믿음대로 되라(1) ··············· 337
마태복음 8:5-13 너희 믿음대로 되라(2) ··············· 349
마가복음 9:22-23 믿음은 순종이다(2) ················ 362
마가복음 9:22-23 믿음은 의지 의탁하는 것이다(1) ···· 373
빌립보서 3:12-16 믿음은 경주이다(1) ················ 386
마가복음 9:22-23 믿음은 하나님께 모든 것을 바치는
  것이다 ·· 397
마가복음 9:22-23 믿음은 의지 의탁하는 것이다 ········ 408
빌립보 3:12-16 믿음은 경주이다(2) ·················· 416
빌립보 3:12-16 믿음은 경주이다(3) ·················· 427

마가복음 9:22-23
믿음은 축복이다(1)

[성경본문]

"귀신이 저를 죽이려고 불과 물에 자주 던졌나이다 그러나 무엇을 하실 수 있거든 우리를 불쌍히 여기사 도와주옵소서 예수께서 이르시되 할 수 있거든이 무슨 말이냐 믿는 자에게 능치 못할 일이 없느니라 하시니"

△ 서론

※ 믿음은 살아 있는 축복이다. 축복이기에 살아서도 받고 죽어서도 받는 것이다. 축복에 있어서 이스라엘이 먼저 받고 이방이 그 다음에 받는다. 축복은 마태복음 5:3-9절의 축복이 있고 그리고 보편적으로 이스라엘인들이 사용하는 축복이 있다. 마태복음 5:3-9절에 나타나는 축복은 마카리우스이고 일반적인 축복은 유로토케스이다.

히브리서 10:31절을 보라. 여기서 살아 계신 하나님의 손이 나온다. 바울은 믿음을 하나님의 손에 잡히는 것이라고 하면서 축복은 하나님의 손에 잡히고 하나님의 품에 안기는 것이라고 한다. 믿음은 그 누구에게도 결코 가벼운 것이 아니고 무거운 것임을 알린다. 믿음은 언제 어디서나 반가운 것이고 소망이 있는 것이다. 그러니 그 누구도 믿음을 가지는 것은 소망을 가지는 것이고 하나님의 아들이 되는 비결이고(마태복음 5:3-9) 그리고 하나님의 나라의 백성이 되는 것임을 바로 알아야 한다(마태복음 5:8-9).

그러니 언제 어디서나 우리에게 큰 믿음을 요구하기도 하나 때로는 겨자씨만한 믿음을 요구하시기도 한다. 문제는 우리에게 믿음이 있는가 하는 것이다. 우리에게 주어지고 있는 믿음이 없다면 상당한 고통과 고난을 당할 수도 있다. 누가복음 17:5절을 보라. 사도들이 "주께 여짜오되 우리에게 믿음을 더하소서"라고 하시니 누가복음 17:6절에서 예수께서 말씀하시기를 "너희에게 겨자씨 한 알만한 믿음이 있다"면 하시면서 이것을 요구하고 있다.

1대지, 믿음은 축복의 약속이다(히브리서 6:15)

누구든지 복을 받으려는 자는 믿음을 가지라고 한다. 철저한 믿음은 하늘과 땅에 복을 받는다.

1, 믿음이란 그 무엇인가?
Ⓐ 믿음은 피스티스라는 단어이다. 이 피스티스는 피스토스의 사촌으로서 충성과 하나가 되라는 것이다. 믿음을 피스토스라 하고 뒤에 티스를 빼고 토스를 붙이면 충성이 된다. 그래서 기독교 성서가 말하는 충성은 믿음에서 그 출발을 한다는 뜻이다. 충성을 잘못되게 오해하게 되면 간사함이나 아부아첨이나 어리석음이 된다는 것을 잊지 말라. 믿음이 있는 자의 충성은 믿음에서 출발 했으니 아름다운 것이나 믿음이 없는 자의 충성은 열심과 열성 또는 아부아첨이 될 확률이 크므로 철저한 바른 이해가 요구되고 있다.
Ⓑ 히브리서 11:1절을 보라. 바울은 "바라는 것들의 실상이

요 보지 못한 것들의 증거"라고 한다. 이는 믿음의 중요성과 위대성과 원리를 말씀하고 있는 것이다.

Ⓒ 기본적으로 믿음은 하늘에 속한 것이지 땅에 속한 것은 아니다. 그래서 믿음은 히브리서 12:2절에서 그 주인이 있다는 사실을 성서는 알리고 있다. 우리가 세상에서 믿음을 가지고 있다가 죽음이 오면 그 믿음을 하나님께 반납하고 죽어야 한다. 그러나 하나같이 어리석으니 믿음을 자기 것으로 둔갑 시킨다.

2, 믿음으로 참고 나아가라 그리고 기다리면 반드시 복을 받는다. 왜냐 하니 믿음의 복이 구원이기 때문이다. 그래서 아브라함이나 이삭이나 야곱이 복을 받는 것은 그들이 믿음에의 인내를 찾고 있기 때문이다.

Ⓐ 아브라함은 아들이삭을 얻기 위하여 25년이나 참고 기다렸다. 창세기 12:1-4절을 보라. 아브라함이 고향을 떠날 때에는 75세이었다. 그 후에 25년이 지나 100세가 되었을 때에 아들이삭을 얻게 된다. 창세기 21:1-5절을 보라.

Ⓑ 이런 것들은 믿음이 결코 가벼운 것이 아니고 무거운 것임을 알리시고 있다. 모세는 미디안 광야에서 40년을 기다리고 사도 요한은 밧모섬에서 30여 년간을 귀양살이를 하면서도 참고 기다렸다. 그러기에 계시록 1:9절은 참으로 의미를 많게 하고 있다.

Ⓒ 이사야는 40년을 예레미야는 50년을 참고 기다렸다. 누가복음 3:23절을 보면 예수께서도 오직 나사렛에서 30년을 기다렸음을 성서는 알리고 있다.

3, 그러면 다음을 보라.
Ⓐ 여호수아 1:7절을 보라. 믿음을 가진 자는 언제나 강하고

담대하라 그리고 좌로나 우로나 치우치지 말라고 한다. 믿음은 결코 흔들리는 것이 아님을 밝히고 있다.
  Ⓑ 신명기 28:1-12절을 보라. 이는 축복장이다. 누구도 믿음이 있으면 하늘의 복과 땅의 복을 받을 수가 있다.
  Ⓒ 믿음에의 의한 복은 끝까지 참고 기다리는 자가 받는다. 이것이 기본이고 원리이다. 믿음으로 복을 받으려면 그 기초와 터전이 흔들리면 아니 된다. 믿음의 터전과 기초는 성서 66권이다. 그 누구도 이것을 잊지 말아야 한다.

2대지, 믿음은 우리가 하나님의 자녀가 되는 것을 요구한다

왜냐 하니 믿음도 축복이고 하나님의 자녀가 되는 것도 축복이다.

1, 믿음은 우리로 하여금 약속의 자녀로 만든다(마태복음 5:8). 이것이 바로 믿음이 지니고 있는 힘과 능력이다.
  Ⓐ 이것은 언제 어디서나 복의 기본이고 원리이다. 그리고 그 누구에게도 예외가 아니다.
  Ⓑ 믿음이 있는 자는 그가 그 누구이든지 간에 하나님의 자녀가 되게 한다. 그리고 자녀가 되는 보증을 알게 한다. 그러니 큰 믿음을 가지라.

2, 믿음은 우리에게 하나님의 자녀가 되는 축복을 가져다준다. 마태복음 5:3-9절은 자녀가 받을 내적축복 또는 영적 축복이다.
  Ⓐ 믿음은 복이 있는 자의 몫이고 소유이다. 누구도 믿음이 없으면 하늘과 땅에 복을 받을 수가 없다.

Ⓑ 믿음은 언제나 복이 없는 자는 소유하지 못한다.

Ⓒ 그래서 예나 지금에서 복이 있는 자가 하나님을 믿고 의지하게 된다. 그러면 그 이유는 무엇인가? 그것이 믿음은 복이 있는 자의 소유이기 때문이다.

3, 믿음은 우리로 하여금 하나님을 아바 아버지라 부르게 만든다(로마서 8:15, 갈라디아서 4:6).

Ⓐ 여기서 우리는 믿음으로 하나님을 아바 아버지라고 부르게 된 것이다.

Ⓑ 그러면 왜 그런 것인가? 그것은 하나님이 우리의 믿음의 아버지가 되기 때문이다.

Ⓒ 그럼에도 불구하고 우리에게 믿음이 없으면 우리는 하나님을 아바 아버지라고 부를 수가 없는 것이다. 그러면 그 이유는 무엇인가?

4, 믿는 것 때문에 우리는 하나님을 아바 아버지라고 부르게 된다. 찬송가에서도 나 같은 죄인 살리신(405장) 그것을 고맙게 생각하고 감사하는 것이다. 천상천하에서 가장 큰 축복은 그 무엇인가?

Ⓐ 죄인이 죄를 벗는 것이다. 그것이 바로 믿음의 원동력과 힘과 능력인 것이다. 이것을 바로 알라.

Ⓑ 하나님을 아바 아버지라 부르게 된 그것이다. 이것이 바로 믿음에서 가져 오는 힘이고 축복이다.

Ⓒ 죄인이 죄를 벗고 하나님의 자녀가 되는 그것이다. 이 일은 믿음으로서만 가능한 것이다.

Ⓓ 천국의 시민이 되는 그것이다. 믿음이 있는 자는 그 누구도 하나님의 아들이 되기도 하고 천국의 시민이 되기도 한다(마태복음 5:8-9).

3대지, 믿음이 우리에게 가지고 오는 것은 하나는 영적인 문제이고 다른 하나는 육적인 문제이고 다른 하나는 기타적인 문제이다

1, 믿음은 이 지상에서 최대의 축복 중에 그 하나이다.
Ⓐ 믿음은 내적인 문제와 영적인 문제에서 축복이다. 그러니 믿음은 영광이고 빛이다.
Ⓑ 믿음은 소유하는 자에게 언제나 복을 주신다. 그 이유는 무엇인가?
Ⓒ 믿음은 우리로 하여금 하나님의 자녀가 되게 한다. 그렇게 해서 복을 받게 만든다. 그 누구도 이를 감안해야만 한다.

2, 믿음은 지상에서의 최대 선물이다. 에베소서 2:8절을 보라. 지상에서 우리가 하나님을 믿으니 그것이 바로 복이다.
Ⓐ 복이 없거나 복이 모자라는 자는 하나님을 믿을 수가 없게 된다.
Ⓑ 시편 1:1-3절을 보라. 이 지상에서 복이 있는 자는 그 누구인지를 여기서 알리시고 있다.
Ⓒ 그러나 시편 1:4-6절을 보라. 지상에서 복이 없는 자를 여기서 알리시고 있다.

3, 믿음은 하나님만이 줄 수 있는 그 무엇 곧 축복이다.
Ⓐ 예수 그리스도께서 제자들에게 지상에서의 최대 축복이 바로 마태복음 13:11절에서 예수 그리스도를 바로 아는 것이 복이라고 한다.
Ⓑ 그리고 예수께서는 마태복음 13:16절에서 그 누구도 눈

과 귀가 복이 있어야 한다고 알리고 있다. 그런데 언제나 여기서는 바른 이해가 심히 요구되고 있다. 믿음의 복이 무엇인가? 예수 그리스도를 믿고 따르고 순종하는 그것이다.

4대지, 믿음은 우리에게 구원의 축복을 가져다준다(사도행전 16:31)

그러니 그 누구도 요한복음 3:16절과 요한복음 3:17-18절을 보라.

1, 믿음은 우리에게 구원의 축복이 있게 한다.
Ⓐ 그러면 예수는 누가 믿는가? 이에 대한 답은 복이 있는 자가 믿는다. 그리고 다시 복을 받은 자가 믿는다.
Ⓑ 예수는 그 누가 믿는가? 답) 살아 있는 자가 믿는다. 그러면 왜 그런 것인가? 그것은 복이 있는 자이기 때문이다.
Ⓒ 구원의 복이나 건강과 장수의 복이나 하나님의 아들이 되는 복을 받는 것은 축하와 감사할 일이다.

2, 믿음은 육신의 구원이나 영혼의 구원을 축복으로 가져다준다. 이것이 바로 우리가 바라고 요구하는 바이다.
Ⓐ 믿음은 너와 네 집이 구원을 얻게 한다. 사도행전 16:30-31절을 보라. 그러면 왜 믿음이 그와 그 가정에 구원을 가져다주는 것인가? 그것이 바로 믿음이 가져다주는 복이기 때문이다.
Ⓑ 예수 그리스도를 믿으면 영과 육이 함께 복을 받게 된다. 이것이 바로 신비이고 표적이고 영광인 것이다.

3, 구원은 믿음의 선물이다. 이는 의미하는 바를 많게 함이다(에베소서 2:8).
Ⓐ 우리가 예수를 믿으면 개인과 가정에 하나님의 선물이 임하게 된다.
Ⓑ 믿음의 선물이 그 개인과 가정에 이런 것과 저런 것을 선물로 가져다주니 그것이 바로 감사이고 축복이다. 그 누구도 이 모든 것을 잊으면 아니 된다.

4, 우리의 구원은 믿음의 결과로 얻는 열매이다.
Ⓐ 믿음의 원동력은 용기와 결단을 통하여 얻는 것이다.
Ⓑ 믿음의 결과는 선물로 구원을 얻는 것이다.
Ⓒ 믿음의 특색은 우리로 하여금 하나님의 아들이 되게 하신 것이다. 그러니 감사이고 찬송이다.

5대지, 믿음은 우리에게 내세의 소망을 가져다주는 것이다(베드로 전서 3:15)

그러므로 믿음으로 승리하고 포기하지 말아야 한다.

1, 내세의 소망은 아무나가 가지는 것이 아니다. 믿음에 의한 소망과 확신이 있는 자가 가지게 되는 것이다.
Ⓐ 믿음은 내세의 축복을 가져 오게 한다.
Ⓑ 내세의 소망을 믿음이 있는 자들은 항상 준비하여야 한다. 히브리서 11:1절을 보라. 믿음은 보지 못한 것들의 증거가 아닌가?
Ⓒ 믿음은 오늘에서 나를 하나님에게로 나아가게 만든다. 그러기에 누구도 믿음이 없이는 하나님을 기쁘시게 할 수가

없다. 히브리서 11:6절을 보라.

2, 믿음에 의한 내세의 소망은 축복이다.
Ⓐ 히브리서 11:1절을 보라. 누구도 믿음이 없이는 하나님을 기쁘시게 할 수가 없고 하나님께 나아 갈수도 없다. 그러니 믿음은 바라는 것들의 실상이다. 이를 바로 아는 것이 중요하다.
Ⓑ 그러므로 믿음은 그 소유주가 하나님이시다. 히브리서 12:2상반절을 보라.

3, 내세의 소망은 오직 영원한 천국이다.
Ⓐ 내세는 믿음으로 알게 된다. 믿음이 없으면 그 누구도 사후의 세계를 알지 못한다. 그 한 실례로서 마태복음 25:1-13절을 보라. 여기서 다섯 처녀는 믿음이 없어 탈락하고 말았다.
Ⓑ 내세는 믿음으로 얻는 것이다. 그리고 믿음으로 알게 되는 것이다. 그 누구도 이것을 모르면 결코 아니 되고 타락하고 만다.
Ⓒ 누구도 믿음으로 승리자가 되어야 한다. 창세기 22:1-14절을 보라. 아브라함이 믿음으로 승리하고 있다.

4, 내세의 축복은 믿음으로 얻고 쟁취하는 것이다. 마태복음 13:11절을 보라. 그러니 그 누구도 이를 바로 알아야만 한다.
Ⓐ 누구도 믿음으로 내세를 알게 되고 믿게 된다.
Ⓑ 그리고 다시 믿음으로 종말사를 얻게 되고 알게 된다. 이것을 잊으면 아니 된다.
Ⓒ 믿음으로 하나님의 나라를 알게 되고 받아들이게 된다. 이를 잊지 말라.

6대지, 믿음은 우리에게 내세의 상을 가져다 준다

이는 당연한 귀결이고 승리와 성공인 것이다.

1, 믿음이 있는 자에게는 내세의 상을 약속하고 있다.
Ⓐ 빌립보서 3:14절을 보라. 믿음으로 큰 상을 얻게 되는 것이다.
Ⓑ 믿음은 갈라디아서 2:2하반절 그대로 끝까지 달려가는 것이다. 누구도 쉬지 아니하고서 달려가야 한다.
Ⓒ 히브리서 10:35절 그대로 믿음은 우리에게 큰 상을 얻게 만든다. 그러면 그 이유는 무엇인가? 그것이 믿음의 위력이고 원동력이기 때문이다.

2, 그러면 빌립보서 3:14절을 보라. 그리스도인은 상을 위해서 끝까지 달려가고 있지를 아니하는가?
Ⓐ 믿음은 반드시 달려가는 것이고 그 끝에는 큰 상이 있다는 것을 바로 알아야 한다.
Ⓑ 마태복음 10:42절을 보라. 믿음은 상을 얻기 위해서 달려가는 것이 아닌가? 그것도 쉬지 아니하고서 말이다.

3, 그러면 믿는 자에게 반드시 내세의 상을 주시는 그 이유는 무엇이고 어디에 있는가? 이로 인하여 우리는 상을 위해서 쉬지 아니하고 달리고 있는 것이 아닌가?
Ⓐ 그것은 바로 그것 자체가 하나님의 선물이기 때문이다. 하나님의 선물이니 상을 주시고 받는 것이다.
Ⓑ 히브리서 11:6절을 보라. 믿음으로 천성을 향에 달리는 자는 반드시 상을 얻는다. 이것이 바로 우리에게 주시는 하나님의 은총이고 선물이다.

4, 믿음의 그 결과는 누구에게도 하늘의 큰 상이 아니겠는가? 그러니 그 누구도 앞만 보고 달려가야 한다. 그리하면 반드시 믿음을 통하여 상을 받게 되어져 있다.

Ⓐ 누가복음 9:62절을 보라. 누구도 믿음은 뒤를 돌아보는 것이 아니다. 그리고 뒤를 돌아가는 것도 아니다.

Ⓑ 믿음은 빌립보서 3:14절과 같이 앞만 보고 달려가는 것이다. 그리고 승리자가 되는 것이다. 언제나 하나님의 요구는 앞만 보고 달려서 승리자가 되는 그것이다.

☆ 결론

하나님께서는 우리에게 믿음을 통하여 복을 주시려는 것이지 인간에게서 복을 빼앗아 가려는 것이 아니다. 하나님은 언제나 믿는 자들에게 믿음의 상과 소망의 상을 주시려고 하신다. 인간에게 있는 적은 상을 빼앗으려는 것이 아니다. 그러면 그 이유는 무엇이고 그 어디에 있는가? 여기서 바른 이해가 요구 된다. 우리는 믿음으로 승리자가 되고 달려가는 자가 되어야 한다. 뒤를 돌아보면 아니 된다. 도중에 하차를 하여도 아니 된다. 믿음은 우리에게 힘과 능력과 각종은사를 상으로 주시려 하신다. 왜 그런 것인가? 그것이 믿음에 의한 은총이고 축복이고 감사이기 때문이다.

성서는 언제나 우리에게 믿음의 사람은 될지라도 낙오자가 되거나 포로병이 되거나 뒤로 물러가는 자는 되지 말라고 요구하고 있다. 무엇보다 바른 이해가 철저히 요구되고 있다. 그러니 앞으로 전진하며 나아가고 달려가는 자가 될지라도 멈추는 자가 되지 말라. 이것이 바로 하나님의 요구 사항이다.

마가복음 9:22-23
믿음은 축복이다(2)

[성경본문]

"귀신이 저를 죽이려고 불과 물에 자주 던졌나이다 그러나 무엇을 하실 수 있거든 우리를 불쌍히 여기사 도와주옵소서 예수께서 이르시되 할 수 있거든이 무슨 말이냐 믿는 자에게 능치 못할 일이 없느니라 하시니"

△ 서론

※ 믿음은 죽어 있는 축복이 아니다. 그리고 포로병의 축복도 아니다. 그리고 믿음은 패잔병들의 축복도 아니다. 믿음은 살아 있는 축복이다. 믿음은 하나님이 우리에게 주신 축복이다. 축복은 하나님으로부터 받은 자가 예수를 믿고 구원을 얻는 것이다. 우리가 예수를 믿는 것은 하나님의 복을 받은 증거이다. 고로 마태복음 13:11절을 보라. 믿음이 상천하지에서 가장 큰 축복이 아닌가? 그리고 다시 마태복음 13:16절을 보라. 복이 있어서 예수 그리스도를 믿으니 눈도 복을 받고 귀도 복을 받고 입도 복을 받는 것이 아닌가?

로마서 8장의 핵심이 그 무엇인가? 입으로 시인하여 구원에 이른다는 것이다. 결과적으로 이것 자체가 복이 아니겠는가? 그러면 고린도 전서 15:57절을 보라. 우리에게 이김을 주시는 하나님께 감사하라고 말씀하고 있지 아니하는가? 믿음은 앞을 향하여 달려가고 나아가는 것이 아닌가?

빌립보서 3:12-13절 마냥 믿음은 뒤를 돌아보는 것이 아니고 앞만을 향하여 달려가는 것이 아닌가? 그 누구도 이에 대하여 감사하지 아니하면 아니 된다.

사람이 음부나 지옥으로 떨어진 것을 가지고 누구를 탓하고 하나님을 원망하는 것은 악행이 아닌가? 자신이 이생에서 지금까지 불법을 하고 불의한 행동과 행위를 생각하고 반성해서 하나님이 자신을 지옥으로 던진 그것을 감사하고 찬송하고 고맙게 생각해야 하는 것이 인격이 있는 인간의 도리가 아닌가? 그러니 회개와 반성 없이 자신이 음부에 떨어진 그것만 가지고(누가복음 16:24) 탓하고 원망하는 것은 결코 아름답지 못한 것이다. 그러니 믿음의 축복을 받았으면 감사하며 살아야 한다.

1대지, 믿음은 우리에게 육신과 세상의 각종 상을 가져다 준다

믿음에는 반드시 상이 주어진다. 큰 것과 작은 것들의 차이만 있을 뿐이다.

1, 육신의 상을 가져다준다.
Ⓐ 히브리서 10:35절을 보라. 믿음은 이 세상에서 큰 상을 얻게 되어져 있다.
Ⓑ 그리고 히브리서 10:39절을 보라. 영혼을 구원에 이루는 믿음을 가진 자로서 달려가면 반드시 상을 얻게 된다. 누구도 상을 얻으려면 바른 이해가 심히 요구되고 있다.

2, 각종 질병을 고치는 상 곧 능력을 준다.
Ⓐ 믿음은 우리에게 병을 고치며 치유하는 각종은사를 준다.

사도행전 3:1-10절의 앉은뱅이를 베드로와 요한이 고치는 역사를 보라.
　Ⓑ 어떤 경우는 다른 사람의 병을 고치는 치유의 은사를 준다. 여기서는 마가복음 16:15-18절을 보라. 믿음의 사람들은 무슨 독을 마실지라도 해를 입지 아니한다. 이것이 바로 주께서 우리에게 주신 능력과 축복이다.

　3, 믿음은 경우에 따라서 외적인 병 뿐 아니라 내적인 병을 고치기도 한다. 인간은 외적인 병도 많으나 경우에 따라서 내적인 병들이 더 많다는 것이다.
　Ⓐ 믿음은 믿음의 병을 고치기도 한다. 이것이 기본과 도리와 원리가 아니겠는가? 우리에게 믿음이 있으면 심적인 병이나 영적인 병을 고치기도 한다. 잘못된 악령들에 의해서 몸이 망가지고 어려움을 겪기도 한다. 교회 안에는 내적인 병과 영적인 병을 앓고 있는 자들이 많다.
　누가복음 13:10-17절을 보라. 악한 영에 의해서 18년 동안 꼬부라져서 병을 앓고 있는 환자가 있으나 교인들은 그 병이 사단에서 매인 병인 줄 모르고 있다. 교회 안과 밖에는 이런 자들이 상당수가 있다. 그래서 목사가 성령을 받아야 하는 것은 바로 교회 안에 있는 각종 병자를 고쳐야 하기 때문이다.
　Ⓑ 믿음은 정신적으로 병을 앓고 있는 자들의 병을 고치기도 한다. 이런 것이 기본과 원리가 아닌가? 마가복음 16:18절을 보라. 부활의 주께서는 이런 문제도 우리들에게 알려주고 있다.
　Ⓒ 의지나 의식이나 사상이나 사고의 질병을 고치기도 한다. 이런 것은 현대의학이나 의술로서 고칠 수가 없는 병이 아닌가? 이것은 영적치유와 신적치유와 믿음의 치유로서 만이 고

칠 수가 있는 것이다.

4, 세상적인 각종 물질의 축복도 주신다.
Ⓐ 믿음의 사람들에게는 하나님이 이 세상적인 물질에 축복도 주신다. 마가복음 10:30절을 보라. 세상에서 100배의 축복을 주시기도 한다.
Ⓑ 세상에서 사무엘 상 2:7절을 보라. 이것이 큰 축복이 아닌가?
Ⓒ 잠언 30:7-9절을 유의하여 보라. 이것이 바로 큰 축복이 아니고 무엇인가? 그리고 다시 사무엘 상 1장에 나타난 사무엘의 어머니가 받은 복을 보라. 그는 그의 아들이 이스라엘의 영도자로서 수십 년 인도한 자가 아닌가? 불임으로 인하여 해산을 하지 못한 한나가 믿음으로 기도하여 여러 아들을 얻고 큰 아들은 이스라엘의 영도자로서 만든 것은 다 믿음의 축복이 아니겠는가?

2대지, 믿음은 우리에게 성령의 인도를 받게 만든다

믿음은 성령을 받은 자가 큰 믿음을 가지고 하나님을 기쁘시게 한다. 사도행전 10:1-4절을 보라. 믿음을 통하여 천사들을 만나고 베드로를 초청하여 온 가족이 성령을 받고 세례까지 받은 것을 보면 참으로 놀랍다(사도행전 10:44-48).

1, 믿음은 성령의 인도를 받게 만든다.
Ⓐ 사도행전 2:1-4절을 보라. 이것이 바로 믿음에의 행위가 아니고 그 무엇인가?
Ⓑ 사도행전 8:14-17절을 보라. 사마리아 교인들이 베드로를

초청하여 말씀을 들음을 통해서 그들 모두가 성령을 받게 된 것이다.

ⓒ 믿음이 없이는 그 누구도 성령을 받을 수가 없다. 성령의 열매는 믿음의 소산인 것이다. 갈라디아서 5:22-24절을 보라. 성령의 열매는 믿음과 연결이 되어져 있다.

2, 믿음은 우리로 하여금 성령의 인도를 받게 하고 그로 인하여 복을 받게 된다.

Ⓐ 우리가 예수를 믿는 것 그것 자체가 축복이다. 마태복음 13:11절을 보라. 이 땅위에서 최대 축복은 우리가 믿음을 통하여 예수를 알고 믿는 것 그것 자체가 축복이다.

Ⓑ 성령 받는 것이 축복이다. 요한복음 20:22절을 보라. 예수께서 부활의 제 1성으로 성령을 받으라고 명하신다. 왜냐하니 하나는 믿음과 관계가 된 것으로 성령을 받지 못하면 아니 되고 다른 하나는 축복과의 관계로서 성령을 받으면 축복을 받게 된다는 것이다.

ⓒ 성령을 믿음으로 믿음 안에서 받는 것은 하나님의 축복이다.

3, 성령의 인도하심보다 더 큰 인도와 축복은 거의 없다. 그러니 그 누구도 성령의 인도와 은사를 받고 따르고 행하는 것이 축복이다.

Ⓐ 세상에서 부자나 왕의 인도를 받는 것도 복이거든 성령의 인도는 더 큰 것이 아닌가? 그래서 모두가 믿음 안에서 성령의 인도를 받으려고 노력하는 것이다.

Ⓑ 그래서 성령의 인도함을 받는 복을 받아야 한다. 왜 그런 것인가? 그것이 바로 축복이기 때문이다.

4, 성령의 인도를 따라 행하라. 그것이 복이다.

Ⓐ 성령께서는 언제나 믿음이 있는 자와 함께 한다. 반대로 믿음이 없는 자와는 함께하지 아니 한다. 성령은 언제 어디서나 그리스도인들 모두에게 복을 주시려고 하신다. 그것은 믿음도 복이고 성령도 복이기 때문이다.

Ⓑ 그러면 그 이유는 무엇이고 어디에 있는가? 그것은 바로 믿음과 성령이 우리에게 주시는 바가 너무나 많고 크기 때문이다.

3대지, 믿음은 우리에게 계시의 축복을 가져다준다(계시록 1:1-2)

그러기에 우리는 계시의 축복을 바로 아는 것이 중요하다.

1, 믿음으로 사는 법과 복을 받는 것을 바로 아는 것이 중요하다.

Ⓐ 믿음은 우리로 하여금 계시의 축복을 받게 한다. 그러므로 사람들은 계시의 축복이 무엇인지를 모르니 문제가 생긴다.

Ⓑ 믿음의 원동력은 성령과 말씀이다. 그러기 때문에 믿음과 성령과 말씀으로 승리하는 자가 되어야 한다. 그러지 못하면 악한 마귀의 시험에 넘어진다.

Ⓒ 믿음은 우리로 하여금 언제 어디서나 누구에게도 이기게 한다.

2, 계시의 축복은 때때로 계시나 환상으로 보여주고 가르쳐 주고 깨닫게 한다.

Ⓐ 믿음은 우리에게 환상이나 계시로 보여주기도 한다. 그

러나 현대인들은 환상도 계시도 잘 모르니 여기서 문제가 생긴다.
　Ⓑ 믿음은 우리에게 각종 신유의 은사나 영적인 은사로 보이고 가르치기도 한다. 믿음의 사람과 성령의 사람은 이런 것에 능하여야 한다.
　Ⓒ 그러기에 우리는 하나님께 언제나 감사해야 한다. 왜냐하니 믿음을 통하여 성령의 역사가 나타나 보이고 가르치기 때문이다.

　3, 믿음에 의해 성령께서는 우리로 하여금 계시로 교훈하고 책망하고 위로하고 하신다.
　Ⓐ 믿음은 우리에게 때로는 계시와 영감을 주시기도 한다. 이 문제는 평신도보다는 목사들에게 있어서 큰 문제이기도 하다.
　Ⓑ 믿음은 우리에게 계시와 영감의 은사를 통하여 교훈하고 교육하고 가르치시기도 한다. 그래야 가난하고 힘없고 무능한 목사도 글을 쓰고 연구하고 책을 내어서 가르칠 것이 아닌가? 왜냐 하니 그것이 바로 축복이니 말이다.

　4, 믿음을 통하여 성령께서는 꿈으로도 보이고 지적하고 가르치고 감동을 주기도 한다. 그러면 그 이유가 무엇인가? 그것은 바로 믿음의 축복이기 때문이다.
　Ⓐ 그것이 이생의 복과 저 생의 복이고 그리고 그것이 영생의 복이기 때문이다.
　Ⓑ 그러니 하나님의 종 선지자들이나 사도나 교수들이나 목사는 정신을 차리지 못하면 아니 된다. 선지자나 사도가 버림을 받는 것은 하나님이 은사를 주었거늘 그것을 잘 간수하지

못하고 함부로 돌렸기 때문이다.

 5, 하나님의 종들을 향하여 성령께서는 말씀으로 가르치시고 기도로 인도하신다.
 Ⓐ 이것이 주어진 현실과 역사의 축복인 것이다.
 Ⓑ 언제나 하나님의 종들은 사실과 사물과 역사의 현실을 바로 보지 못하면 결코 아니 된다.
 Ⓒ 하나님의 사람들은 마태복음 12:39절과 17:17절의 말씀을 바로 보고 속으면 아니 된다. 왜냐 하니 세상이 악하고 음란하기 때문이다.

 4대지, 믿음은 우리에게 생과 삶에 변화의 축복을 가져 오게도 한다

 "믿음이 우리에게 생과 삶에 복을 가져다주니 믿음으로 승리자가 되라."

 1, 믿음은 악한 자들에게도 큰 변화를 가져 오게 한다.
 Ⓐ 도적질을 하지 못하게 변화를 가져 온다는 것이다. 악인의 변화나 불신자들의 변화는 반드시 믿음에서 가져오게 된다.
 Ⓑ 못된 자와 거짓된 자들도 역시 믿음을 통하여 변화를 가져오게 한다. 물론 그것이 쉽지는 아니하다. 누가복음 23:39절에서 한 강도를 보라. 그는 죽으면서도 반대하고 발악을 하면서 죽는다. 이것이 현실이고 세상이다.

 2, 믿음은 우리로 하여금 마음과 생활에 변화를 가져오게 한

다. 그러기에 믿음이 있는 자와 없는 자는 완전히 다른 차원과 각도에서 생각을 해야 한다.

Ⓐ 로마서 12:2절을 보라. 여기서는 마음의 변화를 가져 온다고 한다. 이 문제는 그때나 오늘에서 비상한 관심사인 것은 사실이다.

Ⓑ 믿음은 우리에게 생활의 변화를 가져 오게 한다. 그것이 바로 생의 기쁨이고 삶의 즐거움이고 영혼의 찬송이 아니겠는가?

Ⓒ 믿음은 우리에게 언제나 삶의 변화를 가져오게 한다. 그것이 바로 믿음의 원동력과 기본이다. 성서는 우리가 예수를 믿으면 반드시 삶의 변화가 온다는 것을 가르치고 있다.

3, 기타 등의 변화를 가져오게 한다.

Ⓐ 믿음은 먼저 가정의 변화를 가져오게 한다. 누구의 가정도 여기에서는 결코 예외가 될 수는 없다. 그래서 성서도 믿음의 가정 문제를 논하고 있는 것이다.

Ⓑ 믿음은 직장이나 직업의 변화를 가져오게도 한다. 어느 곳에서나 어느 사업장에서도 믿음은 변화를 가져오게 만든다. 그러니 믿음이 있는 자는 항상 이 문제를 예의 주시해야 한다.

Ⓒ 그 누구도 이에 대한 바른 이해를 가져야 한다. 믿음이 있는 자가 여기서 잘못된 생각을 하는 것은 좋지 못하다.

Ⓓ 믿음은 기타 등의 변화를 가져오게 한다. 그 누구도 여기에서는 결코 예외가 아니기에 문제가 되는 것이다. 그래서 성서는 우리에게 믿음을 가지라고 요구하는 것이다.

5대지, 믿음은 우리에게 범사에 확신과 자신과 용기와

결단과 힘을 축복으로 가져다 주신다

 성서가 강조하고 있는 믿음은 모든 것에서 복을 그 중심으로 하고 있기에 중요한 과제이다.

 1, 믿음은 그 자신에게 확신을 가져다준다.
 Ⓐ 믿음을 가진 자가 확신과 용기와 결단력이 없으면 결코 아니 된다.
 Ⓑ 믿음은 언제나 이 세상을 이길 수 있는 힘을 가져다준다. 요한 1서 5:4-6절을 보라. 믿음이 세상을 이긴다고 한다. 참으로 놀랍지 아니한가?
 Ⓒ 그래서 성서는 언제나 우리에게 믿음으로 세상과 자신과 마귀를 이기라고 한다.

 2, 믿음은 언제나 우리에게 자신과 용기를 가져다준다.
 Ⓐ 믿음은 우리에게 하나님을 대할 때에도 용기와 자신을 가져다준다.
 Ⓑ 믿음은 악한 마귀를 대할 때에도 용기와 자신을 준다.
 Ⓒ 믿음은 사회나 이 세상을 대할 때에도 용기와 자신을 가져다준다. 여호수아 1:6절을 보라.
 Ⓓ 믿음은 우리에게 시련과 시험을 당할 그때에도 용기와 자신을 주어서 이기게 한다. 욥 1장과 2장을 보라.

 3, 믿음은 우리에게 어디서나 결단과 힘을 가져다준다.
 Ⓐ 믿음은 우리에게 힘이 없고 결단력이 없을 그때에 힘과 용기를 가져다준다.
 Ⓑ 그럼에도 믿음이 없으면 누구도 예수 그리스도로부터 책

망을 듣게 된다(마태복음 12:39).
ⓒ 그리고 믿음은 그 주인이 있다는 것을 알아야 한다(히브리서 12:2상반절). 믿음의 주인께서는 우리에게 언제나 믿음을 주시고 큰 믿음을 가질 것을 요구하신다.

4, 믿음은 매사에서 놀라움을 가져다준다.
Ⓐ 믿음은 교회를 개척하고 건축하는 그 과정에 있어서 믿음이 언제나 일익을 담당하고 있는 것이다. 이것을 바로 아는 그것이 무엇보다 중요하다.
Ⓑ 장사나 사업을 하는데 있어서 또는 하나님이 축복을 하는데 있어서 믿음이 중요함을 알아야 한다.
ⓒ 공부를 하고 성공과 출세를 하는데 그리고 목사나 전도자가 달려가는데 있어서 무엇보다 필요한 것은 믿음의 문제이다.

6대지, 믿음은 우리에게 세상을 승리하는 비결과 **축복을** 가져다주신다

1, 요한복음 16:33하반절을 보라.
Ⓐ 예수께서는 내가 세상을 이기었다고 하신다. 그러면 왜 그런 것인가? 믿음이 세상을 이기기 때문이다.
Ⓑ 마가복음 9:23하반절을 보라. 믿는 자에게는 능치 못할 것이 없다고 말씀 하신다. 이것이 바로 믿음의 원동력이다.

2, 예수께서는 세상과 마귀를 이기셨다고 강조하신다. 골로새서 2:15절을 보라.
Ⓐ 예수께서 마귀를 이기시고 승리하신 것은 그가 십자가를

지시고 죽으셨기 때문이다. 그러기에 골로새서 2:15절과 에베소서 4:7-8절을 유의해 보라. 이것들이 그 무엇을 가르치고 있는가?

Ⓑ 예수께서는 우리에게 십자가에서 이기는 비결을 가르치시고 있다. 우리는 예수께서 십자가에서 이기는 비결을 배워야 한다.

3, 그리스도인이 세상을 살아가면서 세상을 이기는 것은 바로 믿음인 것이다. 요한 1서 4:6절을 보라.

Ⓐ 그리스도인은 세상을 이기는 자들이지 넘어지고 쓰러지는 자들이 아니다.

Ⓑ 그리스도인은 마귀와 어두움의 세력을 이기고 승리하는 그 길로 달려가는 자들이 아닌가? 믿음으로 모든 것을 이기지 못하면 아니 된다.

4, 그리스도인은 모든 것에서 이기는 자가 되어야 한다. 그것이 세상의 지혜와 지식을 가지는 것이다.

Ⓐ 그리스도인은 세상을 이겨야 한다. 그리고 또 지혜로 이겨야 한다.

Ⓑ 능력으로 마귀와 세상을 이겨야 한다. 우리가 힘이 없을 때에는 하나님이 도와주실 것이다.

Ⓒ 말씀의 능력으로 마귀와 세상을 이겨야 한다. 그것이 바로 우리가 믿음을 가졌다는 증거인 것이다.

Ⓓ 믿음은 크거나 적거나 간에 믿음이 있는 자는 세상도 이기고 어두움의 세력과 악한 마귀도 이겨야 한다.

Ⓔ 그것이 바로 믿음으로 살아가는 유일의 법과 규칙과 길이기 때문이다. 이를 바로 아는 그것이 중요하다.

☆ 결론

　세상을 이기고 어두움의 세력을 이기는 힘은 오직 하나인데 그것이 바로 믿음이다. 우리가 죄와 악을 이기려면 하나는 하나님의 영원하고 완전하신 말씀으로 이겨야 하고 다른 하나는 성령을 충만히 받으므로 이겨야하고 다른 하나는 믿음으로 이겨야 한다.
　그리고 히브리서 12:2상반절 그대로 믿음은 그 주인이 있는 것임을 결코 잊으면 아니 되는 것이다. 우리가 세상을 이기려 하면 오직 믿음뿐임을 깨달아야 한다. 세상을 보고 믿음을 버리고 자기와 함께 살자고 요구하나 하나님과 성서는 믿음으로 세상을 이기라고 강조하고 있다. 여기서는 그 무엇보다 우리의 인격과 지식과 지혜를 요구하고 있는 것이다.

마가복음 9:22-23
믿음은 축복이다(3)

[성경본문]

"귀신이 저를 죽이려고 불과 물에 자주 던졌나이다 그러나 무엇을 하실 수 있거든 우리를 불쌍히 여기사 도와주옵소서 예수께서 이르시되 할 수 있거든이 무슨 말이냐 믿는 자에게 능치 못할 일이 없느니라 하시니"

△ 서론

※ 사람들은 믿음이 무엇인지에 대하여 이렇게 또는 저렇게 말들을 하고 있다. 이 문제는 다른 사람의 문제가 아니고 우리들 자신의 문제인 것이다. 히브리서 11:1상반절을 보고 그리고 다시 히브리서 11:1하반절을 보라. 믿음은 보지 못한 것들의 실상임을 알린다. 우리가 믿음을 가지는 것은 그것에 하나는 하늘의 축복이고 그리고 다른 그 하나는 땅의 축복인 것이다.

구약의 다니엘을 보라. 다니엘 6:10-18절을 보면 그는 믿음으로 사자 굴에서 살아나는 의인의 길을 가게 되었다. 그리고 사드락과 메삭과 아벳느고는(다니엘 3:13-23) 풀무불의 열기를 믿음으로 이기고 승리를 하였다. 그러기에 역사와 현실에서는 이들의 명성이 아직까지 남아있고 살아 있음을 엿보게 된다.

한국의 경우는 4300년간 미신과 우상을 섬겨온 백성으로서 예수 그리스도를 이제 와서 믿고 영생과 구원을 얻으려고 하는 것은 큰 축복이지 결코 저주나 멸망이 아닌 것을 바로 깨달아야 한다. 믿음은 다음을 보면 이런 자들이 큰 믿음을 갖게 된다. 골로새서 3:1-2절을 보라. 여기서는 하늘의 소망을 두고 있는 자이다.

① 회개하며 사는 자이다(마태복음 3:2. 4:17, 마가복음 1:15).

② 거듭나기를 요구하고 바라는 자들이다(요한복음 3:3, 3:5).

③ 깨달으며 사는 자들이다(시편 49:12, 49:20, 전도서 3:18, 잠언 12:1).

④ 그리스도의 재림을 깨달으며 사는 자이다. 재림시에 열매를 맺으며 사는 생활이다(마태복음 7:16-20).

⑤ 여호와의 보호를 받으며 사는 생활이다(베드로 전서 1:5 하반절).

⑥ 자신이 나그네와 행인임을 알며 사는 자이다(베드로 전서 2:11).

1대지, 믿음으로 우리는 모두에게 복을 가져다주는 것이 믿음이다

믿음은 축복이다. 복이 있어야 예수를 믿게 되는 것이다. 복이 없는 자는 예수를 믿는 것이 힘이 든다.

1, 믿음은 이웃에게 복을 가져다주시기 위함이다.
Ⓐ 우리가 믿음을 가진 것은 마태복음 13:11절을 바로 보아야 한다. 믿음이 그 얼마나 큰 축복인지를 알게 되는 것이다.
Ⓑ 마태복음 13:16절을 보라. 믿음으로 우리는 눈도 귀도 입도 복을 받았음을 알리시고 있지 아니하는가?

ⓒ 고로 믿음의 위대성과 원동력을 바로 아는 것이 귀하고 복된 것이다. 믿음의 위대성과 원동력을 바로 아는 자들이 구약에서 선지자들이고 신약에서는 사도들이다.

  2, 믿음은 형제와 자매들에게 복을 가져다주시기 위한 것이 아니겠는가? 출애굽기 3:15절을 보라. 아브라함의 믿음이 이삭과 야곱에게로 전의 또는 전달되는 것이 아닌가?
  Ⓐ 누구도 믿음이 있으면 형제와 자매를 위하여 기도하고 복을 빌어 줄 수가 있다.
  Ⓑ 믿음이 있으면 교인들을 위하여 기도하고 축복해 줄 수가 있다.
  ⓒ 믿음이 있으면 교회나 가정이 복을 받을 수도 있다.

  3, 믿음은 가족과 더불어 복을 받게 한다. 자기 혼자만이 복이 아니고 가족과 더불어서 복을 받는 것이다.
  Ⓐ 믿음이 있으면 사도나 목사나 감독이나 종교 개혁자들이나 간에 하나같이 복을 받게 된다.
  Ⓑ 어떠한 가정이나 생업이나 종교나 국가가 믿음이 있어야 부자나 유지하게 된다. 그럼에도 사람들은 믿음을 뒤로 하고 세속을 앞세우니 문제가 된다.

  4, 믿음 안에서 나의 주변을 그리스도인이 되게 하는 것은 축복이다. 그러면 그 이유는 무엇인가?
  Ⓐ 믿음이 있는 자는 언제나 자기의 주변부터 정리를 하지 아니하면 아니 된다.
  Ⓑ 믿음이 있는 자는 그 믿음이 무엇인지를 그것부터 바로 알아야 한다. 설령 그것이 큰 믿음이 아닌 적은 믿음이고 겨

자씨의 믿음이라 할지라도 믿음 그 자체가 중요하다. 그러니 자신의 믿음이 크거나 적거나의 그것이 문제가 되는 것이 아니고 하나님 앞에서 믿는다는 그 자체가 중요하다.

2대지, 믿음으로 우리는 각종 세상적인 복들을 불러오기도 한다

우리에게 있는 믿음이 복을 불러 오기도 하고 그리고 복을 만들기도 한다. 이것이 중요한 과제이다.

1, 믿음으로 이 세상적인 출세와 성공의 복을 받은 경우도 있다.
Ⓐ 내가 하나님을 믿으니 그것이 나에게 큰 복이 되고 있다. 창세기 12:1-4절을 보고 그리고 다시 창세기 15:18-21절을 보라. 믿음 그 자체가 복이 아닌가?
Ⓑ 선지자들이나 사도들이 예수를 믿으니 그것은 그들에게 복이 아닌가? 의인이나 대인들 역시 그런 것이 아닌가?

2, 믿음으로 육신의 복도 받고 영혼의 복도 받는다. 영육간의 복이니 그것이 참된 복이 아닌가? 요한 3서 1:2절을 보라. 복의 문제를 가르치고 있다.
Ⓐ 믿음으로 이 세상적인 각종 복들을 받기도 한다. 그것을 성서와 역사가 증거하고 있는 것이다.
Ⓑ 세계사적 차원에서 기독교 국가는 잘되고 잘산다. 그러나 그 반대국가들은 가난하고 어려우며 심지어는 민족끼리 계속해서 싸우고들 있다.
Ⓒ 그러기에 지금에서도 기독교 국가들을 보고 그리고 하나

님을 믿는 자들을 보고 그리고 그 반대자들을 보라. 참으로 어처구니가 없는 현실이다.

  3, 믿음으로 이생의 복도 받고 내생의 복도 받게 되는 것이다. 마태복음 8:11-12절을 보라. 이것이 그 무엇을 가르치고 있는가?
  Ⓐ 선지자나 사도들은 믿음으로 이생과 저 생의 복을 받은 것이 사실이 아닌가?
  Ⓑ 구약성서의 선지자들이나 신약의 사도들은 그 누가 보아도 계산의 명수들이다. 그러니 그들의 축복이 수천년 동안 나타나고 있는 것이다.

  4, 각종 믿음에는 저 생적인 복도 있지만 반대로 이생적인 축복이 따르기 마련인 것이다. 누구도 이를 함부로 보지 말라.
  Ⓐ 여기에는 출세의 축복이나 명예나 권세의 축복이나 지위의 축복이 따르기 마련이다.
  Ⓑ 아브라함과 이삭과 야곱이 받은 축복을 보라. 특히 마태복음 8:11절을 유의하여 보라. 아브라함의 후손들이 영원히 복을 받고 있다. 이는 역사 위에서 던지는 바가 크다.

  3대지, 믿음은 언제나 우리에게 은혜와 축복을 가져다 준다. 믿음으로 은혜를 받고 주기도 한다

 1, 은혜의 축복은 믿음으로 오는 하나님의 선물이다.
  Ⓐ 기독교의 모든 축복은 믿음으로 오는 것이기에 믿음으로 받아야 한다.
  Ⓑ 오늘에서 교회에서 주시는 복은 다 믿음에의 선물이니

이것을 감안해야 한다.
ⓒ 그러니 신명기 28장의 복을 보면서 우리는 믿음으로 승리하는 길을 찾아야 한다.

2, 은혜의 축복은
Ⓐ 단비와 같은 것으로서 답답할 때에 필요하고 요구되는 것이다. 믿음과 축복은 언제나 함께 있는 것이 아니고 그 무엇인가?
Ⓑ 은혜의 축복은 사람이 심난하고 괴로울 때에 필요하고 요구되는 것이다. 믿음으로 오는 축복은 언제나 어디서나 모두에게 심히 요구되는 것이다.
ⓒ 은혜의 축복은 외로울 때에 필요하고 괴로울 때에 필요하고 답답할 때에 필요하다. 사람이 외로우면 그리고 고독하면 그 무엇보다 믿음의 축복이 요구되고 있다.
Ⓓ 은혜의 축복은 고통스러울 때에 필요하다. 믿는다고 해도 세상을 살다보면 종종 고통스러울 때가 있는데 이때에 필요한 것이 믿음인 것이다. 확고부동한 믿음과 견인불발한 믿음이 요구되고 있다.

3, 하나님은 교회에서 우리에게 믿음으로 은혜의 축복을 받으라고 한다.
Ⓐ 여기서는 아무리 저주스럽고 고통스러워도 믿음으로 이기라고 하신다. 믿음은 세상을 이기고(요한복음 16:33) 승리한다.
Ⓑ 우리에게 세상을 이기는 것이 있다면 그것은 믿음이다. 요한 1서 5:3-4절을 보라. 믿음으로 세상을 이긴다고 한다. 요한 1서 5:4-5절을 보라. 그 무엇이 세상을 이기는 것인지 그것을 알리시고 있다.

4대지, 믿음은 우리에게 죽음에서 승리하게 하는 축복을 가져다 주신다

요한복음 16:33절을 보라. 여기서 믿음이 무엇인지를 알리고 있다. 믿음은 우리에게 죽음을 이긴다는 것을 알리신다.

1, 죽음에서 우리에게 구원과 축복을 가져다준다.
Ⓐ 히브리서 11:1절을 보라. 믿음은 눈에는 보이지 않지만 주시는 축복이다. 예수께서 겨자씨의 믿음도 요구하고 있다.
Ⓑ 히브리서 12:2절을 보라. 여기서 성서는 믿음의 주요 온전케 하시는 예수를 바라보라고 하신다. 사도행전 7:54-56절을 보라. 스데반은 돌에 맞아 죽으면서도 하나님의 우편에 서신 예수를 보고 그것을 증거하고 있다.
Ⓒ 고린도 전서 15:57절을 보라. 세상에서 우리에게 날마다 이김을 주시는 하나님께 감사하라 하고 있다.

2, 죽음에서 부활의 완성과 축복을 주심을 믿음으로 감사하라.
Ⓐ 예수 그리스도께서는 죽음에서 믿음으로 부활 승리케 되신 것이다. 빌립보서 2:5-8절을 보라.
Ⓑ 그러니 하나님께서는 그를 지극히 높으신 것이 아닌가? 그러면 빌립보서 2:9-11절을 보라. 믿음은 과거나 현재에서 승리하는 것이고 복을 얻는 것이다. 이것을 목사나 교인들이 바로 아는 그것이 중요하다.

3, 죽음에서 우리로 하여금 천국으로 인도하는 것도 산 믿음

이니 축복인 것이다.
　Ⓐ 누가복음 16:22-25절을 보라. 거지 나사로는 큰 믿음을 가지고 낙원으로 간 것은 아니다. 그는 겨자씨만한 믿음으로 이생과 저 생에서 승리자가 되는 것이다. 그러기에 누구도 누가복음 16:22-31절을 보면서 믿음의 승리가 무엇인지를 바로 보아야 한다.
　Ⓑ 사도행전 12:3-11절을 보라. 믿음으로 베드로는 왕궁 지하 감옥으로부터 탈출하게 된다. 그는 삶과 죽음에서 삶을 선택하고 옥중에서 나오게 된 것이다.
　Ⓒ 사도행전 27장에 나타난 바울을 보라. 그가 바다에서 죽을 뻔하였고 어려움을 겪고 있다. 그러나 그는 믿음으로 죽음을 각오하여 믿음을 보이고 있다.
　Ⓓ 다니엘 6:10-18절에 다니엘의 사자굴을 보라. 믿음이 없이는 그렇게 할 수가 없다. 순교자들을 보고 믿음으로 승리한 자들을 보라. 하나같이 놀라움을 엿보게 된다.

5대지, 믿음은 우리로 하여금 세상에서 머리가 되는 축복을 가져다준다

　믿는 자는 그 믿음으로 머리가 되고 꼬리는 되지 아니한다. 이것이 바로 성서의 가르침인 것이다.

　1, 믿음은 우리로 하여금 머리가 되고 꼬리가 되지 않게 하신다.
　Ⓐ 신명기 28:13절을 보라. 믿음이 얼마나 귀중한 것인지를 보여주고 있다. 하나님은 누구도 그리스도 안에 사는 자는 절대로 꼬리는 되지 않게 하신다.

Ⓑ 히브리서 11:1절을 보고 그리고 다시 히브리서 11:6절을 보라. 여기서 믿음의 중요성을 강조하고 있다.
Ⓒ 믿는 자는 언제나 어디서나 모든 사람의 머리가 되고 꼬리는 되지 않게 하신다. 신명기 28:44절을 보라. 이것이 바로 하나님과 우리와의 약속관계인 것이다. 하나님은 믿는 자가 사람들의 꼬리가 되어 살거나 오고가면 하나님이 좋아하시겠는가? 그것은 결코 아니라는 것이다. 믿음은 승리자이고 앞선 자의 것이고 복을 받은 자의 것이 아닌가? 그렇다면 꼬리가 되지 말고 머리가 되는 것이 합리와 합법이 아니겠는가?

2, 하나님은 날마다 그리고 어디서나 우리의 믿음을 요구하고 보신다.
Ⓐ 하나님은 우리에게 때로는 겨자씨만한 믿음을 요구하고 있다. 물론 어떤 이에게는 큰 믿음을 요구하기도 한다. 문제는 믿음이 크냐 아니면 믿음이 적느냐의 문제가 아니고 우리가 보이지 아니하는 하나님을 믿고 있다는 그것 자체가 중요한 과제이다.
Ⓑ 하나님은 우리에게 큰 믿음을 요구하거나 아니면 겨자씨만한 믿음은 요구하지는 아니하신다. 그러면 왜 그런 것인가? 그것은 바로 믿음이 크거나 하는 것은 그 개인의 문제이지 다른 사람의 문제는 아니기 때문이다. 그러나 사람들은 하나같이 큰 믿음을 가지려고 노력을 한다. 그러나 그런 사고는 아주 잘못된 사고이고 욕심인 것이다. 물론 겨자씨만한 믿음도 귀하고 큰 믿음도 귀한 것이다. 누가복음 17:5-6절을 보라. 오늘의 사람들이 원하는 믿음은 바로 고무풍선적인 믿음이다. 그래서 인간의 생각과 하나님의 생각은 다르다. 이 원리를 바로 알라.

3, 그러면 왜 예수를 믿고 하나님을 믿는 자는 앞서가고 뒤에 가지를 아니하는 것인가? 신명기 28:44절은 그래서 의미하는 바가 많다.
　Ⓐ 우리에게 있는 믿음은 그 주인이 예수 그리스도이시지 우리 자신은 아닌 것이다(히브리서 12:2상반절).
　Ⓑ 그러므로 누구도 큰 믿음을 갖는다는 것은 축복이다. 왜냐 하니 믿음 그 자체가 복이기 때문이다.
　Ⓒ 우리에게는 겨자씨만한 믿음도 있으면 그것도 중요하심을 바로 알라. 사람들은 자신을 알고 믿음을 알아야 되는데 큰 믿음을 요구하고 있다. 만약에 하나님이 나에게 큰 믿음을 준다면 어찌할 것인가? 그러면 목이라도 내어 놓을 것인가? 이것도 아니면서 큰 믿음을 달라고 기도하니 문제가 생긴다.

　4, 하나님을 믿으면 언제나 어디서나 그리고 다시 어디에 가도 유념해야 할 것이 있다.
　Ⓐ 어디에 가도 그는 머리가 되고 꼬리는 되지 아니한다는 것이다. 누구도 믿음의 요구는 머리이지 꼬리는 아니다(신명기 28:44-45).
　Ⓑ 믿음은 누구도 앞서 가고 뒤에 가지 아니하는 것이다. 언제나 어느 때나 믿음을 가진 자는 사람들의 뒤를 따라가는 자가 아니고 인도하며 앞서가는 자이다.
　Ⓒ 그러면 그 저의는 무엇인가? 그것은 바로 하나님이 내 편이기 때문이다(시편 118:6, 118:7). 그러니 하나님이 나를 돕는 자이기 때문이다(시편 118:7상반절).

　6대지, 믿음은 우리에게 하늘의 축복을 가져다준다

"믿음은 우리에게 하늘의 복을 받으라고 권고한다"

  1, 시편 121:3-8절을 보라. 하나님은 언제나 졸지도 주무시지도 아니하시고 내 편이 되어서 나를 도우신다. 그러니 감사할 것이 아닌가?
  Ⓐ 하나님이 언제나 내 편이 되어서 나를 도와주시니 밤에도 감사이고 낮에도 감사인 것이다.
  Ⓑ 만약에의 경우에 하나님이 내 편이 되어서 나를 도우시면 나는 그 하나님께 무엇을 드리고 받칠 수가 있는가?

  2, 시편 128:3절을 보라.
  Ⓐ 여호와는 우리의 가정에도 복을 주신다. 아내나 남편이나 자녀들에게도 복을 주신다. 그것이 시편 128:3절의 전 내용이다.
  Ⓑ 오늘도 하나님은 그리스도인의 개인과 가정을 돌아보신다. 그 이유는 무엇인지 이를 바로 아는 것이 중요하다.

  3, 그러면 요한 3서 1:2절에 복을 주신다.
  Ⓐ 여기서 성서는 영혼이 잘되어야 육신과 범사가 잘된다고 강조하고 있다. 그러면 이것이 그 무엇을 강조하고 있는 것인가?
  Ⓑ 하나님께서는 오늘도 그리스도인들이 잘되고 범사가 잘되기를 바라신다. 그것이 바로 하나님의 뜻이다.
  Ⓒ 그러나 인간들은 하나님의 뜻보다 자기의 요구나 뜻을 앞세우고 그러다가 아니 되면 넘어지고 쓰러진다.

  4, 믿음은 우리에게 만사형통의 복을 주신다.

Ⓐ 믿음이 있는 자는 기도한 그대로 이루어지는 복을 받는다. 그러면 왜 그런 것인가? 그것은 하나님이 요구하시는 바이기 때문이다.

Ⓑ 감사를 한 그대로 되고 이루어지는 것이 바로 믿음에 의한 축복이다. 그래서 하나님의 뜻은 우리가 하나님께 감사하는 그것임을 바로 알라.

Ⓒ 그래서 우리의 영혼이 먼저 축복을 받아야 우리의 육신도 복을 받는 것이다. 하나님은 우리가 영생하는 복을 믿음을 통하여 받는 것을 바라시고 계신다.

Ⓓ 믿음은 하나님이 우리에게 복을 주시기 위하여 주신 것이니 이를 바로 알라. 그래서 성서는 히브리서 11:1절을 바로 보라고 강조하신다.

☆ 결론

누구도 믿음을 놓고는 왈가왈부해서는 아니 된다. 누구는 믿음이 있고 누구는 믿음이 없다거나 누구는 큰 믿음이고 누구는 적은 믿음이다라고 점수를 메기면 아니 된다. 세상적으로 보면 홍포를 입은 부자가 믿음이 있어 보이고 거지 나사로는 믿음이 없어 보인다(누가복음 16:19-23). 그러나 하나님의 편에서 보니 부자의 믿음은 헛것이고 나사로의 믿음은 큰 것이다. 모두가 이를 감안해야 한다.

믿음은 하나님이 우리에게 주시는 축복 중에 그 하나이다. 복을 주시려고 하나님이 우리에게 믿음을 주신 것이다. 그것은 우리가 하늘의 축복을 받으라는 것이다. 하늘의 복은 믿음을 사람들이 받고 얻는 것이다. 이것을 바로 모르면 미끄러지거나 낙오자가 된다. 구약성서를 보라. 열왕기 상 18:19절을 보면 850명은 대단한 지도자 같이 보이고 엘리야는 거지 중에 상거지이다. 그러나 막상 펼쳐놓고 하나님이 보시니 850명은 죽어야할 자들이고 엘리야는 살려야 할 자가 아닌가? 열왕기상 18:40절을 보라. 하나님은 공명정대하시니 죽일 자는 다 죽이시고 살리실 자는 다 살려서 하나님의 도우심을 나타내시고 있는 것이다.

그러면 우리에게 믿음이 있는가? 땅에 축복이 아니고 하늘의 축복도 받을 수가 있는가? 아니면 믿음이 없어서 땅의 복도 빼앗기고 하늘의 복도 빼앗기는 어리석은 자가 되었는가? (마태복음 13:13-15) 이런 경우는 참으로 어리석고 못난 자들의 태도이다. 하나님은 오늘도 살아 있는 우리의 믿음을 요구하고 계신다. 여기서는 그 무엇보다 바른 이해가 요구되고 있다. 그러니 믿음의 승리자는 될지라도 패배자나 넘어지는 자는 되지 말라. 감사하라.

요한복음 3:16-18
믿음은 승리이다(1)

[성경본문]

"하나님이 세상을 이처럼 사랑하사 독생자를 주셨으니 이는 저를 믿는 자마다 멸망치 않고 영생을 얻게 하려 하심이니라 하나님이 그 아들을 세상에 보내신 것은 세상을 심판하려 하심이 아니요 저로 말미암아 구원을 얻게 하려 하심이라 저를 믿는 자는 심판을 받지 아니하는 것이요 믿지 아니하는 자는 하나님의 독생자의 이름을 믿지 아니하므로 벌써 심판을 받은 것이니라"

△ 서론

※ 믿음은
① 믿음은 세상을 이기는 것이다(요한복음 16:33).
② 믿음은 마귀를 이기는 것이다.
③ 믿음은 어두움을 이기는 것이다(어두움의 세계).
④ 믿음은 죄악을 이기는 것이다.
⑤ 믿음은 사회의 모든 악을 이기는 것이다.
⑥ 기타 등을 이기는 것이다(자신과 세속과 종교와 정치와 권력과 기타 등). 믿음은 살아 있는 것이고 살아서 증거하는 것이다. 믿음은 그 자신과의 도전이고 선전포고이다. 믿음은 무엇보다 나 자신과의 전쟁이고 투쟁이고 싸워서 이기는 것이다. 우리가 믿음으로 살려면 무엇보다 자기 자신과의 전쟁에서 이기지 못하면 결코 아니 되는 것이다. 그러니 누구도 이

를 바로 아는 것이 중요하다. 그래서 우리가 예수 그리스도를 믿으면 구원을 얻고 믿지 아니하면 심판과 멸망을 받게 되는 것이다. 그래서 요한복음 3:16-18절을 보면 의미하는 바가 많다. 구원은 승리이지 패배는 결코 아니다.

그래서 하나님은 모세의 대를 이어서 여호수아를 선택하시며 강하고 담대하라 놀라지 말라 라고 말씀을 여호수아 1:6-8절을 통하여 강조하고 있다. 믿음은 누구에게도 승리하는 것이지 패배나 쓰러짐이 아닌 것이다. 믿음이 승리기이에 언제 어디서나 힘이 있고 용기와 결단력이 있는 자는 하나님을 믿어 매사에 승리하게 되는 것이다.

성서에 나타난 아브라함을 보고 이삭과 야곱을 보라. 그리고 노예가 되어 애굽으로 끌려가는 요셉을 보라. 이들을 보면 하나같이 믿음은 승리자의 것이지 포로병이나 낙오자의 것이 아님을 알게 된다. 그리고 다시 다니엘 6:10-18절에 나타난 다니엘을 보고 그리고 다시 다니엘 3:1-14절에 나타난 사드락과 메삭과 아벳느고를 보라. 믿음은 어디서나 패배자의 것이 아님을 알리시고 있다. 바른 이해가 요구된다.

1대지, 믿음은 죄와 악을 이긴다

믿음은 우리로 하여금 죄에서 벗어나게 한다. 그리고 죄를 이기고 승리하게 된다.

1, 히브리서 12:4절을 보라. 너희가 죄와 싸우되 피를 흘리기까지 싸우지 아니하였다고 하신다. 믿음은 처음부터 그 자체가 싸움이 아니겠는가?(디모데 후서 4:7)

Ⓐ 믿음은 승리자의 것이다. 고로 믿음은 패배자의 것이 아니다.

Ⓑ 그러니 믿음을 가진 자는 반드시 승리해야 한다. 요한복음 16:33절에서 예수께서는 마지막 유언에서 내가 세상을 이기었다고 하신다.
  Ⓒ 아브라함은 믿음으로 쉬지 아니하고 승리하며 살았다. 야곱이나 요셉도 쉬지 아니하고 승리하는 생활을 하였다.

  2, 믿음은 성수주일의 관계에서 이기는 것이다.
  Ⓐ 믿음의 사람이 사회와 직장생활에서 승리를 하려면 투쟁을 해야만 한다. 그럴 때에 승리까지 못하면 신앙생활을 할 수가 없다.
  Ⓑ 열왕기 상 18:19절에 850명:1의 전쟁에서 엘리야가 이기려면 믿음으로 승리하는 것 그길 뿐이다. 결국은 열왕기 상 18:40절을 보라. 하나님께서는 850명을 다 잡아 죽이려고 하신다.
  Ⓒ 열왕기 상 22:5-6절의 400:1의 투쟁에서 미가야가 승리를 하고 있다. 믿음의 전쟁에서는 그 수효가 문제되지 아니한다. 많고 적음의 문제가 아니라 말씀과 성령이 충만하냐 아니하냐를 문제 삼고 있다. 하나님의 요구는 누가복음 9:62절과 같이 쟁기를 잡고 뒤를 돌아보면 아니 된다. 예수께서는 누가복음 12:32절에서 적은 무리여 무서워 말라 너희 아버지께서 그 나라를 너희에게 주시기를 기뻐하시느냐고 말씀 하신다.

  3, 주일날이나 일반 날이나 교회를 나가지 못하게 할 그때에 어찌할 것인가?
  Ⓐ 성수주일을 지키려고 국가의 법을 어기면서 그리스도인들이 수고하고 감옥을 가거나 죽기까지 한다. 사도행전 12:1-2절과 사도행전 12:3-6절을 보라.

Ⓑ 성수주일을 지키려고 믿음의 본을 보여야 한다. 다니엘 6:1-8절의 다니엘의 태도와 믿음을 보라.

4, 범죄를 하자고 요구를 하거나 바라고 기다릴 때에는 믿음으로 승리해야만 한다.
Ⓐ 잠언 1:10-19절을 보라. 믿음으로 주일을 지키려면 목부터 걸고 뛰어야 한다. 이런 나라들이 이 세상에는 너무나 많다. 다니엘 3:1-22절의 풀무불의 사건도 그렇고 다니엘 6:10-18절의 다니엘 사자굴의 사건도 역시 그러하다.
Ⓑ 믿음은 죄를 이긴다. 믿음으로 세상과 사회를 이기고 어두움의 세력을 이기고 죄를 이기지 못하면 되겠는가? 결코 아니 되는 것이다.

2대지, 믿음은 세상을 이긴다(요한복음 16:33)

믿음은 세상을 이긴다. 믿음으로 이 세대와 세속과 세속도시를 이긴다.

1, 믿음이 세상을 이긴다.
Ⓐ 요한 1서 5:5절을 보라. 우리가 그 무엇으로 세상을 이기겠는가라고 묻고 있다.
Ⓑ 요한 1서 5:4-5절을 보라. 세상을 이긴 이김은 곧 믿음이라고 규정하고 있다.
Ⓒ 예수께서 내가 세상을 이기었다고 하신다(요한복음 16:33). 그러면 그 이유는 무엇이고 그 어디에 있는 것인가?

2, 믿음으로 사는 자는 세상을 이기게 되어져 있다.

Ⓐ 믿는 자가 세상을 이기지 못하면 어찌 되는 것인가? 그러면 영육이 죽거나 악한 영에게 잡히고 만다.
Ⓑ 디모데 후서 4:7절을 보라. 내가 선한싸움을 싸우고 라고 하신다. 이는 믿음과 이김이 그 무엇인지를 알리시고 있는 것이다. 우리는 언제나 어디서나 믿음으로 이기며 살아야 한다.

3, 믿음은 오늘의 세상을 이긴다.
Ⓐ 믿음은 과거의 세상도 이기고 현재의 세상도 이기고 미래의 세상도 이길 것이다.
Ⓑ 그러기에 믿음이 없는 자가 되지 말고 믿음이 있는 자가 되라. 하나님이 이것을 요구하고 있다.

3대지, 믿음은 각종 시험을 이긴다

믿음은 어디서나 각종시험이나 시련을 이긴다. 그래서 믿음은 패배자의 것이 아니고 승리자의 것이다.

1, 다니엘의 믿음은 시험을 이기는 승리 하였다(다니엘 6:10-18).
Ⓐ 믿음이 다니엘을 사자굴에서 구원하고 승리하고 이기게 만들었다. 그래서 다니엘 6장은 많은 것을 우리에게 가져다주고 있다.
Ⓑ 다니엘 3:1-22절을 보라. 이것이 다니엘의 벗들의 신앙이다. 사드락과 메삭과 아벳느고의 믿음을 보라. 우리가 다니엘 3:1-24절을 보면서 배우고 깨닫는 것이 많다.
Ⓒ 믿음은 풀무불의 뜨거움도 이긴다. 왜냐 하니 믿음은 승리자의 것이기 때문이다. 다니엘이나 다니엘의 3친구는 믿음

이 없으면 죽은 자가 아닌가? 하나님은 이들에게 역사적 관점에서 믿음의 승리를 요구하고 있다.

 2, 사드락과 메삭과 아벳느고의 믿음을 다니엘 3:1-24절에서 찾아보라. 이들은 하나같이 큰 믿음을 가졌고 큰 시험을 이기는 자들이 아닌가?
 Ⓐ 그러면 풀무불의 열기와 믿음의 열기 중에 어느 것이 먼저인가? 하나님이 보실 때에는 풀무불의 열기는 2000-3000도 정도이고 이들의 믿음의 열기는 3000도 이상이니 풀무불의 열기가 이들을 집어 삼킬 수가 없었다.
 Ⓑ 그리고 에베소에서 박해 때에 사도요한의 행위를 보라. 사람들은 그를 잡아다가 1차로 풀무불에 넣었다. 그러나 요한은 풀무불속에서 기도하였고 다음에 사람들은 그에게 맹독을 입을 벌려서 넣기 시작하였다. 얼마나 많이 먹었는지 배가 불러서 더 이상 먹지 못하였다. 그래서 결국은 사도 요한이 밧모섬으로 귀양 가서 30여년 가까이 혼자 고독하게 지냈다.

 3, 믿음은 제반의 역경을 이긴다.
 Ⓐ 욥기 1장과 2장을 보라. 욥기 1장에서는 10자녀의 죽음과 모든 재산의 파괴가 나타나고 종들의 죽음과 흩어짐이 나타난다. 여기서 욥은 욥기 1:21절의 공수래공수거가 무엇인지를 알리시고 있다.
 Ⓑ 욥기 2장에서는 그 자신의 질병과 고통이 나타난다. 욥은 이 모든 문제에서 끝까지 이기고 승리하게 된다. 그러나 그것은 결코 쉬운 문제가 아니다.

 4, 믿음은 어떤 어려움 속에서도 이기고 승리하는 것이다.

그래서 성서는 다니엘 6:10-18절을 보고 그리고 다시 다니엘 6:21-22절을 보라고 강조하신다.

 Ⓐ 850:1 하나로 싸우는 것이 쉬운가? 열왕기 상 19:18-39절을 보라. 1:850명의 싸움은 쉬운 것이 아니니 하나님이 850명을 다 죽이신다. 열왕기 상 18:40절을 보라. 이것이 바로 하나님의 뜻이고 요구사항이다.

4대지, 믿음은 마귀를 이기는 것이다(베드로 전서 5:9)

믿음은 마귀를 이긴다. 믿음으로 마귀를 대적하라고 한다.

1, 유념할 것은 귀신의 믿음도 있다(야고보 2:19).
 Ⓐ 그래서 귀신은 사람의 믿음을 이용한다.
 Ⓑ 예수 그리스도께서는 십자가를 지시고 죽으시면서 마귀를 이기고 결박하신 것임을 알리신다. 골로새서 2:15절과 에베소서 4:8절을 보라.
 Ⓒ 귀신의 믿음도 있다. 야고보서 2:19절을 보라. 사람들은 귀신이 가져다주는 믿음을 천사들이 가져온 것으로 착각할 때도 있다.
 Ⓓ 그러니 바른 판단과 바른 이해가 요구되고 있다.

2, 요한 1서 5:4-5절을 보라.
 Ⓐ 마귀는 목사나 교인이 그리스도 안에서 강하면 도주한다. 그러나 그리스도인이 약하면 덤빈다. 그래서 성서는 우리에게 믿음의 강함을 요구하고 있다.
 Ⓑ 요한 1서 5:4하반절을 보라. 우리가 세상을 이기는 것은 우리의 믿음뿐이라고 한다. 우리의 믿음이 세상을 이기려면

기초와 바탕이 성령과 말씀의 사람이 되어야만 한다.

3, 에베소서 6:18-19절에서 믿음으로 마귀를 이기는 방법을 배워야 한다. 마귀는 이기고 패하면 아니 된다.
Ⓐ 에베소서 4:27절을 보라. 마귀에게 누구도 틈을 주지 말라. 틈을 주면 마귀는 덤빈다.
Ⓑ 마귀의 포로병이 되지 말라. 그러면 패배자가 되고 마귀의 졸병이 된다.
Ⓒ 마귀에 의한 패잔병은 되지 말라. 우리는 날마다 영적 싸움터에서 영적으로 싸우는 자들인 절대로 패배는 아니 된다. 하나님의 요구는 모든 그리스도인들이 패잔병이 되어 마귀를 따라가는 것을 원치 아니하신다.

4, 믿음은 마귀에게도 승리한다.
Ⓐ 베드로 전서 5:8절을 보라. 마귀에게 이기고 결코 패배를 하지 말라. 날마다 마귀는 우는 사자같이 날뛰고 싸우려고 덤빈다.
Ⓑ 그러니 그리스도인들은 베드로 후서 3:18절과 같이 그리스도를 아는 지식에서 자라가야 한다.
Ⓒ 마귀는 날마다 우는 사자같이 에베소서 6:17절과 같이 하나님의 말씀의 검으로 싸워서 이기도록 해야 한다.

5대지, 믿음은 음부의 세력을 이긴다

믿음이 음부의 세력을 이기니 믿는 자에게는 심판이 없다. 요한복음 5:24절을 보라.

1, 믿음은 음부의 권세에서 벗어난다. 이것이 바로 믿음에 의한 승리의 비결이 아니겠는가?
   Ⓐ 믿음은 세상을 이긴다(요한 1서 5:4).
   Ⓑ 믿음은 어두움의 세력과 사회를 이긴다.
   Ⓒ 믿음은 음부와 음부의 세력을 이기고 승리한다. 예수께서는 마태복음 16:18절에서 예수께서 세우시는 교회가 음부의 세력을 이긴다고 말씀하신다.

2, 음부는 우리를 삼키려고 하나 우리는 믿음으로 반드시 벗어나고 이긴다. 그 이유는 무엇인가?
   Ⓐ 우리는 음부의 세력이나 권세로부터 벗어나고 승리해야 한다. 이것이 바로 우리 주님의 요구사항이다.
   Ⓑ 음부는 쉬지 아니하고 인간을 자신의 권세 아래에 가두려고 한다. 그러나 믿음이 있으면 이에서 벗어나게 된다.
   Ⓒ 그러니 믿음으로 음부의 세력을 이기고 승리해야만 한다.

3, 믿음은 그 무엇보다 자기 자신을 이기는 것이다. 자기 자신을 이기려면 누구에게도 믿음이 있어야 한다.
   Ⓐ 마태복음 10:39절을 보라. 믿음이 없는 자는 자기 자신을 잃게 된다. 여기서 크게 문제가 생기는 것이다.
   Ⓑ 믿음이 없는 자는 남의 십자가는커녕 자기 자신의 십자가도 지지를 못한다. 마태복음 10:38하반절을 보라.
   Ⓒ 그러니 그 누구도 여기서는 바른 이해가 요구되는 것이다.

4, 누가복음 10:27절을 보라.
   Ⓐ 예수께서는 여기서 자기의 십자가를 지고 따르라고 명령하신다. 왜냐 하니 십자가는 자기를 이기는 무기이고 진리이다.

Ⓑ 누구도 십자가를 벗고서 자기를 이기라는 것이 아니고 십자가를 지고 이기라는 것이다. 그 반대는 누구에게도 죽음이고 파괴인 것이다.
　Ⓒ 믿음이 있는 자가 되고 믿음이 없는 자가 되지 말라. 믿음이 있는 자는 세상에서 언제나 승리하고 믿음이 없는 자는 세상에서 패배자가 된다.

　6대지, 믿음은 심판을 이긴다. 그래서 예수께서는 믿는 자에게는 심판이 없다고 하셨다(요한복음 5:24)

　1, 믿음은 우리들 모두의 심판을 면케 하신다(심판이 없다).
　Ⓐ 예수께서는 그리스도를 믿는 자는 반드시 심판하지 아니한다고 말씀하시었다. 요한복음 3:16절에서 믿으면 멸망치 않고 영생을 얻는다고 하시었다.
　Ⓑ 요한복음 3:17절에서 저로 말미암아 세상을 구원하려 하심이라고 한다. 그러면 그 이유는 무엇인가?
　Ⓒ 예수를 믿는 자는 하나님 앞에서 심판을 받지 아니하고 (요한복음 3:18) 불신자는 반드시 심판을 받는다고 한다.
　Ⓓ 그러면 다시 요한복음 5:24절을 보라. 누구든지 예수를 믿으면 심판에서 벗어난다. 문제는 믿음이 크냐 아니면 믿음이 적으냐의 문제이다.

　2, 믿음은 심판을 이기게 만든다.
　Ⓐ 믿음은 요한복음 5:24절 그대로 심판을 면케 하여 주신다.
　Ⓑ 요한복음 5:25-26절을 보라. 믿으면 그 믿음이 심판을 이기고 승리한다는 것을 알리시고 있다. 이에 대한 바른 이해가 있는가?

ⓒ 그러면 그 이유는 무엇인가? 이에 대한 바른 이유가 있어야 승리하게 된다.

3, 요한복음 3:16-18절을 보라. 믿는 자는 심판을 면케 하신다고 한다. 성서는 이미 의미하는 바가 많은 것이다.
Ⓐ 누구도 믿지 아니하면 심판을 받는다. 그 누구도 여기에서는 결코 예외가 아니다.
Ⓑ 요한복음 5:24절을 보라. 여기서는 믿는 자는 영생의 부활로 그 반대자는 심판의 부활로 나온다고 경고하고 있다. 그러니 그 누구도 이 원리를 바로 알아야 한다.

4, 그러면 여기서 다음을 유의하여 보라.
Ⓐ 요한복음 5:24절과 그리고 다시 요한복음 5:25-29절까지를 유의하여 보라. 여기서 예수께서는 믿음이 우리에게 가져다주시는 것이 무엇인지 그것을 알리시고 있다.
Ⓑ 시편 37:33절을 보라. 여호와를 알고 섬기면 거의 재판 때에도 정죄치를 하지 아니하게 하신다고 강조하신다.
ⓒ 그러면 그 이유는 무엇이고 그 어디에 있는가? 이를 바로 아는 것이 믿음의 원동력이고 힘이다. 우리는 누가복음 9:62절 그대로 쟁기를 잡고 앞으로 나아갈 자이지 뒤로 물러갈 자는 아니다.

☆ **결론**

믿음은 반드시 이기고 승리하는 것이지 패배하고 무너지고 도중에 그 끝이 나는 것이 아니다. 그러면 먼저 구약성서를 보고 그리고 다시 신약성서를 보라. 믿음의 사람들이 지고 넘어지고 쓰러지는 것은 보았는가? 결코 아니다. 빌립보서 3:5-8절의 바울을 보고 그리고 다시 디모데 후서 4:7-9절의 바울을 보라. 바울은 여기서 그 자신이 패배자가 아님을 강조하고 있다. 그리고 다시 로마서 8:34-39절에 나타나는 믿음의 승리와 그 과정 하나하나를 유의하여 보라. 믿음은 언제나 반드시 우리에게 이김을 주신다고 말씀하신다.

고린도 전서 15:57절을 보고 오늘의 우리들의 믿음을 유념하여 보라. 우리는 믿음으로 감사할 것이 있는지 아니면 믿음이 없어서 책망할 것이 있는지 이것 하나 하나를 유념해야 한다. 그 누구도 믿음으로 승리자는 될지라도 패배자는 되지 말라. 승리자는 영광을 얻는 것이고 패배자는 심판과 저주를 받는 것이다. 그러니 이를 감안 해야만 한다.

요한복음 3:16-18
믿음은 승리이다(2)

[성경본문]

"하나님이 세상을 이처럼 사랑하사 독생자를 주셨으니 이는 저를 믿는 자마다 멸망치 않고 영생을 얻게 하려 하심이니라 하나님이 그 아들을 세상에 보내신 것은 세상을 심판하려 하심이 아니요 저로 말미암아 구원을 얻게 하려 하심이라 저를 믿는 자는 심판을 받지 아니하는 것이요 믿지 아니하는 자는 하나님의 독생자의 이름을 믿지 아니하므로 벌써 심판을 받은 것이니라"

△ 서론

※ 믿음은 언제나 죽어 있는 것이 아니고 승리하는 것이다. 또는 믿음은 죽어 있는 승리가 아니고 살아 있는 승리인 것이다. 믿음은 과거에서도 현재에서도 승리이고 그리고 믿음의 후대(장차)에서도 언제나 승리를 가져오게 하는 것임을 바로 알라. 엘리야 선지자 하나와 850명과 싸워서(열왕기 상 18:20-29) 승리하여 모두를 잡아 죽이는 대 참사를 낳았다(열왕기 상 18:40). 그러면 왜 혼자서 850명과 싸우게 되는 것인가? 그것은 하나님이 살아 계시고 그에게 힘과 능력을 주시기 때문이다.

예수께서는 요한복음 16:33절에서 "내가 세상을 이기었다고" 말씀 하신다. 믿음은 어두움과 악한 세력과 마귀를 이기는 것이고 세상의 각종 세력과 싸워서 이기는 것이다. 열왕기 상

22:5-23절까지를 보라. 미가야가 400명의 선지자들과 싸워서 이기고 있지 아니하는가? 세상은 악함으로 믿음으로 승리하지 못하면 결국은 죽거나 낙오자가 되고 만다. 이것은 어찌할 도리가 없는 것 아닌가? 다니엘 3:13-23절을 보라. 사드락과 메삭과 아벳느고는 믿음으로 싸워 이기려고 풀무불 용광로 속에 던져지기도 한다. 믿음이 없이는 들어갈 수 없는 것 아닌가? 사는 것과 죽는 것은 하늘에 있는 것이지 땅에 있는 것은 아니다.

1대지, 믿음은 승리케 하사 우리를 하나님의 자녀로 만든다

"승리자는 믿고 패배자는 넘어지고 떨어진다"

1, 믿음으로 우리는 하나님의 자녀가 된다.

Ⓐ 그 누구도 믿음이 없이는 하나님을 기쁘시게 할 수가 없다(히브리서 11:6). 왜 그런가? 우리에게 믿음이 없이는 이만한 시험을 이기지 못한다. 믿음 따라 하나님은 우리에게 시험을 주신다. 시편 66:10절과 66:11절과 66:12상반절과 66:12하반절과 이런 시험이 오기 때문에 그 누구도 이기지 못한다. 시편 12:6절을 보고 시편 9:15절을 보고 시편 10:9절을 보고 다 그물에 잡히고 묶이고 에스겔 13:4절에서 황무지 있는 여우에게도 잡힌다.

Ⓑ 하나님은 우리의 믿음을 따라 시험을 하는데 여기서 넘어지면 절대로 아니 된다.

Ⓒ 믿음은 바라는 것들의 실상이다(히브리서 11:1상반절).

Ⓓ 믿음은 언제나 보지 못한 것들의 실상이다(히브리서 11:1

하반절). 그러기 때문에 우리는 하나님을 보지 못하였으나 믿는다. 그리고 사후의 세계인 천국과 지옥을 보지 못하였으나 믿고 따르며 산다. 그 이유는 믿음은 보지 못한 것들의 실상이기 때문이다.

2, 하나님의 자녀는 믿음으로 승리자가 되고 승리를 쟁취해야 한다.
　Ⓐ 하나님의 나라는 침노하는 자가 얻는다. 마태복음 11:12절을 보라. 이런 것들이 그 무엇을 알리시고 가르치시고 있는 것인가?
　Ⓑ 하나님의 나라는 쓰러지고 넘어지고 도망치는 자의 나라가 아니다. 하나님의 나라는 승리하는 자의 나라인 것이다. 이는 그 누구에게도 해당 사항이 된다.

3, 그래서 성서는 천국은 승리자의 것이지 패배자의 것은 결코 아니라고 한다. 누가복음 16:22-23절을 보라. 사후의 세계는 승리자의 것임을 알리시고 있다.
　Ⓐ 예수께서는 이 세상에 있는 자기의 종들에게 승리자가 되라고 한다. 하나님의 나라의 백성은 믿음으로 승리하는 자들이지 패배하는 자들은 아니다. 구약의 선지자들을 보고 신약의 사도들을 보라. 그 누구도 승리자들이 아닌가? 모세는 미디안에서 목동으로 40년간 참고 견디면서도 승리하는 자이었지 패배하는 자는 아니었다. 사도 요한은 밧모섬에서 30년간 혼자 외로이 기도하면서 지내는 것을 주께서 왜 모르시겠는가?
　Ⓑ 예수 그리스도는 언제나 지는 자의 편이 아니다. 분명히 참고 인내하고 기다리고 이기는 자들에게 힘을 주신다.

ⓒ 그러면 왜 그런 것인가? 그것은 하나님의 나라는 저 생이나 이생 모두가 승리의 나라이지 패배의 나라는 아니기 때문이다.

4, 믿음으로 승리하고 영광을 얻는 방법을 우리는 믿음으로 승리하고 승리자가 되려면 확고부동한 신념과 의지가 있어야 한다.
Ⓐ 믿음으로 승리하고 승리자가 되려면 확고부동한 신념과 의지가 있어야 한다.
Ⓑ 마가복음 11:20-21절을 보라. 이것이 바로 승리한 믿음의 것이지 패배자의 것은 결코 아니다.

2대지, 믿음은 슬픔과 고통과 괴로움을 이긴다

다니엘은 사자 굴속도 이겼고(다니엘 6:10-18) 사드락과 메삭과 아벳느고는 풀무불도 이겼고(다니엘 3:13-23) 사도요한은 밧모섬의 귀양도 이겼다(계시록 1:9).

1, 믿음은 모든 슬픔을 이긴다.
Ⓐ 요한복음 16:33절의 바로 여기에 속한다. 그러면 다니엘 6:10-18절의 그 무엇을 가르치고 있는가? 여기서 다니엘은 고통과 시험과 시련을 이기고 있다.
Ⓑ 믿음이 천하를 이기고 세상을 이기니(요한 1서 5:4-5) 이것을 바로 아는 것이 축복이다.

2, 믿음은 모든 고통을 이긴다.
Ⓐ 그러기에 믿음이 없으면 누구에게도 사는 맛이 없다. 믿

음은 땅의 것 또는 세상의 것이 아니고 하늘의 것이다.
　Ⓑ 믿음은 사람들의 것이 아니고 하나님의 것이다.
　Ⓒ 믿음이 하나님의 것이니 히브리서 12:2상반절에서 믿음은 그 주인이 있다는 것을 알리고 있다.

　3, 믿음은 모든 괴로움들을 이긴다. 그리고 슬픔도 이긴다.
　Ⓐ 누가복음 16:20-21절에 거지 나사로를 보라.
　Ⓑ 믿음이 있어야 슬픔과 고통과 괴로움을 이기고 승리하게 된다. 그러면 그 이유는 무엇인가? 이에 대한 바른 이해가 있어야 한다.
　Ⓒ 히브리서 11:6절을 보라. 믿음이 있어야 누구도 하나님을 기쁘시게 한다. 왜냐 하니 인간은 하나님을 찬양하기 위하여 지으신 것이니 그러하다(이사야 43:21).
　Ⓓ 그러므로 믿음이 있으면 모든 것을 이기고 승리하게 된다.

3대지, 믿음은 이 세상적인 근심과 걱정 뿐 아니라 모든 질병을 이긴다

　　　자기의 질병이나 타인의 질병도 마찬가지이다.
　　　　마가복음 16:16-18절을 보라.

　1, 믿음이 있으면 이 세상에서 그 자신의 질병들을 이긴다. 믿음으로 각종 질병들을 이긴다.
　Ⓐ 믿음은 그 무엇도 능치 못함이 없다. 때로는 믿음으로 자기의 병을 고치기도 한다. 그러나 여기서 유의할 것은 기도해도 아니 되는 것도 있다.
　Ⓑ 마가복음 5:34절을 보라. "네 믿음이 너를 구원하였으니

병에서 놓여 건강하라"고 하신다. 이런 경우는 세상에서 얼마든지 있는 경우이다.

2, 믿음이 있으면 각종 영적인 병들도 이긴다.
Ⓐ 믿음이 있어야 영혼과 육신이 건강하여지고 시편 19:7절 마냥 영혼이 소성하여 지기도 한다.
Ⓑ 누구도 믿음이 없으면 부자 청년의 꼴이 난다. 마태복음 19:16-22절과 마가복음 10:23-27절의 부자청년을 보라. 참으로 어처구니없는 일이다.

3, 믿음이 있으면 타인의 질병도 고친다.
Ⓐ 베드로는 죽은 여인을 살리기도 하였다(사도행전 9:37-43).
Ⓑ 믿음이 있으면 나무를 뽑아서 바다에 던지우라 하여도 그대로 된다(마가복음 11:22-23). 이것이 바로 믿음의 행위와 행동이다.

4, 믿음으로 특별은사 귀신을 제어하고 귀신질병도 고치게 된다. 이것들이 바로 믿음의 기본과 원리인 것이다.
Ⓐ 그 누구도 하나님을 바로 믿으면 믿는 그대로 되어 진다.
Ⓑ 그러면 왜 그런 것인가? 그것이 바로 믿음을 가진 자들의 합리와 합법적인 행동과 태도이기 때문이다. 그 누구도 여기서 벗어나거나 떠나면 아니 된다.

4대지, 믿음은 우리의 소원을 성취시키고 이기게 한다

이생이나 저 생에 대한 소원이 있는 자는 믿음을 가져야 한다.

1, 성서의 가르침은 우리의 믿음대로 소원하는 바가 이루어 진다고 가르치고 있다.
Ⓐ 성서는 언제나 우리에게 믿음대로 될 것을 요구하신다. 그래서 열두 해 혈루증으로 앓은 여인이 예수를 찾아 왔을 때에 예수께서는 그 여인에게 네 믿음대로 되라고 말씀하신다 (마가복음 5:25-34).
Ⓑ 마가복음 2:4-12절을 보라. 중풍 병자에게 예수께서 이르시되 네 믿음대로 되라고 하신다. 그렇게 말씀하시는 그 저의가 무엇인가?

2, 너희에게 믿음이 있으면 무엇이든지 믿고 구하라.
Ⓐ 마태복음 7:7-9절을 보라. 여기서 예수께서는 철저히 구하라고 하신다.
Ⓑ 이는 우리에게 소원성취의 신앙이 무엇이고 어떤 것인지 그것을 알리시는 것이다.
Ⓒ 그 누구도 믿으면 되고 구하면 이루어진다. 그것이 바로 온전하신 하나님의 뜻과 요구사항이다.

3, 누가복음 18:1-8상반절을 보라. 구하는 자는 반드시 구하는 대로 이루어진다고 하신다.
Ⓐ 마태복음 9:27-29절을 보면 너희 믿음대로 되라고 하신다. 왜 그런가? 그것은 우리가 가진 믿음은 승리이고 영광이고 축복이니 그러한 것이다.
Ⓑ 그러나 하나같이 인간들에게는 믿음이 없으니 그것이 문제이다. 누가복음 18:8하반절을 보라고 한다.

4, 시편 37:4-5절을 보라고 하신다.
Ⓐ 여기서는 먼저 하나님을 기쁘시게 하면 소원하는 바가

이루어진다고 한다.
　Ⓑ 마태복음 8:5-13절을 보라. 백부장의 소원대로 되라고 하신다. 백부장은 자기가 소원한 대로 이루어졌다(마태복음 8:13).
　Ⓒ 그러면 마태복음 17:14-19절을 보라. 솔직히 이런 인간들에게 과연 믿음이 있겠는가? 없다. 그럼 어찌해야 하는가? 그때에는 먼저 회개부터 하고 하나님께 나아가야 한다.
　Ⓓ 사람은 이미 주객이 전도 되어 있기에 어려움이 많다. 그러면 마태복음 17:20절을 보라. 이것이 바로 믿음이 아니겠는가?

5대지, 믿음은 언제나 우리를 승리하게 하사 하나님께 감사하게 한다

　믿음은 가다가 넘어지고 쓰러지는 것이 아니고 가다가 넘어지면 즉시 일어나서 달려가는 것이다.

　1, 누구도 믿음이 있어야 하나님께 감사하게 된다. 감사는 믿음이 없는 자의 몫이 아니고 믿음을 가진 자의 몫이다.
　Ⓐ 믿음이 있어야 누구도 하나님께 나아가고 하나님을 기쁘시게 할 수가 있다(히브리서 11:6).
　Ⓑ 믿음이 있어야 하나님을 영화롭게 하고 감사하게 한다. 왜냐 하니 믿음은 주시는 축복이기 때문이다.
　Ⓒ 믿음이 있어야 병도 고치고 역사도 나타내고 감사도 하게 되는 것이다. 창세기 12:1-4절을 먼저 보고 그리고 창세기 22:1-14절을 보라. 이것이 바로 인간의 믿음이 아닌가?

　2, 믿음이 있어야 하나님을 기쁘시게 한다. 그러나 믿음이 없으면 자기를 기쁘게 하라고 요구한다.

Ⓐ 그 누구도 믿음이 없으면 하나님을 기쁘시게 할 수가 없다. 왜냐 하니 믿음이 없으면 그는 울리는 꽹과리의 믿음이 되기 때문이다.
Ⓑ 열왕기 상 18:19절을 보라. 여기서 엘리야의 믿음이 나타난다. 엘리야는 850:1로 싸워서 그들 모두를 잡아다 죽인다. 그러니 열왕기 상 18:40절은 의미를 많게 하고 있다.

3, 믿음과 감사는 승리자가 하는 것이지 패배자나 넘어진 자가 하는 것은 아니다. 오늘의 교회당 안에는 종교적 패잔병들이 너무나 많다.
Ⓐ 누구도 믿음의 포로 병자가 되지 말라. 그러면 사소한 것에서도 넘어진다.
Ⓑ 믿음의 패잔병들은 되지 말라. 그러면 그 결과가 어찌 될 것인가 함이다.
Ⓒ 이사야가 기도하면 적군 수십만 명을 눈을 멀게 하여 포로로 잡은 것은 놀라움이다. 한 사람의 기도가 수십만 명의 눈을 어둡게 만들었으니 놀라움이 아닌가?

4, 예수께서는 십자가에서 하나님을 기쁘시게 하고 감사의 기도를 드리셨다.
Ⓐ 십자가는 승리이고 감사이지 결코 패배는 아니다. 아픔을 참고 감사해야 한다.
Ⓑ 십자가는 세상과 어두움과 마귀를 이기심이다. 그래서 성서는 골로새서 2:15절과 에베소서 4:8절을 보라고 하신다. 그것은 바로 십자가가 승리이고 패배는 아니기 때문이다. 패잔병은 영적으로나 육적으로 쓰러지고 넘어지지만 승리자는 이기고 또 이기는 것이다.

6대지, 믿음은 우리를 승리케 하여 예수 그리스도 안에서 살게 하신다

1, 고린도 전서 15:57절을 보라. 여기서 성서는 우리에게 이김을 주시는 하나님께 감사하라고 한다. 이것은 우리에게 경고하심이다. 이기는 믿음을 가지고 살지라도 지고 넘어지는 믿음은 갖지 말라고 하신다.

Ⓐ 믿음은 하나님이 우리에게 주시는 것이다. 고로 믿음을 가진 자는 앉거나 좌절하거나 실망과 낙심은 아니 된다.

Ⓑ 히브리서 12:1상반절을 보라. 그리고 12:2절을 보라. 이런 것들이 그 무엇을 알리시고 있는가?

Ⓒ 믿음은 하나님과 사람 앞에서 이기고 승리하는 것이지 넘어지고 패배하는 것이 아니다. 그 누구도 이를 모르면 아니 된다.

2, 요한복음 15:4상반절을 보라.

Ⓐ 너희가 믿음으로 내 안에 거하라 나도 너희 안에 거하라. 이것이 무엇인지 아는가? 그래야 바로 사는 것이고 생명을 구하는 것이다.

Ⓑ 요한복음 15:4하반절을 보라. 너희도 내 안에 거하라 그래야 영과 육이 산다는 것을 알게 된다. 이것이 그 무엇을 의미하는 지를 바로 알라.

3, 믿음은 우리로 하여금 그리스도의 품안에서 살게 하는 것이다.

Ⓐ 불신과 비 신앙은 우리로 하여금 예수 그리스도의 밖에서 살고 천국의 밖에서 살게 한다. 그러니 악한 영들이 우리

들 곁을 오고 간다. 그러나 우리는 믿음으로 살아야 한다.

ⓑ 믿음은 우리로 하여금 예수 그리스도 안에서 살면서 승리하라고 강조하신다. 기본적으로 믿음은 승리하는 것 또는 승리자의 것이지 패배자의 것은 아니다.

4, 믿음은 우리에게 예수 그리스도 안에서 모든 것들을 이기며 살라고 한다. 이것이 바로 믿음의 원동력이고 힘이다.

Ⓐ 요한복음 15:6절에서 예수께서는 너희가 내 안에 거하라 나도 너희 안에 거하리라 그리하면 우리들 모두가 살리라 라고 하셨는데? 이것이 그 무엇을 가르치고 있는가?

Ⓑ 그러면 예수께서는 왜 이런 말씀을 우리에게 주시는가? 그것이 바로 믿음이고 믿음으로 상호간에 사는 유일의 길이기 때문이다. 그리스도인은 이에 대한 바른 이해가 있어야 한다.

☆ **결론**

믿음은 우리의 것이 아닌 예수 그리스도의 것이다. 그러므로 믿음은 예수 그리스도 안에 이기고 승리하는 것이다. 그럼에도 믿음이 없이는 아무것도 할 수가 없다. 믿음이 없으면 푯대가 없고 줏대가 없고 뼈 없는 인생이 되기에 유야무야 하게 된다. 그래서 성서는 종종 믿음이 없는 자와는 사귀지 말라고 한다. 이것을 모르면 결코 아니 되는 것이다.

성서가 가르치는 믿음은 우리에게 승리자가 되고 절대로 패배자는 되지 말라고 경고하신다. 이기는 자는 예수 그리스도의 것이고 지는 자는 악한 마귀의 것이다. 그러니 여기서도 바른 이해가 있어야 한다. 믿음으로 승리자는 될지라도 패배자는 되지 말라. 이것이 바로 우리 주님의 요구사항이다. 승리자가 되고 감사하라.

요한복음 3:16-18
믿음은 승리이다(3)

[성경본문]

"하나님이 세상을 이처럼 사랑하사 독생자를 주셨으니 이는 저를 믿는 자마다 멸망치 않고 영생을 얻게 하려 하심이니라 하나님이 그 아들을 세상에 보내신 것은 세상을 심판하려 하심이 아니요 저로 말미암아 구원을 얻게 하려 하심이라 저를 믿는 자는 심판을 받지 아니하는 것이요 믿지 아니하는 자는 하나님의 독생자의 이름을 믿지 아니하므로 벌써 심판을 받은 것이니라"

△ 서론

※ 믿음은 다음을 이길 수가 있다.
① 마귀를 이긴다.
② 세상과 세파를 이긴다.
③ 죄를 이긴다.
④ 어두움과 어두움의 세력을 이긴다.
⑤ 그 자신을 이긴다.
⑥ 음부와 음부의 권세를 이긴다.
⑦ 기타 등을 이긴다.

우리가 믿음으로 살면 위의 7가지를 이야기 때문에 예수께서도 요한복음 16:33절에서 내가 세상을 이기었다고 말씀하시었다. 그리고 다시 다음을 보라. 믿음으로 산자들은 다음을 이긴다.

① 풀무불을 이긴다(다니엘 3:13-23).
② 사자와 사자굴을 이긴다(다니엘 6:10-18).
③ 밧모섬을 이긴다. 사도요한이 밧모섬으로 귀양을 가서 약 30여 년간 혼자 외로이 견디고 참고 승리하였다.
④ 감옥을 이긴다(사도행전 12:3-9).
⑤ 죽음도 불사한다(사도행전 12:1-2, 사도행전 20:22-24).
⑥ 기타 등을 이긴다.

믿음은 모두를 이기게 하고 살리게 하는 승리이다. 믿음은 처음부터 현실이니 이것부터 바로 아는 그것이 매우 중요하다. 거두절미하고 현실 속에서 믿음을 가진 자가 패배를 하면 되겠는가? 열왕기 상 18:19-40절을 보라. 믿음의 사람 엘리야 선지자가 850명을 이기고 있다. 믿음은 언제나 이기는 것이지 지는 것은 아니다. 그래서 바울은 고린도 전서 15:57절에서 우리에게 이김을 주시는 하나님께 감사하라고 기술하고 있다.

믿음은 죽으면 죽으리라는 불굴의 신앙을 가지는 것이다. 그러나 믿음에서 유의할 것은 참고 인내하고 견디는 것이다. 모세는 미디안 광야에서 40년을 목동으로 참고 견디었다. 예수께서는 누가복음 3:23절을 보면 나사렛 촌락에서 30여 년간 참고 기다렸다. 사도 요한은 밧모섬에서 약 30여 년간을 기도하며 기다렸다. 우리가 하나님 앞에서 대인이나 의인이나 큰 사람이 되려면 수십 년씩 기다리는 기다림이 필요하다. 구약의 이사야는 40년을 그리고 예레미야는 50년을 하루같이 참고 기다렸다. 그래서 그들은 대인이고 대 선지자가 된 것이 아닌가? 오늘에 있어서도 우리들 역시 이 문제에서는 결코 예외가 아니다.

그러므로 믿음은 오늘이 중요하고 그리고 다시 오늘의 것이다. 믿음은 결코 어제나 내일의 것이 아닌 오늘의 것이니 주어진 오늘을 바로 보고 달려가야 한다. 어떤 이들은 과거에 그 자신이 예수를 잘 믿는 그것 때문에 큰 소리를 치기도 하나 그것은 결코 아니 되는 것이다. 믿음은 달리는 자가 영광의 면류관을 얻을 때까지 쉬지 아니하고 달려가야만 한다. 이것이 바로 하나님이 우리에게 요구하는 바이다.

1대지, 믿음은 우리에게 언제나 믿음으로 살게 하고 승리하게 만든다

1, 의인은 믿음으로 산다. 이것이 기본이다.
 Ⓐ 로마서 1:17절을 보라. 의인이나 그리스도인은 믿음으로 사는 그것이 기본이고 원리가 아니겠는가? 그래서 로마서 3:10-15절은 의미하는 바가 많다.
 Ⓑ 하박국 2:4하반절을 보라. 여기서도 의인이나 그리스도인은 믿음으로 사는 것을 기본으로 삼고 있다.

2, 믿음은 우리에게 믿음이 그 무엇인지를 가르치고 있다. 믿음이 없이는 큰일도 할 수가 없고 믿음이 무엇인지를 모르게 된다. 누구에게도 믿음은 가진 자의 것이고 가진 자만이 알고 그리고 믿는 자만이 안다.
 Ⓐ 히브리서 11:6절에서 믿음이 없으면 하나님을 기쁘시게 하지 못한다고 한다.
 Ⓑ 그 누구도 믿음이 있어야(히브리서 11:1상반절) 하나님을 기쁘시게 하게 된다. 여기서 모든 인간은 달라진다.

3, 믿음은 우리에게 믿음으로 살 것과 사는 방법을 가르치신

다. 왜 그런 것인가?

Ⓐ 그것은 그 누구도 믿음으로 살아야 승리하기 때문이다.

Ⓑ 다니엘 6:10-18절의 다니엘을 보고 그리고 다니엘 3:13-23절의 사드락 메삭 아벳느고들을 보라. 이들은 하나같이 믿음이 무엇이고 믿음에의 승리가 무엇인지를 가르치고 있다.

Ⓒ 큰 나무 밑에서는 나무가 자라지 아니한다. 그러나 기독교 안에서는 의인이나 대인의 밑에서 자라는 자들이 큰일을 하고 크게 돋보이게 된다. 이것이 성서의 원리를 바로 아는 것이 중요하다.

4, 믿음은 우리에게 믿음이 무엇이고 어떤 것인지를 가르쳐 주고 있다.

Ⓐ 믿음이 그 무엇인가? 이를 바로 아는 것이 중요하다. 사람들은 믿음이 그 무엇인지를 잘 모른다. 믿음은 하나는 예수 그리스도를 아는 것이고 다른 그 하나는 예수 그리스도 안에서 사는 것이다. 그리스도 안에 사는 자는 죽으면 죽으리라고 하는 것이다.

Ⓑ 믿음으로 사는 것이나 믿음 안에서 사는 것은 중요하다. 그래서 예수께서는 제자들이 자기들에게 믿음을 요구할 때에 겨자씨 한 알만한 믿음을 말씀하신 것이다. 그래서 성서는 누가복음 17:5-6절을 우리에게 말씀하고 있는 것이다.

2대지, 믿음은 우리에게 성령의 감동대로 살게 한다

"믿음은 사랑과 용서와 성령을 받아 드리는 것이다"

1, 믿음은 우리에게 성령의 감동대로 살라고 한다. 오직 믿

음으로만 살게 한다.

　Ⓐ 로마서 8:35-36절을 유의하여 보라. 믿음은 그 무엇도 이긴다고 한다.

　Ⓑ 로마서 8:37-39절을 유의하여 보라. 이것이 그 무엇을 가르치고 있는가? 믿음은 환란이나 시험이나 고통이 와도 참고 견디며 이긴다.

　2, 믿음은 우리에게 말씀대로 살라고 강조한다.

　Ⓐ 믿음은 말씀위에 세워지고 말씀을 그 기본과 그 토대로 삼고 있다.

　Ⓑ 그러므로 말씀이 없거나 결려되거나 하는 것은 믿음이 아니고 의식이고 형식인 것이다.

　Ⓒ 그 누구도 잘 못된 믿음을 강조하면 곤란하다. 마태복음 7:21-23절이나 또한 마태복음 23:13절이나 23:15절과 같은 믿음은 결코 아니 된다.

　3, 그럼에도 믿음이 없는 세대이니 어찌하는가?

　Ⓐ 마태복음 17:17상반절을 보라. "믿음이 없고 패역하니 어찌 하는가?" 패역하니 마귀적이고 썩은 냄새가 나는 것이 아닌가? 누구도 이를 잊지 말라.

　Ⓑ 누가복음 18:8하반절을 보라. 예수께서는 내가 올 때에 세상에서 믿음을 보겠는가라고 탄식하신다. 그런 세상에서 누구를 보아서도 아니 되고 누구를 믿어서도 아니 된다.

　4, 믿음이 없어서 성령을 소멸케 해서는 아니 된다. 데살로니가 전서 5:19절을 유의하여 보라.

　Ⓐ 누구도 믿음이 없는 자에게 믿음을 요구하지 말라. 잘

못하면 넘어지고 원수가 된다.
   Ⓑ 하나님은 언제나 인간에게 살아 있는 믿음을 요구하나 인간들은 그것이 아니니 문제가 된다.

   3대지, 믿음은 우리에게 죽음도 이기게 한다

   "믿음은 우리에게 시험만 이기는 것이 아니고 죽음도 이기라고 한다. 다니엘과 그 셋 친구들을 보라."

   1, 우리가 예수를 믿으면 죽음에 대한 공포나 저주나 두려움도 없이 한다.
   Ⓐ 믿음은 죽음에 대한 공포를 물리치고 승리하게 만든다. 다니엘 3:13-23절을 보라. 그리고 다시 다니엘 6:10-18절을 보라.
   Ⓑ 사도행전 7:54-60절을 보라.
   Ⓒ 사도행전 12:1-2절을 보라. 하나같이 죽으면 죽으리라 이다. 하나같이 죽음에 대한 공포나 두려움이 없다.

   2, 참된 그리스도인들은 그리스도 안에서 죽음을 웃음과 기쁨으로 만난다. 그 누구도 이를 잊지 말라.
   Ⓐ 사도행전 7:54-60절의 스데반을 보라. 그는 돌에 맞아 죽으면서도 하나님의 우편에 서신 그리스도를 증거하고 있다.
   Ⓑ 사도행전 12:1-2절과 사도행전 12:3-6절을 보라. 죽음이 오고 감옥 속이라 할지라도 믿음으로 승리하는 자세를 보이고 있다. 이는 의미하는 바가 많은 것이다.

   3, 빌립보서 1장을 보라. 그리스도인은 사는 것도 유익이고

죽는 것도 유익하다. 이것이 바울의 신앙이고 모든 그리스도인들의 고백이다. 그래서 빌립보서 1:20-24절을 보라고 요구하고 있다.

Ⓐ 환란이 오고 핍박이 온다. 믿음은 반드시 승리하여야 한다. 시편 66:12절을 보라. 불시험이 오고 물시험이 와도 우리는 믿음으로 이겨야 한다.

Ⓑ 왜 그런 것인가? 그것이 바로 그리스도인의 일상생활이고 믿음의 자세이고 승리이기 때문이다. 어차피 대 환란이 오면 극심한 환란과 핍박이 올 것이다. 계시록 13:9-10절을 보라. 환란과 고통이 와도 우리는 그리스도 안에서 반드시 승리하여야 한다. 이것이 바로 하나님의 요구하는 바이다.

4, 예수 그리스도의 부활을 보라. 부활은 죽음을 이기고 승리 하는 것이다. 이것은 믿음의 열매이고 꽃이다.

Ⓐ 예수 그리스도의 부활은 믿음의 승리에서 오는 것이다. 믿는 자는 승리자이지 패배자는 아니다. 그러니 언제 어디서나 승리하도록 노력해야 한다.

Ⓑ 예수 그리스도의 부활이나 승천이나 재림 역시 믿음의 승리자가 가져다주신 복이고 승리이다.

Ⓒ 그러니 믿음의 승리를 통하여 그것이 우리에게 주시는 것이 무엇인지를 바로 알라.

4대지, 믿음은 언제나 우리 자신을 이기게 한다

자신도 이기지 못하는 자가 믿음이겠는가?

1, 믿음은 그 자신을 이긴다. 자신을 이겨야 세상을 이기고

악한 마귀를 이길 수 있는 것이다.
　Ⓐ 요한복음 16:33절을 보라. 예수께서는 여기서 내가 세상을 이기었다고 하신다. 그래서 그리스도는 승리자이시다.
　Ⓑ 예수 그리스도의 십자가와 죽음의 승리는 오직 믿음에서 나온 것이다. 이를 바로 아는 것이 중요하다.
　Ⓒ 그리스도 안에 있는 믿음은 언제 어디서나 모든 것을 이기니 이를 감안해야 한다. 믿음을 가지고 패배하거나 넘어지는 것은 용납이 아니 된다. 발람이나 가룟유다의 꼴이 바로 믿음에서 탈락하고 패배자의 길이다.

　2, 믿음은 어두움과 세상의 제반사조들을 이기고 승리하는 것이다.
　Ⓐ 믿음은 마태복음 12:39절을 보라.
　Ⓑ 믿음은 마태복음 17:17상반절을 이긴다. 그러니 악하고 음란한 세대나 믿음이 없고 패역한 세대를 이기고 승리하는 것이다.
　Ⓒ 그리고 다시 어두움과 악의 세력을 이기고 감사하는 것이다. 골로새서 2:15절을 보면 십자가로 승리하였음을 알리고 있다.

　3, 믿음은 언제나 그 자신을 이기는 것이다. 자신을 이기기에 믿음이 중요하다.
　Ⓐ 믿음은 육신을 이긴다. 인간은 누구도 자기의 육신을 이길 수가 없다. 오직 믿음으로서만 이긴다.
　Ⓑ 각종죄악을 이긴다. 여기서 유의할 것은 죄는 믿음을 잡아먹으면서 자란다. 그러나 믿음은 죄를 잡아먹고 자란다. 이것을 모두가 바로 알아야 한다.

4, 그러면 여기서 이기는 그 이유는 무엇인가?
Ⓐ 하나님이 이기게 하시니 이긴다.
Ⓑ 성령께서 이기게 하시니 이긴다.
Ⓒ 하나님의 말씀이 이기게 하시니 이긴다.
Ⓓ 신유의 은사와 능력이 이기게 하시니 이긴다. 그러니 이 모든 것을 바로 보고 승리하는 것이 중요하다.

5대지, 믿음은 원수나 대적을 용서하고 사랑하게 하시니 이긴다

성서에 가르침은 믿음에는 원수가 없다. 그러니 모든 그리스도인들에게는 원수가 없다. 그리스도인들에게 있는 원수는 하나님의 원수가 나의 원수이고 말씀의 원수가 바로 나의 원수이다.

1, 믿음은 원수도 이긴다.
Ⓐ 그리스도인에게는 원수나 대적은 없다. 믿는 우리에게 원수나 대적이 있으면 어찌 하는가? 그것은 아니 된다.
Ⓑ 이들은 다 하나님의 원수와 대적들이 있기에 그리스도인의 원수와 대적이 되는 것이다. 그리스도인에게는 원수도 대적도 없다. 다만 하나님의 편에서 원수와 대적은 다 그리스도인의 편에도 원수이고 대적이다. 빌립보서 3:18-19절과 그리고 데살로니가 전서 2:3-4절 그대로 이런 자들이 다 하나님의 원수이듯이 이 땅에서도 모든 그리스도인에게 원수인 것이다. 이 점을 양지해야 한다.

2, 믿음은 대적이 없게 만든다. 믿음을 가진 자에게 원수나

대적이 있으면 바른 신앙을 가질 수가 없다. 이사야의 40년이나 예레미야의 50년을 보라. 못되고 악한 지도자나 종교인들은 그들을 쉬게 아니하고 박해하고 죽이려고 하나 그들은 전혀 개의치 아니하였다. 이것이 바로 참된 신앙이다.

Ⓐ 참된 믿음은 우리에게 원수가 없게 만든다. 왜냐 하니 고린도 전서 15:57절 그대로 우리에게 이김을 주시는 하나님께 감사해야 되니 그러한 것이다.

Ⓑ 믿음은 언제 어디서나 대적이 없게 만든다. 참된 그리스도인들에게 대적이 있으면 아니 된다. 솔직히 누가복음 16:19-22절을 보라. 홍포를 입은 부자가 거지 나사로에게 어떻게 대할 수 있을까? 안아주고 업어주고 할 것인가? 절대로 아니다. 무시하고 구박하고 천히 여기고 사람 취급이 아닌 짐승 취급을 하지 아니했을까 보지 아니해도 뻔한 것이다. 그러나 나사로는 개의치 아니하였다. 왜냐 하니 하나님의 원수가 자기의 원수이고 하나님의 대적 자가 자기에게 대적자이기 때문이다.

Ⓒ 그러므로 믿음은 우리에게 악과 죄를 몰아낸다. 그러면 그 이유는 무엇인가? 그것은 바로 그리스도가 내 편이고 내가 하나님의 편이기 때문이다.

3, 믿음은 원수를 이긴다.

Ⓐ 예수께서는 십자가상에서 죽으시면서도 자기를 죽이는 자들과 원수들을 용서하시었다. 그래서 성서는 누가복음 23:34절을 보라고 한다. 여기서 예수께서는 자기의 원수들을 용서하고 기도해 주셨다.

Ⓑ 스데반도 죽으면서 자기를 원수시 하고 죽이는 원수들을 용서하고 있다. 사도행전 7:60절을 보라. 스데반이 이유 없이

대 설교를 한번 했다고 끌어다가 죽이고 있는 그들을 향하여 용서하고 기도해 준 사실은 놀라움이다. 사도행전 7:60절은 그래서 스데반의 믿음의 원동력인 것이다.

4, 믿음은 언제 어디서나 패배가 아니고 승리인 것이다.
Ⓐ 믿음은 선으로 악을 이기는 것이다. 로마서 12:21절을 보라. 여기서 성서는 선으로 악을 이기라고 하고 그리고 의로 원수를 용서하라고 하신다.
Ⓑ 믿음은 선으로 악을 이기는 것이다. 구약의 다니엘이나 그의 셋 친구들도 그랬지만 우리 예수께서도 일생동안 믿음으로 악을 이기셨다. 그것이 그 누구의 요구가 아니고 믿음의 원동력이고 힘이니 이긴다.
Ⓒ 믿음으로 악과 원수를 이겨라. 그것이 하나님의 선하심이고 요구사항이고 뜻이니 그러하다. 그러나 말이나 글로서는 쉽지만은 그러나 그것을 실제적 행동으로 옮기는 것은 결코 쉽지 아니하다.

6대지, 믿음은 우리에게 십자가로 승리케 한다

"믿음은 승리이니 십자가의 승리를 가르친다. 이것을 바로 아는 것이 중요하다."

1, 믿음은 하늘과 땅에 사건들 하나하나를 이기게 한다. 골로새서 2:15절을 보라. 그리스도께서는 십자가로 승리하셨음을 알리시고 있지 아니하는가?
Ⓐ 예수 그리스도께서는 십자가로 승리하셨음을 성서는 알리시고 있다. 그러기에 예나 지금에서 우리가 골로새서 2:15절

을 보는 것은 의미하는 바가 많게 하고 있는 것이다.

ⓑ 에베소서 4:8절과 4:10절을 보라. 예수께서는 십자가로 승리 했으니 마귀를 잡아 가두신 것이다. 이 사건은 역사위에서 가장 큰 사건 중에 그 하나인 것이다.

ⓒ 그러니 예수 그리스도께서는 십자가에서 죽으심으로 마귀와 세상을 이기신 것이다. 이것이 바로 하나님의 신비와 비밀인 것이다.

2, 믿음은 마귀를 이기게 한다. 에베소서 4:8절과 4:10절을 보라.

ⓐ 베드로 전서 5:8절을 보라. 마귀는 우는 사자 같이 두루 다니며 삼킬 자를 찾고 있다. 그럼에도 우리는 십자가를 통하여 마귀를 이기고 승리하여야 한다.

ⓑ 예수의 십자가가 없으면 우리는 아무것도 할 수가 없다. 그리스도의 십자가가 없으면 악한 마귀를 결박할 수가 없다. 물론 싸워서 이길 수도 없다.

ⓒ 그래서 하나님은 오늘도 우리에게 십자가를 보면서 승리하라고 강조하신다. 이 문제는 역사와 현실위에서 엄청난 파문을 던지고 있다.

3, 예수의 십자가는 승리이지 패배는 결코 아니다.

ⓐ 예수 그리스도의 십자가는 승리이고 능력이다. 그래서 십자가를 지라고 강조하신다.

ⓑ 그래서 바울은 고린도 전서 2:2절에서 예수의 십자가와 그리스도 그 자신만을 평생 전달하며 살 것을 이실직고 하고 있다.

ⓒ 우리는 그리스도와 그의 십자가만을 전달하기로 작정하

며 살아야 한다. 이것이 바로 우리를 향하신 하나님의 뜻이다.

 4, 우리가 믿음으로 승리 하려면 각기 주어지고 맡겨진 십자가를 지라. 십자가를 지는 그것이 바로 믿음으로 승리하는 길이다. 우리는 믿음에서 승리하는 법을 배우고 그리고 패배하는 법을 배워야 한다. 그러지 못하면 십자가를 지고 패배자로서 끝을 내고 만다.
 Ⓐ 믿음으로 승리하는 법을 우리는 배우고 익혀야 한다.
 Ⓑ 믿음은 반드시 우리에게 이기고 승리하는 법과 능력을 가져다주신다.
 Ⓒ 믿음으로 사는 자들이 누구도 이를 모르면 아니 된다. 구약의 요셉이나 다니엘이나 신약의 베드로나 요한을 보라. 이들은 이 법을 익히고 터득한 자들이다.

 ☆ **결론**

 우리가 지금 예배당에 출석하는 것은 공정하게 살기 위한 것이다. 우리가 교회에서 감사를 하고 기도를 하는 것은 믿음이 살아 있다는 증거이다. 그래서 히브리서 11:6절을 보라고 강조하고 있는 것이다. 믿음으로 승리할 자는 기도하고 이기고 나아갈 자는 충성하라. 모두에게 본이 될 자는 찬송하라. 그리고 승리하여 하나님께 영광을 돌릴 자는 하나님의 명령 따라 행하라. 믿음은 각종 시험들도 이긴다.
 ① 아브라함의 시험을 보라.
 ② 다니엘 6장을 통하여 다니엘이 받은 시험을 보라.
 ③ 다니엘 3장에 나타난 다니엘의 3친구들이 받은 시험을 보라.

④ 욥기 1장과 2장을 통하여 나타난 욥의 시험과 환란을 보라.
⑤ 사도행전 12:3-6절에 나타난 베드로의 시험을 보라.
⑥ 밧모섬으로 귀양을 가서 약 30여 년간 죽을 고생을 한 사도요한을 보라(계시록 1:9).
⑦ 오늘에서도 기독교 박해 국가에서 박해를 당하고 순교를 당하는 그들을 보라. 믿음이 없이는 상상이 아니 되며 이길 수가 없는 길이다. 여기서도 바른 이해가 요구되고 있다.

마가복음 9:22-23
믿음은 현실이다(1)

[성경본문]

"귀신이 저를 죽이려고 불과 물에 자주 던졌나이다 그러나 무엇을 하실 수 있거든 우리를 불쌍히 여기사 도와주옵소서 예수께서 이르시되 할 수 있거든이 무슨 말이냐 믿는 자에게 능치 못할 일이 없느니라 하시니"

△ 서론

※ 믿음은 그 무엇인가? 그리고 다시 믿음은 어떤 것인가? 그 무엇보다 이것을 바로 아는 것이 중요하다. 믿음은 미래사가 아니고 현재사이다. 그래서 믿음은 오늘이 중요하다. 물론 과거를 외면하거나 버릴 수는 없다. 그러나 과거를 생각하면서 현실적으로 믿음이 무엇인지 그것을 바로 아는 것이 중요하다. 그러면 이 믿음에 대하여 빌립보서 3:12-14절을 유의해 보아야 한다. 믿음은 뒤지거나 동 떨어지는 것이 아니다. 믿음은 언제나 앞서가는 것이다. 그래서 믿는 자들 모두를 앞서가게 하고 뒤에 가게 하지는 아니한다. 이것은 상식의 문제이고 인격의 문제이고 역사의 문제이다. 그러니 바른 이해가 요구된다.

믿음은 언제 어디서나 오늘이지 어제는 아니다. 물론 내일도 아닌 것이다. 구원은 오늘에서 필요한 것이지 내일에서 필요한 것이 아니듯 믿음도 그러하다. 사도행전 7:58-59절을 보

라. 주 예수여 내 영혼을 받으소서 라고 스데반은 외치고 있다. 그리고 누가복음 23:43절을 보면 한 강도가 구원을 요청할 때에 예수께서는 오늘 나와 낙원에 함께할 것을 약속 하신다. 이런 것은 오늘에서 그리고 순간에서 그리스도의 구원을 갈망하는 것이지 내일에서 구하는 것은 결코 아니다. 기독교의 신앙은 오늘이고 현재형이지 과거나 미래형은 아닌 것이다. 그래서 이점을 참작하여야 한다.

1대지, 믿음은 오늘 또는 현재가 중요하다

믿음은 오늘이다. 그래서 믿음은 오늘이 중요하다. 믿음은 내일이 아니고 어제도 아닌 것이다. 오늘에서 내가 하나님을 믿고 천성을 향하여 달려가는 것이다. 이를 양지해야한다.

1, 믿음은 오늘이 중요하다. 그래서 성서는 믿음은 오늘의 것이다라고 강조하고 있다.
Ⓐ 믿음은 언제나 진실하고 참된 것으로서 오늘의 것이지 결코 내일의 것은 아니다. 사람들은 자기가 오늘은 잘못 믿으나 내일은 잘 믿을 것이라고 강조한다. 그런 것은 헛된 것이지 진실은 아니다.
Ⓑ 어제 또는 옛날에 내가 예수를 잘 믿었다는 것은 중요한 과제이지만 오늘에서의 나의 믿음도 중요함을 깨달아야 한다.
Ⓒ 하나님은 오늘의 나에게 믿음을 요구하시지 오늘에서 어제와 내일의 믿음을 요구하시지는 아니 하신다. 창세기 12:1-4절을 보고 그리고 다시 창세기 22:1-14절을 보라. 믿음은 지금이다. 하나님은 아브라함에게 지금 고향을 떠나라. 그리고 지금 아들을 제사로 드리라고 요구하고 있다.

2, 믿음은 어제나 내일이 중요하지 아니하다. 믿음은 철두철미 오늘이 필요하고 중요하다. 이를 모르면 시험에서 이기지 못하고 무너진다. 사도나 선지자나 교사나 목사가 왜 넘어지는가? 믿음으로 오늘을 보지 못하고 믿음으로 어제와 내일을 보고 있기 때문에 다 넘어지는 것이다.

Ⓐ 여기서 우리가 유념할 것은 믿음은 그 주인이신 예수 그리스도에게 나온다. 히브리 12:2상반절을 보라.

Ⓑ 그러기에 믿음의 중심과 충성은 철저히 믿음 안에서 나오는 것임을 잊지 말라.

Ⓒ 그러기에 우리가 예수 그리스도를 믿는 것도 중요한 것이다. 이는 전적 하나님의 축복인 것이다. 그러면 왜 그런 것인가? 믿음의 주장자는 예수 그리스도이시기 때문이다. 나에게 있는 믿음은 주께서 주인이시고 주장자이시고 지도자이시며 우리는 믿고 따르면 그만이다.

3, 주어진 오늘이 다가올 내일 보다는 배나 낫고 그리고 다시 지나간 어제 보다는 10배나 더 낫다는 사실을 깨달아야 한다. 기독교는 어제의 종교도 내일의 종교도 아닌 철저히 오늘의 종교이다. 이것을 잊으면 결코 아니 된다. 하나님은 날마다 우리에게 오늘을 주시고 믿음으로 살 것을 강조하신다. 우리는 믿음과 성령과 말씀 안에서 오늘은 귀히 여기며 살아야 한다. 이것이 바로 그리스도인들의 현실이고 역사이고 진실인 것이다.

Ⓐ 믿음은 어제나 과거사가 중요한 것은 아니고 믿음 그 자체가 오늘이고 오늘이 더 귀하고 중요하다. 어제의 나의 믿음을 보지 말고 오늘을 생각하고 달려가야 한다. 빌립보서 3:14절에 전 내용이 무엇인가? 믿음으로 푯대를 향하여 달려가는

것이다.
 Ⓑ 누가복음 9:62절을 보라. 쟁기를 잡은 자는 좌도 우도 바라보면 아니 된다. 믿음을 가진 자는 좌나 우를 보면 히브리서 2:1절에 해당이 되어 세상으로 흘러 떠내려가거나 아니면 시편 69:14-15절 마냥 깊은 물에 빠져서 넘어지고 만다. 그러므로 우리는 시편 69:15절에 귀를 기울이고 유의하지 아니하면 아니 된다.

 4, 믿음이 있는 자는 히브리서 10:22절을 바로 보아야 한다.
 Ⓐ 본문은 우리에게 열심히 믿음으로 하나님께 나아가는 것을 강조하고 있다. 그러기에 바울은 빌립보서 3:14절에서 믿음을 가진 자는 푯대를 향하여 좇아가자고 강조하고 있다.
 Ⓑ 구약의 선지자들을 보고 신약의 사도들을 보라. 앞만을 본 자는 끝까지 달려간다. 이사야는 40년을 예레미야는 50년을 선교적인 사명을 가지고 달려갔으나 발람은 얼마 못가서 넘어지고 말았다.
 Ⓒ 신약의 사도들을 보라. 베드로는 요단강변에서 시작을 하여(요한복음 1:40-44) 나중에는 로마로 가서 거꾸로 십자가를 지고 죽었다.
 ※ 베드로가 주님을 만날 때 언제인가? 요한복음 1:40-44절에서는 3년 반으로 보고 마태복음 4:18-22절에서는 2년 반으로 본다는 자들이 3년 반으로 예수에게 배웠다는 성경구절은 요한복음 1:40-44절의 기점으로 본다. 요한복음 1:36절에 제일 먼저 사도요한과 안드레가 부름을 받은 자이고 그 다음에 마태복음 4:18-22절은 요한복음 1:40-44절의 1년 후의 사건이다. 예수께서는 마태복음 4:1-12절에서 - 마태복음 4:13절을 보면 가버나움에 가서 사셨다. 왜 예수께서는 사신 그 이유는 구약

성서를 이루시기 위해서 사셨다(마태복음 4:14-16). 예수께서 가장 싫어하신 것은 쌍 나팔이다. 선구자 세례요한이 일이 끝날 때까지 감옥에 가서 사는 동안에 예수께서는 가버나움에 가서 사셨다. 요한복음 3:26절에서 요한이 세례를 주고 있는데 예수께서는 세례 주시게 되면 쌍 나팔을 불게 되는 것을 아셨기에 여기서 가버나움에 가서 쉬신 것이다. 세례요한이 순교를 당하셨고 감옥 간 이후에 이때부터 예수께서 일을 하셨다. 마태복음 4:17절에서 회개하라고 외치신 것이다.

5, 믿음은 결코 미래사가 아니고 미래를 바라보는 것이 아니다.
Ⓐ 믿음은 오늘이고 현실이다. 그러니 오늘에서 예수를 잘 믿고 확신 가운데 달려가야 한다.
Ⓑ 빌립보서 3:12절을 보라. 그리고 다시 빌립보서 3:13절을 유의하여 보라. 분명 믿음은 과거가 아니고 미래도 아닌 것이다.
Ⓒ 믿음은 어제도 오늘도 쉬지 아니하고 달려가서 상을 얻는 것이 믿음이다. 도중하차는 절대로 용서도 용납도 아니 된다.

2대지, 믿음은 뒤를 돌아보는 것이 아니다

그러면 빌립보서 3:13절을 유의하여 보라. 믿음을 가진 자는 오늘에서 하나님의 일을 위하여 목이라도 내어 놓을 수가 있어야 한다. 이것을 예수께서 요구하신다.

1, 믿는 자는 과거를 회상하거나 어제를 연상하는 것은 좋은 현상이 아니다.
Ⓐ 사도들이나 선지자들은 대개가 뒤를 돌아보지 아니하고 앞만 보고 뛰었다. 때로는 40년 때로는 50년 그리고 순교로

여생을 마쳤다.

Ⓑ 빌립보서 3:13절을 보라. 믿음은 이미 내가 잡은 것이 아니다 오직 잡으려고 달려가는 것이다. 그러니 바른 이해가 요구 된다.

2, 베드로 후서 2:22절을 보라. 왜 개는 토한 것으로 다시 돌아가는가? 이것이 개의 특색 중에 나쁜 것이다. 인생도 그러함을 알리시는 것이다.

Ⓐ 빌립보서 3:12절을 보라. 믿음은 앞에 있는 것을 잡으려고 달려가는 것임을 알리시고 있다.

Ⓑ 그래서 히브리서 10:35절 그대로 큰상을 얻기 위하여 끝까지 달려가야 한다. 그렇지 못하면 낙오자가 된다.

3, 믿음은 과거사가 아니다. 믿음은 과거가 아니고 현재이다. 고로 과거를 회상하거나 생각하지 말아야 한다. 잘못하면 미신에 빠지고 현실과 안주에 빠진다는 것을 잊지 말라. 그러면 어찌 되는가?

Ⓐ 그리스도인은 십자가를 지고 뒤를 돌아보면 아니 된다. 십자가의 무게가 180Kg이니 살 두 가마와 밀가루 한포인 것이다. 그러니 잘못하면 다친다. 교회를 다니다가 타락이 된 자가 얼마이고 목회자가 목회를 그만 두고 점쟁이가 되거나 타락한 자가 그 얼마인가? 이를 감안해야 한다.

Ⓑ 그리스도인은 누가복음 9:62절과 같이 쟁기를 잡고 뒤로 돌아보는 자가 아니다. 우리는 앞만 보고 가는 자이지 뒤는 모르는 자이다.

4, 다음을 보라.

Ⓐ 히브리서 10:39절을 보라. 우리는 뒤로 물러가는 자가 아니고 앞으로 나아가는 자이다.
　Ⓑ 히브리서 2:1절을 보라. 뒤를 보면 세속으로 빠지고 만다.
　Ⓒ 신자가 뒤를 돌아보면 넘어진다. 그러기에 누가복음 9:62절을 유념하라고 강조하신다.

3대지, 믿음은 앞만 향해 나가는 것이다

　"믿음은 오늘에서도 달려가고 내일에서도 달려가는 것이다."

　1, 신자는 히브리서 2:1절은 아니 된다. 그러면 여기서 헤어나기가 어렵다.
　Ⓐ 그러면 누가복음 9:62절이 가능한가? 이것은 그 누구도 아니 되는 것이다.
　Ⓑ 그리스도인은 부절히 다가오고 있는 각종 시험을(시편 66:10)이겨야만 한다.
　Ⓒ 그러기 위해서는 세상으로 떠내려가도 아니 되고 물 시험과 불 시험에 사로 잡혀서도 아니 된다.

　2, 믿음은 빌립보서 3:16절이 중요하니 이에 준해야 한다. 믿음은 어디까지 갔던지 계속 가야만 한다. 그것이 주님의 요구사항이다. 이제는 우리의 믿음을 점검해 볼 때이다.
　Ⓐ 하나님 나라의 일은 그 누구도 뒤를 돌아보면서 하는 것은 결코 아니 된다. 설령 우리에게 깊은 물에 시험이 온다 할지라도(시편 69:1-3) 깊이 빠져서는 아니 된다. 경우에 따라서는 우리에게 물 시험과 불 시험이 올수도 있다(시편 66:12). 그러나 다가오는 불 시험이나 물 시험을 이겨야 한다. 사드락

과 메삭과 아벳느고가 당한 시험은 바로 불시험이다(다니엘 3:8-25).
　Ⓑ 그러면 마태복음 16:24절을 보라. 왜 여기서 예수께서는 우리에게 십자가를 지고 따르라고 말씀 하시는가? 그것은 믿는 자는 다른 것을 생각하지 말라는 것이다.

　3, 앞만 보고 가야하는 그 이유는 무엇인가?
　Ⓐ 예수 그리스도께서는 뒤에 계시는 것이 아니고 앞에 계시기 때문이다. 그러기에 우리는 부지런히 그리스도의 뒤를 따라가면 된다. 가는 과정에서 십자가가 있고 불 시험과 물 시험도 있는 것이다.
　Ⓑ 누구도 푯대가 앞에 있지 아니하면 곤란하다. 빌립보서 3:14절의 전 내용이 무엇인가?
　Ⓒ 믿음은 가만히 두면 세상으로 흘러 떠내려가기 때문에 문제가 생긴다(히브리서 2:1).
　Ⓓ 뒤를 돌아보면 다칠 수가 있고 넘어 질수가 있다. 가룟 유다가 왜 그렇게 되었는가? 마태복음 26:45-52절을 보라. 가룟유다는 스승을 잡으려고 겟세마네 동산까지 하속들과 군대를 데리고 오는 것을 보라.

　4, 믿음은 자신에게 나아갈 방향을 제시하는 것이다. 그래서 사람들은 믿음에 따라 성공도 하고 출세도 하고 달려 갈수가 있는 것이다.
　Ⓐ 믿음은 뒤로 물러가면 아니 된다. 뒤로 가면 넘어지고 쓰러진다. 뒤로 가면 누구도 부지런히 달릴 수가 없다.
　Ⓑ 그러니 그 누구도 앞에 계시는 예수 그리스도를 보고 달려가야 한다.

4대지, 믿음은 오늘에서 그리스도께서 남기신 교회의 십자가를 지는 것이다

"교회에서 필요한 모든 것을 교환해서 십자가를 지는 것이다."

1, 기독교회에는 져야 할 십자가가 너무나 많다.
 Ⓐ 십자가는 오늘에서 지는 것이지 내일에서 지는 것은 결코 아니다. 성서가 강조하고 있는 십자가는 오늘에서 져야 한다. 내일은 늦고 질수가 없다. 예수의 십자가도 구레네 시몬이 지고 가니 다른 사람은 지고 싶으나 질수가 없다.
 Ⓑ 예수의 십자가는 골고다 언덕에서 대신지는 것이지 빌라도의 법정에서 지는 것은 아니다. 그러니 모두가 이것들도 감안하지 아니하면 결코 아니 된다.

2, 세상과 교회와 하늘을 보라. 교환해서 십자가를 지려는 자가 없다. 그러니 다들 정신을 차려야 한다. 말세 교회에는 목사나 교인들이 정신을 차리지 못하니 문제가 생긴다(베드로전서 4:7).
 Ⓐ 어느 것 하나도 그대로 두거나 놓칠 수는 없다. 목사나 전도자는 일생동안 십자가를 지지 아니하면 아니 되는 경우들이 많다. 그러니 주의하고 조심들을 해야만 한다.
 Ⓑ 십자가를 지라고 명령하지만 어떤 이는 귀가 멀었다고 하고 어떤 이는 눈이 안 보인다고 하고 어떤 이는 두 팔이 없다고 하고 어떤 이는 두 다리가 없다고 주장한다.
 Ⓒ 십자가가 180Kg가 되는 것은 여러 면에서 의미들을 많게 하고 있는 것이다. 누구도 180Kg의 십자가를 지면 하나

님께 칭찬을 받게 된다.

   3, 빌립보서 4장에서 나타난 십자가를 보면서 남겨진 교회의 십자가를 지라. 문제는 성서가 말하는 십자가가 180Kg나 되기 때문에 문제가 생긴다.
  Ⓐ 교회당 안에는 남겨진 십자가가 너무나 많다. 그러니 목사나 교인들은 이것부터 감안을 해야만 한다.
  Ⓑ 교회당 안에서 영생과 구원을 위해서 져야할 십자가 역시 너무나 많다. 그러나 그 많은 십자가 중에 내가 지고 가야 하는 것은 하나이지 수십 개는 아니다. 이를 감안하고 바로 서지 못하면 십자가 그것 때문에 넘어진다.

   4, 교회 안에 남겨진 현실적인 각종 십자가를 오늘에서 지지 아니하면 아니 된다.
  Ⓐ 교회 안에서 남겨진 십자가는 많으나 그런다고 해서 그 십자가를 내가 다 지려고 하면 아니 된다.
  Ⓑ 그러기 때문에 누구도 정신을 차리고 자기에게 주신 십자가를 져야만 한다. 그 이유는 무엇이고 어디에 있는가?

5대지, 믿음은 오늘에서 자기를 버리고 자기의 십자가를 지는 것이다(마태복음 16:24)

   1, 믿음은 오늘에서 철저히 자기를 버리는 것이다. 자기를 버리면 버릴수록 믿음은 철저해지고 잘 지켜진다. 예수께서 원하시는 믿음도 바로 이런 것이다.
  Ⓐ 그 자신은 희생하고 헌신을 하고 버리는 자가 십자가를 지고 골고다로 가야만 한다. 십자가의 포인트가 골고다이다.

Ⓑ 골고다에서 예수 그리스도께서는 십자가를 지고 달려오는 자를 기다리시고 있다.
　Ⓒ 그러면 오늘의 너를 보고 다시 오늘의 나를 보라. 그러면 그 이유는 무엇인가? 의미하는 바가 많다.

　2, 믿음은 오늘에서 자신을 포기하는 것이다. 이 문제는 그리스도와 성서와 우리 자신과의 삼각관계를 가지고 있다.
　Ⓐ 자기를 버리거나 포기하지 아니하고서는 누구도 십자가를 질수가 없다. 십자가가 자그마치 180Kg나 되는데 여기에다 그 무엇을 다시 더 할 것인가? 이것이 어려운 문제이다.
　Ⓑ 십자가는 자기를 희생하고 죽이는 자가 된다. 누구도 자기가 살아 있는 자는 십자가를 질수가 없다. 자기가 산자는 믿음의 승리를 가져 올수가 없다.

　3, 믿음은 오늘에서 자기의 십자가를 지는 것이다.
　Ⓐ 자기의 십자가를 지라. 절대로 남의 십자가는 아니 된다. 마태복음 10:38절을 보라. 성서는 여기서 우리에게 십자가를 지라고 경고하고 있다.
　Ⓑ 갈라디아서 6:17절을 보라. 바울은 여기서 예수의 흔적을 자기의 몸에 지녔다고 고백한다. 그러면서 누구도 이제는 자신을 괴롭게 하지 말 것을 경고하고 있다. 바울 마냥 철저한 그리스도인이 되고 나면 죽음의 고비도 수차 다가오는 것은 사실이다.
　Ⓒ 그러면 왜 그런 것인가? 그것은 바로 십자가가 너무나 무겁고 힘이 들기 때문이다. 그러니 그 누구도 믿음의 십자가를 지라.

4, 예수의 십자가는 180Kg가 되기 때문에 예수께서는 골고다로 올라가면서 7차나 넘어졌다고 성서와 역사는 알리시고 있다. 이 모든 것은 십자가가 심히 무겁고 힘이 든다는 사실을 알리심이다.

Ⓐ 그 누구도 가벼운 십자가를 지면 각종시험에 넘어지고 시련에 빠진다. 시편 69:1-3절과 69:14-15절을 보라. 이런 것들이 그리스도인의 주변에 항상 기다리고 있는 것 아닌가?

Ⓑ 예수의 십자가는 믿음으로 지는 것이지 다른 것으로는 질수가 없다. 믿음이 없으면 누구도 십자가를 질수가 없다.

Ⓒ 십자가는 믿음에 승리자가 지는 것이지 패배자나 믿음의 포로병들은 질수가 없다. 어떤 이는 겁이 나서 못 지고 어떤 이는 무서워서 못 지고 어떤 이는 취미나 재미가 없어서 못 지고 어떤 이는 두렵고 떨려서 지지를 못한다. 이점을 양지해야 한다.

5, 예수의 십자가는 과거사이고 골고다이다. 그러나 우리에게는 현대사이고(교회) 동시에 미래사(구원)인 것을 잊지 말라. 믿음의 구원자는 십자가를 통하여 나타나게 된다.

Ⓐ 이것이 바로 십자가를 지신 하늘의 비밀이고 신비이니 그 누구도 이것을 모르면 결코 아니 되는 것이다. 왜 넘어지는가? 그리고 왜 목회를 그만 두는가? 왜 목회자가 타락이 되어 점집을 펼치고 병들고 죽고 하는가? 그것은 십자가에 도전자가 되었기 때문이다.

Ⓑ 예수 그리스도의 십자가는 자신의 책임과 관계가 있고 된 것이니 언제나 성서는 우리에게 이 문제에 대하여 책임감수를 하라고 명령하신다.

Ⓒ 믿음은 오늘에서 그리고 십자가로 가는 오늘에서 져야

하는 것이다. 그러니 그 누구도 믿음의 승리가가 될지라도 믿음의 패배자는 되지 말라. 그러면 욕거리가 된다.
　Ⓓ 하나님이나 성서가 언제 어느 때나 우리에게 요구하는 것은 믿음의 패배자는 되지 말라는 것이다. 그것은 어리석음이고 자기 욕의 발산이니 절대로 아니 된다는 것이다.

☆ **결론**

　언제 어디서나 믿음은 현실이고 믿음은 역사이고 그리고 믿음은 확고부동한 신념이고 의지이다. 그리고 믿음은 과거사가 아니고 철저한 현대사이다. 믿음은 누구에게도 과거사나 미래사가 아니고 현대사이니 놀라움이고 감사이다. 그리고 믿음은 어제의 것도 아니고 내일의 것도 아니다. 그러니 그 무엇보다 바른 이해가 심히 요구되고 있다.
　모름지기 믿음은 현실이고 오늘이다. 그리고 믿음은 지금이다. 나에게 있어서 지금은 그리스도 안에 사는 생활이며 하나님의 말씀 안에 사는 힘이고 성령의 역사 안에 사는 능력이니 기쁘고 즐거운 것이다. 그러기에 오늘의 나에게 주신 믿음에는 시간이 모자란다. 누구도 앞만 보고 뛰고 달려야 한다.

　이것이 바로 하나님 아버지께서 요구하는 바이고 진리이다. 하나님은 오늘도 믿음의 승리자를 찾고 계신다. 그러면 그 이유는 무엇인가? 그것은 하나님이나 역사나 현실은 믿음의 패배자를 요구하지 아니하기 때문이다. 믿는 자는 이겨야 한다. 요한복음 16:33절에서 그리스도께서 믿음으로 이기었듯이 오늘의 우리도 이기는 자로서 달려가야 한다. 패배자의 길보다는 승리자의 길이 요구되니 승리하여 감사하며 찬송하라고 한다.

마가복음 9:22-23
믿음은 현실이다(2)

[성경본문]

"귀신이 저를 죽이려고 불과 물에 자주 던졌나이다 그러나 무엇을 하실 수 있거든 우리를 불쌍히 여기사 도와주옵소서 예수께서 이르시되 할 수 있거든이 무슨 말이냐 믿는 자에게 능치 못할 일이 없느니라 하시니"

△ 서론

※ 믿음은 오늘의 나를 부른다. 믿음은 어제의 나를 부르는 것이 아니고 내일의 나를 부르는 것이 아니다. 그러면 왜 오늘의 나를 부르는 것인가? 그것은 함께 가자고 부른다. 끝까지 가면 상을 주실 것이다. 그래서 오늘의 나를 부르는 것이다. 히브리서 10:35절과 마태복음 10:42절을 보라. 큰 상이 놓여져 있기에 그 상을 받기 위하여 부르신다. 히브리서 11:1절을 보라. 믿음은 바라는 것들의 실상이요 보지 못한 것들의 증거이다. 그러기에 믿음은 현실이라는 것이다.

믿음이 현실이기에 우리는 쉬지 아니하고 달려가야 한다. 시편 121:3-4절을 보라. 하나님은 졸지도 주무시지도 아니하시고 일을 하신다. 그 이유가 무엇인가? 이는 우리에게 주시는 교훈이고 경고이다. 사람에게는 육신이 있고 영혼이 있다. 영혼은 졸지도 자지도 아니한다. 졸고 자는 것은 육신이지 생명

체는 아니다. 그러므로 그 누구도 오늘의 내가 예수를 잘 믿어야만 한다. 예수를 잘 믿으려면 먼저는 철저한 체험과 경험이 있어야 하는 것이다. 우리에게 체험이 없으면 신앙이 흔들리고 만다. 특히 신학생이나 전도자나 목사에게는 철저한 체험이 중요하다. 큰 사고가 난다든지 죽음의 그림자가 온다던지 또는 경우에 따라 죽음의 직전까지 갔다가 회색되어 돌아오면 이런 체험이 중요하다.

마태복음 8장과 9장을 보면 예수께서는 병자들을 고치시는데 그 이유는 그들에게 체험적 신앙을 주시려는 것이다. 그러니 모두가 바른 이해가 있어야만 한다. 이런 경우는 그 자신의 믿음에 담력과 확신을 주는 것이기에 중요하다. 어떤 경우 울고 기도한다고 해서 되겠는가? 하늘을 보고 땅을 보면서 철두철미 하나님께 맡겨야만 한다. 이것이 바로 정상적인 길인 것이다.

1대지, 믿음은 오늘에서 자기의 직무를 다하는 것이다

> "디모데 후서 4:5절을 보라. 믿음은 철저히 오늘이다. 오늘에서 맡은 직분을 다하는 것이 중요하다."

1, 믿음은 현실이고 오늘의 것이다.
Ⓐ 믿음은 어제와 내일의 것이 아닌 철저히 오늘의 것이다. 그러니 오늘에서 내가 어떻게 살고 어디서 사는가 하는 것이 문제이다.
Ⓑ 사람들은 믿음이 현실이고 오늘이라는 것을 잊고 산다. 그러다 보니 과거에 내가 예수를 잘 믿을 것을 내어 놓고서 각종 나팔을 불수가 있는 것이다.

ⓒ 골리앗을 죽이는 다윗의 믿음을 보라. 그 믿음이 아직도 살아 있지 아니하는가?(사무엘 상 17:50-54)
ⓓ 사자 굴속에 던져지는 다니엘을 보라. 다니엘 6:10-18절을 의미를 많게 한다.

2, 믿음은 그 자신의 사명을 다하게 하는 것이다.
Ⓐ 그 자신의 책임과 책무를 다하라. 바울은 디모데 후서 4:7절에서 나의 달려갈 길을 다하고 믿음을 지켰다고 고백하고 있다.
Ⓑ 믿음은 그 자신의 사명을 다하는 것이다. 그 자신의 할 일을 잘하는 것이다. 믿음은 누구도 그 자신의 길을 가야 하는 것이다. 그러나 인생이 어리석으니 여기서 문제가 된다.
ⓒ 믿음은 남의 길이 아닌 자기의 길을 가는 것이다. 인생은 99% 이상이 남의 길을 가다가 자멸하고 만다. 디모데 후서 4:7하반절을 보라. 이것이 바로 믿음의 길이다. 믿음은 누구도 앞만 보고 달리는 것이다.

3, 로마서 12:3-8절을 보라. 믿음에는 각기 주어진 직무가 있다. 자기의 직분에 대한 직분과 직무를 다하라. 그것이 사도나 선지자나 목사의 길이고 직무인 것이다.
Ⓐ 목사나 지도자는 가르치는 일을 잘해야 한다. 디모데 후서 2:3-5절을 유의하여 보라. 사도나 선지자나 목사는 가르치는 일을 잘해야 한다.
Ⓑ 목사나 전도자는 부지런하고 성실하고 일을 잘해야 한다. 사도나 선지자나 목사가 부지런하지 못하면 되겠는가?
ⓒ 다른 사람들 보다 그 누구도 부지런하지 못하면 되겠는가? 그것이 하나님의 요구하시는 일이 아니겠는가?

4, 믿음은 기도, 감사, 찬송, 영광과 기타 면에서 **최선**을 다하는 것이다. 이것이 무엇보다 중요하다.
   Ⓐ 믿음은 부지런히 기도하고 감사하는 일이다. 그러니 누가복음 9:62절 마냥 뒤를 돌아보는 것은 아니 된다.
   Ⓑ 누구도 믿음을 가지고 히브리서 2:1절과 같이 세상으로 흘러 떠내려가는 그것이 아니 된다. 한번 떠내려가면 희생할 기회가 없다.
   Ⓒ 믿음은 누구도 속전속결이어야 하고 앞만 보고 뛰어야 하고 뒤는 보면 아니 된다.

   5, 바울은 믿음의 아들 디모데에게 항상 네 직무를 다하라고 경고하고 있다. 그러니 우리는 디모데 후서 4:7절에 귀를 기울이지 아니하면 아니 된다. 이는 바울의 인생관인 동시에 우리의 인생관인 것이다.
   Ⓐ 그러나 인간은 하나같이 자신의 직무는 아니하고 불평과 불만을 토론하다가 죽고 만다.
   Ⓑ 디모데 후서 4:5절을 보라. 믿음은 누가 무엇이라고 해도 바로 이런 것임을 알리시고 있다. 누구에게도 믿음은 현실을 직시하는 것임을 알리신다.

  2대지, 믿음은 자기라고 하는 것은 껍질을 오늘에서 벗기는 작업이다

   "자기라는 껍질을 벗지 못하면 누구도 아니 된다. 믿음은 누구도 자기를 벗기는 것 또는 버리는 것이다. 그러니 믿는 자가 자기를 벗지 못하면 죽음이 와도 구원을 얻을 수가 없다."

1, 봄이 오면 개구리는 과거의 올챙이 때를 잊어버리는 것과 같으니 문제이다.
  Ⓐ 믿음은 현실이라고 해서 과거를 잊거나 버리면 결코 아니 되는 것이다.
  Ⓑ 믿음은 내가 오늘 예수를 얼마나 잘 믿는가 하는 것이 문제이다. 그래서 예수께서는 종종 겨자씨 한 알만한 믿음을 요구하고 있다. 그것은 믿는다고 하면서 교만과 거만이 나오면 아니 된다는 것이다.

2, 인간은 누구도 자기라는 껍데기를 벗기면서 살아가야 한다. 인간의 최대의 적은 바로 자기라는 껍데기이다. 얼마나 를 벗기느냐에 따라서 성공과 실패가 나누워진다.
  Ⓐ 인간은 하나같이 양파껍질과 같아서 자기를 벗지 못하고 있다. 자기를 벗기지 못하니 교만과 거만하고 시기와 질투가 가득하고 이웃을 깔아뭉갠다. 누가복음 16:19-22절의 홍포를 입은 부자가 이 케이스가 아닌가?
  Ⓑ 언제 어디서나 믿음이 문제가 되는 것은 자기라는 양파껍질을 벗기느냐 아니면 벗기지 못하느냐에 따라서 문제가 심각하게 생긴다. 누구도 자기의 껍질을 벗기는 것이 어렵다. 마태복음 19:21절 예수는 부자청년에게 자기의 껍질을 벗을 것을 요구하나 부자는 등을 돌리고 떠난다. 어쩌면 이것이 한국 교회의 목회자 상이 아니겠는가?
  Ⓒ 믿음은 어제보다 오늘이 중요하다. 왜냐 하니 오늘 내가 하나님의 일을 해야 하기 때문이다. 그러므로 큰 믿음을 가지려면 누구도 자기라는 양파껍질을 벗기고 일어나야 한다. 그러니 그 누구도 양파껍질을 날마다 벗기지 못하면 아니 된다.

3, 인생에게는 가장 큰 죄가 자기라는 껍데기가 가장 큰 죄이다. 자기라는 그 껍데기 때문에 거듭나지 못하고(요한복음 3:3, 3:5, 3:6) 회개 하지도 못한다(누가복음 16:30).
　Ⓐ 사람은 누구도 자기라는 껍데기를 벗어던지지 못하고 하나같이 등에 메고 돌아다닌다. 그러기 때문에 인생은 양파의 인생이고 거북이 인생이고 자라의 인생을 살고 있다.
　Ⓑ 이런 경우는 예수를 믿고 교회를 나와도 그 자신을 하나님께 드리거나 바치지를 못한다. 기독교는 자기 버림의 종교가 아닌가?

4, 누구도 자기가 있는 한 믿음이 자라지 못하고 자기의 속에 있는 욕구나 욕망이나 감정만 살아서 나타난다.
　Ⓐ 우리가 하나님 앞에서 믿음을 가지려면 자기부터 버려야 한다.
　Ⓑ 예수께서는 성서를 통하여 자기 십자가를 지라고 마태복음 10:28-29절에서 경고하고 있다. 자기의 십자가를 지려면 그 십자가가 180Kg나 되기에 여기서 문제가 생긴다. 자기라는 껍데기가 자기를 좌지우지 하고 있는데 그 껍데기를 벗기고 180Kg의 십자가를 지겠는가?
　Ⓒ 믿음은 그 누구도 자기라는 이 껍데기 때문에 지는 것이 심히 어렵다. 누구도 자기가 살아 있으면 십자가를 지지 못한다. 현대교회에서는 목사들이 앞장서서 십자가를 지지 아니할 운동을 펼치고 있다. 마태복음 23:13절과 23:15절이 바로 이런 유형들이 아닌가?

5, 자기가 바로 믿음의 대상이고 대적자이니 어찌 하는가? 그러니 믿음에서는 자기가 없어져야 한다. 사람은 하나님 앞

에서 크게 되려면 지식이나 정신이나 사찰이나 자기의 마음마저도 철저히 배격하고 버리지 아니하면 아니 된다.

Ⓐ 인간은 그 누구도 은근히 자기라는 것이 그 자신에게 신이고 권력이고 우상이다. 그러니 하나같이 도중에 망조가 되고 넘어지고 끝장이 난다.

Ⓑ 인생은 거의가 자기는 자신에게 하나님이다. 그러니 믿음이 있는 자는 그 자신을 버려야 하나 움켜잡으니 문제가 된다. 시편 17:12절이 바로 이런 문제이다. 인생은 하나같이 움켜잡는다. 그러니 문제가 된다.

Ⓒ 그럼에도 사람들은 그 누구도 그 자신을 버리거나 비우거나 십자가를 지지 못한다. 여기서 크게 문제가 된다.

Ⓓ 인생은 누구도 그 자신과의 투쟁에서 이겨야 선인과 의인과 대인이 되는데 그 누구도 자신을 이기지 못하면 무너진다. 자기와의 전쟁에서 패하니 인생이 패잔병이 되고 그리고 신앙적 포로병이 되어서 허덕거리다가 죽고 만다. 그러니 그 다음이 어찌되겠는가?

3대지, 믿음은 현실에서 도피가 아니고 참례하는 것이다

"믿음은 현실이고 참례이다"

1, 마태복음 19:16-21절의 부자를 보라.

Ⓐ 여기에 나오는 이 부자는 공덕론의 대가이다. 그러므로 마태복음 19:16-20절은 공덕론을 말하고 있는 것이다.

Ⓑ 그리고 이 사람은 하나님을 우습게보고 도전을 한 자이다. 그러기에 마태복음 19:20절은 의미를 많게 함이다. 그러니 그것이 바로 문제가 된다. 그 결과가 바로 마태복음 19:21-22절을 보라고 하신다.

2, 믿음에는 현실에서 자기라는 우상을 버려야 한다. 현실에서 그 자신을 벗어 버리지 아니하면 곤란하다. 그 이유는 무엇인가? 그것은 그 자신이 신이 되고 주장자가 되고 인도자가 되기 때문이다.

Ⓐ 믿음은 현실이니 그 자신을 버리면 대 성공이고 그 자신을 버리지 못하면 대 실패인 것이다.

Ⓑ 믿음의 현실은 다니엘 3:1-23절에서 잘 나타나고 있으니 참작하라. 왜 이들이 풀무불속에서 살아났는가? 그것은 그들이 하나님을 사랑하는 온도가 풀무불보다 더 뜨겁기 때문에 살아 난 것이다.

3, 믿음은 현실에서 교회 상이나(교회이미지) 사회이미지를 벗어던지는 것이다.

Ⓐ 믿음은 그 무엇을 이기는 것이다. 사회도 국가도 이기고 종교도 이긴다.

Ⓑ 이런 것에 지는 것은 믿음이 아니다. 고린도 전서 15:57절을 보라. 우리는 언제나 이김을 주시는 하나님께 감사해야 한다.

4, 기독교는 염세주의도 아니고 그런다고 낙천주의도 아닌 것이다. 그리고 다시 세속주의나 자유주의도 아니다.

Ⓐ 기독교는 기본적으로 염세주의도 아니고 우울증의 종교도 아니다.

Ⓑ 기독교는 자살주의나 의부나 의처증의 종교도 아니다.

Ⓒ 기독교는 오늘을 위한 종교이기에 철저히 현실에 만족하며 최선을 다하여 달리는 것이다. 기독교는 달려감에의 종교이다.

5, 그러니 믿음은 사도행전 28:23-24절을 유의해 보지 아니하면 아니 된다.
  Ⓐ 믿음은 질병도 이기고 각종 악이나 독을 이기기도 한다. 바울이 뱀에 물리지만 그것을 이기고 승리 하였다.
  Ⓑ 믿음은 다니엘 3:1-23절에서 풀무불도 이긴다. 왜냐 하니 믿음의 열기를 풀무불보다 더 강하니 그러하다. 그리고 믿음은 현실도 이기는 것이다.

4대지, 믿음은 현실이니 예수 그리스도와 함께 살고 생활을 하고 가는 것이다

"믿음은 오직 예수 그리스도와 함께 사는 것이다"

1, 현실에서 말이 없이 예수를 믿고 따르는 것은 믿음의 역사와 현실이고 원동력이다.
  Ⓐ 믿음은 예수 그리스도와 함께하고 함께 사는 것이다.
  Ⓑ 믿음은 그 주인이 그리스도이시니(히브리서 12:2) 그리스도가 살아 있는 그 날까지 우리는 믿음으로 전진해야 한다.

2, 믿음은 오늘에서 예수 그리스도와 함께 생활하고 사는 것이다.
  Ⓐ 믿음은 어제에서 예수 그리스도와 함께 지는 것이 아니다. 오늘에서 예수 그리스도와 함께 살고 생활을 하니 바른 이해가 요구 되는 것이다. 그러면 왜 그런 것인가?
  Ⓑ 믿음은 큰 것이 좋고 살아있는 것이 좋고 현실적인 것이 더 좋다. 그러나 어리석으면 마태복음 25:1-12절의 어리석은 처녀들의 꼴이 되기 때문에 문제가 생긴다.

3, 마태복음 26:46-47절을 보라. 여기서 예수께서는 제자들에게 일어나서 함께 가자고 외친다.

Ⓐ 이런 경우에 믿음은 좋은 것이 못된다. 스승을 배신하고 스승을 잡으려오는 것은 아니 된다. 이런 것은 역행이지 믿음은 결코 아닌 것이다.

Ⓑ 마태복음 24:48-51절을 보라. 이런 것이 믿음인가? 결코 아니다. 이런 것은 역행이고 파행이다.

4, 그리스도인은 어떤 경우가 그리스도와 함께하고 함께 생활하는 그것이 없으면 결코 아니 된다. 여기서 잘못된 것은 믿음이 아니고 우상이고 신화이다.

Ⓐ 믿음은 누가복음 9:62절인 것은 아니다. 왜냐 하니 믿음은 앞으로 가는 것이지 뒤로 가는 것은 아니기 때문이다.

Ⓑ 믿음은 빌립보서 3:12절과 3:14절을 보라. 오직 푯대를 향하여 앞으로만 달려가는 것이다.

Ⓒ 믿음은 언제나 히브리서 2:1절이 되는 것은 아니다. 믿음을 가진 자가 세상이나 세속으로 떠내려가면 죽고 만다. 이것은 하나님이 요구하는 바가 아니다.

5, 예수 그리스도와 함께하는 생활이 또는 예수 그리스도와 함께 가는 생활이 바로 믿음인 것이다. 그 누구도 여기서 제외가 되면 아니 된다.

Ⓐ 그리스도와 함께하는 것이 믿음이다. 마태복음 9:9절에서 마태를 보고 나를 따르라고 하신다. 따르는 것이 믿음이다.

Ⓑ 마태복음 4:18-20절과 다시 마태복음 4:21-22절에서 베드로와 안드레와 요한과 야고보를 예수께서는 부르신다. 왜 부르시는가? 함께 가자는 것이다. 그 이유는 그것이 바로 믿음

이기 때문이다.

ⓒ 예수 그리스도와 함께 가려면 마태복음 10:18절 그대로 십자가를 지고 예수를 좇아가자고 하신다.

ⓓ 믿음은 예수 그리스도와 함께 사는 것이고 함께 생활을 하는 것이고 그리고 다시 그와 함께 죽는 것이다. 그리고 어떤 경우이든지 실망이나 낙심하지 아니하는 것이다.

☆ 결론

그러기에 믿음은 오늘이 중요하다. 믿음에는 오늘이 필요하다. 믿음은 언제나 오늘이 요구된다. 믿음은 어제도 내일도 요구되는 것은 결코 아니다. 하나님은 우리에게 믿음에서 오늘을 요구하고 있다. 믿음으로 살고 이기고 승리하는 자가 되어도 패배자를 하거나 넘어지는 자가되는 것은 아니 된다.

골고다를 향하시는 예수를 보고 십자가를 지고 죽으시는 예수를 보라(마태복음 27:32-50). 그러면서 예수께서는 우리에게 자신을 따라오라고 요구하신다. 그것이 겟세마네이거나 골고다이거나 십자가에서의 죽음이거나 자기를 따라오라고 부르신다. 이 부르심에 순응하는 자가되고 역행하는 자가되지 말라. 이것이 바로 우리를 향하신 하나님의 뜻이다. 여기서도 바른 이해가 요구되고 있다.

마가복음 9:22-23
믿음은 현실이다(3)

[성경본문]

"귀신이 저를 죽이려고 불과 물에 자주 던졌나이다 그러나 무엇을 하실 수 있거든 우리를 불쌍히 여기사 도와주옵소서 예수께서 이르시되 할 수 있거든이 무슨 말이냐 믿는 자에게 능치 못할 일이 없느니라 하시니"

△ 서론

※ 누구도 믿음은 현실에서 벗어나면 아니 된다. 믿음은 오늘의 것이지 내일의 것은 아니다. 오늘에서 내가 예수를 잘 믿어야지 내일 내가 예수를 잘 믿는 것은 아니다. 그리고 어제의 예수를 잘 믿는 것도 하나님과 성서가 원치 아니한다. 그러면 그 이유는 무엇인가? 그러니 오늘에서 내가 예수를 잘 믿는가? 그것이 아니면 오늘에의 내가 예수를 잘못 믿는가함이다. 문제가 되는 것은 자기 혼자서 예수를 잘 믿는 것 같은 착각은 금물이다. 어떤 이들은 자기만 예수를 잘 믿는 척하기도 한다. 이런 것은 미신이나 신화에 적은 자들의 착각이다.

우리가 예수를 진짜 잘 믿으려면

① 목사는 500-1000독 이상을 할 것이 아닌가?
② 교인은 200-300독 이상을 할 것이 아닌가?
③ 그 자신을 하나님께 내어 놓을 것이다.
④ 성령의 인도와 지시대로 따르기 위해서 목을 내어 놓을 것이다.

⑤ 성서를 읽고 배우고 연구하는데 자기의 목을 내어 놓을 것이다.

이 위의 5가지에서 벗어나 있으면 유야무야한 자이고 돌 예수를 혼자서 믿는 것이다. 그러면 누구도 아니 되는 것이다.

1대지, 믿음은 그리스도께서 상을 주실 그 때까지 달려가는 것이다 (빌립보서 3:14)

"믿음은 끝까지 달려서 믿음의 상을 얻는 것이다. 그래서 상을 주실 때까지 달려가야 한다고 성서는 요구하고 있다(히브리서 10:35)"

1, 예수 그리스도께서는 우리 앞에 계시지 뒤에 계시는 것은 결코 아니다. 그래서 성서는 뒤를 돌아보지 말라고 경고하고 있다. 빌립보서 3:12절을 보라.
 Ⓐ 엘리야 때에 7000명이 숨겨져 있다. 열왕기 상 19:16-20절을 보라. 이것이 바로 믿음이다.
 Ⓑ 오늘에서도 이런 경우가 있다. 믿음은 에스더 4:16절과 같이 죽으면 죽으리라는 것이 믿음이다.

2, 그 누구도 뒤에 있는 것은 돌아보면 아니 된다.
 Ⓐ 우리는 앞에 있는 예수를 따라가는 것이다.
 Ⓑ 뒤에 있는 예수를 보면 그 누구도 히브리서 2:1절의 꼴이 된다. 타락하는 자나 넘어지는 자나 세속에 안주하는 자는 다 이 꼴이다.
 Ⓒ 그리고 뒤에 있는 예수를 보면 누가복음 9:62절의 꼴이 된다. 그는 쟁기를 잡고 돌아보면 닫치는 것을 모르는 자이다.

그러면 우리는 빌립보서 3:12절과 다시 빌립보서 3:13절을 유의하여 보라. 성서의 경고가 무엇인지를 말이다.

3, 히브리서 10:35절을 보라. 이것이 승리이고 이기는 믿음이다.
Ⓐ 그리스도인의 앞에는 믿음에 의한 큰 상들이 주워져 있다. 우리는 큰상을 얻기 위해서 달려가야 한다(마태복음 10:42).
Ⓑ 누구도 앞에 있는 상을 보지 못하면 문제가 생긴다. 그 하나는 히브리서 2:1절이 되어서 세상으로 흘러 떠내려간다는 것이다.
Ⓒ 다른 그 하나는 이 세상에의 깊은 물에 빠진다는 것이다. 시편 69:1-3절과 69:14-15절을 보라. 잘못하면 깊은 물에 빠져서 발람이나 가룟유다가 되고 만다.
Ⓓ 그 누구도 잘못된 믿음을 가지지 말라. 그것은 패망으로 가는 지름길이다.

4, 믿음은 현실적으로 하늘이 자신들을 위한 상이 보장 되어져 있으니 이를 잊지 말라.
Ⓐ 누가복음 9:62절을 보라. 이것이 그 무엇을 가르치고 있는가함이다. 믿음의 현실은 언제나 이런 것임을 알리시고 있다.
Ⓑ 마태복음 10:42절과 그 누가 큰상을 얻는지 그것을 보라고 하신다. 물론 적은 상이나 겨우 구원을 얻는 자는 결코 되어서는 아니 된다.

5, 그러면 여기서 히브리서 11:6하반절을 보라. 자기를 찾는 자들에게 큰상을 주실 것을 믿어야 한다. 그 누구보다 이것을 믿는 믿음이 중요하다.

Ⓐ 무엇보다 이것을 바로 확고부동해야 한다. 믿음은 죽으면 죽으리라 이다.
     Ⓑ 다니엘 6:10-18절을 보라. 이것이 다니엘의 믿음이 아니고 그 무엇인가?

    2대지, 믿음은 현실에서(이생에서) 불쌍한 이웃을 바로 보는 것이다(누가복음 16:19-25)

          "믿음은 현실을 바로 보는 것이다"

    1, 그 누구도 믿는 자로서 이웃을 바로 모르면 결코 아니 되는 것이다.
    그러므로 인생은
    ① 하나님을 바로 보아야 한다.
    ② 성령을 바로 보아야 한다.
    ③ 말씀을 바로 보아야 한다.
    ④ 에클레시아 교회를 바로 보아야 한다.
    ⑤ 이웃을 바로 보아야 한다.
    ⑥ 그 자신을 바로 보아야 한다.
    ⑦ 기타 등을 바로 보아야 한다. 에스겔 13:3-4절의 광야의 여우새끼를 조심하라는 것이다.
     Ⓐ 그 누구도 자기 혼자서 예수를 다 믿는 척하면 곤란하다. 각종 방송이나 TV를 보면 목사들이 나와서 자기혼자 예수를 잘 믿고 있다. 그러니 기고만장 해진다.
     Ⓑ 예수를 자기 혼자서 잘 믿는 것이 결코 아니다. 예수는 더불어서 믿는 것이다.
     Ⓒ 이웃을 보고 알고 사랑을 해야 한다. 그렇지 못하면 도중에 심각한 문제가 생긴다.

2, 그러면 그 이웃은 누구인가?

Ⓐ 권세가 있고 힘이 있는 자들인가? 이런 이웃은 이 세상에서는 너무나 많다.

Ⓑ 그러면 이웃은 출세와 성공을 한 자들인가? 과연 그런 것인가? 당연한 것일지도 모른다.

Ⓒ 그러면 많이 배우고 가진 것이 많은 자들인가? 당연한 것인지도 모른다. 그러나 사람들은 이웃을 잘 모른다. 부자에게 이웃은 부자가 아니고 부 곧 돈이다. 권력자들에게 이웃은 목사님이 아니고 목사 그 자체이다. 이를 바로 알라.

3, 믿음은 현실에서 이웃을 바로 섬기는 것이다. 마태복음 20:28절을 보라. 그러므로 믿음은 오늘이 중요하다.

Ⓐ 이웃은 예수 그리스도와 함께 있고 동행하는 자들이 아닌가? 누구의 믿음도 믿음은 그 주인의 것이다. 히브리서 12:2 상반절을 보라. 믿음이 내 것이 아닌 하나님의 것이다.

Ⓑ 믿음은 현실에서 이웃을 섬기는 것이다. 믿음은 현실에서 이웃을 불쌍히 여기는 것이다.

Ⓒ 그 누구도 이웃을 바로 보지 못하면 개꼴이 되고 스스로 무너진다. 누가복음 16:22-25절을 보라.

4, 누가복음 16:19절을 보라. 성서는 여기서 재물이나 돈을 많이 가진 자를 친구나 이웃으로는 사귀지 말라고 경고하고 있다. 물론 시편 17:10-14절의 문제도 여기에 준한다.

Ⓐ 누가복음 16:19-22절의 홍포를 입은 부자에게 이웃이 있을까? 답) 없다. 거의 이웃은 돈과 성공일 뿐이다.

Ⓑ 누가복음 12:16-22절의 이런 부자에게 이웃이 있겠는가? 답) 없다. 그의 이웃은 오직 돈이다.

5, 그러면서 성서는 마태복음 19:21절의 전 내용이 그 무엇인지 그것을 알리시고 있다.
　Ⓐ 참된 이웃의 사랑이란 욥기 31:16절을 보라고 한다.
　Ⓑ 그리고 다시 이웃 사랑은 요한 1서 4:19-22절을 바로 보라고 말씀 하신다.
　Ⓒ 믿음은 언제 어디서나 철저히 현실이다. 그러니 그 자신을 팔아서 예수를 살 수가 있는가?(마태복음 13:43) 우리는 우리의 몸값이 얼마나 되는가? 그러면 자신을 팔아서 예수를 얻을 수 있는가? 이것은 결코 쉬운 문제가 아니다. 솔직히 나와 그리스도를 교환할 수가 있는가함이다.

3대지, 믿음은 오늘에서 하나님의 것을 도적질하지 아니하는 것이다(누가복음 16:19-25)

※ 믿음은
① 하나님의 것을 바로 아는 것이다.
② 믿음은 내 것을 바로 아는 것이다.
③ 믿음은 이웃의 것을 바로 아는 것이다.
④ 믿음은 교회의 것을 바로 아는 것이다.
⑤ 믿음은 기타의 것들도 바로 아는 것이다.
이것을 모르면 누구도 타락이 오고 악한 영의 계율에 빠지고 만다.

1, 하나님의 것을 도적질하는 이런 자는 오래가지 못한다. 목사로서 이런 자는 일찍 죽거나 아니면 정년퇴임 이후에 큰 문제가 생기고 만다.
　Ⓐ 창세기 3:1-6절을 보라. 아담과 하와가 에덴에서 하나님

의 것을 도적질하고 있다. 그 이유는 무엇인가?
Ⓑ 시편 17:14절을 보라. 가진 것이 자기의 것도 아니면서 임시로 받은 것을 자기의 것 화하고 있다. 왜 그런 것인가? 인간은 언제나 마귀적이고 사단적이기 때문이다.

2, 또한 이런 자들도 아니 된다. 다음을 보라.
Ⓐ 누가복음 16:19-31절의 홍포를 입은 부자를 보라. 그가 이생에서 요구하는 것은 그 무엇인가? 그리고 다시 그가 저 생에서 바라는 것은 그 무엇인가? 의미심장함이 아닌가?
Ⓑ 누가복음 12:16-21절의 부자가 노리고 있는 것은 그 무엇인가? 크게 사업을 하여 부호(대기업)가 되는 것이다.
Ⓒ 마태복음 19:16-22절의 부자를 보라. 이 부자 청년은 공덕론 자인데 그가 바라는 것은 무엇일까? 이생에서는 성공을 하고 저 생에서는 구원을 얻는 그것이 아닌가?

3, 하나님의 것을 자기의 것 마냥 착취나 도적질을 하고 가지는 자는 어리석은 자이다.
Ⓐ 하나님의 것을 시편 17:14절 마냥 자기의 가족이나 자녀나 형제들과 사용하고 범죄 하는 것은 아니 된다.
Ⓑ 디모데 전서 6:6-7절을 보라. 일락을 좋아하는 자는 아니 된다. 그런 자는 그리스도 밖에 있는 자들이다.
Ⓒ 십일조나 감사에서 잘못된 자들이다. 이런 문제를 오직 합법적인 것만 요구된다.

4, 홍포를 입은 부자가 잘못한 것은 하나님의 것을 자기의 것으로(누가복음 16:19) 착각과 오도한 바로 그것이다.
Ⓐ 믿음은 언제나 공동체적이다. 자기혼자 가고 자기혼자

믿으려고 하면 절대로 아니 된다.
　Ⓑ 믿음은 더불어서 믿거나 공동체적으로 믿어야 한다. 사도요한마냥 박해시에 혼자 밧모섬에서(계시록 1:9) 있는 것은 여기서 제외가 된다. 그가 밧모섬에서 30년이 넘도록 혼자 외로이 하나님과 동행한 것은 놀라움이 아닐 수가 없다.

　5, 마태복음 10:16-21절의 부자 청년이 왜 그리스도로부터 지옥의 심판을 받은 것인가? 마태복음 19:22-24절의 부자청년을 보라.
　Ⓐ 그것은 믿음의 원동력과 힘이 무엇인지를 몰랐기 때문이다.
　Ⓑ 믿음의 사람이 되고 성령의 사람이 되고 그리고 말씀의 사람이 되는 것은 하루아침에 이루어지는 것이 아니다. 역사와 성서를 보라. 어떤 이는 30년 어떤 이는 40년 어떤 이는 50년 어떤 이는 그 이상을 그곳에 몰두하기도 한다.

4대지, 믿음은 현실에서 날마다 회개하며 살아가는 것이다(누가복음 16:30)

"믿음은 현실에서 하늘을 쳐다보며 회개하며 사는 것이다 첫째는 하나님과 자신 그리고 둘째는 성서와 그 자신 셋째는 사회와 국가와 자신 넷째는 교회와 자신을 돌아보며 회개하며 사는 것이다"

　1, 사도행전 2:37-38절을 보라.
　Ⓐ 이것은 성령을 받은 이후에 사도나 제자나 그리스도인의 생활 태도가 아니겠는가?
　Ⓑ 그리스도인이 되어라. 그것도 성령과 말씀의 충만한 사

람이 되어야 하나님 앞에서 복을 받는다.
  ⓒ 교회를 다니고 예수를 믿는다고 하는 자들 중에는 불신자와 회개가 없는 자들이 너무나 많다. 이런 자들은 하늘이 결코 돌아보지 아니하신다.

  2, 회개는 모든 것에 기본과 원리를 말하는 것이다. 고로 회개는 깨닫고 씻고 하나님 앞에서 바로 서는 것이다.
  Ⓐ 마태복음 5:26절을 보라. 여기서는 회개가 호리라도 다 갚으라는 것이다. 호리이니 아주 적은 것을 의미한다. 이는 그리스도께서는 참된 그리스도인들에게 주시는 교훈이고 경고인 것이다.
  Ⓑ 마태복음 4:17절을 보고 그리고 마가복음 1:15절을 보라. 여기서 성서는 회개하라고 하고 있다. 이 회개는 메타노니야로서 방향을 전향하는 것을 의미한다. 이는 예수 그리스도의 선두사이다. 예수께서는 오늘에서도 그리스도인들 모두에게 회개하며 살라고 경고하고 있다.
  ⓒ 보편적으로 회개는 메타노이야로 하는데 이는 뜻이 회개 또는 방향전향을 말하는 것이다. 다른 길로 또는 우상과 미신을 섬기는 곳으로 벗어나 하나님에게로 메타노이야라고 한다. 그러나 참된 회개는 호모로게이라고 한다. 이 호모로게란 말은 거듭남이다. 또는 한 것을 이실직고한다. 또는 회개한다 등의 뜻으로 쓰이는 것이다. 우리가 하나님 앞에서 회개할 때에는 메타노이야 보다는 호모로게가 기본적으로 같다는 것이다.

  3, 믿음은 현실에서 날마다 회개하며 사는 자의 것이다. 회개가 없는 자는 믿음이 없고 말씀이 없고 성령이 없는 자이다. 사도행전 2:1-4절을 보면 성령의 대 역사가 나타나는 모

인 무리들이 일어나서 베드로를 향하여 우리가 어찌 할꼬 하거늘 (사도행전 2:37-38) 그때에 베드로가 "너희가 회개하여 각각 그리스도의 이름으로 세례를 받고 죄사함을 받으라"고(사도행전 2:38) 말씀하고 있다.

　Ⓐ 회개가 없는 인간은 비금주의와 같다. 그리스도인은 회개하며 사는 자이다. 호모로게 하며 사는 자이다.

　Ⓑ 그리스도인은 날마다 회개하며 예수 그리스도와 함께 사는 자들이다. 언제나 어디서나 하나님의 인도함을 받으며 사는 자이다.

　Ⓒ 우리가 현실에서 믿음으로 살려면 회개하며 살아야 하는데 그것이 쉬운 일이 아니다.

　4, 황금만능주의 세상에서 믿음과 회개를 가지며 산다는 것은 결코 쉽지가 아니하다. 목회자나 교인이 믿음과 영생의 도를 갖거나 찾는다는 것은 결코 쉽지가 아니하다. 이런 것은 언제나 심히 어려운 문제이다.

　Ⓐ 야고보 3:15절을 보라. 이런 세상에서 믿음에의 승리는 어려운 문제이고 십자가이다.

　Ⓑ 요한 1서 2:16절의 세상에서 승리하며 사는 것은 결코 쉽지가 아니하다. 자기의 믿음만 가지고 사는 것이 아니다. 가정이 있고 자녀가 있고 부모가 있으면 어느 것 하나도 쉽지가 아니하다.

　5, 시편 17:14절을 보면서 느끼고 깨닫는 것은 그 무엇인가? 이런 인간은 돌 예수꾼들이다. 돌 예수꾼들을 보고 기독교라고 생각하지 말라.

　Ⓐ 시편 17:12절을 보라. 이 세상에서 지나치게 이기주의자가 되거나 교인을 끌어 모으는데 전심전력을 기울이는 자들은

결코 선하지 못하며 그들의 장래가 아주 묘하여진다.

 Ⓑ 그리고 다시 시편 17:14절을 보라. 이런 사람이 지향하고 버리는 것이 그 무엇인가? 그가 성직자라도 하나님께 버림을 받는 그것이다.

 Ⓒ 여기서 막상 그들이 얻는 것은 그 무엇인가? 결과적으로는 아무것도 없다. 하나같이 그들의 그 결과는 공수래공수거의 법에 걸려서 쓰러지고 마는 것이다. 누구도 이를 잊으면 아니 된다.

☆ **결론**

 하나님께서는 우리 모두에게 믿음을 주시며 너희가 세상을 이기고 승리할 것을 강조하고 있다. 그러면 왜 그런 것인가? 그것은 믿음은 결코 죽은 것이 아니고 살아 있고 그리고 믿음은 마귀의 것이 아니고(야고보 3:15) 하나님의 것이기 때문이다(히브리서 12:2상반절). 사람들은 예배당을 다녀도 하나님의 것 보다는 마귀의 것을 더 즐기고 반긴다. 예배당을 다녀도 10-20%는 하나님의 것을 반대로 80-90%는 마귀의 것을 더 좋아하고 우긴다. 마태복음 4:8-9절을 보라. 마귀는 천하가 다 자기의 것이라고 우긴다. 그러면서 마귀는 고린도 후서 4:4절에서 이 세상의 신이 자기라고 우긴다. 그러니 항상 주의하고 조심을 해야 한다. 믿음은 오늘에서 내가 하나님께 그 무엇을 하고 그 무엇을 드리고 그 무엇을 바치는가 하는 것이 문제이다. 그리고 믿음은 오늘에서 내가 나를 드리고 목을 바칠 수가 있는가 하는 것이다. 누구도 여기서 바른 이해가 있으면 앞서가고 바로 서고 바로 외칠 수가 있는 것이다. 누구도 실망하거나 낙심하지 말라.

마가복음 9:22-23
믿음은 현실이다(4)

[성경본문]

"귀신이 저를 죽이려고 불과 물에 자주 던졌나이다 그러나 무엇을 하실 수 있거든 우리를 불쌍히 여기사 도와주옵소서 예수께서 이르시되 할 수 있거든이 무슨 말이냐 믿는 자에게 능치 못할 일이 없느니라 하시니"

△ 서론

※ 믿음은 오늘에서의 현실이다. 그리고 믿음은 언제나 내일에서 현실은 아니다. 이점을 바로 참작하고 바로 알지 못하면 결코 아니 된다. 어제에서는 내가 하나님을 잘 믿었으나 오늘은 그렇지 못하다라고 말을 하는 것은 믿음이 아니다. 믿음은 어제보다 오늘에서 더 열심히 더 가까이 가야하는 것이다. 다니엘 3:1-23절을 보라. 사드락과 메삭과 아벳느고를 보라. 이들은 과거나 어제에서 유명한 것이 아니고 오늘에서 중요하고 유명한 믿음을 가진 자들이다. 이 땅위에는 어리석어서 타락이 된 믿음을 가진 자들도 많다.

마태복음 19:16-20절을 보라. 부자청년이 공덕론자로서 공덕을 많이 쌓아서 자기는 구원을 얻을 것으로 생각하고 예수께 나왔으나 그러나 마태복음 19:21-22절을 보면 그는 타락이 되고 만다. 부자청년이 타락은 하나는 공덕론이 문제가 되었고 다른 하나는 믿음은 오늘이고 현실이지 어제가 아니라는 사실을 알지 못했기 때문이다.
　다니엘 6:10-18절을 유의하여 보라. 다니엘은 오늘에서 사자 굴속에서 던져진 자이지 어제에서 사자 굴속에 던져진 것은 아니다. 분명한 것은 믿음은 오늘이지 결코 내일은 아니다. 에스더 4:16하반절을 보라. "믿음은 죽으면 죽으리라"이다. 이를 바로 아는 것이 중요하다. 다니엘은 오늘에서 사자 굴속에 던져졌고(다니엘 6:18) 사드락과 메삭과 아벳느고를 오늘에서 풀무불에 던져진 것이다(다니엘 3:12-23). 그럼에도 불구하고 못되고 못나고 어리석은 자들은 이것이 옛날 사건으로 비화하나 둔갑을 시키어 자신과는 아무런 상관관계가 없는 것으로 돌리거나 취급하고 있다.
　그러니 믿음이 없고 타락이 된다. 이런 경우는 타락이 되어도 하나님이 눈을 감고 귀를 막아 버린다. 이를 바로 알라. 그래서 작금의 교회 안에서는 믿는다고 하면서도 히브리서 2:1절 마냥 세상으로 흘러 떠내려가는 자들이 많다. 어떤 이는 시편 69:1-3절 마냥 깊은 세속에 물에 빠져서 허덕이다가 멸망을 받고 만다. 그러니 이점을 양지해야 한다.

1대지, 믿음은 현실에서 오직 따름만을 요구하고 있다

"예수께서는 나를 따르라 또는 나를 좇으라고 하신다. 그러면 왜 그런 것인가? 그것은 믿음이 순종만을 요구하고 있기 때문이다"

　1, 믿음은 오직 따름이다. 이 따름에는 조건이 필요가 없다.
　Ⓐ 마태복음 9:9절을 보라. 예수께서는 여기서 마태를 보고

나를 따르라고 강조하신다.
　Ⓑ 이 따름에는 오늘에서 필요한 것이지 내일이면 늦다. 예수께서는 오늘 지금 이 순간에서 따르라고 명하신다.
　Ⓒ 이사야 6:1-9절을 보라. 여호와께서는 이사야에게 내가 누구를 보내며 누가 나를 따를 것인가 하고 질문하신다. 그런데 이사야는 여기서 보낼 사람이 없으면 나를 보내 달라고 강조하신다. 그래서 이사야 6:8-9절을 보면 여호와께서는 이사야에게 가라고 명령하신다. 그 이유는 믿음은 오늘에서 달리는 것이지 어제나 내일에서 달리는 것은 아니다.

　2, 믿음은 현실에서 믿음으로 응답하는 것이다. 믿음은 대답을 잘하는 것이다. 믿음은 큰 소리로 "예" 라고 대답을 하는 것이다.
　Ⓐ 믿음은 지금에서 "내가 여기 있나이다"고 대답을 하는 것이다.
　Ⓑ 하나님은 나를 보시고 내일이 아니고 오늘에서 내가 너를 필요로 하니 따라 오라고 부르신다.
　Ⓒ 마태복음 4:18-22절을 보라. 예수께서는 필요하시니 베드로, 안드레, 야고보, 요한 이 네 사람을 부르신다. 왜 부르시는가? 이들이 너무나 필요하시니 부르신다.

　3, 믿음은 현실에서 예수 그리스도를 따르는 것이다. 믿음은 현실적으로 예수 그리스도를 따름으로 그 시작을 하는 것이다.
　Ⓐ 그러면 마태복음 9:9절을 보라. 예수는 마태를 보시고 나를 따르라고 부르신다.
　Ⓑ 그 누구도 부르심에는 일어나서 따르면 되는 것이다. 따름에는 조건이나 설계나 다른 것은 필요치 아니하다.

ⓒ 따름에는 직장도 직업도 생업도 학벌도 다 버리고 따라 가야 한다. 이런 것은 생각하면 누구도 따를 수가 없다.
　ⓓ 이사야 6:1-9절과 사도행전 9:1-9절을 보라. 하나님은 필요에 따라 부르시면서 어느 것 하나도 보지 아니하신다. 그러면서 오직 따름은 가진 것을 버리고 따르라고 하신다. 대인이나 의인이나 유명인사는 따름에 아무런 조건이 없이 따르는 것이다.

　4, 마태복음 4:18-20절 또는 4:21-22절을 보라. 여기서 예수께서는 나를 따라 오라고 부르신다. 따르려는 자들은 불고가사 불고처사를 하고서 자기를 따르라고 부르신다. 과연 예수를 따름에 있어서 불고가사 불고처사가 과연 가능한가? 심히 어려운 문제이다.
　ⓐ 따름은 누구도 오늘이지 내일은 아니다.
　ⓑ 예수께서는 오늘에서 예수를 믿고 따르는 것은 결코 아니라고 강조하신다. 그러니 예수를 믿고 따름에서는 오늘에서 필요한 것은 바로 알아야 한다.

　5, 마태복음 8:21-22절을 보라. 부르심에 낙오를 하거나(마태복음 19:21-22) 따름에서 낙오가 된 자는 필요가 없다. 마태복음 8:18-20절을 보라. 사람들은 예수를 따르려고 하나 예수께서는 돌려보내신다. 왜 따라 가려고 하는데 돌려보내시는가? 여기서 우리는 가룟유다를 보고 그리고 다시 민수기 22장의 발람 선지자를 보라고 한다.
　ⓐ 예수 그리스도께서는 오늘에서 필요한 자들을 하나 하나 부르시고 계신다. 왜 그렇게 하시는가? 해야 할 일들이 너무나 많기 때문이다.

Ⓑ 예수를 따르려면 죽음도 불사해야 한다. 사도행전 12:1-2절을 보라. 예수께서는 바울을 부르시면서 사도행전 9:14-16절을 보라고 하신다. 그리스도에게는 사도 바울과 같은 자가 필요하기 때문이다. 갈라디아서 6:17절을 보라. 바울은 여기서 "누구든지 나를 괴롭게 말라 내가 내 몸에 예수의 흔적을 가졌다"고 강조하고 있다.

  6, 마태복음 19:16-22절의 부자청년을 보라. 그에게 예수께서는 자기를 따르라고 한다. 그러나 그는 예수를 버리고 떠나간다.
  Ⓐ 마태복음 19:21-22절의 부자청년을 보라. 예수께서는 경우에 따라서는 이런 청년 부자를 필요하시니 따를 것을 권고하고 있다.
  Ⓑ 떠남과 받아들임 중에서 하나만을 선택하라면 우리는 어떤 것을 선택 할 것인가?
  Ⓒ 가룟유다를 보라. 그는 막판 2-3일 남겨 놓고 예수를 떠나가고 있다(마태복음 26:14-16). 그리고 몇 시간 후에 그는 자살로 생을 마감한다(마태복음 27:3-5).
  Ⓓ 가룟유다와 같은 경우는 이 땅위에는 너무나 많다. 그러면 그 이유는 무엇인가? 그것은 바로 그는 내일을 모르니 어제에서 예수를 바칠 수 있는 것이다. 그리고 자살로서 생을 마감하게 된다.

  2대지, 믿음은 현실에서 최선을 다하는 것이다

  "현실에서는 교회를 다니고 예수를 믿는 그것에 나의 목을 거는 것이 중요하다. 그렇지 못하면 자유주의 신앙이나 종교 다원주의 신앙에 빠져서 넘어지고 만다."

1, 그러면 전도서 9:11절을 보라.
Ⓐ 이 과정에서 토끼는 누구이고 거북이는 누구인가?
Ⓑ 현실이 없는 믿음은 곤란하다. 설령 그것이 계시록 13:9-10절이나 그리고 다시 계시록 14:12-13절 같은 환란과 핍박의 과정에서도 바른 이해가 요구된다. 반드시 대 환란은 온다. 그리고 세계적으로 대 박해가 온다. 그것이 예언된 계시록 13:9-10절이다.

2, 현실에서 끝까지 견디는 자가 살아남는다.
Ⓐ 공부를 하는 자들이 예수 그리스도를 따르려면 그 무엇보다 생각을 달리하지 아니하면 아니 된다. 공부와 믿음의 길은 엄청난 차이를 보이기 때문이다.
Ⓑ 연구를 하는 자들도 예수를 따르려면 생각을 달리하지 아니하면 아니 된다. 연구를 하는 것과 예수를 따르려는 것은 엄청난 차이를 보이고 있기 때문이다.
Ⓒ 위에서 지적한 바와 같이 계시록 13:9-10절을 보라. 대 환란과 핍박이 와도 끝까지 참고 견디는 자는 구원을 얻는다. 성서는 이것을 요구하고 있다.

3, 디모데 후서 4:7절을 보라. 바울은 여기서 유언을 남기면서 "나의 달려갈 길이 있음"을 확인시키고 달려왔음을 고백하고 있다. 이는 하나님은 바울이나 우리에게 무엇인가를 요구하고 계심을 알리신다. 이를 바로 알라.
Ⓐ 우리는 선한 싸움을 싸워야 한다. 디모데 후서 4:7상반절을 상고하여 보라.
Ⓑ 우리는 나의 달려갈 길을 마쳐야한다. 디모데 후서 4:7중반절을 보라.

ⓒ 끝까지 믿음을 지켜야 한다(디모데 후서 4:7하반절, 계시록 13:10하반절). 환란과 죽음이 온다고 할지라도 믿음을 버리면 아니 된다.

4, 디모데 후서 4:5절을 보라. 전도인의 일을 하며 네 직무를 다하라고 하신다. 왜 그런 것인가? 그것이 바로 그리스도인의 할일이기 때문이다.
Ⓐ 목사나 교인은 그가 그 누구이든지 간에 최선을 다하고 전도인의 일을 마쳐야 한다. 그래야 믿음으로 승리를 할 수가 있다.
Ⓑ 전도인은 앞만 보고 달리고 뛰어야 한다. 뒤를 보면 아니 된다.
ⓒ 전도인은 앞을 보고 달리는 자이지 뒤를 보는 자가 아니다(빌립보서 3:14).

5, 골로새서 4:17절을 보라. 교회에서 받은 직분에 대하여 최선을 다하라고 명령하고 있다. 그것이 바로 목사나 전도인의 사명이다. 왜냐 하니 교회는 일터이고 예배당의 장소이기 때문이다.
Ⓐ 믿고 달리고 뛰어야 하나님 앞에서 너와 나를 기다리신다.
Ⓑ 왜 그런 것인가? 그것은 천국까지 함께 뛰어야 하기 때문이다.

3대지, 믿음의 사람들을 보라

"우리는 먼저 믿음의 사람을 보고 그리고 다시 믿음의 역사를 보고 그리고 다시 믿음의 현실을 보고 그리고 다시 믿음의 승리를 보라"

1, 바울의 믿음관을 보라.
Ⓐ 바울은 시종일관 달려가는 믿음이다(빌립보서 3:12-14).
Ⓑ 바울은 뒤를 돌아보지 아니하는 믿음이다(빌립보서 3:12-13).
Ⓒ 바울은 도중에 자포자기를 하지 아니하는 믿음이다(빌립보서 3:12).
Ⓓ 바울은 끝까지 달려가서 상을 얻는 믿음이다(빌립보서 3:14, 히브리서 10:35).

2, 사도들의 믿음관을 보라.
Ⓐ 베드로의 믿음관은 금보다 귀한 믿음의 소유자이고 그는 불 굴레의 믿음이고 그는 견인불발의 믿음이다.
Ⓑ 야고보의 믿음관은 그는 죽으면 죽으리라고 함이다. 그는 언제나 예수 그리스도를 위해서는 죽을 수가 있는 믿음이고 그는 확고부동한 믿음이고 끝까지 달려가는 믿음이다(사도행전 12:1-2).
Ⓒ 사도요한의 믿음관은 그는 언제나 그리스도와 함께하는 믿음이다. 다음으로 그는 밧모섬에서 그리스도와 함께 외로이 30여년간 함께 하였다(계시록 1:9). 그는 밧모섬의 30여 년간에서 돌아와서 요한복음과 요한 1, 2, 3서를 그리고 계시록을 집필 하였다. 그는 12사도 중에는 유일하게 와석종신하시었다. 이는 자기 수명대로 살았다는 것이다.

3, 속 사도들의 믿음관을 보라.
Ⓐ 디모데의 믿음관을 보라 그는 흠이 없는 믿음을 가졌다. 그

는 누구에게도 보이는 믿음이다. 디모데 후서 1:4-5절을 보라.
 Ⓑ 야고보 감독의 믿음을 보라. 이 야고보 감독은 예수의 아래 동생이고 야고보서를 기술한 저자이다. 그는 언제나 행동적 신앙을 가진 자이며 죽으면 죽으리라는 믿음을 보인자이다. 사도행전 15장을 보면 그는 초대 예루살렘교회의 감독이고 기둥이었음을 알 수가 있다.
 Ⓒ 유다서의 저자인 유다의 믿음을 보라. 이 유다 역시 예수 그리스도의 동생인 유다이다. 그는 그리스도에게 그 자신의 모든 것을 완전히 맡기고 있다. 그가 우리에게 보인 것은 믿음은 철저히 맡기는 것임을 가르치고 있다.

 4, 기타 등의 믿음관을 보라. 이것은 예나 지금에서 많은 것을 우리에게 보이고 있다.
 Ⓐ 스데반의 현실과 믿음을 보라. 먼저 사도행전 6장에서 스데반을 보고 다시 사도행전 7장에서 스데반을 보라. 그는 기독교에서 최초로 순교를 당한 자이다. 사도행전 7:54-60절에서 그의 순교를 보라.
 Ⓑ 여기서 우리는 두 가지의 믿음관을 보아야 한다. 하나는 믿음을 통하여 각종축복을 받은 것이고 다른 하나는 끝까지 그리스도와 함께하는 영광과 기쁨을 얻은 것이다. 사도들이나 이방 사도들이나 속사도의 믿음을 다 이런 것들의 아니겠는가?

 5, 오늘에서의 우리들의 믿음관을 보아야 한다.
 Ⓐ 우리는 예수 그리스도를 위해서 감옥을 가거나 사자 굴속에 들어가거나 유황 불속에 던져지거나 할 수가 있는가? 그것이 아니면 절대적으로 죽을 수가 없는 것인가?
 Ⓑ 이사야는 40년 동안 외치고 톱으로 켜임을 받아서 순교

를 당하였고 예레미야는 50년 동안 눈물의 선지자로서 외치다가 물 없는 웅덩이에 던져져서 생매장을 당하였는데 오늘의 우리는 어떤가?

ⓒ 바울은 예수 그리스도를 위해서 언제나 죽을 수가 있었다. 바울의 고백인 사도행전 20:22-24절을 보라. 자기는 그리스도를 위해서 라면 어디서나 죽을 수 있음을 고백하고 있다.

ⓓ 오늘에서의 너와 나는 어디서 무엇을 하다가 그리스도를 위해서 죽을 수가 있는가? 이것은 이만 저만의 문제가 아닌 것 또한 사실이다.

4대지, 참된 믿음과 믿음의 원동력은 무엇인가?

"여기서는 거짓된 믿음은 아니 된다. 귀신의 믿음도 아니 된다(야고보서 2:19). 그리고 자의적 숭배의 믿음도 아니 된다(골로새서 2:23).

1, 믿음은 그리스도인들에게 언제 어디서나 승리를 가지고 온다.

ⓐ 믿음은 오늘에서 나와 그리스도와의 관계를 맺게 하고 가져오게 한다.

ⓑ 믿음은 그리스도인들 모두에게 믿음의 승리를 가져 올 것을 요구하고 있다.

ⓒ 그리스도인은 그가 그 누구이든지 간에 하나님과 그리스도를 위해서 살수도 죽을 수도 있어야만 한다. 그래서 성서는 로마서 14:7-8절을 유의해 보라고 한다.

2, 믿음은 그리스도인들 모두에게 생활과 삶의 변화를 가지

고 온다. 그것이 현실이고 역사이다. 다니엘 6:10-18절에서 나타내고 그리고 다시 다니엘 3:13-23절이 나타내고 있다.
　Ⓐ 그리스도인이 되어서 그리스도를 위해 죽을 수도 살수도 있어야만 하는 것이다. 그래서 바울은 빌립보서 1:20-25절을 보라고 강조한다. 여기서 바울은 우리가 사나 죽으나 우리는 그리스도의 것이다 라고 고백하고 있다.
　Ⓑ 우리가 예수 그리스도를 위해서 살수가 있는가? 과연 그런 것인가? 여기서 우리는 고백이 필요하다.

　3, 믿음은 현실에 참여하여 열매를 맺게도 한다. 그것이 하나님의 요구사항이고 믿음에의 결과와 결실인 것이다.
　Ⓐ 믿음은 그 누구도 현실에 동참을 하는 것이다.
　Ⓑ 믿음은 그 누구도 현실에 동참하여 예수 그리스도를 바로 전달하는 것이다. 그러니 어제를 위하여 달리지 말고 예수 그리스도와 푯대를 향하여 달려가야 한다.

　4, 믿음은 오늘에서 그리스도인들에게 참된 감사가 그 무엇인지를 알리시고 있다.
　Ⓐ 믿음은 오늘에서 그리스도인들 모두에게 현실과 역사와 감사가 무엇인지를 가르치고 있다.
　Ⓑ 믿음은 오늘에서 그 자신은 죽고 예수 그리스도만 살게 하는 역사이다.
　Ⓒ 믿음은 오늘에서도 쉬지 아니하고 천국을 향하여 앞만 보고 뛰는 것이다.

　5, 믿음은 오늘에서 그리스도인들 모두가 하나님의 날개 아래 또는 품안에서 살게도 한다.
　Ⓐ 믿음은 오늘에서 우리가 예수 그리스도 안에서 사는 것

을 의미한다.
　Ⓑ 믿음은 오늘에서 그리스도인들이 천성을 향하여 달려가는 것을 의미한다.
　Ⓒ 믿음은 오늘에서 그리스도인들이 쉬지 아니하고 그리스도가 계시는 천국까지 달리는 것이다.
　Ⓓ 하나님께서도 오늘의 우리에게 쉬지 말고 끝까지 달리라고 말씀 하신다. 그러니 믿음의 승리자가 되라.

☆ 결론

　믿음은 오늘에서 그리스도인들 모두에게 찬송과 감사와 기도를 가져다주고 있다. 그리고 다시 용기와 결단을 가져다주기도 한다. 그리고 용서와 관용을 가르치고 그리스도 안에서 많은 열매를 맺으며 사는 법을 가르쳐 주고 있다.
　예수 그리스도께서는 우리에게 쉬지 아니하고 기도하고 감사하고 열매를 맺으라고 하신다. 그러면서 내일은 아니 되기에 오늘에서 따르며 하라고 말씀하신다. 그 누구도 뒤를 보지 말라. 그리스도는 앞에 계신다. 천국은 앞에 있는 나라이지 뒤에 있는 나라는 아니다. 우리는 앞만을 보아야한다. 그러니 빌립보 3:12절이 그 무엇을 가르치는 지를 바로 알라. 그리고 감사하라.

누가복음 17:5-10
믿음은 충성이다(1)

[성경본문]

"사도들이 주께 여짜오되 우리에게 믿음을 더하소서 하니 주께서 가라사대 너희에게 겨자씨 한 알만한 믿음이 있었더면 이 뽕나무더러 뿌리가 뽑혀 바다에 심기우라 하였을 것이요 그것이 너희에게 순종하였으리라 너희 중에 뉘게 밭을 갈거나 양을 치거나 하는 종이 있어 밭에서 돌아오면 저더러 곧 와 앉아서 먹으라 할 자가 있느냐 도리어 저더러 내 먹을 것을 예비하고 띠를 띠고 나의 먹고 마시는 동안에 수종들고 너는 그 후에 먹고 마시라 하지 않겠느냐....."

△ 서론

※ 믿음은 피스티스이고 충성은 피스토스이다. 충성의 뜻은 믿음에서 그 출발을 한다는 것이다.
나에게 믿음이 있는가?
① 누가복음 12:16-21절을 보라.
② 누가복음 16:19-31절을 보라.
③ 마태복음 19:16-20절을 보라.
이런 자들에게 믿음이 있는가?
누가복음 17:5절에서 제자들이 주께 여짜오되 "우리에게 믿음을 더하소서"라고 하시니 누가복음 17:6절에서 예수의 말씀이 "너희에게 겨자씨 한 알만한 믿음이 있었더라면" 누가 17:6

상반절에서 말씀하고 있다. 여기서는 우리가 참된 믿음이 무엇인지 그것을 바로 알아야 한다. 믿음은 원어에는(헬, 피스티스)이고 충성의 원어에는(헬, 피스토스)이다. 그러기 때문에 그 누구도 하나님을 알고 믿으려고 하면 하나님께 충성한다는 의미가 무엇인지를 바로 알아야 한다. 여기서 우리가 반드시 유의하고 넘어가야할 것은 믿음은 뱀 마냥 혀가 갈라진 자는 아니 된다. 혀가 갈라진 자들이 많은데 그런 자들은 마귀에게 속한 자이지 하나님께 속한 자는 아니다.

창세기 3:1-6절을 보라. 하와와 아담이 뱀에게 속은 것은 뱀은 그 혀가 갈라졌다는 사실을 바로 알지 못하기 때문이다. 우리는 항상 접근해 오는 자의 혀가 갈라진 것인지 이런 자를 바로 알아야 한다. 그래서 믿음은 예수 그리스도에게 그 출발을 하는 것이다.

히브리서 12:2절을 보라. 그리고 다시 충성은 믿음에서 그 출발을 하는 것이다. 이것을 바로 아는 것은 앞선자의 행동이고 신앙이다. 그러나 이를 바로 보지 못하면 뒤지고 낙오되고 믿음 그 자체가 무너지고 만다. 모름지기 믿음은 예수 그리스도에게서 그 출발을 하고 충성은 믿음에서 그 출발을 한다는 것이기에 지식이고 지혜이니 바른 이해가 요구되고 있다. 믿음은 철저히 충성심에서 우러나오는 것이다. 그래서 성서는 계시록 2:10하반절에서 "죽도록 충성하라"고 한다.

1대지, 믿음은 믿음에 충성하는 것이다

"믿음은 충성이다 충성이 없는 믿음은 헛것이고 이미 무효화가 된 것이다"

1, 믿음은 그 주인과 종의 사이에서 바르게 나타나는 것이다. 이를 모르면 아니 된다. 누가복음 17:6-10절을 바로 보아야 한다. 여기서 믿음을 놓고 종과 주인의 사이를 일목요연하게 가르치고 있는 것이다.

Ⓐ 주인은 종을 생각하고 아끼고 귀히 여겨야 한다.

Ⓑ 그리고 종은 그 주인을 신뢰하고 사랑해야 한다. 왜 그런 것인가? 그것은 그가 자기의 주인이고 또한 그 자신의 소유물이기 때문이다.

Ⓒ 그런데 다들 어리석은 자들이니 종을 학대하고 멸시하고 천히 여긴다.

2, 종은 주인을 위해서 산과 들로 일을 하려고 나가는 것이지 종 그 자신을 위해서 일터로 나가는 것은 결코 아니다.

Ⓐ 그래서 빌레몬서를 통하여 바울은 주인에게 종은 섬기고 존중하고 사랑하고 귀히 여길 것을 요구하고 있다.

Ⓑ 그러면서 우리의 주인이 되신 하나님을 생각하라고 경고하고 있다. 그리스도인은 우리의 주인이시고 우리는 그의 종임을 깨달아야 한다.

3, 종은 언제나 그 주인을 위해서 일을 하는 것이지 그 자신을 위해서 일을 하는 것은 아니다. 오늘의 교회가 타락을 하는 것은 종과 주인의 위치가 잘못되었기 때문이다.

Ⓐ 종이 일을 한다고 주인이 칭찬을 하겠는가? 그것은 결코 아니다. 그럼에도 종은 최선을 다해야 한다.

Ⓑ 주인은 언제나 하늘에도 땅에도 우리의 주인이 있다는 것을 알리신다.

4, 맡은 자에게 필요한 것은 충성이다. 고린도 전서 4:2절을 보라. 믿음은 여기서 오직 그때만을 필요로 하고 있다. 창세기 12:1-4절과 창세기 22:1-14절을 유의하여 보라.
　Ⓐ 언제나 주인의 일을 맡은 종은 최선을 다하고 죽도록 충성을 하지 아니하면 아니 된다.
　Ⓑ 그러면 독사나 뱀이 주인의 없는 곳을 돌아다니는가? 그것은 그의 혀가 갈라져 있기 때문이다. 뱀의 원리와 기본은 혀가 갈라져 있다는 것이다.

5, 그러면 본문을 자세히 보라.
　Ⓐ 주인은 주인의 개념을 바로 알아야 한다. 그래서 주인이 가야 하는 그 길을 가야한다. 독사나 뱀 마냥 혀가 갈라진 생을 살지 말아야한다.
　Ⓑ 종은 종의 개념을 바로 알아야한다. 종은 언제나 최선을 다하고 주인에게 죽도록 충성해야만 한다. 그것이 정의이고 원리이다.
　Ⓒ 종과 주인은 상호의 원리와 개념을 모르면 범죄 하게 된다. 뱀은 그 혀가 갈라져 있으니 길을 바로 보지 못한다. 종들이 하나님을 속이고 교인을 넘어지게 하는 것은(마태복음 23:15) 뱀의 뒤를 따르기 때문이다.

2대지, 믿음은 예수 그리스도에게 충성하는 것이다

"일군이 일을 함에 있어서는 두 종류가 있는데 하나는 예수 그리스도 안에서 하는 일이고 다른 그 하나는 예수 그리스도 밖에서 하는 일이다. 그러니 그리스도 밖에 일이니 넘어진다"

1, 믿음은 그 주인이 되신(히브리서 12:2상반절) 예수 그리스도를 닮아가는 것이다.

Ⓐ 믿음은 목사나 예배당에 충성하는 것이 아니고 하나님에게 충성하는 것이다. 창세기 12:1-4절을 보라. 고향을 떠나라고 하시니 떠남이다. 이것이 바로 믿음이다.

Ⓑ 계시록 1:9절을 보라. 주께서 요한에게 밧모섬으로 가라 하시니 가서 약 30여 년간 무인고도에서 혼자 지낸다. 이것이 믿음이다.

2, 믿음의 그 주인은 그리스도이시다(히브리서 12:2상반절).

Ⓐ 믿음의 주께서 누구에게로 가라 하시면 간다. 모세는 미디안 광야에서 목동으로 40년간 머문다. 이것이 바로 믿음의 힘이고 원동력이다.

Ⓑ 사도 요한은 밧모라는 섬으로 가라고 하시니 가서 약 30여 년간 머문다.

Ⓒ 이것이 아니면 그 무엇을 가르치고 있는가? 그들은 하나같이 일반인이 아니고 대인들이니 몸에서 육의 냄새를 다 빼고 영을 불어 넣을 그 기간이다.

3, 히브리서 11:1상반절을 보라.

Ⓐ 믿음은 바라는 것들의 실상이니 그 누구도 확고부동한 믿음이 없으면 터전이 흔들린다. 언제 흔들리고 넘어질지 모르는 것은 아니 된다. 이것이 오늘의 현대인의 신앙이 아닌가?

Ⓑ 그리고 다시 히브리서 11:1하반절을 보라. 믿음은 보지 못한 것들의 실상이다. 그러면 히브리서 11:1상반절과 하반절이 우리의 신앙에서 얼마나 믿어지고 얼마나 어필이 되겠는가 함이다.

ⓒ 그러니 히브리서 11:6절에서 믿음이 있어야 하나님을 기쁘시게 한다고 한다.

4, 믿음은 오늘에서 하나님께 충성하는 것이다.
Ⓐ 계시록 2:10절은 죽도록 하나님께 충성하라는 것이지 예배당이나 목사에게 죽도록 충성하라는 것은 아니다. 오직 믿음이 있어야 충성하게 된다.
Ⓑ 충성이란 바로 그 자신을 하나님께 드리고 바치는 것이다.
ⓒ 다니엘 3:1-25절의 사드락과 메삭과 아벳느고를 보라. 풀무불에 그 자신들을 던진다. 이것이 하나님을 향한 충성심이 아닌가?

5, 충성은 하나님께 그 자신을 바치는 것이다.
Ⓐ 하나같이 충성의 개념을 모르니 어떻게 충성을 할 것인가?
Ⓑ 충성의 가치관은 믿음 안에서 찾아야한다. 누구도 충성의 개념을 바로 알라.
ⓒ 마태복음 24:42-47절을 보라. 여기서는 충성이 무엇인지를 잘 가르치고 있다.
Ⓓ 충성은 믿음의 원동력이 그 무엇인지를 알리시고 있다. 그러니 믿음의 사람들은 어리석거나 우둔한 자는 되지 말라.

3대지, 믿음은 그리스도의 몸인 교회에 충성하는 것이다

"그리스도의 몸인 교회에 목을 드리고 바치는 것이다. 여기서 말하는 교회는 기존의 예배당을 말하는 것이 아니다"

1, 여기서 강조하고 있는 교회는 에클레시아를 말하는 것이

지 기존의 예배당을 말하는 것은 아니다.

Ⓐ 마태복음 25:1-12절을 보라. 두 종류의 무리가 나온다. 어리석은 자의 50%는 결국 버려지고 만다. 마태복음 25:10-12절을 보라. 그 이유는 무엇인가?

Ⓑ 마태복음 24:48-51절을 보라. 이들은 목회자로서 노름과 마약 등에 의해서 철저히 무너지고 만 것이 아닌가?

2, 예수 그리스도는 교회의 머리이시다. 그러나 예수 그리스도는 예배당의 머리는 아니시다(에베소서 1:22).

Ⓐ 그러니 우리는 현실과 역사를 바로 보아야 한다. 교회에서 예수 그리스도가 하시는 그 일이 무엇인가? 마태복음 16:18절을 보면서 하나님을 바로 보고 예수 그리스도를 바로 보라.

Ⓑ 예수 그리스도는 에베소서 1:21-23절을 통하여 무엇인지를 가르치려 하고 있다.

3, 교회는 예수 그리스도의 몸이다. 에베소서 1:23절을 보라.

Ⓐ 그러기에 교회는 충성을 요구하고 있다. 참된 교회에 충성하는 것은 그리스도에게 충성하는 것이다. 여기서 교회와 예배당을 혼돈하지 말라.

Ⓑ 그래서 그리스도께서는 우리에게 믿음을 요구하고 있다. 어떤 이에게는 큰 믿음을 어떤 이에게는 적은 믿음을 가지라고 요구하신다. 그러니 누구도 믿음이 없는 자는 되지 말라. 이것이 바로 하나님과 성서의 요구사항이다.

Ⓒ 성서는 다니엘 6:10-18절의 다니엘과 같은 믿음을 가지라고 한다.

4, 어떤 이에게는 충성을 하라고 권고와 명령을 하기도 한다.

Ⓐ 예배당에 충성을 하는 것도 중요하다. 그러나 누구도 그 예배당을 위해 죽을 수는 없는 것이다. 그러니 다 가짜이다.

Ⓑ 어떤 이는 목사에게 충성을 하기도 한다. 목사에게 최선을 다하고 충성하는 것은 좋다. 그러나 그를 위해 죽을 수는 없다. 그러니 다 가짜이고 사이비이다.

Ⓒ 그러다 보니 어떤 이들은 교회를 나가려고 하니 목사나 장로의 꼴이 보기 싫어서 나가지 아니한다고들 한다. 교인은 목사나 교회당의 종이 아니다. 그러니 바른 이해가 심히 요구되고 있다.

5, 이 땅위에 있는 하나님의 교회의 구석구석을 보라. 과연 그 주인이 누구이고 그 무엇을 요구하고 있는지를 말이다.

Ⓐ 교회의 일은 예배당 일과는 달라서 아무나가 하는 것이 아니다. 에클레시아란 교회의 일은 교회의 존재와 교회의 값어치를 아는 자가 한다. 그러나 현실에서 에클레시아의 존재와 값을 바로 아는 것은 어렵다.

Ⓑ 그러니 교회의 일이라고 해서 함부로 하거나 마구잡이로 해서는 결코 아니 된다.

Ⓒ 죽도록 충성하는 것은 하나님과 말씀에의 일에 동참하는 것이지(계시록 2:10 하반절) 예배당 일에 충성하라는 것은 아니다. 현실적으로 예배당에서 목사나 예배당 일에 최선을 다하는 것은 좋으나 죽도록 충성하면 아니 된다.

4대지, 믿음은 예수 그리스도의 종들이 사도나 제자들에게도 충성을 다하고 최선을 다하는 것이 좋다

"믿음에서 그리스도인의 종들이나 사도들은 자기의 몸을 드리고 바쳤다"

1, 믿음은 가진 자는 그리스도의 참된 종들에게 충성을 하는 것이 좋다. 그러나 그리스도인의 참된 종들을 만난다는 것이 결코 쉽지가 아니하다.

Ⓐ 사도행전 13장 14장을 보라. 마가와 누가나 바울이나 바나바에게 최선을 다해 섬기고 봉사하였다. 누가와 마가는 바울이나 바나바에게 종으로서 하는 것이 아니고 도우는 동력자로서 그리하였다.

Ⓑ 갈라디아서 6:6절에서 성서는 잘 가르치는 자에게 모든 좋은 것을 함께하라고 강조하고 있다. 이런 것이 하나님과 세상 앞에서 당연한 귀결이 아닌가?

Ⓒ 현실에서는 목사들도 하나같이 귀는 막혀있고 혀는 석고가 되어져 있고 눈은 장님이 되어져 있으니 볼 것을 보지 못하고 들을 것을 듣지 못하고 있다. 어디에 가서 배워야 할지 누구에게 배워야 할지 그것을 모르고 갈팡질팡하고 있다. 그러니 문제가 심각하여진다. 아모스 8:11-13절을 보면서 말씀이 없는 기갈과 말씀을 구하여 얻지 못한 기갈이 무엇인지를 깨닫지 못하고 있다. 그러니 그 결과가 어찌 될 것인가?

Ⓓ 한국의 경우에도 경상도나 강원도나 충청도에서 성서를 가르친다고 소문을 내고 가르치는 자가 있으나 하나같이 몇 년이 못가서 사라지는 그 비밀이 무엇인가? 이는 심각한 것이다.

2, 디모데 전서 5:17절을 보라. 가르치기를 잘하는 자에게 더 존경하라고 경고하고 있다. 왜 그런 것인가? 그 이유는 무엇인가? 답) 미래를 위해서이다.

Ⓐ 따르는 종으로서 스승에게 최선을 다하는 것이 귀하고 복된 것이다.
    Ⓑ 바울은 누가가 의사로서 또는 도우는 자로서 항상 자기와 함께 있음을 칭송하고 있다. 그러니 디모데 전서 4:11-11절을 보라. 대조와 의미를 많게 하고 있다.

    3, 디모데 전서 5:18절을 보라. 일군이 자기의 삯을 받는 것은 당연지사이다.
    Ⓐ 믿음은 스승이나 사도를 떠나지 아니하고 언제나 함께 하는 것이 중요하다. 그래서 우리가 디모데 전서 4:10-11절을 보면서 바로 깨달아야 한다.
    Ⓑ 참된 믿음은 끝까지 스승을 버리지 아니하고 동참을 하는 것이다. 그러니 믿음의 충성과 봉사는 놀랍다.
    Ⓒ 믿음에서 가장 중요한 것은 내가 누구의 믿음을 본받고 머리에 각인시키고 달려가고 있는가? 그것이 중요하다.
    Ⓓ 믿음과 충성을 바로 이해하지 못하면 그의 믿음은 언제나 헛것이다.

    4, 마태복음 10:10절을 보라. 일군의 입에다 망을 씌우지 말라고 말씀 하신다.
    Ⓐ 일군은 충성을 다해서 일을 했을 때 정당한 대가와 품삯을 받아야 한다.
    Ⓑ 하나님은 믿음의 대가를 언제나 공정하게 지불하신다. 마태복음 24장을 바로 보고 하나님이 그 얼마나 공정하신지를 바로 알라.
    Ⓒ 믿음이 있다고 해서 공정하지 못하고 충성치 못하면 빗나간다. 그러면 마귀가 주어서 먹고 만다. 그것은 그 누구도

결코 예외가 아닌 것이다. 마태복음 13:4절을 보라. 참으로 무서운 말씀이다.

5, 그러면 그 이유는 무엇인가?
　Ⓐ 믿음은 언제나 어디서나 공정해야하고 충성을 해야만 한다.
　Ⓑ 정직하지 못한 믿음과 헛된 믿음은 믿음이 아니고 외식이고 허식이고 교만이다.
　Ⓒ 하나님은 참된 믿음을 요구하신다. 충성된 믿음을 요구하신다. 그 이유는 그것이 바로 사람을 살리고 영혼을 구원하기 때문이다.

☆ **결론**

　하나님의 일의 가치와 긍지를 아는 자가 한다. 하나님의 일은 누구나가 할 수 있는 것은 결코 아니다. 그러니 누구도 충성된 믿음을 가지라. 거짓된 믿음은 아니 된다. 하나님은 거짓된 믿음을 철저히 배격하고 순수 믿음만을 요구한다. 그 이유는 무엇인가? 바울은 디모데에게 충성된 믿음과 거짓이 없는 믿음을 요구하고 있다. 그러나 그 반대로 세상과 마귀는 가짜 믿음과 죽은 믿음과 귀신의 믿음을 요구하고 있다. 그러면 그 이유는 무엇인가? 그것은 그 인간이 하나님 편에 선 것이 아니고 날마다 마귀의 편에 서서 오고 가기에 그래서 문제가 생긴다. 믿음을 가진 자는 하나님 편에 서서 죽도록 충성하라 그리하면 생명의 면류관을 얻으리라고 한다.

누가복음 17:5-10
믿음은 충성이다(2)

[성경본문]

"사도들이 주께 여짜오되 우리에게 믿음을 더하소서 하니 주께서 가라사대 너희에게 겨자씨 한 알만한 믿음이 있었더면 이 뽕나무더러 뿌리가 뽑혀 바다에 심기우라 하였을 것이요 그것이 너희에게 순종하였으리라 너희 중에 뉘게 밭을 갈거나 양을 치거나 하는 종이 있어 밭에서 돌아오면 저더러 곧 와 앉아서 먹으라 할 자가 있느냐 도리어 저더러 내 먹을 것을 예비하고 띠를 띠고 나의 먹고 마시는 동안에 수종들고 너는 그 후에 먹고 마시라 하지 않겠느냐..... "

△ 서론

※ 믿음은 충성이다. 그 누구도 충성을 해야 믿음이 생기고 그 믿음으로 세상을 이긴다. 기본적으로 믿음은 충성에서 그 출발을 한다. 충성이 없는 믿음은 헛것이고 울리는 꽹과리에 불과하다. 기도를 잘한다고 찬송을 많이 부른다고 믿음이 생기는 것은 아니다. 헌신과 봉사를 하고 다니며 전도를 열심히 한다고 믿음이 생기는 것은 아니다.

성서적으로 믿음은 피스티스이고 그리고 충성은 피스토스이다. 그러니 기본적으로 믿음과 충성은 사촌간이다. 그렇기 때문에 믿음과 충성은 결코 멀리 있거나 또한 관계가 없거나 하는 것은 결코 아니다. 믿음과 충성은 항상 밀접한 관계가 있고 언제나 하나의 울타리 안에 있다. 그러니 이를 바로 아는 것이 중요하다.

그러면 목사나 장로가 예수를 믿다가 왜 타락이 되는가? 오늘의 현실을 보면 수많은 사람들이 탈선하고 믿음에서 떠나가고 있다. 그 이유는 무엇인가? 그것은 믿음을 오해하고 잘못 생각을 하였기 때문이다. 여기서도 바른 이해가 있어야만 한다.

1대지, 믿음은 충성이다

"믿음은 충성이고 충성은 믿음이다. 살아있는 믿음 충성된 믿음을 요구하고 있다. 마태복음 24:43-47절을 보라. 여기서는 때를 따라 충성하는 종이 되라고 강조 한다"

1, 믿음은 성도들끼리도 충성하는 것이다.
Ⓐ 믿음은 성도들에게도 충성하고 이웃에게도 충성하는 것이다.
Ⓑ 믿음은 이웃과 함께하고 언제 어디서나 그리스도인과 함께 하는 것이다. 누구도 성도의 공동생활을 등한히 여기지 말라.
Ⓒ 그 누구도 목사나 교인으로서 이런 문제를 모르거나 열거하거나 함부로 하지 말라.

2, 믿음으로 서로가 충성과 봉사와 헌신을 하는 것이다. 믿음은 죽음으로 그 끝이 나는 것이 아니다.
Ⓐ 성도를 위한 충성과 봉사는 언제 어느 때나 귀하고 복된 것이다.
Ⓑ 목회자를 위한 충성과 봉사도 귀한 것이고 성도들끼리

충성과 봉사도 귀한 것이다. 이것을 그 누구도 모르면 아니 된다. 하나님은 그리스도인들의 믿음과 충성을 귀히 여기고 복을 주시기를 원하신다. 그리스도인들은 세상에서 믿음과 충성을 함부로 여기는 것은 아니 된다. 믿음은 겨자씨만 하여도 산을 옮길 수 있다고 말씀하신 분이 그리스도이시다.

3, 교회의 일은 서로가 나누어지는 것이 좋고 이 세상에서 하나님의 일을 함에 있어서는 동참이나 공동체 의식인 것이 좋다. 잘못하면 우리의 믿음이 누가복음 18:8하반절이 되면 곤란하다. 교회를 다니고 예수를 믿으나 하나님이 보시니 도무지 믿음이 없다는 것이다.

Ⓐ 믿는 자들은 누구도 교회의 짐을 나누어지는 것이 좋다. 믿음이 있는 자는 예배당이 아닌 그리스도의 몸 된 교회 일을 나누어야 하고 공동체 조직을 세우고 일을 하는 것은 귀하고 복된 것이다.

Ⓑ 교회의 짐은 교인들끼리 서로 손을 잡고 봉사하는 마음으로 하는 것이 좋고 그렇게 하여 하나님의 영광을 이 세상에서 나타내는 것이 좋다. 물론 교회의 짐을 아무나가 지는 것은 아니다. 그래서 하나님 앞에서 각기 주어진 십자가의 짐을 나누어지는 것이 좋다. 그러나 교회 생활에서는 결과적으로 짐을 지는 사람은 몇 사람이고 다른 사람들은 짐을 지지 아니하고 보아도 못 본체하며 지나가려고 한다. 이것이 현실이고 역사이다.

Ⓒ 하나님은 하늘에서 하나 하나를 보시고 계시나 인간들은 하나님의 눈을 피하여 도망가서 자기의 의사나 주장대로 일을 하려 하기에 언제나 크게 문제가 생기는 것이다. 사람들은 하나님이 하늘에 계시니 너무 멀어서 보지 못할 것으로 생각을

하나 그것은 오해이다. 하나님이 계시는 그 하늘은 바로 우리들의 옆이고 우리가 있는 그 장소임을 잊지 말라.

　4, 초대 교회에서는 내 것과 당신의 것이 없었다. 성령의 사람들은 유유상통이었다. 그러니 초대 교회가 성령운동이 활발하고 하나님의 역사가 크게 나타난 것은 사실이다.
　Ⓐ 초대 교회의 가장 강점은 하나는 성령 충만 이고 성도들의 유무상통이고 다른 그 하나는 회개의 역사이었다.
　Ⓑ 유무상통이 역사가 일어나니 남녀노소나 유무식이 상관이 없고 빈부귀천은 상관이 없었다. 이것은 이미 초대교회가 경험한 대 역사가 아니겠는가? 사도행전 2:44-45절을 보라. 초대 교회의 성도들은 언제 어디서나 유무상통을 그 기본으로 삼고 있으니 교회가 엄청난 부흥의 역사를 가져오게 된 것이다.
　Ⓒ 그러기에 사도행전 4:32절을 보라. 여기서 성도들의 유무상통이 일어나서 최대교회의 대 부흥역사를 가져오고 있다. 그러나 우리가 유의할 것은 교회의 부흥과 발전에서는 반드시 다음의 몇 가지를 주의해야 한다.
　① 교회의 대 시험과 역사가 일어난다는 것이다.
　② 교인들의 흩어짐이 나타난다는 것이다.
　③ 목사나 지도자들의 죽음이 뒤를 따르고 있는 것이다.
　④ 그래서 교회가 각종시험과 시련에 시달리고 문제가 생기고 어려움이 생겨나는 것은 유념해야 한다. 그래서 초대교회가 하루에 삼천 명(사도행전 2:41) 그리고 오천 명(사도행전 4:4)의 대역사가 나타났으나 기독교의 엄청난 박해로 인하여 뿔뿔이 흩어지고 말았다. 삼천 명 또는 오천 명의 대 역사가 나타났으나 사도행전 7:54-60절에 나타난 스데반의 순교를 보라. 성령을 받고 그리스도에게 죽겠다는 자들은 다 어디로 갔

는지 없다. 스데반의 순교 뿐 아니라 야고보의 순교에서도 그 많은 사람들이다. 어디로 갔는지 별로 나타나지 아니하고 있다. 예나 지금에서 이런 자는 어디에서 나타나는가? 그러므로 교회의 부흥과 발전과 많은 열매를 맺는 것은 좋으나 그와 함께 따라온 시험과 시련을 무엇으로 당하고 이길 것인지 생각해 보아야 한다. 교회나 목사들이 교회가 부흥이 되고 건축이 되는 것은 좋으나 그에 따라 오는 시험과 시련은 이길 수가 있을까? 20세기의 초반에 1910-1930년 사이에 러시아의 기독교가 종교로서 무너졌는데 20년 사이에 기독교인의 5000만명 이상이 죽임을 당하고 예배당은 만개가 박살이 나고 수만 개의 기도원과 수백 개의 신학자들과 대 학자들과 무수한 종교 단체들의 건물과 역사가 역사적으로 살아졌는데 철학자들과 기독교를 반대자들은 이때에 하나님은 무엇을 하셨는가라고 질문하고 있다.

5, 초대교회에서는 기독교가 유무상통이 종교이니 부흥이 잘 되고 믿음은 살아서 역사하였다.
Ⓐ 언제나 하늘은 살아 있는 믿음을 요구하고 있다.
Ⓑ 하나님은 죽은 믿음을(야고보 2:26) 요구하지 아니한다. 그러면 그 이유는 무엇이고 어디에 있는가?

2대지, 믿음은 이웃과 형제끼리 최선을 다하여 섬기고 충성하고 봉사하는 것이다

1, 예루살렘에서 여리고로 내려가다가 강도를 만나 사람을 보라(누가복음 10:30-37).
Ⓐ 믿음이 없이는 성서의 역사상 결코 아니 되는 것이다.

히브리서 11:6절을 보라. 믿음이 없이는 하나님을 기쁘시게 할 수가 없다.

Ⓑ 그러면 그 이유는 무엇인가? 그것은 히브리서 11:1상반절 그대로 믿음은 보지 못한 것들의 증거이니 그러하다.

2, 이웃이나 형제에게 최선을 다해서 돕는 것이 믿음이 아닌가? 그럼에도 어리석으니 헛된 믿음과 야바위적인 믿음을 좋아하고 반기니 문제가 된다.

Ⓐ 히브리서 11:1하반절을 보라. 믿음은 보지 못한 것들의 증거이다.

Ⓑ 성서의 요구가 그 무엇인가? 하나님은 우리에게 성서의 요구대로 살라는 것이다.

Ⓒ 그리고 믿음이 무엇이고 어떤 것인지 그것을 알리시고 있다.

3, 믿는 형제끼리는 서로가 돕고 최선을 다해서 충성하고 봉사하는 것이 믿음이다.

Ⓐ 믿음의 핵심은 충성이다. 그래서 계시록 2:10절에서 "네가 죽도록 충성하라"고 한다.

Ⓑ 그러면 그 이유는 무엇이고 어디에 있는가? 그것은 믿음이 언제 어디서나 충성을 요구하고 있기 때문이다.

Ⓒ 그래서 하나님의 요구는 "믿음과 충성"을 요구하는 것이다.

4, 서로가 섬기는 종이 되고 충성과 봉사하는 종이 되는 것을 요구하고 있다. 이것이 바로 성서가 요구하는 믿음이다. 믿음이 있다고 하면서 충성이 없으면 어찌되는가? 그것은 헛된 믿음이 된다.

Ⓐ 믿음은 우리로 하여금 섬기는 종이 되게 만든다. 언제나

충성하여 살아 있는 믿음을 보여야 한다. 하나님은 언제나 이런 믿음을 요구한다.

　Ⓑ 하나님은 아브라함에게 창세기 12:1-4절을 요구하고 있다. 무조건 믿고 따를 것을 요구한다.

　5, 모두가 믿음은 큰 것과 위대한 것에서 찾지를 말고 적고 보잘것없는 곳에서 찾아야한다. 그래야 하나님의 요구하는 믿음을 찾게 된다.

　Ⓐ 열왕기 상 18장을 보라. 하나님은 팔백오십 명의 지도자들이 울부짖고 소리치고 기도하는 곳에는 계시지 아니하였다.

　Ⓑ 열왕기 상 19장을 보라. 하나님은 바람이 불고 역사가 일어나고 지진이 크게 일어나는 곳에 계시지 아니하셨다. 열왕기 상 19:19절 그대로 하나님은 세미한 곳에 계셨다. 이것이 그러면 그 무엇을 말하는 것인가? 그러면 이스라엘의 지도자들의 팔백오십명이 열왕기 상 18:40절 그대로 왜 무너지고 떼 죽임을 당한 것인가?

　3대지, 믿음은 만사에 충성하는 것이다

"믿음이 있으면 그 무엇에도 충성하게 된다. 참된 그리스도인의 생활은 충성과 봉사이다."

　1, 믿음은 하나님께 먼저 그 자신을 드리고 충성하는 것이다. 그 자신을 드릴수가 없으면서 충성한다거나 믿음을 갖는다는 것은 어렵다. 사도들을 보라. 그들은 먼저 그 자신들을 그리스도에게 맡기고 충성하고 믿음을 가진 자이다.

　Ⓐ 믿음은 먼저 하나님께 자신을 드리고 충성할 때에 생겨

나는 것이다. 다니엘 6:10-18절의 다니엘의 믿음을 보고 그리고 다시 다니엘 3:1-23절의 사드락과 메삭과 아벳느고의 믿음을 보라.
　Ⓑ 이사야 6:1-9절을 보고 그리고 다시 이사야 20:1-26절을 보라. 이것이 바로 이사야의 믿음을 우리에게 보이고 가르치는 것이다. 이사야가 하나님을 향한 믿음이 없이는 이렇게 할 수가 있겠는가?

　2, 원래 충성은 종의 의식이 아니고 주인의 의식이고 권리인 것이다. 이를 바로 모르면 미끄러지고 무너지고 만다. 이를 바로 알라.
　Ⓐ 하나님 앞에서 충성된 종의 의식이고 그리고 다시 주인의 의식인 것이다. 그러기에 그 누구도 하나님께 종의 의식이 없으면 결코 아니 된다.
　Ⓑ 마태복음 25:1-10절의 슬기로운 자가 있는 자들을 보라. 그들은 최선을 다하고 있다. 그것이 바로 종의 의식이 아닌가?

　3, 베드로 전서 5:3절을 보라. 믿음은 양 무리의 본이 되는 것이다. 양 무리의 본이니 모든 신자들의 본이다. 그 누구도 이를 모르면 결코 아니 된다.
　Ⓐ 믿음은 모든 교인들의 머리가 되고 본이 되어야만 한다. 그것이 아니면 아니 된다.
　Ⓑ 믿음은 이기고 승리하는 것이다. 고린도 전서 15:57절을 보라. 믿음은 세상과 마귀와 그 자신을 이기는 것이다.

　4, 충성을 해야 할 곳은 너무나 많다. 충성을 할 자가 충성을 하지 못하면 그것은 문제가 생긴다. 그래서 성서는 죽도록

충성하라고 계시록 2:10절에서 경고하고 있는 것이다.

　Ⓐ 잘못된 믿음은 아니 된다. 고린도 전서 15:15절을 보라. 내세가 없고 그리스도의 재림이 없는 자의 믿음은 헛것이고 죽은 것임을 알리시고 있다.

　Ⓑ 죽은 믿음에 치우치지 말라(야고보서 2:17, 2:26). 승리하는 믿음을 가져야 한다. 그 누구도 패배자의 믿음은 갖지 말라.

　5, 만사는 믿음 안에서 가지고 믿음 밖에서는 갖지 말라. 하나님이 우리에게 믿음의 충성을 요구하는 그 이유가 무엇인가? 이를 바로 알라.

　Ⓐ 그리스도인은 그 무엇을 하든지 믿음으로 하고 그리고 믿음 안에서 해야만 한다. 누구도 믿음 밖에서 행하면 결코 아니 된다. 그 이유는 얼마 못가서 낙오자가 되고 말 것이기 때문이다.

　Ⓑ 믿음에서는 낙오자의 믿음이나 패잔병의 믿음은 필요가 없다. 하나님은 열왕기 상 18:19절에 나타난 팔백오십 명의 선지자들은 왜 모두 죽이셨는가? 열왕기 상 18:40절을 보라. 이런 패잔병들의 믿음은 필요가 없기 때문이다.

　Ⓒ 그 누구도 믿음으로 충성하면 그는 반드시 승리자로 살아갈 것이다. 여호수아 1:7-9절의 전 내용이 무엇인가? 하나님을 믿으면 전적으로 하나님이 도우시겠다는 것이다.

4대지, 믿음은 윗사람이나 어른에게 그리스도 안에서 섬기고 충성의 도리를 나타내는 것이다

"믿음은 윗사람이나 스승에게 충성하고 아래 사람에게 사랑을 베푸는 것이 중요하다. 그러나 현금당대는 스승도 없고 제자도 없는 세상이니 몰락으로 가는 것이다(에스겔 2:4, 예레미야 5:3)."

1, 믿음은 윗사람 곧 스승에게 충성하는 것이다.
Ⓐ 배우지도 못하고 아는 것도 없으면서 윗사람에게 대적하고 싸우려하면 되겠는가?
Ⓑ 전도사나 강도사나 그리고 어린 목사가 스승이나 어른들에게 충성은커녕 덤비고 싸우려 하고 비난과 비평을 일삼으며 살고 있으니 믿음이 자라겠는가?

2, 믿음은 예수 그리스도 안에서 선지자나 사도나 목사나 윗어른들에게 최선과 충성을 하는 것이다.
Ⓐ 믿음이 있는 교인은 목사나 교회의 어른들에게 쉬지 아니하고 충성을 해야 한다.
Ⓑ 제자들이나 장로들은 교회 목사에게 충성과 봉사를 열심히 해야 한다. 이것이 진리이고 원리이다.

3, 충성은 누가 그 누구에게 하는가?
Ⓐ 충성은 종이 주인에게 하는 것이다. 종은 주인에게 충성하는 원리를 벗어날 수는 없다.
Ⓑ 자녀가 부모에게 충성하는 것이다. 이것도 기본과 원리가 아니겠는가?
Ⓒ 그리고 하나님의 종들이 하나님에게 충성하는 것은 원리이다.
Ⓓ 제자가 스승에게 하는 것이다. 이것 역시 참되고 바른 것이다. 그리고 충성은 상호간에 하는 것이 기본이다. 기독교는 충성을 기본으로 하고 있다.

4, 아래 사람이 윗사람에게 언제 어디서나 섬기고 충성하고 봉사하는 것이 기본이다.
	Ⓐ 교인이 교회나 목사에게 충성하는 것도 귀하고 복된 일이다.
	Ⓑ 하나님은 우리가 하나님이나 주의 종들에게 충성하기를 바라고 요구하신다. 그러나 지나치거나 잘못된 것은 삼가야 한다.

	5, 베드로 전서 5:9절을 보라. 믿음은 참으로 존귀하게 굳게 하라고 하신다. 이것이 바로 하나님의 요구사항인 것이다. 누구도 이를 잊으면 아니 된다.
	Ⓐ 충성하는 믿음을 가지라.
	Ⓑ 봉사하고 최선을 다하는 믿음을 가지라. 이것을 하나님이 항상 요구하고 있다.
	Ⓒ 그러나 인간은 충성하는 마음도 없고 오직 의식만 하니 문제가 생긴다.

	☆ 결론

	믿음에 대한 하나님의 요구사항이 무엇인가? 믿음과 충성을 통하여 이 땅위에다 하나님의 나라를 바로 세우려는 것이다. 그 누구도 결코 예외가 아닌 것이다. 누구에게도 충성이 없는 믿음은 헛것이다. 믿음은 모든 그리스도인들이나 인간들에게 충성을 요구하고 있다. 그러면 왜 그런 것인가? 이것이 바로 인간사이고 세상사이기 때문이다.
	하나님께서 오늘도 그리스도인들 모두에게 충성을 요구하고 있다. 왜 그런 것인가? 믿음과 충성은 하나이니 그리스도 안에서 참된 믿음을 요구하고 있기 때문이다. 충성하지 못한 자의 믿음은 헛것이다. 충성은 나를 그리스도에게 드리고 바치는 것이니 그렇게 함으로서 참된 믿음을 가질 수가 있는 것이다. 누구도 바른 믿음과 참된 믿음을 가지기를 소망하고 있다. 하나님께 감사하라.

누가복음 17:5-10
믿음은 충성이다(3)

[성경본문]

"사도들이 주께 여짜오되 우리에게 믿음을 더하소서 하니 주께서 가라사대 너희에게 겨자씨 한 알만한 믿음이 있었더면 이 뽕나무더러 뿌리가 뽑혀 바다에 심기우라 하였을 것이요 그것이 너희에게 순종하였으리라 너희 중에 뉘게 밭을 갈거나 양을 치거나 하는 종이 있어 밭에서 돌아오면 저더러 곧 와 앉아서 먹으라 할 자가 있느냐 도리어 저더러 내 먹을 것을 예비하고 띠를 띠고 나의 먹고 마시는 동안에 수종들고 너는 그 후에 먹고 마시라 하지 않겠느냐……"

△ 서론

※ 충성이란?
① 충성은 누구에게 배울 것인가?
② 충성은 어디서 배울 것인가?
③ 충성은 무엇으로 배울 것인가?
④ 충성은 어떻게 배울 것인가?
⑤ 충성의 정의는 무엇인가?
⑥ 충성의 결과는 무엇인가?

히브리서 3:6절을 보라. 그리스도께서는 아들로서 하나님께 충성하였다. 모세의 집의 사환으로서 충성하였다(히브리서 3:5). 오늘에서 너와 나는 무엇으로 그리고 어떻게 충성할 것인가? 본문은 과거의 충성을 의미하기도 하지만 오늘에서의 충성이 더 큰 문제임을 알리시고 있다. 그러기 때문에 충성의 문제는 현실과 역사와 충성을 동시에 놓고서 연구하고 검토하는 것이 좋다. 기본적으로 믿음은 하나님 앞에서 그 자신을 드리고 바치는 것이다.

※ 믿음은
① 그 자신을 바치는 경우도 있다.
② 자기가 가장 사랑하는 자녀를 하나님께 바치는 경우도 있다.
③ 자기의 소유나 재산이나 물질을 하나님께 바치는 경우도 있다.
④ 기타로서 정신과 사상과 마음과 속성과 기타 등을 하나님께 바치는 경우도 있다.

하나님은 아브라함에게 아들이삭을 재물로 드릴 것을 요구하고 있다. 이는 믿음과 충성을 하나님께 보이라는 것이다. 창세기 22:1-14절을 보라. 그때에 아브라함은 이유나 조건이나 어떤 전제(교환)를 알리시고 아들을 드리고 바쳤다. 그러면 믿음은 충성인데 충성의 정의가 무엇인가? 충성의 정의는 예수 그리스도를 바로 배우는 것이다. 잘못하면 아부아첨을 충성으로 알고 생활하고 행동하는 경우가 많다.

그러나 충성의 정의가 예수 그리스도를 바로 배우는 것이니 누구도 이를 잊으면 아니 된다. 그러기 때문에 충성의 결과는 예수 그리스도를 배워서 하나님과 그리스도를 위해 죽는 것이다. 그러므로 충성의 결과가 그리스도를 위해 죽는 것이니 선지자나 사도들이 속사들이나 교부들이 그렇게 살다가 그렇게 갔다. 그러므로 누구도 충성의 정의와 충성의 결과를 바로 아는 그들은 대인이다. 그런 자는 인격적으로나 사상적으로나 신앙적으로 타의 모범이 되고 역사 속에서 이름이 길이 남을 자들이다. 하나님은 다니엘에게도 하나님께 충성을 요구하였다. 다니엘에게는 몸을 하나님께 내어 놓을 것을 요구했기에 그를 사자 굴속에 넣어서 죽게 만들었다(다니엘 6:10-18). 물론 사드락과 메삭과 아벳느고는 풀무불에 넣어서 충성을 요구하고 있다(다니엘 3:1-23).

1대지, 믿음은 그 누구도 충성에서 그 출발을 한다는 것을 잊으면 아니 된다

"충성이 없으면 믿음은 헤이해지고 나태해지고 사라진다. 기도의 충성이나 전도의 충성이나 감사의 충성 기타 등의 충성이 요구된다."

1, 우리에게 믿음이 있느냐? 과연 믿음이 있는가 아니면 믿음이 없는가?
Ⓐ 기본적으로 믿음은 예수 그리스도와 함께 동참하는 것이다.
Ⓑ 믿음은 예수 그리스도와 하나 공동체를 형성하고 나아가는 것이다.
Ⓒ 믿음이 있다고 하면서 하나님께 충성하지 아니하는 것은 거짓이고 위선이다. 마태복음 19:16-22절을 보라. 부자청년은 믿음이 있다고 자부하나 거짓되고 위선적이어서 심판을 자초한 것이다(마태복음 19:23-24).
Ⓓ 하나님께 믿음으로 충성하는 것은 예수 그리스도 위해 목숨을 내어 놓는 것이다. 이를 바로 아는 것이 중요하다.

2, 오늘의 내게는 믿음이 있는가?

Ⓐ 우리는 스스로 생각해 보고 그리고 계산을 잘해 보아야 한다. 나에게는 믿음이 있는지 없는 지를 생각해 보아야 한다. 오죽하면 누가복음 17:5절에서 사도들이 주께 "우리에게 믿음을 더하소서" 라고 요구하고 누가복음 17:6상반절에서는 "너희에게 겨자씨 한 알만한 믿음이 있다면" 이라고 경고하셨을까?

Ⓑ 창세기 12:1-3절을 보라. 하나님은 아브라함에게 고향을 떠나라고 말씀 하신다. 그때에 아브라함은 "예" 하고 떠난다. 그것이 그의 믿음에의 결단이다.

Ⓒ 믿음은 먼저 그 자신을 바치고 드리는 것이다. 몸도 마음도 정신도 사상도 그리고 시간도 하나님께 드리는 것이다.

3, 그것이 아니면 나에게 믿음이 없는가?

Ⓐ 하나님은 종종 우리의 믿음을 시험하신다. 다니엘은 사자 굴속에 넣어서(다니엘 6:10-18) 사드락과 메삭과 아벳느고는 풀무불 속에 넣어서(다니엘 3:1-23) 어린 요셉은 애굽의 종으로 팔아서(창세기 37장) 모세는 미디안 광야에 40년간 목동으로 보내서(출애굽기 2:11-25) 요한은 밧모섬에(계시록 1:9) 30여 년간 귀양을 보내서 그들의 믿음을 시험하고 있다. 솔직히 오늘의 나에게 믿음이 있는 자는 하나님은 가정과 자녀들과 형제와 교회를 통하여 시험하고 있다. 과연 그 시험에서 우리가 살아남을 수가 있을까?

Ⓑ 하나님은 엘리야에게 850:1로 싸울 것을 시험하고 있다. 열왕기 상 18:10-39절을 보라. 과연 엘리야 혼자서 전국적으로 기라성 같은 선지자 850명을 상대해서 이길 수가 있을까? 이 850:1의 싸움을 놓고 하나님은 엘리야를 시험하신다. 이 시험에서 엘리야는 시험하고 대 승리하여 그 850명을 잡아서 다 죽이신다. 열왕기 상 18:40절을 보라. 하나님이 우리에게 하시

는 시험은 너무나 무시무시하다. 그래서 성서는 우리에게 눈이 있으나 시편 66:8절과 66:9절과 66:10절을 보라고 경고 하신다. 이런 것은 우리에게 주어지는 시험과 시련이 얼마나 무섭다는 것을 알리시고 있다. 그렇기 때문에 여호수아 1:8-9절을 보면 하나님께서는 여호수아에게 강하고 담대하라고 하시면 교훈하고 있다.

4, 오늘의 너와 나라에게 믿음이 있는가? 아니면 믿음이 없는가? 믿음은 반드시 충성의 결과를 가져온다. 충성은 우리가 믿는 예수 그리스도를 위해서 순교를 요구하고 있다. 점쟁이나 박수무당들도 자기들이 믿는 대 왕신을 위해서는 못할 것이 없는 것이다.

Ⓐ 하나님께서는 너와 나에게 믿음이 있는지 아니면 없는지 시험하신다. 매년 또는 매달 또는 매일 시험하신다. 그래서 우리는 항상 경각심을 가지고 이 많은 시험에 이기도록 노력해야 한다. 순간적으로 넘어진다. 발람도 순간적으로 넘어졌고 가룟유다도 끝에 가서 순간적으로 마귀의 시험을 받고(요한복음 13:2) 순간적으로 넘어진 것이다.

Ⓑ 하나님은 나에게 믿음이 없는지 그것도 날마다 시험을 하신다. 시험을 하시면서 오늘의 나에게 충성심을 보이라고 요구 하신다.

Ⓒ 그러기에 고린도 전서 4:2절에서 충성하라고 요구하신다. 여기서 말하는 충성은 예수 그리스도를 닮아가는 충성을 요구하고 있는 것이다.

5, 그러면 여기서 얻어지는 믿음은 그 무엇인가?
Ⓐ 하나는 행동하는 믿음과 충성이다. 고린도 전서 4:1절을

보라. 우리는 하나님의 비밀을 맡은 자이다. 비밀을 맡으니 최선을 다해야한다. 하나님의 비밀을 맡은 자는 누구인가? 마태복음 13:11절이다. 이런 자는 복이 있는 자이고 하나님의 비밀을 받은 종들이다. 고로 사도들이나 종들이나 목사들은 복이 있는 자들이고 하나님의 비밀을 받은 충성된 종들이다.

Ⓑ 다른 그 하나는 살아 있는 믿음이다. 믿음이 죽어 있으면 어찌 되는가? 그래서 성서는 야고보서 2:17절과 2:26절에서 죽은 믿음을 규탄하고 있다.

Ⓒ 믿음이 죽으면 어찌 되는가? 그러나 현금당대에서는 목사나 교인들의 믿음이 태반이 죽어 있으니 문제가 된다. 영혼이 죽어 있으니 소성할 능력이 없다. 그래서 시편 19:7절에서 영혼의 소성을 요구하고 있다. 시편 49:15절을 보고 이사야 55:3상반절을 보고 시편 116:8절을 보라. 하나같이 우리가 살기 위해서는 영혼의 소성을 요구하고 있다.

2대지, 믿음은 예수 그리스도의 일에 동참과 충성을 하는 것이다

"믿음은 예수 그리스도의 일에 충성하는 것이다. 예배당의 일이 아닌 그리스도의 몸 된 교회에 일에 충성하는 것이다. 그래서 계시록 2:10절에서는 죽도록 충성하라고 한다."

1, 믿음은 전도하는 것에도 충성하는 것이다.

Ⓐ 믿음은 목사나 교인들에게 충성하는 것이 아니다. 예수 그리스도에게 충성하는 것이다. 아브라함은 믿음으로 고향을 떠났다(창세기 12:1-3). 그가 25년 동안에 충성을 함으로서 아들이삭을 하나님께 선물로 받은 것이다. 믿음으로 충성한자는

누구도 그만한 대가를 하나님으로부터 지불받았다는 것이다. 모세는 40여 년간 목동 생활을 하면서 충성하니(히브리서 3:5) 하나님은 그에게 이스라엘을 40여 년간 맡겨서 충성하게 하신 것이다. 그러기에 모세는 모세 오경과 욥기서를 업적을 남긴 것이다.

Ⓑ 그리고 모세는 광야에서 40여 년간 충성하고 충성한 이후에 이스라엘의 영도자가 되었다. 이런 문제는 예나 지금에서 많은 것을 우리에게 제공하고 있다.

2, 믿음은 기도에 충성 또는 기도에 최선을 다하는 것이다. 그러나 충성은 천국에는 없다.
Ⓐ 믿음은 교회 일에 충성을 다하는 것이다. 오늘의 교회를 보라.
Ⓑ 그리고 믿음은 교회에서도 충성을 다하는 것이다.
Ⓒ 그러나 누구도 믿음이 없으면 그 어디에 충성할 수가 없다.

3, 믿음은 봉사나 기타에 최선과 충성을 다하는 것이다. 충성을 우습게 생각지 말라.
Ⓐ 모세가 광야에서 40년간 참고 기다리신 것은 하나님에 대한 충성심 때문이다. 그리고 하나님이 그를 부르신 것이다.
Ⓑ 다니엘 3:1-23절의 풀무불 속은 충성과 믿음이 무엇인지를 알리시고 있다.

4, 믿음은 예수 그리스도의 일에 최선을 다하는 것이다.
Ⓐ 고린도 전서 15:58절을 보라. 최선을 다하라고 하고 있지 아니하는가? 오늘에서 우리는 충성을 다하고 있지 아니하는가? 오늘에서 우리는 충성을 다하고 있는가?

ⓑ 계시록 2:10절을 보라. 죽도록 충성하라고 하신다.
ⓒ 성서를 읽는 것과 연구하는 것 그리고 기도하는 것도 다 충성심에서 우러러 나오는 것이다.

5, 기본적으로 믿음은 하나님의 선물이다. 에베소서 2:8절을 보라.
ⓐ 믿음은 우리의 것이 아니다. 믿음의 주인은 우리가 아닌 예수 그리스도이시다(히브리서 12:2상반절).
ⓑ 그러니 믿음은 가벼운 것이 아니고 무거운 것이니 이를 바로 알라.
ⓒ 그러니 믿음이 있는 자는 무게가 있고 타의 모범이 되고 열심을 다하고 모든 것에 충성을 다해야 한다.

3대지, 믿음은 하나님의 말씀에 충성하는 것이다

"이것은 모든 그리스도인의 기본이 아닌가?"

1, 믿음이 있으면 성서를 읽는데 최선을 다하라.
ⓐ 성서를 읽으려면 하나님께 또는 하나님의 말씀에 충성하려는 자세와 각오가 없으면 결코 아니 된다.
ⓑ 성서를 읽거나 연구하거나 스승에게 배우려고 하면 하나님께 충성하려는 마음과 자세가 요구된다.

2, 믿음이 있으면 성서를 배우고 연구하는데 최선을 다하고 충성하라.
ⓐ 그렇지 못하면 그 누구도 예배당적 포로병이 되어서 아무것도 하지 못하는 자가 된다.
ⓑ 그리스도인은 충성하는 마음과 자세가 요구된다. 그것이

없으면 예배당의 기독교적 패잔병이 된다.

  3, 성서를 배우고 원고를 쓰고 글을 쓰는데 충성과 최선을 다하라.
  Ⓐ 목사나 교인은 성서를 읽는 것에도 최선을 다해야 하니 성서를 배우는 것에도 최선을 다하라.
  Ⓑ 그리고 원고를 쓰고 성서 연구나 설교집을 내는 것에도 최선을 다하라.

  4, 믿음이 있다고 하면서 하나님의 말씀의 진가를 모르면 그것은 아니 된다.
  Ⓐ 믿음이 있다는 증거는 성서에서 나온다. 부지런히 성서를 읽고 배워야 한다.
  Ⓑ 그 누구도 성서를 함부로 하는 자는 믿음이 없는 망나니들이지 정상적이지는 못하다.
  Ⓒ 왜냐 하니 그런 자는 충성과 열성이 없는 자들이다.

  5, 그러면 종교 개혁자들의 현실을 보라.
  Ⓐ 루터나 칼빈이나 쯔빙글리나 웨슬레를 보라. 모두가 하나님의 말씀에 매료되는 화환자들이 아닌가?
  Ⓑ 바울은 그 자신이 예수 그리스도에게 미친 자라고 고백하고 있다. 사도행전 26:24-25절을 보고 그리고 고린도 후서 5:13절에서 이를 보라고 한다.
  Ⓒ 어리석지 말라. "믿음과 충성"이 무엇인지를 바로 알라.

 4대지, 믿음이 있는 자로서 교회의 일과 그리고 교회의 밖을 보라

"믿음으로 교회의 일에 충성하는 것은 귀한 것이다"

1, 믿음이 있는 자로서 교회의 안에서 해야 할 일을 하라. 이것이 음으로 양으로 충성하는 것이다.
   Ⓐ 교회에서 철야하고 금식을 하고 기도하는 것 역시 충성하는 일이다. 하나님 앞에서 그 어느 것도 함부로 여기지 말라.
   Ⓑ 누가복음 18:8하반절을 보라. 내가 올 때에 세상에서 믿음을 보겠느냐고 경고하고 있다.

2, 믿음이 있는 자로서 세상이나 현실에 일어나는 일들을 보라.
   Ⓐ 누구에게로 보이는 생활을 하라. 하나님께 보이고 그리고 성령에게도 보이는 생활을 하라.
   Ⓑ 하나님의 일은 예배당의 일과는 차이가 난다. 교회 곧 에클레시아의 일을(마태복음 16:18) 하라는 것이다.
   Ⓒ 그 누구도 세상에서 하나님의 일을 하고 천국으로 가라.

3, 믿음이 있는 자로서 교회나 현실이나 내세나 기타 등에서 나타나는 현실을 보라.
   Ⓐ 이런 것은 박수를 하고 칭찬한 일이 아닌가? 그 누구라도 이를 모를 것인가?
   Ⓑ 그리스도를 위해 일을 하다가 순교를 당하기도 한다(사도행전 12:1-2, 사도행전 7:54-60).
   Ⓒ 그리스도를 위해 감옥에 가기도 한다(사도행전 12:3-6).
   Ⓓ 그리스도를 위해 자신의 모든 것을 드리고 바친다(디모데 후서 4:7-8).

4, 믿음이 있다고 하면서 예수 그리스도와 동행하고 함께

하여서 그리스도의 열매를 맺어야 한다.

  Ⓐ 3치의 혀로 하나님을 믿는다. 그리스도를 위해서 죽을 수도 있다고 장담을 하는 것은 결코 오래 가지를 못하고 아름답지도 못한다.

  Ⓑ 5치도 아니 되는 손가락으로 믿는다면서 큰소리치는 것도 아름답지 못하다.

  Ⓒ 그러니 그 누구도 하나님 앞에서 바른 자세가 요구 된다.

 5. 믿음은 충성이니 이를 잘 살면서 하나님과 사람 앞에서 바른 이해와 바른 해석이 있어야 한다. 왜 그런 것인가? 그것이 진리의 길이기 때문이다.

  Ⓐ 추수 감사절이나 맥추감사절은 감사와 충성의 절기가 아닌가?

  Ⓑ 하나님의 전에 충성을 하라고 있는 것이다. 그 누구도 이를 모르면 아니 된다.

☆ 결론

 믿음이 있는 자는 그 무엇에서도 최선을 다하고 충성을 다해야 한다. 믿음과 충성은 언제나 가까이에 있기에 바른 이해가 요구되고 있다. 믿음이 있다면서 충성심이 없으면 아니 된다. 충성심이 없으면서 믿음이 있다고 생각하는 것은 어리석음이다. 그 누구도 이를 잊으면 결코 아니 된다. 왜 그런 것인가? 그것은 하나님은 우리에게 충성과 봉사와 감사를 요구하고 있기 때문이다. 하나님께 감사하라.

마가복음 15:21-24
믿음은 동참이다(1)

[성경본문]

"마침 알렉산더와 루포의 아비인 구레네 사람 시몬이 시골로서 와서 지나가는데 저희가 그를 억지로 같이 가게 하여 예수의 십자가를 지우고 예수를 끌고 골고다라 하는 곳(번역하면 해골의 곳)에 이르러 몰약을 탄 포도주를 주었으나 예수께서 받지 아니하시니라 십자가에 못 박고 그 옷을 나눌쌔 누가 어느 것을 얻을까 하여 제비를 뽑더라."

△ 서론

※ 믿음은 동참인데 어떻게 하면 믿음에서 그리스도에게 동참을 할 수가 있는가?
① 나를 비워야 한다.
② 나를 버려야 한다.
③ 나의 코드를 그리스도에게 맞추어야 한다.
④ 주어진 자기의 십자가를 져야 한다.
⑤ 그리스도의 모든 일에 동참을 해야 한다. 그것이 겟세마네 동산이거나 골고다이거나 아리마대 요셉의 무덤이거나 아니면 그 무엇이든지 그리스도에게 맞추어야 한다.
⑥ 오직 그리스도인의 길을 가야만 한다. 그리스도인의 길 옆에는 마귀의 길이고 악령들의 운동장이고 사단의 놀이터가 있다.

왜 예수를 못 믿는가? 그것은 자기라는 짐을 등에 메고 돌아다니기 때문이다. 자라마냥 믿음은 하나님이 하시는 일에 몸과 마음과 정성을 바쳐서 동참하여 일을 이루는 것이다. 우리는 이에 대한 바른 이해가 있어야 한다. 이 세상을 보라. 구석구석 그 어디를 보아도 하나님의 일들이 너무나 많다. 그 많은 하나님의 일에 최선을 다해서 동참하지 아니하면 아니된다. 하나님은 우리에게 하나님의 나라의 일을 해야 하지만 그보다 먼저는 자신에게 주어진 하나님의 일을 하라고 말씀하신다. 오늘에서 나를 보고 그리고 성서를 보고 그리고 교회를 보라. 해야 할 일들이 너무나 많다.

1대지, 믿음은 동참이다

"예수 그리스도에 생활과 가르침과 일에 또는 피 흘리심에 동참하는 것이다"

1, 믿음은 그리스도에게 동참하는 것을 그 기본으로 해야 한다. 그 반대는 하나님의 대적이고 원수가 된다.
Ⓐ 히브리서 2:1절이 무엇인가? 이는 누구도 믿음이 없으면 세상으로 흘러 떠내려 갈 것이 아닌가?
Ⓑ 믿음이 없으면 누가복음 9:62절과 같이 뒤로 후퇴할 것이다.
Ⓒ 누구도 믿음은 하나님의 일이나 예수 그리스도의 일에 동참하는 것이다.

2, 믿음은 넘어지거나 떠나는 것이 결코 아니다.
Ⓐ 믿음은 세상으로 미끄러지는 것이 결코 아니다.

Ⓑ 시편 69:1-3절이나 69:14-15절 마냥 믿음은 이 세상의 각종 물에 깊이 빠지는 것이 아니다.
Ⓒ 믿음은 빌립보서 3:12-13절 마냥 세상으로 넘어지거나 뒤를 돌아보는 것이 아니고 앞만 보고 뛰는 것이다.

3, 믿음은 상호간에 공동체를 통하여 동참하는 것이다.
Ⓐ 믿음은 교인이나 목사와 더불어서 하나 공동체를 이루어서 앞으로 뛰는 것이다.
Ⓑ 빌립보서 3:14절을 유의하여 보라.

2대지, 믿음은 참례하는 것이다

"믿음은 하나님이 하시는 일에 전적으로 참례하는 것이다"

1, 믿음은 참례 공동체이다.
Ⓐ 믿음은 과거를 뒤로 하고(빌립보서 3:12) 앞만을 향해서 뛰면서 그리스도의 일에 참례하는 것이다.
Ⓑ 믿음은 과거나 현재나 간에 믿음 공동체를 유지함에 있어서 언제나 하나님 앞에서 참례 공동체에 동참하는 것이다.
Ⓒ 어떠한 시험과 시련이 와도(시편 66:9-10) 이기고 앞으로 전진하는 것이다.

2, 믿음은 떠나거나 벗어나는 것이 아니다.
Ⓐ 디모데 후서 4:10절의 디도나 그레스게나 데마 마냥 스승을 배신하고 떠나는 것이 믿음이 아니다. 일시적으로 그들의 의식주가 해결이 되고 박수와 칭찬을 받으나 그것이 오래 가지 못하고 역사 속에서 사라지고 말았다.

Ⓑ 믿음은 언제나 어디서나 예수 그리스도나 스승과 함께 어떠한 어려움 속에서 동참을 하는 것이 되어야 한다. 인생은 3치의 혀 때문에 거의가 스승을 버리고 떠난다. 그러니 그 결과가 무효가 되고 만다.
　Ⓒ 믿음은 언제나 예수 그리스도의 울타리 밖으로 나가는 것이 아니다. 물론 성서 밖으로 떠나는 것도 아니다.

　3, 믿음은 동참하여 열매를 맺는 것이다.
　Ⓐ 믿음은 먼저 예수 그리스도를 배우는 것이다(마태복음 11:29).
　Ⓑ 믿음은 예수 그리스도를 닮아가는 것이다.
　Ⓒ 믿음은 예수 그리스도를 알아가는 것이다.
　Ⓓ 믿음은 언제 어디서나 그리스도 앞에서 열매를 맺는 것이다. 열매 없는 나무는 저주의 대상이 된다. 마태복음 21:19-20절을 보라. 그러나 가룟유다와 같은 믿음은 마지막에 가서 넘어지고 만다(마태복음 26:14-16).

　3대지, 믿음은 그리스도의 곁에 있는 것이다

　"믿음은 예수 그리스도로부터 떠나지 아니하고 그의 곁에서 끝까지 머무는 것이다."

　1, 믿음은 그리스도에게서 멀리 떨어져 있는 것이 아니다.
　Ⓐ 믿음은 그리스도로부터 떠나는 것이 아니다.
　Ⓑ 믿음은 하나님 곁에서 또는 예수 그리스도의 곁에 있는 것이다.
　Ⓒ 믿음을 가진 자는 광야나 사막에 있어도 그리스도와 함

께 있는 것이다. 모세는 미디안 광야에서 40년을 목동 생활을 했으나 그는 하나님을 떠나지 아니하고 계시록 1:9절을 보면 사도요한은 밧모섬 귀양에서 약 30여 년간 혼자 외롭게 살았으나 그리스도를 떠나거나 배신한 적이 없다. 그러니 그들은 결국 큰일을 하게 되었다.

2, 믿음은 상호간에 가까이 또는 곁에 있는 것이다.
Ⓐ 모세가 미디안 광야에서 40년간 목동생활을 하나 그는 단 한 번도 여호와를 떠난 적이 없다. 그래서 하나님은 그를 출애굽기 3장에서 부르시고 있다. 그가 부름을 받을 당시의 나이가 팔십세이었다.
Ⓑ 하나님은 오늘도 너와 나를 떠나지 아니하고 함께 하시듯이 우리도 하나님을 떠나거나 벗어나면 아니 된다.
Ⓒ 소인은 2-3년간 혼자 두면 넘어지고 떠나고 배신한다. 그러나 대인은 20-30년간 혼자 두어도 배신하거나 떠나지 아니한다. 혼자서 견디며 참을 수가 있다.

3, 믿음은 헤어지는 것이 아니다. 서로가 곁에 있는 것이다. 왜냐 하니 믿음은 내 것이 아닌 예수 그리스도의 것이다. 이를 바로 알아야 한다.
Ⓐ 믿음은 언제나 예수 그리스도와 함께 동참하는 것이다. 하나님이 나를 인도하거나 도우지 아니해도 믿음을 가진 자는 하나님을 떠나거나 배신하지 아니한다. 디모데 후서 4:11절을 보라. 옥중에서 죽음을 기다리고 있는 노 사도를 버리고 다 떠났으나 누가만 그와 함께하고 있다. 그래서 누가가 하나님으로부터 받은 업적은 누가복음 저자가 되고 사도행전 저자가 된 것이다.

Ⓑ 마태복음 4:18-22절을 보고 그리고 다시 마태복음 9:9절을 보라. 예수께서도 이들과 함께 하려고 부르신다. 믿음은 헤어짐이 아닌 동참하는 것임을 알리시고 있다.

4대지, 믿음은 함께 하는 것이다

"믿음은 하나님이나 예수 그리스도와 함께 언제나 동행 하는 것이다."

1, 믿음은 세속을 떠나고 벗어나는 것이다. 그래서 그리스도에게로 나아가는 것이다.
Ⓐ 믿음은 세상에서 떠나고 세속에서도 벗어나는 것이다.
Ⓑ 믿음은 그리스도의 일을 위해서 자기가 소유한 것을 다 버리고 그리스도를 위해서 달려가는 것이다. 그럼에도 문제는 부름의 상을 위하여(빌립보서 3:14) 달려가니 그 자신이 가진 것이 너무나 많아서 달릴 수가 없다. 어떤 이는 자기의 몸무게가 70Kg인데 그가 가진 것 하나 하나를 저울에 놓고 달아보면 수백 Kg정도이고 그보다 더 많은 자들도 많다. 그러니 무거워서 달릴 수가 없다. 그래서 성서는 그 자신을 비우고 버리고 뛰라고 명령하고 있다.
Ⓒ 믿음은 바로 나를 버리고 예수 그리스도의 십자가를 지고 골고다 곧 죽음의 장소를 향하여 나아가는 것이다. 여기서 벗어나면 인생이 빗나가고 만다.

2, 믿음은 하나님과 인간 또는 그리스도와 죄인이 함께하는 것이다. 그래야 믿음이 살아나고 믿음의 완성을 가지게 되는 것이다. 그러나 그 반대는 죽음이다.

Ⓐ 그래서 예수께서는 요한복음 20:27절에서 믿음이 없는 자가 되지 말고 믿는 자가 되라고 경고하신 것이다.
Ⓑ 그러니 우리는 예배당 안에 있는 것으로 만족하지 말라. 보이는 것은 잠깐이다. 누구도 이어서 벗어나면 아니 된다.

3, 믿음은 그 누구도 예수 그리스도와 함께하는 것이다. 이스라엘이 시내 광양에서 40년간 머물지만 그래도 믿고 받아드리는 자들은 끝까지 살아남고 그 반대자들은 도중에 다 죽고 말았다.
Ⓐ 열왕기 상 18:19절의 선지자 850명이 가진 것들 때문에 믿음을 버렸다. 그러니 그들은 결과적으로 850명이 떼죽음을 당한 꼴이 되었다(열왕기 상 18:40). 이런 경우는 이 850명의 문제만이 아니다.
Ⓑ 오늘에서도 교회와 목사와 교인들 중에 가진 것이 너무 많아서 생각지도 아니한 병들이 나타나고 어떤 이는 조기에 죽고 어떤 이는 투병생활 하다가 죽고 하는 그 이유가 무엇인가? 그들의 속을 살펴보면 가진 것이 너무 많고 짐이 무겁다는 것이다. 다니엘 5:30-31절을 보라. 벨사살 왕이 왜 순간적으로 죽임을 당한 것인가? 그도 역시 가진 것이 너무 많기 때문이다. 오늘의 한국강산을 보면 가진 것이 없는 자보다 가진 것이 많은 자들이 병이 많고 빨리 죽고 고생을 하는 그 저의가 무엇인가?

5대지, 믿음은 더불어서 또는 상호가 맺는 것이다

"믿음은 혼자가 아니다. 믿음은 함께 하고 더불어서 하는 것이다"

1, 믿음은 더불어서 하고 길도 함께하는 것이다.
Ⓐ 믿음을 자기 혼자의 길을 가는 것이 아니다. 믿음은 언제나 예수 그리스도와 함께의 길을 가는 것이다.
Ⓑ 믿음은 언제나 하나님과 함께하는 것이니 나를 버리고 포기하지 아니하면 가진 짐들이 너무 무거워서 도중에 하차를 하거나 넘어지고 만다.
Ⓒ 가진 것이 많은 자는 믿음이 들어 갈수가 없다. 마태복음 19:16-22절의 부자청년을 보고 그리고 누가복음 16:19-31절의 홍포 입은 부자를 보라. 그들이 가야할 목적지는 어디인가?

2, 믿음은 서로가 더불어서 목적지를 향하여 달려가는 것이다. 인간의 목적지는 그 어디인가? 이것을 바로 아는 자는 낙원으로 모르는 자는 하데스인 음부도 떨어진다.
Ⓐ 기본적으로 믿음은 나만의 것이 아니고 너만의 것도 아니다.
Ⓑ 믿음은 기독교만의 것이 아니고 예배당의 것도 아닌 것이다.
Ⓒ 믿음은 목사들의 것만도 아니고 교인들만의 것도 아닌 것이다. 여기서 우리는 너를 보고 나를 보아야 한다. 잘못하면 믿음이란 우물에 빠진 개구리 꼴이 되고 만다.

3, 믿음은 서로가 가는 길이 같아야 한다. 서로가 가는 길이 다르면 그 결과가 없고 달라진다.
Ⓐ 믿음은 빌립보서 3:14절 마냥 모두에게 푯대가 있으니 그 푯대를 보고 달려가는 것이다. 흥미로운 것은 고린도 전서 2:2절이다. 바울은 예수 그리스도와 그의 십자가만을 푯대로 삼고 달려가는 것을 고백하고 있다.

ⓑ 믿음은 흔들리는 것이 아니다. 모두가 가는 길이 같으니 감사하면서 위에서 부르신 부름의 상을 위하여 달려가야 한다. 바울은 히브리서 10:35절에서 이 문제를 심각하게 다루고 있다.

ⓒ 그러므로 하나같이 우리는 믿음의 길을 가야한다. 그래야 산다. 사는 길이 그 곳에 있다.

6대지, 믿음은 둘이 하나로서 공동체적인 것이다

"믿음은 그리스도 + 나 + 믿음 = 이것이 하나로 이루어지는 것이다. 그래야 큰 믿음이 된다."

1, 믿음은 언제 어디서나 상호 공동체적이다.

ⓐ 그러니 믿음은 언제나 공동체적으로 거의가 목적지는 같다는 것을 생각해야 한다.

ⓑ 믿음은 시대의 흐름에도 흔들리거나 변함이 없고 변하지 아니하는 것이다.

ⓒ 믿음은 인종이나 언어나 같지 아니하고 그 결과는 하나이다. 그러니 믿는 자는 그리스도 안에서 하나 공동체를 이루면서 달려가야 한다.

ⓓ 그러니 누구도 믿음 안에서는 공동체적인 하나가 되어야 한다.

2, 믿음은 동참으로서 하나의 공동체적임을 나타내는 것이다. 고로 누구에게도 여기서는 바른 이해가 요구된다.

ⓐ 믿음은 그 뿌리와 시작이 하나로서 예수 그리스도와 하나가 되고 동참을 하는 것이다(히브리서 12:2).

Ⓑ 믿음은 국적이 다르고 민족이 다르고 언어가 달라도 그 풋대는 같으니 이를 바로 아는 것이 중요하다.
　Ⓒ 믿음의 결과는 구원이다. 누구도 여기서는 이를 잊으면 아니 된다.

　3, 믿음에서 하나 공동체가 빠지면 아니 된다. 잘못하면 무효가 되고 헛것이 되고 만다. 이점을 양지해야 한다.
　Ⓐ 믿음은 국적이 다르고 인종이 달라도 가는 길이 같고 그 목적지가 다른 것 같이 보이나 하나님과 함께 하나가 되는 것은 언제나 갔다.
　Ⓑ 인종과 언어가 달라도 믿음 안에서는 다 하나의 믿음의 위력과 원동력을 바로 알아야 한다.

7대지, 믿음은 우리에게 있다는 것을 보여 주는 것이다

"믿음은 죽은 것이 아니다. 살아 있는 것을 모두에게 보이는 것이다"

　1, 믿는 자는 어디서나 살아 있는 믿음을 보이는 것이다.
　Ⓐ 믿음은 죽은 것이 아니다(야고보서 2:17, 2:26).
　Ⓑ 믿음에서는 누구도 귀신의 믿음을 가지면 아니 된다(야고보서 2:19). 그리고 천사숭배의 믿음을 가져도 아니 된다(골로새서 2:18).
　Ⓒ 그러니 믿는 자는 그 자신의 믿음을 모두에게 보이지 아니하면 아니 된다. 왜냐 하니 믿음은 내 것이 아니기 때문이다. 히브리서 12:2절을 보라. 믿음은 주인이 따로 있음을 바로 알아야 한다.

2, 행동적인 믿음을 보여야 한다.

Ⓐ 죽은 믿음이 아닌 살아있는 믿음을 보여야 한다. 이것이 바로 하나님의 요구사항이다.

Ⓑ 행동적이고 체험적인 믿음을 바로 보여야 한다. 하나님은 언제 어디서나 우리에게 살아있는 믿음을 보이라고 요구한다. 우리가 살아 있는 믿음을 보이려면 창세기 1:3절을 보고 그리고 다시 창세기 22:1-14절의 아브라함의 믿음을 보면서 보여야 한다.

Ⓒ 죽고 병든 믿음이나 포로가 된 믿음이나 패잔병이 된 믿음은 아니 된다. 이런 믿음은 마귀의 것이고 하나님의 것이 아니다.

3, 그 누구도 잘못된 믿음을 보이면 아니 된다.

Ⓐ 누구도 귀신의 믿음을 가지면 아니 된다(야고보서 2:19). 그러면 왜 귀신의 믿음은 아니 되는가? 사도행전 5:3-4절을 보라. 아나니아가 귀신의 믿음을 성령으로 알고 행하다가 현장에서 죽임을 당한 것을 보라.

Ⓑ 누구에게도 죽은 믿음은 아니 된다. 야고보서 2:26절을 보라. 이런 믿음은 자신도 남도 망하게 하고 병들게 하고 죽게 하는 것이다.

Ⓒ 적은 믿음도 보이면 아니 된다. 죽은 믿음이나 적은 믿음은 그 누구에게도 결코 도움과 모범이 되지 못한다. 이런 믿음의 결과는 자신도 망하게 하고 남도 병들게 하는 것임을 잊지 말라.

Ⓓ 하나님은 오늘도 이런 자들의 믿음을 요구하지 아니하신다. 그러면 그 이유는 무엇이고 어디에 있는가?

☆ 결론

　언제나 어느 때나 문제는 하나님 앞에서나 영물들 앞에서 과연 나의 믿음을 볼 수가 있는가? 오늘에서도 천군과 천사들이나 악한 영들이 나의 믿음을 보고 시험하고 있다는 사실을 명심해야 한다. 과연 목사나 교인들 앞에서 나는 믿음이 크고 떳떳하고 보일만한 것인가? 그리고 다시 나는 이웃들 앞에서도 나의 믿음을 보일 수가 있는가? 그러면 히브리서 11:6절을 보라. 믿음이 있어야 하나님을 기쁘시게 하는데 과연 그것이 우리는 가능한가? 하나님이 요구하시는 믿음이 무엇인가? 그것이 나의 믿음인가? 그것은 아니 된다. 우리에게는 하나님의 요구하고 바라는 믿음이 있어야 한다. 그것이 비록 크거나 적거나 간에 문제가 된다. 여기서도 언제나 바른 이해가 요구하고 있다.
　하나님이 요구하는 믿음은 살아 있는 믿음과 행동적인 믿음과 충성과 봉사를 할 수 있는 믿음과 그리고 하나님이 기쁘시게 하는 믿음이 요구되고 있다. 처음부터 믿음은 하나님과 예수 그리스도에게 동참하는 것이다. 우리가 여기서 동참을 하려면 바른 이해와 바른 자세가 필요한 것이다. 언제나 하나님 앞에서 떳떳하고 능력과 복이 있는 믿음의 소유자가 되어야 한다. 그러지 못하면 언제 어느 때나 넘어지고 패잔병의 믿음을 가지게 된다. 하나님은 이런 것을 원치 아니하신다. 그러면 그 이유는 무엇인가? 바른 이해가 요구된다.

마가복음 15:21-24
믿음은 동참이다(2)

[성경본문]

"마침 알렉산더와 루포의 아비인 구레네 사람 시몬이 시골로서 와서 지나가는데 저희가 그를 억지로 같이 가게 하여 예수의 십자가를 지우고 예수를 끌고 골고다라 하는 곳(번역하면 해골의 곳)에 이르러 몰약을 탄 포도주를 주었으나 예수께서 받지 아니하시니라 십자가에 못 박고 그 옷을 나눌쌔 누가 어느 것을 얻을까 하여 제비를 뽑더라"

△ 서론

※ 믿음이란?
① 어제도 동참하는 것이다.
② 오늘도 동참하는 것이다.
③ 내일도 동참하는 것이다.
④ 이생에서 사는 그날까지 동참하는 것이다.
⑤ 하늘에서도 동참하는 것이다.
⑥ 영원히 동참하는 것이다.

그러기 때문에 믿음을 가진 자는 이 동참의식을 바로 아는 것이 중요하다. 사람들은 이 동참의식을 잘못가지기에 어떤 이는 사기꾼에게 어떤 이는 깡패에게 어떤 이는 거짓말쟁이들에게 어떤 이는 국제 사기꾼들에게 그리고 어떤 이들은 사이비나 사이비교주들이나 이단자들이나 그것이 아니면 모리배나 소인배들에게 사로잡히고 동참하여 자기도 그 후손들도 그리고 이웃도 망하게 하는 경우들을 본다. 이런 것은 과거나 어제만의 문제가 아니고 내일과 오랜 기간 후에도 문제가 되기 때문에 바른 이해가 요구되고 있다. 성서를 보라. 세례요한은 30대 초반에 순교를 당하였고 스데반 역시 30대에 순교를 당한듯한데 그들의 이름은 영구히 남아서 역사위에서 살아 움직이고 행동하고 있음을 엿 보게 된다.

고린도 전서 9:23절을 유의하여 보라. 모름지기 그 누구도 예수 그리스도의 일에 동참을 하고 그리스도의 고난과 십자가의 동참을 하는 자가 되게 하나 인생은 누구도 예수 그리스도의 일에 또는 그리스도의 고난과 십자가의 동참을 하면 앞서가고 대인의 길을 갈수가 있으나 동참을 하는 것에 멀리하면 결코 앞서지 못한다. 믿음은 언제 어디서나 하나님이나 그리스도의 일에 동참을 하는 것이다. 고린도 전서 2:2절에서 바울은 그리스도와 그의 십자가만을 위하여 남은여생을 살겠다고 고백을 하였다.

그러니 로마서 14:7-8절을 보라. 사는 것도 죽는 것도 그리스도이니 그리스도를 위하여 살겠다고 고백하고 있다. 그런 그가 죽음을 얼마 앞에 놓고서 마지막 유언을 남기면서 디모데 후서 4:7-8절을 보면 내가 나의 달려갈 길을 마치고 믿음을 지켰다는 것을 고백하고 있음을 우리는 보게 된다. 우리가 크고 작은 그리스도의 일에 동참을 하는 것은 천국 가는 길에서 플러스 요인이 된다는 것도 잊으면 아니 된다. 예수 그리스도의 지상 요구는 우리가 그리스도의 믿음에 동참자가 되는 것이다. 우리의 믿음의 목표를 예수 그리스도에게 두고 달려가면 반드시 성산이 있다는 것을 유념에 두어야 한다.

1대지, 믿음은 그리스도의 뒤를 따르며 함께하고 동참하는 것이다

"믿음은 그리스도의 앞에 가는 것이 아니고 뒤에서 따라가는 것이다. 그의 가르침이나 겟세마네나 골고다를 향하여 가는 그분의 뒤를 따라가는 것이다"

1, 우리의 믿음은 예수 그리스도의 뒤를 따르는 것이다(빌립보서 3:12-13).

Ⓐ 우리는 예수 그리스도의 앞에 서거나 앞에 갈수는 없다. 누구도 예수 그리스도의 앞에 가면 하나는 마귀가 와서 주어 먹어버리거나(마태복음 13:4) 아니면 사이비교주가 되거나 자칭 하나님이 되어서 이단의 굴레에서 벗어나지를 못한다.

Ⓑ 우리는 그리스도의 십자가를 지고 그의 뒤를 쉬지 아니하고 따르는 자가 되어야 한다. 그 누구도 그리스도의 뒤가 아닌 앞으로 가면 아니 된다.

Ⓒ 누구도 예수 그리스도의 뒤를 따라야 세상으로 흘러 떠내려가지 아니한다(히브리서 2:1).

Ⓓ 목사나 장로로서 살다가 타락을 하거나 넘어지는 자의 상당수는 그 자신이 그리스도 보다 앞서려고 달려갔기 때문이다. 마귀는 누구도 그리스도의 앞에 가는 자는 절대로 그냥두지 아니 한다. 넘어지게 만들고 시험에 미끄러지게 만들고 환난을 주어서 고통과 고난을 당하기도 한다.

2, 믿음은 누구도 예수 그리스도와 함께하는 것이다. 그리스도와 함께 먹고 자고 길을 가고 죽는 것도 불사하는 그것이 행동적 믿음이다.

Ⓐ 믿음은 언제나 그리스도와 함께 길을 가고 생활하고 사는 것이다.

　Ⓑ 믿음은 어디서나 누구도 예수 그리스도의 일에 동참을 하는 것이다. 믿음을 가진 자는 그리스도를 벗어나서 혼자서 무엇을 하려는 것은 결코 아니 된다. 누구도 이생에서는 그리스도의 일에 동참을 해야 저 생에 가서 그리스도와 함께 동참을 하게 되는 것이다.

　Ⓒ 믿음은 언제나 그리스도와 함께 하나 공동체를 이루면서 달려가는 것이다(빌립보서 3:14). 누구도 여기서 발을 잘못 디디면 다치고 그리스도에게서 멀어진다. 누가복음 9:62절에서 쟁기를 잡고서 뒤를 돌아보지 말라고 경고함을 유념하라.

　Ⓓ 그러니 그 누구도 그리스도와 함께 또는 그와 더불어서 공동체를 이루고 달려가는 그것에 총력을 기울이고 떨어지면 아니 된다. 그것은 그리스도의 길이 아니다.

　3, 믿음은 예수 그리스도와 동참하는 것이다. 생각하고 감사하고 찬송하는 일에도 동참을 해야 한다.

　Ⓐ 누구도 믿음이 있다고 하면서 하나님의 일을 멀리하거나 동참하는 것을 꺼리면 아니 된다. 그러면 허약해지고 갈대형의 인간이 되고 만다(이사야 9:14-15).

　Ⓑ 믿음은 그 누구도 그리스도인의 일에 전적으로 동참하는 것이 동참을 하려는 자는 최선을 다하고 견인불발한 신앙이 있어야 한다. 누구도 뒤를 돌아보지 말라. 누가복음 9:62절의 경고인 것이다.

　4, 믿음은 예수 그리스도의 복음에 동참하는 것이다.

　Ⓐ 누가복음 24:1절 이하의 두 제자를 보라. 그들은 부활의

주께서 함께하나 그것을 깨닫지 못하고 있다.

Ⓑ 그리스도와 함께하는 것을 오늘의 우리가 원하는가? 10% 원하고 90%는 원하지 아니한다. 그리고 그리스도에게 동참이 되고 10%는 그러하고 90%는 그 정반대이다.

Ⓒ 그리스도와 함께하고 일을 하고 싶은가? 10% 그러하고 90%는 정반대이다.

Ⓓ 그러면 먼저 그와 동참자가 되고 함께하는 자가 되라. 그러나 그것이 결코 쉽지가 아니한다.

5, 예수 그리스도의 제자들은 하나같이 예수께서 부르시니 그와 함께 3년 반이나 동고동락을 했다. 마태복음 10:1-5절을 보라. 하나같이 부르시니 그 자리에서 따른 자들이다. 마태를 부르시니 그 자리에서 사표를 내고 직장을 떠난다. 마태복음 9:9절을 보라.

Ⓐ 나의 나 된 것은 전적으로 하나님의 은혜가 아닌가? 그러기에 그리스도께서는 언제 어디서나 함께 할 자들을 부르신다.

Ⓑ 마태복음 4:18-22절을 보고 요한복음 1:36-51절을 보라. 필요한 자들을 부르신다.

Ⓒ 오늘에서도 그리스도께서는 필요한 자들을 부르신다. 그가 누구이건 간에 학벌이나 인격이나 가정을 보지 아니하시고 부르시는 분이 하나님이시다.

2대지, 믿음은 예수 그리스도께서 부르실 때에 그 즉시 따르는 것이다

"예수께서는 오늘도 나를 부르신다. 다른 그리스도인이 아

닌 나를 부르신다. 이사야 6:1-9절을 보라. 이사야를 불러서 누구를 보내실까 물으니 자기를 보내어 달라고 요구하신다. 사도행전 9:1-9절을 보라. 그리스도께서 바울을 부르시니 바울은 두말없이 그를 따르게 된다. 이런 것이 믿음이 아닌가?

1, 나를 부르실 때의 자세는 무조건 순종하고 따르는 것이다.
Ⓐ 하나님이 나를 부르시니 따름에 동참을 하는 것이다. 그것이 하나님이 요구하시고 바라시는 바이다.
Ⓑ 부르심에 동참을 하고 함께한다. 이사야를 부르시니 이사야 6:1-9절을 보라. 그는 평신도이지만 부르심에 무조건 따르고 그리고 나가서 외친다. 사도행전 9:1-9절을 보라. 사울은 반대자이고 박해의 앞장을 선자가 아닌가? 그래도 부르니 그는 따른다.

2, 그러면 부르심에 하나같이 따르는 그 이유는 무엇인가?
Ⓐ 마태복음 4:18-20절을 보라. 베드로, 안드레, 야고보, 요한을 부르시니 이들은 무조건 따르고 있다. 왜 따르는 것인가? 자신들에게 주어진 일과 사명이 있기 때문이다.
Ⓑ 그 누구보다 부르시면 먼저 순종하고 따르는 것이 믿음이다. 하나님께서는 언제나 순종과 따름을 요구하고 있다. 오늘에서도 결코 예외가 아닌 것이다.

3, 열두 제자는 그리스도와 함께 하는데 최선을 다하였다. 이들은 부르시니 이유나 조건이 없이 무조건 따랐다. 주님의 원하는 믿음이 바로 이런 것이다.
Ⓐ 따름에 함께하는 것이 믿음이다. 이것이 바로 신앙이고 순종이고 충성이다.

Ⓑ 따름이 없고 게으르니 불순종으로 가게 된다. 그것은 믿음이 아니다. 하나님은 불순종의 믿음을 원치 아니한다. 디모데 후서 4:10절을 보면 데마나 그레스게나 디도와 같은 목사도 밀려나니 하나님은 원치 아니하신다.
  Ⓒ 믿음으로 살고 순종해서 하나님의 영광을 나타내고 죽도록 충성하여 하나님의 일을 끝까지 하도록 노력해야 한다. 믿음은 바로 이런 것이다.

  4, 따름이 없는 것은 믿음이 아니다.
  Ⓐ 마태복음 9:9절을 보라. 왜 마태를 부르시는가? 그것은 그를 제자로 삼고 불후의 명작인 마태복음을 기술하여 역사 위에 남기기 위한 것이다.
  Ⓑ 그는 하나님 앞에서 할일이 너무나 많다. 물론 목사도 할일이 많은데 사도나 선지자에게 왜 할일이 없겠는가? 그러니 필요에 따라서 부르시고 부르심을 받은 자들은 앞뒤를 돌아보지 아니하고 무조건 따르게 된다.

  5, 믿음은 하늘이 부르실 때에 그 무엇을 보거나 생각하지 아니하고 오직 따르는 그것뿐이다.
  Ⓐ 창세기 12:1-3절을 보라. 아브라함을 부르시니 그는 따르고 순종한다. 이것이 바로 믿음에의 제 1차적 관문이 아니겠는가?
  Ⓑ 창세기 22:1-4절을 보라. 하나님은 아브라함에게 아들이삭을 예물로 드리라고 하신다. 그는 이에 순종하여 드리고 있다. 이것이 믿음의 원동력이 아닌가? 하나님은 때로 그 자신을 요구할 때도 있고 자녀를 요구할 때도 있고 그가 가진 소유를 요구할 때도 있다.

ⓒ 하나님께서는 밧모섬으로 사도요한을 보내시며 그 곳에서 수십 년간 머물게 하신다(계시록 1:9). 그러나 사도요한은 전혀 그것을 개의치 아니하고 밧모섬 귀양에서 수십 년간 인내하며 참고 견디므로 그는 역사위에서 큰 그 무엇을 남기게 된다. 그가 남긴 업적은 요한복음, 요한 1서, 2서, 3서, 계시록을 남기게 된다. 이것은 역사 위에서 대단히 큰 사건이다.

3대지, 믿음은 예수 그리스도의 식탁에 동참하는 것이다

"때로는 그리스도의 식탁에 동참하는 것이 믿음이다. 믿음은 나의 선택이 아니고 예수 그리스도의 선택이다. 그러니 따르는 것이다"

1, 믿음은 성찬에 동참하는 것이다.
Ⓐ 믿음은 어디든지 그리스도와 함께하는 것이다. 그것이 식탁 공동체이거나 아니면 그 어디든지 간에 우리는 개의치 아니하고 순종하면 된다.
Ⓑ 예수 그리스도의 식탁공동체를 통하여 그와 함께 동참하는 것이다(마태복음 26:22-29). 이는 의미하는 바가 심히 많은 것이다.
ⓒ 믿음은 예수 그리스도와 함께하는 공동체적 생활이니 이를 바로 아는 것이 중요하다.

2, 성찬예식에 참례하고 세례를 받아야만 한다. 이는 이 세상에서만이 아니고 하늘에도 요구되고 있다.
Ⓐ 우리가 예수 그리스도의 성찬에 동참하는 그것이 믿음의 기본이고 믿음에 의한 대 역사가 아니겠는가? 그러기에 세례

나 성찬예식을 함부로 보거나 대하면 아니 된다.
　ⓑ 성찬예식은 이 세상에서도 요구가 되고 그리고 저 세상에 가서도 요구되는 신비의 역사이다. 그러니 기독교는(개신교) 설교가 으뜸이고 천주교는 성찬예식이 으뜸이다.
　ⓒ 그러기에 우리가 그리스도의 식탁 공동체에 동참하는 것은 엄청난 축복이고 하나님 앞에 감사하는 것이다.

　3, 성찬예식에는 먼저 동참과 참례의식이 확고하고 분명해야 한다. 그 이유는 믿음은 내 것이 아니고 주님의 것이고 내가 가진 것이 아니고 주님이 나를 가진 것임을 잊지 말라.
　ⓐ 그리스도께서 마지막 날 밤에 성찬예식을 거행하신 것은 동참과 참례가 그 무엇인지를 알리시려고 하신 것이다. 그러니 성찬예식을 바로 아는 것이 중요하다. 그래서 개신교에서는 예식 상 설교가 으뜸이고 그 다음이 성찬예식이다. 그러나 천주교에서는 성찬예식이고 그 다음이 가르치심이다. 여기서 천주교와 개신교가 약간의 차이점을 보이고 있다.
　ⓑ 그러기에 그 누구도 그리스도의 성찬에 함께한다는 것은 공동체 멤버로서 복을 받은 것이다. 그러나 이것을 모두가 모르고 있으니 여기서 문제가 생긴다.

　4, 그리스도인은 이 세상에서도 그리스도의 식탁에 함께 동참해서 먹고 마시며 공동체 의식을 바로 알아야 한다. 그러니 식탁 공동체인 성찬 예식을 함부로 생각하면 아니 된다.
　ⓐ 그래서 우리가 1년에 수차례씩 교회 안에서 성찬예식을 가지는 그것이 바로 그리스도의 일에 동참하려는 것이다. 물론 복음교회나 그리스도의 교회에서는 매주 성찬예식을 거행하면서 그리스도의 죽으심에 동참을 하고 있다. 그러나 장로

교나 감리교에서는 1년에 몇 차례씩만 거행하고 있다.
　ⓑ 모름지기 이 성찬예식은 하늘에도 있고 땅에도 있는 것이므로 신비한 것이니 이를 바로 알라. 왜냐 하니 우리가 장차 천국을 가면 그 곳에서 성찬예식을 통하여 그리스도와 함께 식탁 공동체를 이룰 것이니 그것이 감사이다.
　ⓒ 예수 그리스도께서는 이 성찬예식을 통하여 이생에서도 함께하고 저 생에서도 함께하라고 하신다. 이것이 바로 그리스도께서 원하시고 바라시는 바이다. 그러니 우리는 성찬예식에 동참함으로서 하나님께 감사하고 식탁공동체를 통하여 그리스도와 하나가 되는 그 일에 동참할 것을 감사해야 한다.

　5, 마가복음 14:22-25절을 유의하여 보라. 그리스도의 식탁에 앉아서 주께서 나누워 주시는 빵과 포도주를 먹고 마시는 것이 믿음이다.
　ⓐ 그리스도의 식탁에는 포도주인 피가 있고 떡인 살이 있다. 그러기에 성찬예식은 하나님의 신비와 비밀에 속하여 있다.
　ⓑ 그러니 공동체적 식탁에서 그의 피와 살에 그리스도인들은 동참을 하고 있다.

4대지, 믿음은 그리스도의 몸 된 교회의 일에 동참하는 것이다

"믿음은 내가 그리스도의 몸에 또는 그의 일에 동참을 하는 것이다. 왜냐 하니 주께서 그것을 원하시기 때문이다."

　1, 교회는 그리스도의 몸이다. 에베소서 1:22-23절을 보라. 이는 그리스도께서 말씀하신 마태복음 16:18절을 근거하고 있다.

Ⓐ 그러니 그 누구도 교회를 업신여기면 아니 된다. 고린도 전서 10:32절에서 하나님의 교회를 업신여기지 말라고 한다. 여기서는 하나님의 교회에 거치는 자가 되지 말라고 경고하고 있다. 그리고 다시 고린도 전서 11:22절에서는 하나님의 교회를 업신여기지 말라고 경고하고 있다.

Ⓑ 예수께서는 그 자신이 자기의 몸 된 교회를 세우신다고 말씀 하신다. 그러면서 교회의 정의를 마태복음 18:19-20절에 말씀하고 있다. 교회의 정의는 모인 무리들이나 장소에 동참한자들이다. 예수께서 세우시려는 교회는 20-30평을 넘어서는 아니 된다. 예수께서 세우시려는 교회에 인원은 2-3명이다. 모이는 곳에는 그리스도가 주인이시다.

2, 그리스도인은 교회 일에 동참을 해야만 한다.
Ⓐ 그리스도인은 누구도 앞장서서 하나님의 일에 동참을 해야 한다. 그래서 공동체가 참으로 의미가 있다.
Ⓑ 그리고 그리스도인은 성령께서 하시는 일에 동참을 해야 한다.
Ⓒ 그리고 다시 그리스도인은 말씀의 일에 동참을 해야 한다.
Ⓓ 그리스도인은 교회의 일에 동참을 해야 한다. 그리스도인은 이웃의 일에 동참을 하고 최선을 다해야 한다. 그러나 누가복음 16:19-26절에 나타난 홍포 입은 부자의 잘못된 이웃관은 결코 아니 된다. 그러면 그 이유는 무엇인가? 그것은 바로 우리의 그리스도의 사람이기 때문이다.

3, 그리스도인이 교회의 일에 동참을 하지 못하면 그는 그리스도인이 아니다. 그리고 그리스도인의 제자도 아니다.
Ⓐ 그리스도인이 되어서 교회의 일에 동참을 하고 최선을

다하는 그것이 얼마나 귀중한지를 모르면 아니 된다.
　Ⓑ 교회의 일은 바로 하나님의 일이다. 이는 잘못된 목사나 교인들에 의해 하는 그것이 결코 아니다.
　Ⓒ 교회의 일을 하라고 하니(에클레시아) 목사의 일을 도우거나 필요도 없는 예배당 일을 하는 그것이 되어서는 결코 아니 된다. 그러므로 여기서 철저히 바른 이해가 있어야 한다.

　4, 교회의 일에 동참을 하는 것은 복이고 행복이고 영광인 것이다. 그러면 그 이유는 무엇인가?
　Ⓐ 그 누구도 하나님 앞에서 더 큰일을 할 수가 있다. 그것은 예수 그리스도에게 동참자가 될 바로 그때임을 명심하라.
　Ⓑ 더 큰일을 하나님이 우리에게 맡기신 것이기 때문이다. 하나님은 각 사람에게 그의 역량과 은사대로 각기 일을 맡기신다. 그 일은 사람에 그릇대로 맡기신다. 사도행전 9:15-16절을 보라. 하나님은 개인의 그릇대로 일을 하게 하신다.

　5, 그러기에 믿음에의 원리를 바로 아는 그것이 중요하다.
　Ⓐ 믿음에의 원리와 기본과 원동력을 모르면 결코 아니 된다. 그 이유는 무엇인가? 잘못하면 빗나가고 잘못하면 마귀의 사람이 되기 때문이다. 사도행전 5:1-11절의 아나니아라 하는 가정의 사건이 바로 이런 것이다.
　Ⓑ 누구도 믿음의 원동력과 힘과 능력을 알면 하나님이 그를 불러서 사용하시고 큰일을 그에게 맡기신 것이다. 그러니 앞과 뒤를 바로 보아야 한다.
　Ⓒ 그러니 그 누구도 하나님의 일을 믿음의 능력과 불량대로 하도록 하라. 그것이 바로 하나님을 돕는 위대한 일이다.

☆ 결론

믿음은 언제나 동참이고 하나님이 하시는 일에 참례를 하는 것이다. 그러니 하나님께서는 그 개인의 역량이나 용량이나 분량대로 각기 일을 맡기신다. 그러기에 그 누구도 크고 작은 일에 최선을 다하라. 그것이 바로 하나님이 요구사항인 것이다. 일이 크다고 좋아하고 일이적다고 무시하면 결코 아니 된다. 모세는 애굽의 왕자로서 최선을 다한다. 미디안 광야에서 양을 목동으로 40년간 일을 하면서 최선을 다했을 때 하나님은 그를 불러서 이스라엘의 영도자로 40년간 세우신 것은 놀라움이 아닌가?

그리고 믿음은 하나님과 손을 잡고서 힘찬 세상을 돌파하여 가는 것이다. 그리고 믿음으로 세상과 마귀를 이기고 승리하며 가는 것이다. 세상을 이기고 자기를 이기고 마귀를 이기려면 믿음이 없으면 아니 된다. 모두가 믿음으로 승리하는 비결을 배워야 한다. 오늘도 하나님은 믿음으로 승리하는 자를 찾아다니시고 있다. 누가 하나님 앞에서 승리자가 될 것인지를 아무도 모른다. 우리는 다만 달려갈 것뿐이다. 그러니 믿음의 승리자는 될지라도 패배자는 되지 말라.

마가복음 15:21-24
믿음은 동참이다(3)

[성경본문]

"마침 알렉산더와 루포의 아비인 구레네 사람 시몬이 시골로서 와서 지나가는데 저희가 그를 억지로 같이 가게 하여 예수의 십자가를 지우고 예수를 끌고 골고다라 하는 곳(번역하면 해골의 곳)에 이르러 몰약을 탄 포도주를 주었으나 예수께서 받지 아니하시니라 십자가에 못 박고 그 옷을 나눌쌔 누가 어느 것을 얻을까 하여 제비를 뽑더라"

△ 서론

※ 믿음은 동참이다.
① 무엇에 동참을 할 것인가?
② 누구에게 동참을 할 것인가?
③ 어디서 동참을 할 것인가?
④ 왜 동참을 할 것인가?
⑤ 어떻게 동참을 할 것인가?
⑥ 언제 동참을 할 것인가?

※ 믿음으로 동참하라.
① 하나님의 일에 동참하라.
② 하나님의 나라 일에 동참하라.
③ 하나님의 의에 동참하라(하나님의 의에는 하나님의 공의

와 심판도 포함이 된다).
④ 하나님의 말씀에 동참하라.
⑤ 성령과 성령의 일에 동참하라.
⑥ 하나님이 교회 곧 그리스도의 몸 된 에클레시아의 일에 동참하라.
⑦ 기타 등이 동참하라.

※ 믿음은 동참이다. 그러기에 믿음이 있다고 하는 자들은 다음에 유념해야 한다.
① 하나님께 동참하는 것에 최선을 다 해야 한다.
② 하나님이 하시는 모든 일에 동참자가 되고 동참을 해야 한다.
③ 예수 그리스도의 일에 동참을 해야 한다. 그의 도성인신과 가르침과 외침과 그의 십자가와 그의 죽으심과 부활에 동참해야 한다.
④ 하나님 나라의 일에 동참을 해야 한다.
⑤ 하나님의 의 곧 공의와 심판과 의에 동참을 해야 한다.
⑥ 성령께서 하시는 모든 일에 힘과 그리고 성령이 하시는 모든 일에 동참자가 되어야 한다.
⑦ 하나님의 교회 에클레시아에서 행하는 모든 일에 동참을 해야 한다. 교회는 그리스도의 몸이요 그리스도는 교회의 머리이시다.
⑧ 주의 종들이 하는 모든 일에 동참을 해야 한다. 그리스도를 위하여 살기도 하고 죽기도 하는 종들을 생각하라. 로마서 14:7-8절을 보라. 종은 자기의 모든 의사나 행동이나 사고나 모든 것을 포기해야 한다. 그리고 주인의 명령을 따라 일을 해야 한다. 그리고 다음은 주인을 위해서 자신을 희생하고

자기의 피를 주인께 내어 놓아야 한다. 이것이 종의 길이다.
 ⑨ 기타 등에 동참을 해야 한다. 이것이 바로 원리와 기본이다. 종은 어떤 경우에든지 예수의 일에 동참자가 되어야 한다. 동참자가 되려면 가룟유다 마냥 마지막 가서 예수를 배신하는 것은 용납이 아니 된다. 끝까지 그리고 십자가를 지고 죽음까지 가는 것이다. 그래서 바울은 고린도 전서 2:2절을 통하여 자신을 고백하고 그리고 순교의 직전에 유언을 남기기를 디모데 후서 4:7-8절에서 나의 달려갈 길을 마치고 믿음을 지켰다고 고백하고 있다.

1대지, 믿음은 하나님의 모든 일에 동참을 하는 것이다

 "이것이 믿음의 원리이고 기본이다. 하나님의 요구는 우리가 하나님의 일에 동참자가 되는 바로 그것이다."

 1, 하나님이 창조하시는 일에 동참을 하는 것이다.
 Ⓐ 하나님이 하시는 그 일이 무엇인가? 창조 때는 과거나 현재에서 하시는 일에 최선을 다하고 동참해야 한다. 하루에 하나님의 하시는 일은 수억만 가지도 넘는다.
 Ⓑ 지금에서도 하나님은 쉬지 아니하고 창조의 역사와 일을 하고 있다. 그러면 창세기 1장과 2장과 그리고 다시 시편 147편과 148편을 유의하여 보라. 여기서 하나님은 창조의 역사를 계속하고 있음을 알리시고 있다.

 2, 하나님의 말씀에 동참하는 일을 하라.
 Ⓐ 믿음은 먼저가 하나님께 동참하는 것이고 그리고 그 다음은 누구도 하나님의 말씀에 동참하는 것이다. 우리에게 믿

음이 있다면 우리는 하나님의 말씀에 동참하는 것이다. 이것이 그 무엇보다 큰일이 아니겠는가?

ⓑ 성서는 그리고 성령께서는 우리에게 하나님의 말씀에 동참하라고 권고하고 있다. 목사나 장로가 되어도 성서에 동참하는 것은 만분의 1 또는 천분의 1에도 미치지를 못하니 그것이 문제이다. 그 한 실례로서 66권 성서에는 설교가 자그마치 10만 편 정도가 나오는데 목사들이 연구하는 과정을 보면 많이 한자는 3000-4000편 적게 하는 자는 불과 수백 편에 지나지 아니한다. 그러면서도 자기는 하나님의 말씀에 동참하는 자라고 소리치니 그것은 허세이고 위증이고 거짓말이고 하나님 앞에서 사기와 공갈을 치는 것이다. 누구도 하나님의 말씀에 동참하라. 그래야 복을 받고 선인이 되고 대인의 길을 갈 수가 있다.

ⓒ 그리고 다시 유의할 것은 성서는 우리에게 성령이 하시는 일에 동참하라고 요구하고 있다. 이는 분명 의미하는 바가 심히 많은 것이다.

3, 하나님이 하시는 모든 일에 동참하는 것이다. 믿는 자가 하나님이 하시는 일에 동참하지 못하면 곤란하다.

ⓐ 하나님께서는 언제나 모든 그리스도인들에게 하나님의 일에 동참하라고 권고하고 있다.

ⓑ 하나님이 하시는 모든 일을 창조에서 잘 나타나고 그리고 하나님의 말씀에서도 잘 나타내고 있는 것이다. 목사나 교인이 되어도 누구도 이를 모르면 아니 된다. 그러면 지식과 총명이 없어진다.

ⓒ 하나님께서는 오늘에서도 우리 모두에게 하나님의 일을 하라고 한다. 목사는 교인이 되어서 하나님의 일을 하지 아니

하면 그는 아담과 하와마냥 뱀과 사단을 도우는 일을 하게 된다. 그러면 어찌 되는가? 사도행전 5:1-11절의 아나니아와 삽비라 마냥 사단의 일을 돕다가 죽임을 당하게 된다.

4, 하나님이 행하시는 성령의 일에 동참하는 것이다.
Ⓐ 믿음을 가진 자는 그가 그 누구이든지 간에 성령께서 하시는 그 모든 일에 동참자가 되라. 그것이 하나님 앞에서 칭찬을 들을 만한 일이다.
Ⓑ 구약의 모든 선지자들과 신약의 사도들을 보라. 하나같이 하나님의 일을 하고 그리고 최선을 다하고 죽은 자들이다.
Ⓒ 마태복음 14:3-12절의 선구자 세례요한을 보라. 그는 하나님의 일에 동참자로서 살았고(마태복음 3:1-11) 그리고 뒤에 계신 그분을 위하여 순교를 당한 것이다.
Ⓓ 다니엘 6:10-18절을 보라. 다니엘 3:1-23절을 보라. 이들은 하나같이 하나님의 일에 동참자로서 최선을 다한 자들이다.

5, 하나님은 오늘도 쉬지 아니하고 우리에게 일을 하라고 하신다. 우리는 언제나 어디서나 하나님의 일에 동참자로서 일을 해야 한다. 그것이 바로 칭찬들을 일이 아닌가?
Ⓐ 오늘에서도 하나님이 세상과 교회에다 하시는 일이 너무나 많고 많다. 이를 목사나 교인들이 바로 알라. 또는 바로 찾아서 하지 아니하면 아니 된다.
Ⓑ 오늘에서 성서를 통하여 하나님이 우리에게 하시려는 일이 그 무엇인가 하는 것이다. 일을 오늘에서 나도 알고 너도 알지 못하면 아니 된다. 하나님은 오늘도 믿음에의 동참자가 될 것을 요구한다. 그러나 기독교 안에서 목사나 교인들이 자기들은 믿음이 있고 믿음에 동참자가 된다고 큰소리친다. 그

러나 하나같이 꼴 볼견이다. 왜 정년퇴임한 이후의 목사가 60%이상이 하나님을 믿지 아니하고 타락이 된다. 하나님은 그들 나름대로 하나님이 편에서 보면 다 거짓말이다.

2대지, 믿음은 예수 그리스도의 일에 동참하는 것이다

"믿음은 예수 그리스도의 일에 동참을 하는 그것이 좋다. 그리스도 일에는 십자가가 있고 피를 흘리심도 있고 죽음과 부활과 승천과 재림도 있는 것이다"

1, 예수 그리스도의 일은 먼저 십자가를 지는 것이다.
Ⓐ 예수께서는 우리에게 십자가를 지는 그 일에 동참을 하라고 요구하고 있다.
Ⓑ 우리는 언제도 오늘도 예수 그리스도의 일에 동참자가 되기를 바라고 있다. 그러나 그것이 뜻대로 또는 믿음대로 되지 아니하고 있다. 그러니 문제가 된다.
Ⓒ 우리가 그리스도의 일을 하려면 그 무엇보다 180Kg의 십자가를 먼저 져야 한다. 마태복음 10:38절의 전 내용이 무엇인가? 십자가를 지는 것이다.

2, 예수 그리스도가 선교에 동참하는 것이다.
Ⓐ 지금도 예수 그리스도께서 우리에게 선교 사역에 동참자가 되라고 강조하는 그것이다. 그러면 그 이유는 무엇인가?
Ⓑ 예수 그리스도가 성령을 통하여 요구하는 것이 그 무엇인가? 하나는 십자가를 지라는 것이고 하나는 말씀을 읽고 배우고 연구하라는 것이다. 다른 그 하나는 성령을 받으라는 것 아니겠는가?

ⓒ 예수 그리스도와 성서를 통하여 우리에게 쉬지 아니하고 요구하시는 것이 그 무엇인가? 하나는 말씀 충만 이고 다른 하나는 기도충만이고 다른 하나는 성령 충만이 아니겠는가?

ⓓ 창세기 12:1-4절의 아브라함을 보라. 평생 살아온 고향을 하나님이 떠나라고 명령하신다. 그래서 그는 "예"하며 고향을 떠난다. 그 이유가 무엇인가?

3, 예수 그리스도가 구원의 사역을 위하여 이를 하시면서 동참하라고 하신다. 우리가 주님의 일에 동참을 하는 것은 귀하고 복된 일이다.

ⓐ 예수 그리스도께서는 아버지와 동참하시려고 친히 십자가를 지겠다고 하신다(요한복음 12:27-28).

ⓑ 바울은 예수 그리스도와 함께 하려고 사는 것도 죽는 것도 전혀 개의치 아니하였다. 로마서 14:7-8절을 보라. 이는 참으로 의미하는 바가 많다.

ⓒ 바울의 말년의 유언을 보라. 디모데 후서 4:7-8절은 그의 말년의 유언이다. 그는 이 유언을 남기고 3-4개월 남기고 목 베임을 당하여 순교의 여생을 마친다.

4, 예수 그리스도는 믿음을 통하여 죄인 구원의 일을 하는데 최선을 다하였고 동참하는 그것만이 사는 길임을 밝히고 있다. 그러기에 빌립보서 2:21절을 보라고 한다. 예수 그리스도의 일생을 바라보며 사는 것을 알리고 있다.

ⓐ 예수 그리스도와 함께 하라. 살아도 죽어도 그에게 맡겨진 것이 무엇인가? 성서는 이것을 우리에게 가르치고 있다. 특히 빌립보서 1:20-25절을 보라. 이것이 그 무엇을 가르치고 있는 것인가?

ⓑ 그러면 우리는 사나 죽으나 그리스도만을 위해서 살고 죽어야 한다. 우리는 마태복음 3:1-11절을 보라. 요한복음 1:19-35절과 마태복음 14:3-12절을 보면서 선구자 세례요한의 위대성을 배우고 터득해야 한다. 그는 일생동안 그분만을 위해서 살다가 죽은 자이다. 그래서 역사 속에서는 선구자도 말을 할 때 기독교에서는 세례요한에게만 선구자라는 용어를 사용한다. 다른 자들에게는 선견자나 대인이나 의인을 써도 선구자란 용어는 오직 세례요한에게만 사용됨을 알아야 한다.

5, 예수께서는 우리에게 예수 그리스도의 일에 동참하여 죄인 구원에 최선을 다하라고 한다.
ⓐ 예수 그리스도의 십자가에 동참하라. 이것만이 사는 유익의 길이고 믿음의 원동력이다.
ⓑ 누구도 예수 그리스도의 일에 동참을 하려면 먼저 그 자신의 목을 걸어야 한다. 이것이 정로이다.

3대지, 믿음은 성령의 일에 동참하는 것이다

"누구도 성령의 일에 동참을 하려면 자신을 하나님께 드려야만 한다. 그것이 없으면 가짜이고 속임수이다"

1, 믿음은 성령의 일에 동참하는 것이다.
ⓐ 믿음은 결코 내 것이 아니고 하나님의 것이다. 왜냐 하니 믿음의 주인은 예수 그리스도이시기 때문이다(히브리서 12:2상반절).
ⓑ 믿음이 예수 그리스도의 것이니 누구도 성령의 인도함이 없으면 아무것도 아니다. 데살로니가 후서 2:4절은 이단자의 말이다.

ⓒ 누구도 성령의 일에 동참을 하도록 최선을 다하라. 사도행전 2:1-4절은 오순절 날 성령 충만을 바라고 있는 것이다.

2, 믿음은 성령과 함께하는 것이다.
Ⓐ 누구도 믿음이 있으면 성령을 충만히 받게 된다. 누구도 성령을 받아야 성령화 운동에 동참이 가능하다. 그러나 그 반대는 미끄러지고 만다.
Ⓑ 그러니 그 누구도 성령을 충만히 받음이나 성령의 일에 동참을 하지 아니하면 곤란하다. 한국의 경우는 목사나 교인들이 무식하고 무지하고 넘어지는 것은 성령을 받지 못한 증거이다.
ⓒ 어느 나라나 어느 시대에서는 성령화 운동을 하려면 확고부동한 믿음이 있어야만 한다. 그러니 믿음을 키우고 확신 가운데 거하게 하라.

3, 믿음은 성령의 일과 역사를 만방에 전달하는 행동이다.
Ⓐ 믿음이 있어야 성령을 받고 그리고 성령의 인도대로 따라 갈 것이 아닌가? 이것은 기독교의 핵심교리와 사상이다.
Ⓑ 요한복음 20:22절을 보라. 부활의 주께서는 제 1성으로서 성령을 받으라고 하신다. 그러면서 왜 성령을 받아야 하는 지를 요한복음 20:23절에서 강조하고 있다. 그러나 여기서 유념할 것은 누구도 믿음이 있다는 것을 그 근거로 해야 한다. 누구도 믿음이 있으면 반드시 승리하게 된다.

4, 믿음은 성령과 함께 성령의 열매를 맺게도 된다. 이것이 바로 성서의 가르치심이다.
Ⓐ 누가복음 17:5절을 보라. 여기서 제자들은 예수에게 "우

리에게 믿음을 더하소서"라고 고백하고 있다. 그런데 예수의 대답은 우리의 생각을 뛰어 넘고 있다. 예수께서 누가복음 17:6절에서 "겨자씨 한 알만한 믿음이 있다면" 이는 우리에게 주시는 청천벽력적인 선언이다. 문제는 우리에게 겨자씨 한 알만한 믿음이 있는가 하는 것이다.

Ⓑ 히브리서 11:1상반절을 보고 그리고 다시 히브리서 11:1 하반절을 보라. 여기서 성서는 우리에게 믿음이 그 무엇인지 그것을 밝히시고 있다.

4대지, 믿음은 에클레시아의 일(교회) 동참을 하는 것이다

"믿음은 예나 지금에서 그리스도의 몸 된 교회의 일에 최선을 다하고 동참을 하는 것이다. 누구도 말로는 다하고 동참이 없다는 그것은 위선이고 거짓이다."

1, 믿음은 그리스도의 몸 된 교회의 일에 최선을 다하고 동참을 하는 것이다.

Ⓐ 히브리서 11:6절을 보라. 그 누구도 믿음이 없으면 아무 것도 할 수가 없다. 특히 하나님과의 관계에서는 그리스도와의 관계에서는 더욱더 그러하다.

Ⓑ 창세기 22:1-4절을 유의하여 보라. 이것이 바로 돋보이는 아브라함의 믿음이 아닌가? 예나 지금에서 우리는 이것을 바로 보아야 한다.

2, 믿음은 에클레시아의 일에 누구도 혼신을 다하고 목숨을 바치는 것이다. 믿음으로 하나님의 일에 동참을 하듯이 몸 된

교회의 일에 최선을 다하는 것이 중요하다.

Ⓐ 누구도 믿는 그것을 위해 목숨을 바칠 수가 없는 것은 위선이고 거짓이고 가짜이다. 반드시 믿음으로 자신을 드리고 바칠 수가 있어야 한다. 에베소서 2:5절의 전 내용이다.

Ⓑ 믿는 자들은 성서를 읽는 것에 목숨을 걸고 하나님이 교회의 일에 최선과 목숨을 걸어야 한다. 믿음의 원동력과 결과는 그리고 목적은 그 자신의 목을 거는 것이다.

3, 믿음은 예배당의 일이 아니고 교회 곧 에클레시아의 그 자신을 드리고 받치는 일을 해야 한다.

Ⓐ 흔히들 에클레시아 교회와 예배당의 일을 혼돈하거나 오해하는 경우들이 많다. 그러나 그것은 결코 아니 된다. 현대에서 우리의 눈에 보이는 것은 예배당이지 그리스도의 몸 된 교회당은 아니다.

Ⓑ 예나 지금에서 우리는 예배당의 일에 목을 걸라는 것은 아니다. 예수 그리스도의 몸 된 교회를 위하여 목을 걸라는 것이다. 이것이 정상이고 정로이다.

4, 교회는 예수 그리스도가 세우시는 것이다. 그러니 예수 그리스도의 일에 모두가 최선을 다하라.

Ⓐ 마태복음 16:18절을 보라. 예수께서 자기의 교회를 반석 위에 세우신다.

Ⓑ 마태복음 18:19-20절을 보라. 여기서 예수께서는 자신의 교회의 개효에 대한 말씀을 하신다. 바른 이해가 요구된다.

5대지, 믿음은 하나님의 나라의 일에 모두가 동참하는 것이다

1, 하나님의 나라의 일을 하라. 하나님의 일은 보이는 것에도 있고 보이지 아니하는 것에도 있다.
　Ⓐ 지금도 예수 그리스도께서는 하나님의 나라의 일을 하신다. 그러면서 그 나라의 일을 오늘의 우리도 하라고 말씀하신다. 그것이 바로 그의 일에 동참하는 것이다.
　Ⓑ 누구도 하나님의 일에 동참하는 것은 진리이고 복음이다. 그러니 동참자로서 최선을 다하라.

2, 이 지상에다 하나님의 나라를 세우는 것이 믿음이다.
　Ⓐ 마태복음 6:33절을 보라. 예수께서는 여기서 그의 나라의 일에 동참자가 되라고 하신다.
　Ⓑ 그리스도께서는 도성인신을 해서(요한복음 1:14) 이 세상에다 하나님의 나라를 세우시려고 하신다.
　Ⓒ 하나님의 나라를 세우시는데 필요한 것은 하나는 말씀이고 하나는 성령이시다. 요한복음 20:22절에서 "성령을 받으라"고 하신다.

3, 하나님의 나라의 일은 그 누구도 믿음이 없으면 아니 된다.
　Ⓐ 하나님의 나라의 일은 하나님이 하시고 계신다(요한복음 5:17). 그러니 누구도 믿음이 없으면 아니 된다.
　Ⓑ 하나님은 쉬지 아니하시고 어제도 오늘도 일을 하신다. 그런데 우리는 세상일도 하나님의 일도 게을리 해서야 되겠는가? 그것은 결코 아니 된다.

4, 지금도 하나님은 자기의 나라의 일에 최선을 다하듯이 믿음이 있는 자들 역시 그 나라의 일에 최선을 다해야 한다. 그래서 우리는 어제도 오늘도 하나님의 나라의 일에 최선을 다

한 것이다.

Ⓐ 하나님은 우리를 부르신 것은 하나님의 일에 동참하라는 것이다.

Ⓑ 하나님은 우리를 부르신 것은 하나님의 나라의 일군이 되라는 것이다.

Ⓒ 오늘에서 하나님이 나를 부르신 것은 예수 그리스도의 나라의 백성이 되고 하나님의 아들로서 일을 하라는 것이다. 그 누구도 이를 바로 알지 못하면 결코 아니 된다. 잘못하면 여기서 미끄러지고 낙오자가 된다.

☆ 결론

누구에게도 믿음은 동참이다. 믿는 자에게 동참의식이 없으면 아니 된다. 믿음은 우리가 하나님과 동참을 하고 예수 그리스도와 동참하는 그것이다. 그 누구도 이를 잊지 말라.

하나님의 일을 한다면서 하나님이나 예수 그리스도에게 동참의식이 없으면 때가 되면 그는 교회 밖으로 나갈 것이다. 믿음은 언제나 혼자의 것이 아니고 동참을 하고 공동체로서 가지는 것이다. 그러니 그 누구도 이에 대한 바른 이해가 있어야 한다. 잘못된 자들이 오늘의 기독교 안에서 동참의식이 없다. 그러면 곤란하다. 믿음 그 자체가 하나님과 동참 그리고 예수 그리스도와 동참하는 것이다. 그러니 그 누구도 이를 잊으면 아니 된다. 바른 이해가 요구되는 것이다.

마가복음 15:21-24
믿음은 동참이다(4)

[성경본문]

"마침 알렉산더와 루포의 아비인 구레네 사람 시몬이 시골로서 와서 지나가는데 저희가 그를 억지로 같이 가게 하여 예수의 십자가를 지우고 예수를 끌고 골고다라 하는 곳(번역하면 해골의 곳)에 이르러 몰약을 탄 포도주를 주었으나 예수께서 받지 아니하시니라 십자가에 못 박고 그 옷을 나눌쌔 누가 어느 것을 얻을까 하여 제비를 뽑더라"

△ 서론

※ 믿음은 동참이다. 그러면 무엇에 우리가 동참을 해야 하는가?
① 하나님의 하시는 일에 동참을 해야 한다.
② 예수 그리스도의 일에 동참을 해야 한다.
③ 하나님의 나라의 일에 동참을 해야 한다.
④ 성령께서 하시는 일에 동참을 해야 한다.
⑤ 하나님의 말씀에 동참을 해야 한다.
⑥ 그리스도의 몸인 교회(에클레시아)에 동참을 해야 한다.
⑦ 기타 등이다.

영성이나 영감을 받은 자들은 글을 쓰고 책을 출판하고 기타 등에 동참을 해야 한다. 하나님은 목사나 교인들이 믿음으로 동참하지 아니하면 부르시지 아니 하신다. 믿음은 우리에게 동참하는 것이 아니고 우리가 하나님이나 하나님의 일에 동참을 하는 것이다. 그리고 다시 우리가 하나님이 나라와 그의 의에(마태복음 6:33) 동참하는 것이다. 우리가 하나님의 일에 동참하는 것은 놀라움이다. 우리가 하나님의 일이나 그의 나라의 일에 동참을 하려면 먼저 그리스도의 십자가부터 져야만 한다. 누구도 이를 명심해야 한다. 우리가 이생에서 현실적으로 믿음으로 동참을 하려면 그리스도의 십자가와 그의 죽으심과 그의 부활에 동참자가 되어야 하는 것임을 잊지 말라.

창세기 22:1-14절을 보라. 하나님은 여기서 아브라함에게 아들이삭을 드려서 하나님의 일에 동참하라고 한다. 하나님은 자기의 아들 그리스도를 그리고 아브라함은 그의 이삭을 드림으로서 하나님의 일에 동참자가 되는 것이다. 언제나 문제는 우리들 자신이다. 우리는 하나님께 무엇을 드려서 동참의식을 가질 것인가? 우리에게는 아무리 보아도 가진 것이 거의 없으니 드릴 것이라고는 우리의 몸 밖에 없다. 그러면 하나님께 무엇을 드릴 것인가? 그것이 하나의 큰 과제인 것이다.

1대지, 믿음은 예수 그리스도에게 동참하는 것이다

"성서는 우리에게 믿음의 동참을 요구하고 있다. 이 세상에서도 그렇고 저 세상에 가서도 그러함을 알리시고 있다"

1, 믿음은 예수 그리스도의 십자가를 지는데 동참하는 것이다.
Ⓐ 믿는 자는 예수 그리스도의 십자가부터 먼저 지라는 것이다.
Ⓑ 목사와 장로는 180kg의 예수 그리스도의 십자가부터 지라.
Ⓒ 믿음은 예수 그리스도의 십자가를 지고 골고다로 가는

것이다.
Ⓓ 예수 그리스도에게 믿음을 가진 나아가는 것이다. 여기에는 반드시 동참이 필요한 것이다.

2, 믿음은 그리스도의 십자가를 지고 죽는데(순교) 동참하는 것이다.
Ⓐ 예수 그리스도의 십자가를 지라. 예수를 믿는다고 하면서 그리스도의 십자가를 지지 아니하는 것은 위선이고 거짓이다.
Ⓑ 마태복음 10:38절을 보라. 십자가를 지고 예수를 따르는 것이 원리이다. 성서는 십자가를 지고 동참하라고 요구하고 있다. 십자가가 없는 동참은 거짓이다.

3, 믿음은 죽음도 불사하는 것이다. 그 누구도 여기서는 예외가 아니다.
Ⓐ 다니엘 3:1-23절의 사드락 메삭 아벳느고의 믿음을 보라. 여기서는 이들의 믿음을 돋보이게 하고 있다.
Ⓑ 다니엘 6:10-18절을 보라. 다니엘의 돋보이는 믿음을 보라. 하나님께서는 다니엘에게 고난의 동참할 것을 요구하고 있다. 물론 오늘의 우리들 역시 예외가 아닌 것이다.
Ⓒ 마태복음 14:3-12절의 선구자 세례요한의 믿음을 보라. 예수께서는 세례요한의 믿음을 극찬까지 하고 있다. 그는 그 자신을 전적으로 뒤에 계신 예수 그리스도를 위하여 바친 자이다. 그래서 그는 삶과 죽음에서 그리스도에게 동참을 한 것이다.

4, 그리고 다시 사도들의 믿음을 보라. 사도들의 믿음은 모두에게 돋보이는 신앙을 증거하고 있는 것이다.

Ⓐ 먼저는 우리는 계시록 1:9절에서 나타난 사도 요한의 밧모섬의 믿음을 보라. 그는 귀양을 가서 무인도에서 약 30년간 혼자 살았다. 그는 그곳에서 어떻게 살았는지에 대하여는 성서의 기술을 없다. 그러나 놀라움을 더하여 준다.

Ⓑ 첫 번째는 순교자인 야고보 사도의 믿음을 보아야 한다. 그는 죽으면서 죽으면 죽으리라는 믿음을 가지고 순교를 당한 자이다(사도행전 12:1-2).

Ⓒ 스데반의 믿음을 보라(사도행전 7:54-60). 이 스데반은 7집사 중에 하나이다. 동시에 그가 사도행전 7:1-53절이 설교를 보면 그는 전도자인이 분명하다. 그는 기독교의 최초의 순교자이면서도 타의 모범이 된 자이기도 하다. 이런 자들은 누구도 막을 수가 없다.

Ⓓ 풀무불도 믿음의 사람을 죽이지 못하였고 사자들도 믿음의 사람을 죽이지 못하였다. 모름지기 믿음의 사람들은 생사여탈권이 전적으로 하나님께 있음을 바로 알라.

2대지, 믿음은 예수 그리스도의 고난에 동참하는 것이다

"베드로 전서 4:13절을 보고 그리고 다시 베드로 전서 4:16절을 보라. 믿음은 기본적으로 예수 그리스도의 고난에 동참하는 것이다. 12사도를 보면 11명은 순교를 당하였다. 그러나 사도요한은 30년의 귀양생활 속에서도 죽지 아니하고 끝까지 살아남아서 와석종신을 하였다. 이런 것은 예나 지금에서 우리들 모두에게 하나의 큰 귀감과 감동을 주고 있는 것이다."

1, 그리스도의 고난에 동참하는 것은 큰 믿음이다. 그것이 합법이고 합리적인 믿음이다.

Ⓐ 우리는 그리스도의 배고픔에 동참 할 수가 있는가?(마태

복음 8:20, 21:18)

ⓑ 우리는 그리스도인으로서 십자가를 져야만 하는가? 과연 그런 것인가? 그리스도인은 십자가를 지지 아니하면 아니 된다.

ⓒ 마태복음 16:24절을 보라. 자기의 십자가를 지고 나를 따르라고 한다. 과연 그것이 가능한가?

2, 고난이 없는 십자가는 아니 된다.

Ⓐ 반드시 고난이 있는 십자가를 져야한다. 십자가에는 고난과 고통과 아픔과 피흘림이 있는 것이다. 그러니 그리스도의 고난에 참여해야 그리스도의 부활승리에 동참을 할 수가 있는 것이다.

ⓑ 예수 그리스도께서는 우리에게 자신의 죽으심과 부활에 동참할 것을 요구하고 있다. 여기에 동참을 하려면 반드시 그의 상응하는 대가를 지불하라고 경고 하신다.

3, 고난이 없는 그리스도의 길은 누구도 갈수가 없다.

Ⓐ 그러기에 그리스도인에게는 반드시 고난과 십자가가 필요하다. 그 누구도 십자가를 멀리하거나 등한히 하면 아니 된다. 십자가는 고난의 길이니 고난을 생각하면 십자가를 져야 한다. 하나님은 지금도 우리에게 동참과 참여를 요구하고 있다. 그러니 현실을 바로 보아야 한다.

ⓑ 고로 십자가와 죽으심과 고난과 부활의 승리가 없는 믿음은 하나님이 요구치 아니하신다. 그래서 고난을 당하면 감사하라고 한다.

4, 예수 그리스도께서는 십자가를 지고 나를 따르라고 선언하고 있다. 그러니 누가복음 14:27절을 보라.

Ⓐ 고린도 전서 2:2절을 보라. 바울은 여기서 그리스도와 그의 십자가만을 전할 것을 약속하고 있다.
Ⓑ 그러기에 믿음은 예수 그리스도의 십자가에 그리고 그의 죽으심에 동참하라는 것이다. 대인이나 선인이 되려면 이 점을 양지해야 한다.

3대지, 믿음은 예수 그리스도에 부활승리에 동참하는 것이다(빌립보서 3:10)

"누구도 예수 그리스도의 부활에 동참자가 되려면 먼저는 그의 십자가에 동참자가 되라"

1, 예수 그리스도의 부활에 동참자가 되라.
Ⓐ 목사나 교인이 예수 그리스도의 십자가에 동참하지 아니하면 되겠는가? 동참이 없는 믿음은 죽은 것이고 귀신들의 믿음이다(야고보서 2:19).
Ⓑ 믿는 자가 예수 그리스도의 부활에 동참하지 아니하고서야 되겠는가? 동참이 없는 믿음은 헛것이고 유령적이다.
Ⓒ 믿는 자가 그리스도의 승천과(사도행전 1:9-11) 재림에 동참을 하지 아니하면 되겠는가? 동참이 없는 믿음은 죽은 것이다(야고보서 2:17).
Ⓓ 예수 그리스도께서 믿는다는 우리에게 이 모두를 요구하며 승리자가 될 것을 강조하고 있다.

2, 예수 그리스도의 부활은 우리의 부활이 아닌가? 그러니 골로새서 2:15절을 유의하여 보라.
Ⓐ 우리는 예수 그리스도의 부활에 동참자이다. 그것은 어

디까지나 예수 그리스도를 믿는 믿음 안에서 그러한 것이다.
　Ⓑ 우리의 믿음은 예수 그리스도의 부활하심에 동참을 하는 것이다. 그러니 그것이 감사이고 승리가 아니고 무엇인가?

　3, 고난과 고통과 죽으심이 없는 부활은 없다. 그러므로 예수 그리스도의 부활은 모든 것을 이기고 승리하는 것이다.
　Ⓐ 고린도 전서 15:57절을 보라. 여기서 성서는 우리에게 이김을 주시는 하나님께 감사하라고 한다.
　Ⓑ 우리에게 이김을 주시는 것은 예수 그리스도의 부활승리가 아니겠는가? 이것이 바로 골로새서 2:15절이다. 그러기에 우리는 이김을 주시는 하나님께 감사해야 한다.

　4, 그리스도의 부활이나 고난은 언제나 우리에게 참여를 요구하고 또한 승리도 요구하고 있다.
　Ⓐ 예수 그리스도의 부활은 승리의 부활이다. 골로새서 2:15절을 보고 그리고 다시 에베소서 4:10절을 보라. 의미하는 바가 많다.
　Ⓑ 예수 그리스도의 십자가는 승리이다. 믿음이 우리에게 승리를 가져다주는 것이다. 그러니 감사하라.

　4대지, 믿음은 그리스도와 영원히 함께하고 사는데 동참하는 것이다

　"믿음은 예수 그리스도와 함께 영원히 사는 것이다. 그리고 그리스도와 함께 모든 일에 동참을 하는 것이다."

　1, 우리는 그리스도인으로서 믿음을 통하여 하나님이 요구

하시는 것이 그 무엇인지를 바로 알아야 한다.
 Ⓐ 믿음은 예수 그리스도와 영원히 함께하는 것이다.
 Ⓑ 믿음은 예수 그리스도의 고난에 동참을 하는 것이다. 이를 잊으면 아니 된다.
 Ⓒ 믿음은 교회 안에서나 밖에서나 간에 그리스도에게 동참을 하는 것이다. 그러나 동참이 깨여지니 타락이 온다.

 2, 믿음은 예수 그리스도 안에서 영원히 함께하는 것이다.
 Ⓐ 믿음은 언제 어디서나 예수 그리스도 안에서 동참을 하는 것이다. 그래서 언제나 승리하게 되는 것이다.
 Ⓑ 그러나 믿음이 없는 승리는 패배이다. 믿음으로 승리자가 되어야 한다.
 Ⓒ 요한 1서 5:4절을 보라. 믿음이 세상을 이기고 승리해야 한다. 그러나 현대 교회에서는 그 반대이니 문제가 생긴다.

 3, 그리스도인은 영원히 그리스도와 함께 살아야 한다. 그러면 그 이유는 무엇이고 그 어디에 있는가?
 Ⓐ 그리스도인은 믿음 안에서 영원히 예수 그리스도와 함께 살고 생활을 해야만 한다.
 Ⓑ 그러면 그 이유는 무엇이고 그 어디에 있는가? 그것은 바로 요한복음 16:33하반절 그대로 그리스도께서 세상을 이기셨으니 우리도 세상을 이기라고 하신다.

 5대지, 그러기에 여기서 우리가 바로 알 것은

 "믿음에는 지식과 지혜와 인격이 필요하다. 그러니 그리스도와 함께 사는 길을 선택해야 한다."

1, 믿음은 세상에서도 그리스도와 함께하는 것이다.

Ⓐ 믿음은 우리로 하여금 이 세상에서도 그리스도와 함께하게 하는 것이다.

Ⓑ 누구도 믿음이 없으면 반드시 예수 그리스도에게서 벗어나고 떨어져 간다. 어떤 이는 가룟유다와 같이 되고(마태복음 26:14-16 27:3-5) 그리고 어떤 이는 히브리서 2:1절이 되어 세상으로 떠내려가고 만다.

Ⓒ 그러면 그 이유는 무엇이고 어디에 있는가? 그것은 시편 69:1-3절과 69:14-15절이 되기 때문이다.

Ⓓ 믿음은 이 세상만이 아니고 저 세상에 가서도 그리스도와 함께하는 것이다.

2, 믿음은 저 세상 곧 사후의 세계에서도 우리를 그리스도에게로 인도하는 것이다. 이것이 바로 믿음의 원동력이고 힘이다.

Ⓐ 믿음의 위대성은 이 세상에서도 그리스도와 함께 저 세상에 가서도 그리스도와 함께하는 것이다.

Ⓑ 누구도 믿음을 가진 자는 그리스도와 함께하고 그리스도를 떠나서는 살수가 없는 것이다. 그래서 믿음의 특색은 그리스도 안에 사는 것이고 믿음의 원동력은 그리스도와 함께하는 것이다.

3, 그 누구도 예수 그리스도와 함께하는 것은 축복이고 감사이고 영광인 것이다. 그 누구도 여기서는 예외가 아니다.

Ⓐ 믿음이 없이는 하나님을 기쁘시게 할 수가 없다. 이것이 바로 히브리서 11:6절이다.

Ⓑ 믿음이 없으면 그 누구도 하나님보다는 세상이 종교보다는 현실 안주가 더 문제가 되고 있다. 아무리 히브리서 2:1절을 강조한다. 그러나 그것이 뜻대로 아니 된다.

4, 그 누구도 예수 그리스도와 함께하는 영광을 얻고 낙오자는 되지 말라.

Ⓐ 믿음이 있으면 그 누구도 예수 그리스도와 함께 한다.

Ⓑ 그러니 믿음이 없으면 그 누구도 넘어진다. 요한 1서 5:4-5절을 보라. 믿음만이 세상과 마귀를 이기게 된다. 그러니 그 결과가 어찌되겠는가?

Ⓒ 그 누구도 믿음이 있으면 예수 그리스도와 함께하고 영광과 권세와 힘을 얻게 된다.

6대지, 믿음은 낙원과 천국 생활에 동참하는 것이다

"믿음은 우리로 하여금 천국생활을 하게하고 승리하게 한다"

1, 그리스도 밖에서 사는 것은 지옥이고 그리스도 안에 사는 것은 천국이다.

Ⓐ 예수 그리스도 밖에 사는 것은 기본적으로 멸망이고 지옥이다. 마태복음 25:10-12절의 처녀들을 보라. 그리스도에게서 떠나는 것이 지옥이다.

Ⓑ 예수 그리스도 밖에서 사는 것은 원리적으로 지옥이 아닌가? 하나님은 그것을 결코 원치 아니하신다.

2, 그리스도인은 믿음 안에서 이 세상에서도 그리스도 안에서 살아야 한다. 이것이 바로 하나님과 성서가 요구하는 바이다.

Ⓐ 그리스도인은 예수 그리스도를 믿는 믿음 안에서 살아야 한다. 왜냐 하니 인간은 예수 그리스도를 결코 벗어나지를 못한다.

Ⓑ 그리스도인은 세상에서도 그리스도 안에 살고 저 세상에 가서도 그리스도 안에 사는 것이다. 이것이 바로 복이 아니겠는가?

　3, 예나 지금에서 그리스도인은 믿음 안에서 천국 생활에 동참을 해야 한다.
　Ⓐ 그리스도인에게는 믿음 밖에는 세상은 지옥이고 믿음 안에 생활은 천국이다. 그러니 누구도 이를 명심해야 한다.
　Ⓑ 하나님은 모든 그리스도인들이 천국의 생활을 할 것을 바라고 요구 하신다. 그래서 믿음이 중요하다.
　Ⓒ 그러면 우리가 여기서 믿는 그 믿음이 어찌 이렇게 형편이 없고 낙오적인가하는 것이다. 믿음으로 반드시 승리하고 전진하고 그러면서 감사하라.

　4, 믿음은 우리에게 영원한 소망과 천국의 생활을 하라고 명령하고 있다. 우리는 믿음을 통하여 천국의 백성이 되도록 수고와 노력을 해야만 한다.
　Ⓐ 믿음은 우리에게 영원을 사모하는 믿음을 주기도 한다. 전도서 3:11절을 보라.
　Ⓑ 믿음은 우리에게 마귀를 이기고 그리고 세상을 이기는 힘을 주신다. 그러니 믿음으로 마귀도 이기고 세상도 이겨야 한다.
　Ⓒ 믿음은 바라는 것들의 실상이요 보지 못한 것들의 증거이다(히브리서 1:11). 그러니 믿음으로 승리자가 되도록 노력해야 한다.

☆ 결론

 이유여하를 막론하고 그리스도인은 예수 그리스도인의 사도들로서 그리스도의 일에 동참이나 참례가 필요하다는 것을 알아야 한다. 누구도 예수 그리스도의 일에 동참의식이 없으면 여기서는 크게 문제가 된다. 누구도 그리스도를 믿으면 그리스도인답게 살아야 한다. 그 누구도 예외가 아니다. 문제는 이에 대한 바른 이해가 있는가 하는 것이다.
 그래서 성서는 우리에게 믿음으로 살라. 또는 세상과 어두움의 세력을 이기라고 강조하고 있다. 그럼에도 불구하고 우리에게 믿음이 없으면 어찌 되는가? 그러면 넘어지고 쓰러질 것이다. 구약성서나 신약성서를 보라. 지도자들이나 선지자들이나 사도들이 믿음으로 행하고 믿음으로 승리하고 믿음으로 전진하는 것이다. 그 누구도 믿음이 없는 자는 무너지고 쓰러지고 낙오자가 되는 것이다. 하나님의 요구사항은 언제나 믿음으로 승리자가 될지라도 패배자는 되지 말라는 것이다.

 본문 설교의 내용이 믿음은 동참하는 것이다. 그러니 우리도 하나님 앞에서
 ① 하늘의 일에 동참하고
 ② 땅의 일에 동참하고
 ③ 예수 그리스도의 일에 동참하고
 ④ 십자가의 일에 동참하고
 ⑤ 구원의 일에 동참하고
 ⑥ 그리스도의 부활의 일에 동참하여 하나님께 영광을 돌려야 할 것이다. 일을 잘하고 많이 해서 하나님께 영광을 돌리게 하라.

마가복음 15:21-24
믿음은 동참이다(5)

[성경본문]

"마침 알렉산더와 루포의 아비인 구레네 사람 시몬이 시골로서 와서 지나가는데 저희가 그를 억지로 같이 가게 하여 예수의 십자가를 지우고 예수를 끌고 골고다라 하는 곳(번역하면 해골의 곳)에 이르러 몰약을 탄 포도주를 주었으나 예수께서 받지 아니하시니라 십자가에 못 박고 그 옷을 나눌쌔 누가 어느 것을 얻을까 하여 제비를 뽑더라"

△ 서론

※ 믿음은 동참인데 무엇에 동참하는 것인가?
① 하나님께 동참하는 것이다.
② 예수 그리스도께 동참하는 것이다.
③ 성령에 동참하는 것이다.
④ 말씀에 동참하는 것이다.
⑤ 교회에(에클레시아) 동참하는 것이다.
⑥ 이웃에게 동참하는 것이다.
⑦ 하나님의 나라에 동참하는 것이다.
⑧ 기타에 동참하는 것이다.

믿음의 동참이란 무엇인가? 답) 하나님과 함께 손을 잡는 것이다. 그리고 함께 성령의 일을 하는 것이다. 믿음은 이 세상이나 악한 마귀의 일에 동참하는 것이 아니고 오직 하나님의 일에만 동참하는 것이다. 그러므로 목사나 교인이 되어서 이 동참의식을 모르면 대단히 곤란하여진다. 왜냐 하니 믿음은 동참 곧 하나님과 손을 잡으면서 이루어지는 것이니 그러한 것이다. 믿음은 동참이기에 하나님이 필요한자를 부르신다. 아브라함에게는 동참을 위하여 고향을 떠나라고 한다(창세기 12:1-3).

그리고 다니엘에게는 사자 굴속에 들어가라고 한다(다니엘 6:10-18). 그리고 이사야는 평신도이지만 하나님이 필요로 하시니 이사야 6:1-9절을 보면 이사야를 부르시고 있다. 그리고 다시 청소년 예레미야가 필요하시니(예레미야 1장) 그를 부르시고 있다.

그리고 다시 이스라엘에는 선지자 851명이나 있는데 하나님은 그 중에 하나인 엘리야를 부르신다(열왕기 상 18:19). 그리고 다시 엘리사를 부르신다. 열왕기 상 19:18-21절을 보라. 그러면 하나님께서는 이들을 왜 부르시는가? 그 이유는 무엇이고 어디에 있는가? 그것은 하나님에게도 동참자가 필요하고 인간 곧 지도자들에게도 믿음의 동참자가 필요하기 때문이다. 물론 오늘에서 하나님은 목사나 교인들을 부르신다. 왜 부르시는가? 믿음의 동참자가 필요하기 때문이다. 누구도 이를 잊으면 아니 된다.

1대지, 믿음은 하늘의 축복에 동참하는 것이다

"믿음은 쉬지 아니하고 하늘의 축복에 동참하는 자를 찾으시고 부르시는 것이다."

1, 믿음은 언제나 땅의 축복과도 관계가 있는 것이다. 그러니 믿음과 축복을 받으려는 자들은 하늘의 축복에 동참자가 되라. 요한복음 3:1-2절을 보라.

Ⓐ 요한복음 1:36-51절을 보라. 주께서 부르시니 하나같이 달려 나온다. 달려 나오는 것은 그와 함께 동참을 하려는 것이다.

Ⓑ 믿음은 언제나 어느 때나 땅과 하늘의 축복과 관계가 있는 것이다. 그러면 먼저 마태복음 5:3-9절을 보라. 여기서는 축복이 7가지로 나온다. 본문의 축복은 마카리오스의 축복이다. 구약에서는 유로케토스의 축복이고(복-건강, 물질, 장수) 신약에서는 마카리오스(복-영적인 부분으로)의 축복이다.

2, 믿음은 하늘의 축복에 동참하는 것이다.

Ⓐ 믿음은 땅의 축복을 보라. 하늘의 축복에 동참을 하는 것이다. 그러기에 우리는 시편 1:1-3절을 보고 그리고 다시 마태복음 5:3-9절을 유의하여 보라.

Ⓑ 믿음은 땅의 축복보다 하늘의 축복에 동참을 하고 받는 것이다.

Ⓒ 마태복음 19:21절을 보라. 믿음의 선택은 하늘의 복을 받는 것이다. 그 누구도 이를 잊거나 모르면 결코 아니 되는 것이다. 그러면 왜 그런 것인가? 그것은 믿음 그 자체가 하늘의 복과 땅의 복을 받게 하는 원동력이기 때문이다.

3, 믿음은 다음의 축복에 동참하는 것이다.

Ⓐ 믿음은 생의 축복에 동참하는 것이다. 그래서 어느 나라나 어느 민족에서도 간에 믿음을 가진 자들이 언제나 앞서가고 인격이 있고 건강하고 복을 받는 것이다. 이런 문제에 대

하여는 일반 사회나 불신 사회에서도 다 알고 있는 것이다.

Ⓑ 믿음은 삶의 축복에 동참을 하는 것이다. 그래서 믿음이 세상과 사회와 악을 이기고 마귀를 승리한다는 것을 알리시고 있는 것이다. 이점을 유념하라.

4, 믿음을 가진 자는 반드시 다음을 생각하라.

Ⓐ 믿음을 가진 자는 건강의 복을 받기도 한다. 이런 것들이 바로 믿음에 원동력과 힘과 능력이 아니겠는가?

Ⓑ 재물(부)의 복을 받기도 한다. 하나님을 잘 믿는 자들이 물질의 축복을 받기도 한다. 아브라함을 보라. 세계적으로 아브라함이 가장 복을 받은 것이다. 종교적으로 아브라함이 기독교나 천주교나 이슬람교 그리고 유대교들이 아브라함의 후손들이 아닌가? 민족적으로 유대인이나 중동이나 아프리카의 상당지역이 아브라함의 후손들이다. 세계 인구 4분의 1이 아브라함의 후손이다.

Ⓒ 장수와 부귀와 영광에 복을 받기도 한다. 969세를 산 무드셀라를 보라. 그도 아브라함의 후손이 아닌가?

Ⓓ 기타 등의 복을 받기도 한다. 그러면 시편 1:1-3절을 유의해 보아야 한다. 이런 것은 믿음으로 살면 누구도 복을 받는다는 사실을 알리는 것이다.

2대지, 믿음은 그리스도와 더불어서 사는데 동참하는 것이다

"그리스도와 함께 또는 더불어서 사는 것이 복이다. 기본적으로 믿음은 예수 그리스도와 더불어서 사는 것이다. 그리스도와 함께 사는 것이다."

1, 과거나 현재에서 우리가 이 세상에서 그리스도와 더불어서 사는 그것이 바로 믿음의 역사이다.
　Ⓐ 누구도 믿음을 가지면 현재에서 복을 받고 내세에서도 복을 받는다.
　Ⓑ 믿는 자는 현재에서도 각종 복을 받는다. 그 누구도 이것을 잊으면 결코 아니 된다. 이런 것은 믿음의 결과로 주어진 것이다.

2, 저 세상에서도 예수 그리스도 안에서 사는 것이 믿음의 결과이다.
　Ⓐ 누가복음 16:22-25절의 거지 나사로를 보라. 부자는 음부의 불속에 떨어졌는데 나사로는 낙원에 들어가는 것이다. 이것이 믿음의 결과이다.
　Ⓑ 그리고 나사로가(누가복음 16:22-23) 내세에서도 복을 받고 있는 그 저의는 무엇인가? 그가 죽음과 동시에 천사들에게 받들려 낙원으로 간다(누가복음 16:22상반절). 그러면 왜 그렇게 된 것인가? 믿음 때문이다.

3, 과거에서도 우리가 예수 그리스도 안에서 그리스도와 더불어 사는 그것이 믿음에 의한 것이다. 그럼에도 사람들은 믿음을 게을리 하고 등한히 하고 피부적으로만 생각하고 있다.
　Ⓐ 그러면 성서를 보라. 성서에서는 그리스도를 믿으면 복을 받는다고 강조하고 있다.
　Ⓑ 그러면 그 이유는 무엇이고 그 어디에 있는가? 성서는 시종일관 믿으면 복이 오고 그리고 복을 받는다고 가르치고 있다.

4, 그리스도와 같이 그와 더불어서 살고 그로 인하여 사는 그것이 믿음이다. 그 누구도 여기서 벗어나면 아니 된다. 잘못하면 심판과 저주를 받을 수도 있다.
Ⓐ 믿음은 언제 어느 때나 그리스도와 같이 가는 것이다.
Ⓑ 믿음은 그리스도와 같이 사는 것이다.
Ⓒ 믿음은 그리스도와 함께 이생과 저 생에서 사는 것이다. 그러니 믿음으로 승리하라.

3대지, 믿음은 이웃과도 더불어 동참하는 것이다

1, 믿음은 이웃이나 형제와도 동참하는 것이다.
Ⓐ 누가복음 16:19-25절의 부자의 범죄는 이웃을 모르고 세상에서 이웃과 동참하지 못한 그것이다.
Ⓑ 그리스도께서는 인생들이 자기에게 동참자가 되기를 바라고 있다. 이런 문제는 과거나 현재에서 놀라움을 더하여 준다.
Ⓒ 하나님은 그리고 그리스도께서는 우리에게 자기와 함께 하고 언제나 동참자가 되기를 바라고 있다.

2, 믿음은 목사와 교인이 함께 동참을 하는 것이다.
Ⓐ 믿음은 맹신자나 광신이 되는 것은 아니다.
Ⓑ 믿음은 천국 사상병 자가 되는 것은 아니다. 이런 것은 잘못된 믿음에서 나온다.
Ⓒ 믿음은 고차원적 딜레마에 빠지는 것은 아니다.
Ⓓ 믿음은 순수해야 하고 언제나 처음과 나중이 같아야만 한다. 이것이 기본이고 원리이다.

3, 믿음은 그리스도 안에서 고난과 고통 그리고 십자가에 동참을 하는 것이다.
　Ⓐ 믿음은 누구도 예수 그리스도 안에서 사는 생활이다.
　Ⓑ 믿음은 그 누구도 예수 그리스도를 떠나거나 그리스도 밖으로 나가는 것은 결코 아니다.
　Ⓒ 그리스도께서 언제나 나를 보시고 계신다. 그러면서 자기와 함께 손을 잡고 가자고 말씀하신다.

4, 그리스도에게 언제나 그 무엇에도 동참하는 것이 믿음이다.
　Ⓐ 먼저는 그의 십자가에 동참하는 것이 믿음이다. 믿음에 예수 그리스도의 십자가가 없으면 아니 된다. 바울이 외친 고린도 전서 2:2절을 유의해 보아야 한다.
　Ⓑ 그의 죽으심에 동참하는 것이 믿음이다. 믿음은 그리스도의 생과 삶에 동참하는 것이다. 그리고 그의 죽으심과 부활에 동참하는 것이 믿음이다.
　Ⓒ 믿음은 그의 몸 된 교회의 일에 동참을 하는 것이다. 그 누구도 그리스도의 몸 된 교회에 동참이 없으면 죽은 믿음이다(야고보서 2:17).

4대지, 믿음은 그리스도와 혈맹관계(피) 동참을 하는 것이다

"믿음이 없이는 어느 것도 아니 된다. 믿음은 예수 그리스도와 함께 하는 것이다. 어제도 오늘도 그리고 내일도 그리스도와 함께 가는 것이다"

1, 믿음은 예수 그리스도와 혈맹관계를 맺는 것이다.
Ⓐ 그러므로 그가 피를 흘리는데 나 역시 동참하는 것이 믿음이다.
Ⓑ 히브리서 11:1절을 보라. 믿음은 바라는 것들의 실상이다.
Ⓒ 그러기에 누구도 믿음이 없으면 하나님을 기쁘시게 할 수가 없다. 히브리서 11:6절을 보라.

2, 믿음은 그리스도의 죽음을 우리의 믿음으로 성화시키는 것이다.
Ⓐ 믿음은 예수 그리스도의 죽으심에 동참하는 것이다.
Ⓑ 믿음은 그리스도의 삶이나 부활에 동참하는 것이다.
Ⓒ 믿음은 그리스도와 교회와 그의 생과 삶에 동참을 하는 것이다. 그 누구도 이를 모르면 결과적으로 넘어지고 병들고 손해를 보고 마는 것이다.

3, 그리스도의 고난은 우리의 고난이고 그의 십자가는 우리의 것임을 바로 알라.
Ⓐ 우리는 예수 그리스도와 십자가와 피흘리심을 보면서 느끼고 깨닫는 것이 그 무엇인가?
Ⓑ 그러면 히브리서 12:4절을 보라. 성서는 여기서 우리에게 믿는 것 때문에 피를 흘리기까지 싸우지 않았다고 경고하고 있다.

4, 그러면 다음을 보라. 그 누구도 믿음이 있으면?
Ⓐ 그리스도의 눈물을 보아야 한다. 그리고 그의 가난에 동참이 되어야 한다(마태복음 8:20).
Ⓑ 그리스도의 고통과 고난을 보라. 누구도 믿음이 없으면

이를 모른다. 누구에게도 믿음이 있어야 한다.
ⓒ 그리스도의 수모와 매 맞음을 보라. 이것이 믿음이 없을 때에 보거나 깨닫게 될 것인가? 그것은 결코 아니다. 모든 것은 믿음이 있을 때에 보아야 한다.

5대지, 믿음은 그리스도 안에서 그의 큰일에 동참을 하는 것이다

"믿음은 예수 그리스도 안에서 크고 작은 일에 동참을 하는 것이다."

1, 믿음은 그리스도에게 동참하는 것이다.
Ⓐ 믿음은 동참을 하면 헤어지거나 떠나거나를 하지 아니한다. 그리고 배신과 배교가 없다.
Ⓑ 믿음의 사람들은 이생에서도 함께하고 저 생에서도 함께하는 복을 누린다.
ⓒ 믿음은 이생에서도 그리고 저 생에서도 예수 그리스도와 함께 살게 된다는 것이다.

2, 믿음은 교회의 안과 밖에서 연합해서 뭉치고 공동체를 이루고 선교하는 것이다.
Ⓐ 믿음은 그리스도인과 그리스도와 하나 공동체를 이루는 것이다.
Ⓑ 믿음은 그리스도인과 그리스도인 사이에 일체 공동체를 이루어서 살게 하는 것이다. 그 누구도 이를 바로 알지 못하면 아니 된다.

3, 예수께서는 열두 제자들과 함께 선교사역에 최선을 다하셨다.
Ⓐ 그러면서 열두 제자를 둘씩 짝을 지어 보내셨다(마태복음 10:1-5). 왜 그런 것인가? 전도에는 반드시 동참자가 필요하기 때문이다.
Ⓑ 예수께서는 칠십인 전도자들을 조직해서 보내시기도 한다(누가복음 10:1-7). 이런 것들은 의미하는 바가 많다.

4, 성도는 예수 그리스도 안에서 상호간에 동참의식을 가지고 전도하고 기도하고 선교에 박차를 가하고 승리하는 것이다.
Ⓐ 그리스도인은 그리스도 안에서 매사에 동참이 요구되고 있다.
Ⓑ 그 누구도 예수 그리스도 안에서 동참자가 되도록 노력하고 수고하라는 것이다.

6대지, 믿음은 언제나 그리스도인들끼리 모든 것에 동참을 하는 것이다

"믿음은 목사와 목사 그리고 교인과 교인이 함께하고 사는 것이다"

1, 믿음은 성도끼리 뭉치게 만든다.
Ⓐ 믿음은 성도들의 교제를 가져온다.
Ⓑ 믿음은 성도들의 만남을 요구한다.
Ⓒ 믿음은 성도끼리 손을 잡고 이생에서도 그리고 저 생에서도 함께 사는 것이다. 그러나 그리스도인이 불신자들과는 하나가 될 수는 없다.

2, 믿음은 나를 이기게 하고 승리하게 만든다.
Ⓐ 믿음은 나를 그리스도에게 맡기는 것이다.
Ⓑ 믿음은 나를 그리스도에게 바치는 것이다.
Ⓒ 믿음은 예수 그리스도께 나를 드리고 그래서 하나 공동체가 되는 것이다.

3, 믿음은 그 누구와도 하나가 되게 하는 것이다.
Ⓐ 믿음은 성령으로 하나가 되게 하는 것이다. 그것이 바로 믿음의 힘이고 역사이고 능력이다.
Ⓑ 믿음은 말씀으로 하나가 되는 것이다. 믿음은 그리스도인들에게 하나가 되는 운동이고 원동력이다.
Ⓒ 기도로 하나가 되라. 참된 기도는 모두를 하나가 되게 만든다.

4, 믿음은 예수 그리스도 안에서 매사에 이기게 하고 승리하게 하는 것이다.
Ⓐ 그러므로 그 누구도 예수 그리스도와 함께 동참을 해야만 한다.
Ⓑ 그러면 왜 그런 것인가? 그것은 예수 그리스도에게 동참함으로서 나타나고 하나가 되는 것이니 그러하다.
Ⓒ 그러므로 모두는 예수 그리스도 안에서 하나 공동체를 이루고 동참 공동체를 이루면서 달려가야 한다.

☆ 결론

믿음은 우리로 하여금 예수 그리스도의 영원한 안식과 식탁 공동체에 동참을 하고 그리고 일생생활 속에서도 그리스도와 함께 동참하는 것이다.

　이생에서만이 아니고 하늘나라에서도 그리고 영원의 세계에서도 공동체를 이루는 것은 놀라움이 아니겠는가? 성서는 우리에게 믿음은 그리스도인 모두를 하나 공동체를 이루게 해서 영원히 함께 살게 하는 것이다. 그 누구도 이를 바로 보지 못하면 아니 된다. 그리고 믿음은 성도끼리 사랑하고 하늘나라의 일에 동참하는 것이 중요하다. 그 누구도 이를 잊으면 아니 된다.

　하나님의 나라의 일에 동참하여 믿음의 승리를 보여야 한다. 형제를 사랑하고 원수를 사랑하고 이웃들끼리 사랑하고 함께 하는 것은 그리스도인의 도리가 아니겠는가? 누구도 믿음에서 승리를 보이고 동참의식을 보여야만 한다. 그 누구도 이에 대한 바른 이해를 가지지 아니하면 아니 된다. 누구도 철저히 동참의식에서 벗어나지 말라.

마태복음 21:18-22
믿음에의 결과(1)

[성경본문]

"이른 아침에 성으로 들어오실 때에 시장하신지라 길가에서 한 무화과나무를 보시고 그리로 가사 잎사귀밖에 아무것도 얻지 못하시고 나무에게 이르시되 이제부터 영원토록 네게 열매가 맺지 못하리라 하시니 무화과나무가 곧 마른지라 제자들이 보고 이상히 여겨 가로되 무화과나무가 어찌하여 곧 말랐나이까 예수께서 대답하여 가라사대 내가 진실로 너희에게 이르노니 만일 너희가 믿음이 있고 의심치 아니하면 이 무화과나무에게 된 이런 일만 할뿐 아니라 이 산더러 들려 바다에 던지우라 하여도 될 것이요....."

△ 서론

※ 믿음에의 결과는 어떤 것인가? 그리고 무엇이 나타나는 것인가?

① 건강이 온다. 건강에는 하나는 육신의 건강이고 다른 하나는 영적인 건강인 것이다. 이것을 바로 아는 것이 중요하다.
② 각종 병고침의 역사가 나타난다. 병고침에서는 하나는 육신의 병이고 다른 하나는 영적인 병이다. 여기서는 자기 자신의 질병도 있고 타인의 질병도 있다. 그리고 다음으로는 귀신의 병이나 정신적인 질병들도 있다. 이 문제는 특별은사로서 하나님께로부터 받아야 하는 것이다. 일반적인 병이나 특

별한 병은 특별은사를 받음으로서 이루어지는 것이다. 특별은사는 받지 못한 자들이 정신병이나 귀신의 병을 고치려고 덤비면 그 자신도 정신병의 신세를 지거나 악한 영들에 의해서 귀신의 병이 들기도 한다.

③ 믿음의 결과는 장수가 오기도 한다. 장수는 건강해서 오는 경우도 있고 병을 앓으므로 오는 경우도 있다. 믿음에의 결과는 장수의 건강 그 자체이다.

④ 믿음의 결과는 부가 오기도 한다. 믿음으로 사는 자들이 어떤 경우는 부자가 되고 부를 가져 올수도 있다.

⑤ 믿음에의 결과로 가져오는 것은 각종능력이다. 이를 바로 아는 것이 중요하다. 믿음으로 능력을 받고 각종은사를 받는 것은 당연지사이다.

⑥ 믿음에의 결과로서 각종 역사를 나타나기도 한다. 기도하니 소원이 성취되고 기도하니 역사가 나타나고 기도하니 병이 고쳐지고 기도하니 각종역사가 나타나서 사람들이 보이게 놀랍게 된다.

⑦ 믿음에의 결과는 각종은사를 나타내기도 한다. 은사이니 내적인 것도 있고 외적인 것도 있다. 그리고 다시 성령에 의한 것도 있고 악령에 의한 것도 있다. 그러니 각종은사를 조심하고 주의해야 한다.

⑧ 믿음에의 결과는 큰 힘을 얻기도 한다. 성령의 힘이나 말씀의 힘이나 기도의 힘이나 찬송의 힘이 나타나기도 한다. 이점을 양지해야 한다.

⑨ 믿음의 결과는 소원이 성취된다. 예수께서도 믿는 자에게는 능치 못함이 없음을 말씀하셨다. 그러니 누구도 믿음으로 구하고 찾으면 반드시 소원이 성취되기도 한다.

⑩ 기타 등의 역사나 결과로 나타나기도 한다. 그 무엇도

시작이 있으면 반드시 그 결과가 있기 마련이다. 우리가 가진 그 믿음에는 반드시 그 역사와 목적이 있기 마련이다. 그리고 그 힘과 능력과 원동력이 있기 마련이다. 그러니 믿음으로 사는 자나 또 믿음으로 살려는 자는 그에 의한 바른 이해가 있어야 한다. 히브리서 11:6절을 보면 "믿음이 있어야 하나님을 기쁘시게 할 수 있다"고 하신다. 그러므로 믿음은 내 생활의 원동력이고 내 삶의 힘이고 내가 가야하는 길에 길잡이가 되는 것이다. 그러므로 인생은 그 사람의 믿음에 따라 의인도 되고 선인도 되고 대인이 되고 인격자도 되고 지식과 지혜를 가진 인간이 되기도 한다.

히브리서 6장과 11장을 보라. 아브라함이나 모세는 자신들의 믿음을 통하여 큰사람이 되고 돋보이는 사람이 되고 역사의 등경위에 높이 올려 세워진 자가 아닌가? 여기서 바른 이해가 요구되고 있다.

1대지, 믿음은 그 누구도 근심을 하거나 걱정을 하면 아니된다

"요한복음 14:1절을 보라. 누구에게도 확고부동한 믿음의 중요하다. 그리고 잘못된 근심과 걱정의 믿음은 아니 된다."

1, 베드로 전서 5:9절을 보라. 여기서는 믿음을 굳게 하라고 한다.
Ⓐ 우리가 믿음을 굳게 하지 못하면 마귀의 포로가 된다.
Ⓑ 우리가 믿음에서 떠나면 반드시 세상의 패잔병이 되고 만다. 믿음은 현실적으로 마귀와 그 일당들과 영적전쟁을 하는 것이다. 그러니 그 누구도 여기서는 예외가 아니다.

ⓒ 다니엘 6:10-18절을 보라. 여기서는 다니엘의 믿음을 보이고 있다. 그의 믿음은 백전불굴의 신앙이다. 그리고 다시 죽으면 죽으리라는 믿음이다(에스더 6:14).

2, 믿음은 근심하지 아니하는 신앙이다(요한복음 14:1).
Ⓐ 그러면 왜 믿는 자는 근심하지 말라고 하는가? 그 이유는 무엇이고 그 어디에 있다는 것인가? 믿는 자가 세상적인 근심을 하면 히브리서 2:1절의 본이 되어 세상으로 흘러 떠내려가게 된다는 것이다.
Ⓑ 다니엘 3:14-23절에 나타난 사드락과 메삭과 아벳느고를 보라. 풀무불에 던져져서 한줌의 기름이 된다고 할지라도 굴하지 아니하고 의심하지 아니하고 믿음의 현실을 보이고 있다.
ⓒ 예수 그리스도를 믿는 자는 이 세상에서도 근심을 해서는 아니 되고 저 세상에서도 근심하면 아니 된다. 왜냐 하니 믿는 자는 사나 죽으나 그리스도의 것이기 때문이다. 로마서 14:7-8절을 보라. 사나 죽으나 우리는 그리스도의 것이다.

3, 하나님을 믿으니 또 나를 믿으라고 예수께서 말씀하신다(요한복음 14:1하반절).
Ⓐ 우리가 하나님을 믿고 예수 그리스도를 믿는 것은 믿음에 원동력과 기본과 원리가 아닌가?
Ⓑ 예수 그리스도께서는 도성인신하신 분이시다(요한복음 1:14, 1:18). 그의 도성인신은 하나님을 믿으니 이를 위해서 오신 것이다. 그러니 그것은 감사이고 찬송이다.
ⓒ 성서는 언제나 어디서나 우리에게 각종믿음을 요구하고 있다. 그러면서 믿음이 무엇인지를 보이고 가르치고 있다. 여

기서 바른 이해가 요구되고 있다.

4, 믿음은 확신이고 자신인 것이다. 요한복음 14:2상반절을 보라.
Ⓐ 믿음은 히브리서 11:1상반절에서 확신과 자신이심을 보여주고 있다.
Ⓑ 믿음은 히브리서 11:1하반절에서 바라는 바의 소망이고 구원이고 영광이심을 보이시고 있다.
Ⓒ 그러기 때문에 언제나 어디서나 성서의 요구에 바른 이해가 있어야 한다.

2대지, 믿음의 결과는 믿는 그대로 된다는 것이다

"성서는 우리에게 믿으라. 또 염려하지 말라. 또 걱정하지 말라. 믿음의 승리를 보이라고 한다."

1, 모든 것은 믿음대로 된다(마가복음 11:23). 이것이 우리가 믿는 믿음의 결과이다.
Ⓐ 하나님을 믿으면 그 누구도 믿는 그대로 이루어진다. 이것이 바로 믿음의 실체이고 체험인 것이다.
Ⓑ 믿음에는 반드시 체험이 필요하다. 요한복음 14:2-3절을 보라. 예수께서는 여기서 하나님을 믿으니 또 나를 믿으라고 한다. 이런 결과는 사도행전 12:3-9절을 보면 잘 나타내고 있다.

2, 믿고 근심이나 의심을 하지 아니하면 믿는 그대로 이루어진다.
Ⓐ 하나님을 믿으면 확신과 자신을 가지고 비굴하거나 결코

굴하지 말라. 믿음의 승리가 아닌가?
Ⓑ 하나님을 믿으면 그 무엇도 믿는 그대로 된다는 것을 알게 된다. 근심을 하거나 걱정을 하지 말라. 응답은 늦어도 다 이루어진다. 여호수아 1:7-9절을 보면 하나님은 여호수아에게 반드시 함께하시고 이루어질 것을 강조하신다.

3, 믿음은 그 믿음으로 산을 옮길 수도 있다(마가복음 11:23). 그러면 그 이유는 무엇인가?
Ⓐ 예수께서는 우리에게 믿음은 산을 옮길 수 있다고 하신다.
Ⓑ 그러면서 믿음은 뽕나무를 바다에 던지고 살게 한다고 하신다. 그러면서 반드시 그대로 이루어주심을 알리신다.
Ⓒ 그러면 왜 그런 것인가? 그것이 바로 믿음의 원동력이고 힘이기 때문이다.

4, 그러면 왜 믿음은 믿는 그대로 이루어지는가? 그것은 그것이 바로 당연지사이기 때문이다.
Ⓐ 예수를 왜 믿는가? 그것이 바로 하나님을 사랑하는 것이고 그 자신을 하나님께 맡기는 것이기 때문이다.
Ⓑ 고로 하나님을 믿는 자는 그 무엇도 의심하지 말라. 그리고 이루어질 것을 믿어야 한다.

3대지, 믿음의 결과는 능치 못함이 없다(마가복음 11:22)

"마가복음 11:23하반절 그대로 되는 것이다"

1, 누구에게도 할 수만 있으면 그대로 된다(마가복음 9:23상반절).

Ⓐ 하나님을 헛되게 믿거나 누가복음 22:29절식으로 믿으면 아니 된다. 누가복음 22:29절은 하나님과 하나님의 말씀을 오해하지 말라는 것이다.
Ⓑ 하나님을 망령되게 믿거나 오해하면 큰일이 난다. 그것은 망조이고 착각이다.
Ⓒ 그리고 성서는 권위와 위엄을 위해서라도 철저히 그리고 냉철하게 믿어야 한다. 믿음에 철저한 각오와 인내와 확신과 소망이 없으면 아니 된다. 믿음에는 반드시 체험이 중요하다.
Ⓓ 그 누구도 여기서 벗어나면 신앙적 포로가 되고 만다.

2, 믿음은 능치 못함이 없다(마가복음 9:23하반절).
Ⓐ 그 누구에게도 믿음은 능치 못함이 없다. 누구도 믿으면 그것이 반드시 이루어지고 그 반대는 무너지고 만다.
Ⓑ 오늘의 교회당 안을 보라. 마귀에게 잡힌 신앙적 포로병들이 너무나 많다. 그들은 힘과 기도의 능력을 쓰지 못하고 갈대마냥 흔들리고 있다.

3, 믿음에는 불가능이 없다.
Ⓐ 믿는 자에게 믿음은 다 가능해진다. 그래서 성서는 믿음은 언제 어디서나 불가능이 없다고 알리신다.
Ⓑ 믿으라 그리하면 그대로 된다. 그 누구에게도 예외가 아니다.
Ⓒ 처음에는 그것이 이루어질까 하지만 시간이 지나면 그대로 이루어지는 것이 믿음이다.

4, 믿음은 원동력이 있음을 바로 알아야 한다.
Ⓐ 믿으면 반드시 병자를 고친다. 그러면 사도행전 3:1-10절

의 베드로와 요한을 보고 그리고 사도행전 16:16-30절을 보라.
ⓑ 믿으면 반드시 귀신도 제어한다. 귀신을 제어하고 귀신에 의해 병든 자를 고치기까지 한다. 그러면 마가복음 6:1-6절에 나타난 병자들의 치유사건을 보라.

5, 믿음은 불가능이 없다. 모두가 반드시 가능하다.
Ⓐ 그래서 믿음은 무소불능이라고 부른다. 누구에게도 불가능이 없다는 것을 바로 알아야 한다.
ⓑ 가능과 불가능에서 어느 것을 선택할 것인가? 히브리서 11:6절을 보라. 이것을 바로 아는 것이 믿음이다.

4대지, 믿음은 반드시 의심이 없어져야 한다

"믿음에 의심이 있으면 큰일이 난다. 믿는 그대로 된다. 그러면 그 이유는 무엇인가? 요한 1서 4:5-6절 마냥 믿음은 세상을 이긴다"

1, 믿음은 산을 옮기기도 한다. 마태복음 21:21절을 보라.
Ⓐ 누구도 착실히 믿으면 의심이 없어진다. 믿음에 의심이 있거나 생기면 그 믿음은 죽은 믿음이다(야고보서 2:26). 정함이 없는 믿음이 되고 만다.
ⓑ 믿음이 없으면 잎만 무성한 무화과나무가 된다. 마태복음 21:19-20절을 보라. 잎만 무성한 무화과나무는 반드시 저주의 대상이 되고 만다.
ⓒ 믿음은 확신이고 현실이고 역사이다.

2, 믿음에의 결과에는 반드시 의심이 없어야 큰일을 하고 소

원대로 이루어지고 하나님 앞에 바로 설수가 있다.
   Ⓐ 요한복음 20:24-25절을 보면 예수께서는 도마에게 의심하지 말고 무조건 믿으라고 한다. 그 누구도 도마적인 믿음을 가지면 아니 된다. 그것은 헛것이 되고 소원하는 바가 이루어지지 아니한다.
   Ⓑ 사도행전 12:1-2절이나 그리고 사도행전 7:54-60절과 같은 믿음을 가지는 것은 중요하지만 사도행전 12:3-9절의 믿음도 중요하다.

   3, 마태복음 14:28-30절을 보라. 여기서 보면 베드로가 물위로 걸어가다가 그만 의심을 하여 물에 빠지고 만다. 그 누구도 이런 믿음은 결코 아니 된다.
   Ⓐ 이는 그 무엇보다 믿는 자는 의심을 버리고 바로 서야 함을 알리신다. 그래야 믿음으로 승리 할 수가 있는 것이다.
   Ⓑ 그 누구도 믿음에서는 의심과 근심을 버려야 한다. 요한1서 5:4-7절을 보라. 여기서 분명 이기라고 한다.

   4, 예수를 바로만 믿으면 만사에서 의심이 없어진다.
   Ⓐ 설령 죽음이 온다고 할지라도 믿음을 지키면 죽음에서도 승리 할 수가 있다. 누가복음 16:22절과 23:43절을 보라. 그러기에 성서는 도처에서 믿음으로 승리할 것을 요구하고 있다.
   Ⓑ 사업에서도 믿음은 반드시 승리할 것을 강조하고 있다. 왜냐 하니 믿음이 없이는 어느 것도 불가능하다. 이점을 양지해야 한다.
   Ⓒ 믿음에 의심이 생기면 소원하는 바가 이루어지지 아니한다. 믿음에 의심이 생기는 것은 마귀의 궤휼과 시험인 것이다. 그 누구도 이런 것은 아니 된다. 믿음에 마귀의 시험을 당하

면 곤란하다. 시편 66:8-10절을 보라. 시험은 하나님께로부터 시험도 있지만 종교나 사회나 국가나 마귀로부터 오는 것도 있다는 것을 유념해야 한다.

ⓓ 그리고 믿음에는 반드시 의심과 근심이 있어서는 아니 된다. 믿음은 승리하는 길이지 파괴나 넘어짐의 길이 아닌 것이다. 그 누구도 믿음으로 승리하는 길을 바로 보라.

5대지, 믿음의 결과는 놀라움의 이적과 기사와 역사가 나타난다

1, 믿음에의 결과는 그 자신을 깜짝 놀라는 역사가 나타나게 되는 것이다.

Ⓐ 믿음은 언제 어디서나 그 결과가 분명하기에 바른 이해와 바른 판단이 요구되고 있다. 그러면 왜 그런 것인가?

Ⓑ 믿음의 결과는 그 누구도 자신이 상상할 수 없는 일이 일어난다. 그것에는 큰 것도 있고 그리고 작은 것도 있는 것이다.

2, 요한복음 4:46-53절을 보라. 왕의 신하가 자기 자식이 병들어 죽게 되었을 때에 그는 예수에게 나왔다. 그때에 예수께서는 말씀으로 그의 병을 고쳐 주시었다.

Ⓐ 마태복음 8장 9장을 보라. 여기서 예수께서는 많은 병자들을 치유하고 있다.

Ⓑ 예수 그리스도께서는 병든 자를 고치고 죽은 자를 살리셨다. 그러면서 얼마 후에 열두 제자를 둘씩 둘씩 모아서 전도하려 보내시기도 하신다(마가복음 6:13). 이런 것은 분명히 의미를 많게 하고 있는 것이다.

3, 열왕기 상 5:1-14절을 보라. 엘리사가 나아만 장군의 문둥병을 고쳐 주신다. 그것도 요단강에서 일곱 번씩 씻은 후에 병이 낫게 된 것이다. 이는 그 무엇을 가르치고 있는가?

Ⓐ 나아만 장군의 병을 선지자 엘리사가 고쳐 주신다. 이는 여러 의미를 우리에게 제시하고 있는 것이다.

Ⓑ 오늘에서도 믿음과 성령의 사람은 이런 역사를 나타내기도 한다. 개척자들이 개척해서 가장 쉬운 방법은 개척한 이후에 각종병자들을 고쳐주는 그것이 가장 큰 힘이고 역사이며 많은 사람을 끌어 모으는데 큰 힘을 갖게 되는 것이다.

Ⓒ 그러면 그 이유는 무엇이고 어디에 있는가? 그것은 바로 확고부동한 신념을 보이고 죽으면 죽으리라는 믿음을 보이기 때문이다. 예수께서는 전도사명에서 처음에는 많은 병자를 고치고 귀신 제어하며 죽은 자를 살리는 큰 역사를 자행하기에 사람들이 모이기 시작을 한 것이다.

Ⓓ 예수께서는 그가 갈릴리 나사렛 사람이고 교육은 회당하고 곧 회당학교 출신이기 때문에 복음을 전도하기 위해 병자를 고치고 죽은 자를 살리고 귀신을 제어하는 대 역사를 나타내는 그것이 가장 현명한 방법이라고 생각하기 때문에 그렇게 한 것이다. 오늘에서도 목사나 전도자들이 나가서 전도를 하거나 개척교회를 함에 있어서 이보다 현명한 방법이 없다는 것을 알아야 한다.

4, 사도행전 2:1-4절을 보라. 백이십 명의 성도들이(사도행전 1:14-15) 간절히 기도하니 성령을 받게 된다.

Ⓐ 백이십 명의 성도들이 한꺼번에 성령을 받는다는 것이 결코 쉬운 것이 아니다.

Ⓑ 예수 그리스도와 성서의 요구는 바른 믿음과 올바른 믿

음을 가지라는 것이다.

ⓒ 믿음을 가진 자는 하나님이나 성서를 오해하면 결코 아니 되는 것이다. 이를 그 누구도 잊으면 아니 된다.

☆ 결론

성서가 요구하고 바라는 믿음과 그리고 믿음의 원동력이 그 무엇인가? 믿음의 힘과 능력과 역사가 그 무엇인가? 그리고 믿음은 살아 있는 것이 되어야 한다. 왜냐 하니 믿음은 그 주인이 따로 있기 때문이다. 히브리서 12:2절을 보라. 오늘도 하나님은 믿는 자 믿음이 있는 자를 찾으시고 계신다. 도마같이 의심이 많은 목사나 지도자는 요구하거나 바라시지 아니하시고 오직 죽으면 죽으리라 하는 믿음과 그리고 산을 옮길만한 믿음의 소유자를 오대양 육대주에서 밤낮을 가리지 아니하고 찾고 계신다.

하나님은 이사야를 찾으시고(왕궁에서) 그리고 예레미야를 찾으신다(성전에서). 그리고 다시 강가에서 에스겔을 찾으신다. 30여년이 넘도록 외로이 기도하고 있는 밧모섬의 사도요한을 찾으신다(계시록 1:9). 그리고 미디안 광야에서 목동으로 40년간 수고하고 있는 모세를 찾으신다. 그러면 오늘에서 그 누구를 찾으실까? 이를 바로 아는 그것이 중요하다.

마태복음 21:18-22
믿음에의 결과(2)

[성경본문]

"이른 아침에 성으로 들어오실 때에 시장하신지라 길가에서 한 무화과나무를 보시고 그리로 가사 잎사귀밖에 아무것도 얻지 못하시고 나무에게 이르시되 이제부터 영원토록 네게 열매가 맺지 못하리라 하시니 무화과나무가 곧 마른지라 제자들이 보고 이상히 여겨 가로되 무화과나무가 어찌하여 곧 말랐나이까 예수께서 대답하여 가라사대 내가 진실로 너희에게 이르노니 만일 너희가 믿음이 있고 의심치 아니하면 이 무화과나무에게 된 이런 일만 할뿐 아니라 이 산 더러 들려 바다에 던지우라 하여도 될 것이요....."

※ 믿음에의 결과에서 우리가 반드시 유의할 것은
① 세상을 이긴다는 것이다(요한복음 16:33).
② 믿음은 마귀를 이긴다는 것이다.
③ 믿음은 어두움의 세력을 이긴다는 것이다.
④ 믿음은 그 자신을 이긴다는 것이다.
⑤ 믿음은 각종질병을 이긴다는 것이다. 자기의 질병이나 타인의 질병이나 내적 외적인 질병 등을 이긴다는 것이다.
⑥ 믿음은 음부의 권세도 이긴다는 것이다.
⑦ 기타 등의 문제도 이긴다는 것이다.

△ 서론

모든 것에는 그것에 대한 결과와 결단이 있기 마련이다. 그러기 때문에 그 무엇에도 바른 이해가 요구되고 있는 것이다. 그러면 믿음에의 그 결과가 무엇인가 하는 것이다. 거두절미하고 우리가 믿음을 가지고 있다면 그 믿음의 결과가 그 무엇인지를 바로 깨달아야 한다는 것이다. 이를 바로 이해하지 못하면 믿음이 헛것이 되고 죽은 믿음이나 귀신의 믿음이 되고 만다는 것이다.

열왕기 상 18:40절을 보면 이스라엘의 850명의 선지자들이 나오는데 그들은 결과로 인하여 모두가 다 죽임을 당하였다. 그러면 이 850명의 선지자들이 왜 죽임을 당한 것인가? 그것을 바로 아는 것이 그 무엇보다 중요하다. 하나님은 예나 지금에서 우리들 모두가 850명의 선지자들이 왜 죽임을 당하였는지를 바로 아는 것이 중요하다. 다니엘 6:10-18절을 보면 다니엘의 믿음의 그 결과가 고스란히 나타내고 있다. 여기서 다니엘은 불굴의 신앙 또는 죽으면 죽으리라는 신앙을 가지고 있다. 그 누구도 이를 바로 모르면 아니 된다.

1대지, 믿음에의 결과는 각종질병을 고치기도 한다

"누구도 예수를 잘 믿으면 영과 육의 질병을 고치고 건강을 회복 할 수가 있다. 이것이 바로 하나님의 요구사항이다"

1, 마가복음 5:22-34절을 보라.
Ⓐ 이것은 믿음의 결과로서 나타나는 현상이 아닌가?
Ⓑ 마태복음 8:5-8절을 보라. 그리고 다시 마태복음 8:9-13절을 보라. 예수께서는 여기서 인간에게 믿음대로 되라고 말

쓸하신다. 특히 마태복음 8:12-13절을 유의해 보라. 믿음대로 되라는 것이 주님의 요구사항이다. 그러면 그 이유는 무엇이고 그 어디에 있는가?

2, 마가복음 5:35-43절을 보라.
Ⓐ 예수께서는 여기서 두려워말고 믿기만 하라고 하신다. 그래야만 그것이 이루어진다는 것이다.
Ⓑ 죽은 야이로의 딸이 죽었다가 예수에 의해서 살아서 일어나고 있다. 마가복음 5:26-34절을 보라. 여기서는 혈루증 여인이 믿음을 통하여 자신의 질병을 고치고 있다.
Ⓒ 마가복음 5:35-43절을 보라. 여기서는 죽은 여자 아이가 살아나고 있다. 그러면 이것이 그 무엇을 가르치고 있는 것인가? 그것은 바로 믿음의 현실과 역사가 어떤 것인지를 알리시는 것이다.

3, 베드로와 요한이 앉은뱅이를 성전 문 앞에서 고침을 받고 있다. 초대교회에서 성령을 받은 베드로와 요한이 성전 문에 앉아서 구걸하고 있는 앉은뱅이의 병을 고친 것은 성령의 역사가 어떻게 나타남을 가르치고 있다.
Ⓐ 사도행전 3:1-10절을 보라. 초대교회에서 베드로와 요한이 앉은뱅이를 고치고 하나님께 영광을 돌리고 있다. 이것이 바로 믿음에의 결과이다. 성서는 도처에서 믿음은 능치 못함이 없음을 알리시고 있다.
Ⓑ 850명과 엘리야 하나와의 전쟁을 보라. 놀랍고 어처구니가 없는 것이 아닌가? 열왕기 상 22장에 나타난 400명의 선지자와 미가야 한 사람의 선지자의 대결을 보라. 언제나 하나님은 다수도 좋지만 소수의 편이 되고 있음을 알리시고 있다.

4, 바울과 실라가 점쟁이의 병을 고치고 있다. 그래서 사도행전 16:16-30절은 의미를 많게 하고 있다.

Ⓐ 그러면 이런 것들이 예나 지금에서 그 무엇을 알리시고 있는 것인가? 바른 이해가 요구되고 있다.

Ⓑ 언제 어디서나 믿음은 반드시 승리를 가져오나 때로는 그것이 역 효과를 나타내기도 한다. 사도행전 14:18-19절을 유의하여 보라. 믿음 때문에 바울은 돌에 맞아 죽기도 한다. 그리고 다니엘 3:1-23절을 보면 사드락과 메삭과 아벳느고는 믿음 하나 때문에 풀무불에 던져지는 고통을 겪기도 한다. 이런 것은 예나 지금에서 우리들 모두에게 하나의 교훈과 경고를 주기도 한다.

Ⓒ 믿음은 때때로 시편 66:10절 마냥 불에도 던져지고 물에도 던져지는 시험과 고통을 당하기도 한다. 그러나 이 모든 것들을 믿음으로 이기고 반드시 승리를 가져와야 한다. 이것이 바로 하나님이 요구하는 바이다. 누구도 여기서는 미끄러지거나 넘어지거나 쓰러지면 아니 된다.

2대지, 믿음에의 결과는 살림이나 생활이나 기타에서 부를 가져 온다

"믿음은 물질의 축복도 가져오고 경우에 따라서는 생활의 축복도 가지고 온다."

1, 신명기 28:1-14절을 보라.

Ⓐ 누구도 하나님을 믿고 의지하면 생활이 윤택해 지기도 한다.

Ⓑ 어떤 경우는 부가 오고 생활이 넉넉해지기도 한다.

ⓒ 신명기 28:1-14절의 전 내용이 무엇인가? 믿음은 경제의 부함을 가져오는 경우도 더러 있다. 그러나 잘못된 부는 죽음과 파멸을 가지고 온다. 누가복음 12:16-21절을 보라.

2, 믿음에의 결과는 경영하는 회사나 사업장이나 장사가 잘 되기도 한다. 이것이 성서의 가르침이다.
Ⓐ 사업이나 장사를 하는 자들은 그것에도 믿음의 부를 가져오기 때문에 진심으로 감사하며 살아야 한다.
Ⓑ 요한 3서 1:2절을 보라. 누구도 영혼이 잘되면 범사가 잘 되게 되어져 있다. 그러니 그리스도인은 영육 간에 복을 바로 알아야 한다.

3, 신명기 28:13절을 보라. 믿음에의 결과는 그 누구도 머리가 되고 꼬리는 되지 아니한다.
Ⓐ 예수 그리스도를 잘 믿으면 어느 시대에서나 누구도 머리가 되고 꼬리는 아니 된다.
Ⓑ 우리가 예수 그리스도를 잘 믿으면 앞서 가지 뒤에 따라가지는 아니한다. 그리고 타의 모범이 되고 누구에게도 머리가 된다. 그러니 하나님께 감사하게 된다.

4, 그러면 그 이유는 무엇인가?
Ⓐ 그것은 우리가 창조주 하나님을 믿기 때문이다.
Ⓑ 하나님을 아버지로 모시기 때문이다.
ⓒ 예수 그리스도 안에서 살고 벗어나지 아니하기 때문이다.
Ⓓ 성서를 부지런히 읽고 배우기 때문이다.

3대지, 믿음에의 결과는 믿음이 실망과 현실이 외부로 나타나기도 한다

"믿음이 매사를 이기고 매사를 요구하는 그대로 이루어지기 때문이다"

1, 히브리서 11:1-3절을 보라.
Ⓐ 믿음은 현실이고 역사라는 사실을 바로 알라.
Ⓑ 믿음은 바라는 것들의 실상임을 바로 알라.
Ⓒ 히브리서 11:1하반절을 보라. 믿음은 보지 아니하고서 믿는 것이니 감사이다. 요한복음 20:26-29절을 보라. 여기서는 분명히 의미하는 바가 많은 것이다.

2, 히브리서 11:6절을 보라.
Ⓐ 누구에게도 반드시 믿음이 있어야 한다. 믿음이 없으면 하나님을 기쁘시게 할 수가 없다. 이것이 기본형이다.
Ⓑ 이런 것은 과거만이 아니고 오늘의 현실에서도 동일하다. 그러니 누구도 믿음이 있는 자의 길을 가라. 절대로 믿음이 없는 자의 길을 가지 말라. 이것을 하나님이 요구하시고 바라신다.
Ⓒ 그러나 인간들은 믿음이 거의 없다. 하나같이 피부적인 믿음과 패잔병의 믿음을 가지고 있다. 그러니 여기서 문제가 생긴다.

3, 히브리서 12:2절을 보라.
Ⓐ 믿음은 믿는 자 그 개인의 것이 아니다.
Ⓑ 믿음은 반드시 그 주인과 주장자가 있다. 모름지기 믿음의 주인은 예수 그리스도이시다. 그러니 그 누구도 그리스도 안에 있고 밖으로는 나가지 말라. 잘못하면 히브리서 2:1절의 꼴이 되어 세속으로 흘러 떠내려 갈수가 있다.

ⓒ 세상은 마귀들의 세상이고 그리고 깊은 물이 그리스도인을 빠지게 하여 죽게 만들고 있다. 그러면 그 이유는 무엇이고 어디에 있는가? 그것은 바로 믿음이 인간의 것이 아니고 하나님의 것이니 그러한 것이다. 그러므로 믿음으로 서고 믿음으로 살고 믿음으로 죽고 해야 한다.

4, 열왕기 상 18:16-19절을 보라.
Ⓐ 열왕기 상 18:16-39절을 보라. 엘리야는 하나이고 그 반대편자들은 850명이다.
Ⓑ 세상적으로나 인간적으로 보면 850명:1명이니 850명이 이길 것 같으나 결과는 엘리야가 승리하게 된다. 그 이유는 무엇인가? 그것은 하나님이 엘리야의 손을 들어 주었기 때문이다.

4대지, 믿음에의 결과는 순종과 형통이 나타나기도 한다

"마태복음 8:5-10절을 보라. 예수께서는 여기서 왕의 신하의 병을 고쳐주시고 있다."

1, 창세기 22:1-14절을 유의하여 보라.
Ⓐ 믿음은 언제 어느 때나 오직 순종만을 요구하고 있다.
Ⓑ 믿음은 경우에 따라서 고통과 고난을 요구하기도 하지만 경우에 따라서는 피를 요구하기도 한다. 경우에 따라서는 자녀나 가족이나 그 당사자가 아니면 물질이나 이런 저런 것들을 요구하기도 한다.
ⓒ 믿음은 보이는 것을 요구하고 기도를 하기도 하고 또는 보이지 아니하는 것을 요구하기도 한다. 이를 바로 알라.

2, 사무엘 상 15:22절을 보라.

Ⓐ 여기서는 순종이 제사보다 낫다고 말씀 하신다. 그 이유는 무엇이고 어디에 있는가?

Ⓑ 믿음은 언제나 순종과 따름을 요구하기도 하고 그리고 하나님 앞에서 순종의 미덕을 요구하기도 한다.

Ⓒ 창세기 22:1-14절을 보면 하나님께서는 아브라함에게 아들의 헌제(제물)를 요구하고 있다. 믿음이 없이는 받아들일 수 없는 사건이다. 에베소서 5:2절을 보면 하나님께서는 아들 그리스도에게 헌제를 요구하고 있음을 찾아본다.

Ⓓ 그러니 순종함이 없는 것은 절대로 아니 된다. 순종이 없는 믿음은 헛것이고 원동력이 없는 것이다.

3, 언제 어디서나 믿음은 오직 순종하는 것이다.

Ⓐ 창세기 12:1-3절을 보라. 하나님은 아브라함에게 믿음에의 순종만을 요구하고 있다. 그래서 아브라함은 믿음 안에서 고향을 떠나게 된다.

Ⓑ 그가 고향을 떠날 때의 나이는 75세이고 그가 이삭을 선물로 받을 때에는 25년 후인 일백세 이었다. 이것을 보면 아브라함의 믿음을 알게 된다.

4, 믿음은 하나님에게 그리고 성령에게 순종하는 것이다.

Ⓐ 믿음의 사람은 하나님이나 성령에게 절대적으로 순종하는 미덕을 보여야만 한다. 그것이 원리이고 기본이다.

Ⓑ 성령께서는 언제나 우리에게 믿음의 순종과 미덕을 보이라고 요구하고 있다.

Ⓒ 하나님과 성서는 언제나 우리에게 믿음으로 순종하여 복을 받고 승리자가 되라고 강조하신다. 그러면 그 이유는 무엇인가?

5대지, 믿음에의 결과는 그 자신을 예수 그리스도에게
    맡기게 되는 것이다

"여기서는 철저히 맡김이 필요하다. 하나님의 요구는 바로 이것이고 그리고 다시 성서의 요구도 바로 이것이다. 바른 이해가 여기서 필요하다."

1, 믿음은 그 자신을 하나님께 완전히 맡기는 것이다.
Ⓐ 믿음은 그 자신을 하나님께 드리고 맡기는 것이 되어야 한다.
Ⓑ 골로새서 3:1절과 3:2절을 보라. 믿는 자는 누구도 위엣 것을 찾고 위엣 것을 생각하여 살아야 한다. 그러지 못하면 마태복음 13:3-4절식으로 마귀가 와서 주어먹어 버린다.
Ⓒ 그러면 그 이유는 무엇이고 그 어디에 있는 것인가? 그것은 믿음이 위로부터 온 것이기 때문이다.

2, 믿음으로 이 세상적인 사업이나 회사나 공장이나 기타 등을 하나님께 맡겨야 한다. 그렇지 못하면 문제가 생긴다.
Ⓐ 예수께서는 마지막 날 밤에 제자들에게 내가 세상을 이기었다고 한다(요한복음 16:33). 여기서 예수께서는 이렇게 말씀 하신 그 저의는 무엇인가?
Ⓑ 그리고 믿음으로 세상을 이겨야한다고 강조하고 있다 (요한 1서 5:4-6).
Ⓒ 그러기에 그 누구도 믿음이 없으면 세상이나 사회나 마귀를 이길 수가 없다. 그것이 기본이고 원리이다.

3, 믿음으로 가정이나 생업 등을 하나님께 맡기게 되는 것이다. 이것이 그리스도인이나 가정에서 해야 할 기본자세인 것이다.

Ⓐ 믿음이 있으면 누구도 그의 생업이나 가정사를 하나님께 맡기게 되는 것이다. 사도행전 10:1-4절과 10:24-26절을 보라. 철저히 가정과 일가친척까지 하나님께 맡기고 있다.
Ⓑ 창세기 12:1-3절을 보라. 그리고 다시 창세기 22:1-14절을 보라. 자기의 가정과 심지어는 아들까지 하나님께 맡기고 있다. 이런 믿음이 없이는 누구도 사는 길이 열리지 아니한다. 믿음은 하나님께 맡기는 것이 세상에서 위대한 것을 바로 알라.

4, 믿음으로 그 자신을 하나님께 맡기는 것이니 믿음의 원동력과 그 결과인 것이다.
Ⓐ 믿음이 있으면 그 누구도 자신을 하나님께 맡기게 된다. 그러니 생사가 하나님께 있음을 알게 된다.
Ⓑ 믿음에의 결과는 누구도 큰 힘과 능력을 얻게 되고 하나님을 사랑하게 된다. 그러면 그 이유는 무엇인가? 여기서는 오직 바른 이해가 요구되고 있다.

5, 그러면 그 이유는 무엇이고 어디에 있는 것인가?
Ⓐ 믿음은 그 누구도 모든 것을 하나님께 맡긴다는 것이다. 사람이 이 세상에서 그 자신을 하나님께 맡기지 못하면 히브리서 2:1절과 같이 세상으로 흘러 떠내려가고 만다. 그러면 어찌 되겠는가?
Ⓑ 설령 그가 예수의 제자가 된다고 할지라도 그 자신을 맡기지 못하면 사단의 시험을 받고(요한복음 13:2) 넘어질 것을 바로 알아야 한다.
Ⓒ 그리고 다시 시편 69:1-3절과 69:14-15절 같이 깊은 물에 빠져서 영과 육이 죽게 된다는 것을 바로 알아야 한다. 그것은 바로 믿음의 핵심이 빠지고 없기 때문이다.

☆ **결론**

그 누구도 믿음으로 살고 믿음으로 승리하라. 하나님과 성서는 언제나 우리에게 믿음으로 세상과 현실과 그 자신을 이기라고 한다. 성서의 기본과 원리를 무시하고 믿음으로 살지 못하면 어찌 되는가? 그러면 패배자가 되고 만다. 요한복음 16:33절에서 예수께서는 "내가 세상을 이겼다"고 강조하신다. 바른 이해가 요구 된다. 그러면 예수께서 믿음으로 세상을 이기었다고 증거 하신 의도는 무엇인가? 그래야 사는 길이 열리기 때문이다.

요한 1서 5:4-6절을 보라. 성서는 여기서 "믿음으로 세상을 이기라"고 말씀 하신다. 그러면 그 이유는 무엇이고 그 어디에 있는가? 예나 지금에서 목사나 교인들이 믿음으로 세상을 이기려고 작심하고 있는가? 아니면 그와는 정반대인가? 세상과 현실을 보라. 마귀는 우는 사자 같이 날뛰고 택한 자라도 넘어뜨리려 하고 있다(베드로 전서 5:8). 그러기에 어제도 오늘도 그리고 내일에서도 믿음으로 세상과 마귀를 이겨야 한다. 마귀를 이기지 못하면 아담과 하와의 꼴이 되고 가인은 아벨을 죽이고도 양심의 가책이 전혀 없는 가인의 꼴이 되고도 만다. 이런 경우는 그 때나 지금이나 장차에서도 결코 용서나 용납 할 수 없는 일이다. 그러기에 하나님께서는 모든 그리스도인들에게 이 문제를 놓고서 경고하고 있다. 믿음으로 세상과 마귀를 이겨야지 혈기나 칼이나 총으로 세상을 이기면 아니 된다고 하신다. 언제나 성서는 우리에게 믿음으로 승리자가 되라고 요구하신다. 믿음으로 세상을 이기는 것은 결코 쉬운 문제가 아니다. 누구도 이 점을 양지해야 한다.

마태복음 21:18-22
믿음에의 결과(3)

[성경본문]

"이른 아침에 성으로 들어오실 때에 시장하신지라 길가에서 한 무화과나무를 보시고 그리로 가사 잎사귀밖에 아무것도 얻지 못하시고 나무에게 이르시되 이제부터 영원토록 네게 열매가 맺지 못하리라 하시니 무화과나무가 곧 마른지라 제자들이 보고 이상히 여겨 가로되 무화과나무가 어찌하여 곧 말랐나이까 예수께서 대답하여 가라사대 내가 진실로 너희에게 이르노니 만일 너희가 믿음이 있고 의심치 아니하면 이 무화과나무에게 된 이런 일만 할뿐 아니라 이 산 더러 들려 바다에 던지우라 하여도 될 것이요....."

※ 믿음에의 결과는
① 육신에게도 임한다.
② 영혼에게도 임한다.
③ 종교와 예배당에게도 임한다.
④ 가정에게도 임한다.
⑤ 개인에게도 임한다.
⑥ 단체에게도 임한다.
⑦ 기타 등에게도 임한다.

※ 그러면 믿음에의 결과가 어디에 나타나는가?
① 신앙에서 나타난다.

② 하나님을 아는 지식에서 나타난다.
③ 위로부터 오는 지혜에서 나타난다.
④ 모든 인격에서 나타난다. 인격에서 나타나면서 모든 지각에도 나타난다.
⑤ 영적으로도 나타난다.
⑥ 영감에도 나타난다.
⑦ 능력과 힘에도 나타난다.
⑧ 기타 등에도 나타난다.
그러면 그 이유는 무엇인가?

△ 서론

※ 믿음은 반드시 그 결과를 가져오기도 한다. 그러면 마태복음 8:1-4절의 문둥병자를 보라. 그가 원하는 것은 그 병에서 벗어나는 것 아닌가? 예수께서는 그가 원하시니 그에게 깨끗함을 안겨다 주었다. 그리고 다시 마태복음 8:5-12절을 보라. 백부장의 믿음으로 그의 하인의 병을 고침 받고 있다. 믿음인 반드시 언제나 그 결과를 가져 오게 된다. 그러면 열왕기 상 18:19-39절의 엘리야의 믿음을 보라. 그는 850명과 싸우면서 조금도 굴하지 아니하고 승리하고 있다. 그로 인하여 열왕기 상 18:40절을 보면 그는 850명의 못된 자들을 잡아서 강가에서 죽이고 있다. 이런 것은 우리에게 믿음의 결과가 어떤 것인지 그것을 하나 하나 보여주고 있다.

1대지, 믿음에의 결과는 그 자신의 모든 것을 그리스도에게 드리고 바치는 것이다(히브리서 3:6).

1, 창세기 12:1-3절을 보라

Ⓐ 아브라함은 믿음으로 75년 동안 살아온 고향을 떠나고 있다. 왜냐 하니 그것이 하나님의 명령이고 그리고 그가 하나님을 믿으니 그런 것이다.

Ⓑ 그래서 히브리서 11:1상반절에서 믿음은 바라는 것들의 실상이다고 강조하고 있다.

Ⓒ 그리고 히브리서 11:1하반절을 보라. 믿음은 보지 못한 것들의 증거라고 한다. 이 문제는 예나 지금에서 우리들 모두에게도 동감하고 있는 것이다.

2, 창세기 22:1-14절을 보라.

Ⓐ 여기서는 아브라함에 확고부동한 믿음을 보이고 있다.

Ⓑ 아브라함은 독자인 이삭을 하나님께 헌제로 드리고 있다. 그러면 이것이 그 무엇을 가르치고 있는가?

Ⓒ 하나님께서는 그 누구에게도 믿음을 보이라고 요구하고 있다. 그러면 그 이유는 무엇이고 그 어디에 있는가? 그것은 하나님이 살아 있는 믿음을 요구하기 때문이다.

3, 누가복음 8:2-3절에 나오는 막달라 마리아와 동행한 여성들을 보라.

Ⓐ 여기서 성서는 몇 사람의 여성들이 예수 그리스도를 위해서 헌신과 봉사를 하고 있음을 알리고 있다.

Ⓑ 이 여성들에 믿음에 의한 헌신과 봉사는 눈물이 있고 땀이 있고 그리고 정성과 봉사가 있음을 알린다. 여기서는 무엇보다 철저히 바른 이해를 요구하고 있다. 그들 역시 여기서 벗어나면 아니 된다. 오늘의 우리들 역시 마찬가지이다.

4, 누가복음 19:8-11절의 세리장 삭개오를 보라. 이는 의미하는 바가 심히 많다.

Ⓐ 빌립보서 3:5-9절을 보라. 바울은 여기서 그 자신의 모든 것을 다 버리고 있다. 그것은 그가 예수 그리스도를 따르기 위한 것이다. 문제는 그리스도를 따르려면 그 몸도 마음도 정신과 사상도 가볍게 해야 한다. 그러나 몸을 가볍게 하지 아니하면 문제가 생긴다.

Ⓑ 고린도 후서 11:21-23절을 보라. 바울은 여기서 자기의 생명까지 그리스도에게 바치고 있다. 그리고 다시 로마서 14:7-8절을 보라. 우리는 사나 죽으나 그리스도의 것임을 고백하고 있다.

Ⓒ 사도행전 20:22-24절을 유의하여 보라. 바울은 여기서 그리스도를 위한 죽음도 불사할 것을 고백하고 있다.

2대지, 믿음에의 결과는 모든 것에 확신이 생긴다

1, 믿음에의 결과는 누구도 기도한 그대로 이루어진다(마가복음 9:23).

Ⓐ 먼저 믿음이 있는 자는 부지런히 성서부터 읽어라.

Ⓑ 믿음이 있는 자는 이어서 쉬지 아니하고 기도하라.

Ⓒ 믿음이 있는 자는 하나님께 충성과 봉사를 쉬지 아니하고 열심히 하라.

Ⓓ 믿음이 있는 자는 부지런히 성서를 배우고 익히고 연구하는 일에 최선을 다하고 게을리 하지 말라. 그리하면 반드시 응답이 오고 이루어질 것이다.

2, 믿음이 있는 자는 하나님이 도와주실 것을 확신하고 믿는다.

Ⓐ 믿음이 있으면 반드시 하나님이 도와주신다. 절대적인 위기 속에서도 하나님이 구하여 주신다. 사도행전 12:3-9절을 보라.
　Ⓑ 믿음이 있으면 사자 굴속에서도 하나님이 지켜 주신다. 다니엘 6:10-18절을 보라.
　Ⓒ 믿음이 있으면 풀무불속에서도 구원하여 주신다. 다니엘 3:1-23절을 유의하여 보라. 이것이 바로 믿음에의 승리가 아닌가?

　3, 하나님이 함께하실 것을 확실히 믿게 된다.
　Ⓐ 믿음은 언제나 하나님이 자기와 함께하실 것을 믿는다. 왜냐 하니 그것이 바로 믿음이기 때문이다.
　Ⓑ 경우에 따라서 믿음은 산을 옮기기도 한다(마가복음 11:23). 그리고 믿음은 뽕나무를 바다에 던지기도 한다. 그러면 그 이유는 무엇인가?

　4, 믿음은 하늘의 소망가운데 살아가야 한다. 골로새서 3:1절과 3:2절을 보라. 이것이 바로 믿음이다.
　Ⓐ 경우에 따라서 믿음은 하늘의 소리를 듣기도 한다. 계시록 1:1-3절을 보라.
　Ⓑ 열왕기 상 19:7-14절을 보라. 선지자 엘리야가 하나님의 세미한 소리를 듣고 있음을 보라.

　3대지, 믿음에의 결과는 하나님을 기쁘시게 한다

　1, 히브리서 11:6절을 보라.
　Ⓐ 누구도 믿음이 있어야 하나님을 기쁘시게 할 것이다. 그것이 바로 히브리서 11:6절의 전 내용이다.

ⓑ 그러니 믿음이 없으면 누구도 하나님을 기쁘시게 할 수는 없다. 믿음이 있는가? 아니면 믿음이 없는가의 문제가 된다.

ⓒ 그러나 인간에게는 거의가 믿음이 없다. 그래서 성서는 누가복음 18:8하반절에서 믿음이 없음을 탄식하고 있다. 말세에는 그 누구에게도 믿음이 없어짐을 탄식하고 있다.

2, 갈라디아서 1:10-11절을 보라.

ⓐ 누구도 하나님 앞에서 믿음이 없으면 곤란하여 진다. 믿음이 없어서 하나님을 욕되게 하면 아니 된다.

ⓑ 하나님을 기쁘시게 할 것인가? 아니면 사람을 기쁘시게 할 것인가? 이에 대하여는 믿음이 있어야 그 결과를 가져오게 된다. 누구도 믿음이 있으면 하나님을 기쁘시게 하고 믿음이 없으면 사람을 기쁘게 하게 된다.

ⓒ 우리는 그리스도를 기쁘게 하기 위하여 부르심을 받는 자들이다. 이것을 바로 아는 그것이 우리의 믿음이고 소망이다. 그 누구라서 이를 모를 것인가?

3, 그 누구도 믿음이 있으면 하나님을 기쁘시게 할 것이다. 그러나 그와는 반대로 믿음이 없으면 하나님을 슬프게 하고 고통스럽게 할 것이다.

ⓐ 그 누구도 믿음으로 살고 믿음으로 죽어야 한다. 마태복음 14:2-3절의 선구자 세례요한을 보라.

ⓑ 그리고 사도행전 7:54-60절을 보고 그리고 다시 사도행전 12:1-2절을 보라. 믿음으로 하나님을 기쁘시게 하려고 자기의 목숨마저 드리고 바치는 불굴의 신앙자들을 보라. 본받을 만한 믿음이 아니겠는가?

4, 하나님께서 인간을 만드심에 그 목적이 무엇인가?

Ⓐ 그 하나는 하나님을 기쁘시게 하려는 것이다. 히브리서 11:6절을 보라.

Ⓑ 다른 그 하나는 하나님의 영광을 위해서이다(이사야 43:7). 그러니 의미하는 바가 많은 것이다.

Ⓒ 다른 그 하나는 하나님을 찬양하기 위한 것이다(이사야 43:21). 그러기 때문에 인생은 찬송으로서 하나님을 기쁘시게 해야만 한다.

Ⓓ 우리는 하나님의 찬양대원으로서 날마다 하나님을 기쁘시게 하고 그를 찬송하면서 살아야 하는 것이다. 어차피 인간은 사후의 세계에서 그리스도인은 하나님의 찬양대로서 살 것이다.

4대지, 예수 그리스도의 몸 된 교회에서의 일에 충성과 봉사를 하게 하시려는 것이다

1, 하나님의 교회의 일에 모두가 최선을 다해야 한다.

Ⓐ 이 문제는 기존의 예배당에서 최선을 다하는 것이 아니다. 예수 그리스도의 몸 된 교회 에클레시아에서(마태복음 16:18) 다하라는 것이다.

Ⓑ 마태복음 20:19-20절을 보라. 여기서는 하나님을 기쁘시게 하고 승리하라고 하신다.

Ⓒ 그러기에 누구도 믿음을 떠나거나 믿음에서 벗어나게 되면 절대로 아니 된다. 모든 것은 믿음 안에서 생활을 해야 한다.

2, 주어진 자신의 직분에 최선을 다하라. 이사야나 예레미야나 에스겔이나 다니엘은 주어진 그 자신의 직분에 최선을 다

하고 이사야나 예레미야는 순교까지 당한 것이다.

  Ⓐ 믿음의 사람은 하나님께 그 자신을 드리고 바쳐야 한다. 목숨을 드려 하나님의 일을 하라. 그것이 바로 하나님의 요구사항이다.

  Ⓑ 믿음의 사람은 그리스도를 위해서 그리고 하나님의 나라와 그의 의를 위해서(마태복음 6:33) 최선을 다하고 죽을 수 있어야 한다.

  Ⓒ 믿음이 있는 자는 누구도 하나님이 없이는 살지를 못한다. 언제 어디서나 예수 그리스도 안에서 살아야 한다. 이것이 바로 복된 인간의 사명과 도리이다.

  3, 목회자는 목회자로서의 일에 언제나 최선을 다해야 한다.

  Ⓐ 목사는 목사로서 선교사는 선교사로서 전도자는 전도자로서 최선을 다해야 한다.

  Ⓑ 하나님 앞에서 각기 주어진 그 일을 위해서 죽음도 각오해야 한다. 믿음 안에서는 죽음도 불사해야 한다. 사도행전 20:22-24절을 보라.

  Ⓒ 그 누구도 믿음이 있는 자는 함부로 오고 가거나 함부로 행동을 하면 아니 된다. 왜냐 하니 목사나 교인은 하나님 앞에서 죽음을 향하여 달려가는 자들이다.

  4, 교인은 교인으로서의 하나님의 일에 최선을 다해야 한다.

  Ⓐ 솔직히 목사가 마태복음 7:21-23절이 되면 되겠는가? 그리고 다시 목사가 마태복음 23:13절과 23:15절이 되면 되겠는가? 그것은 결코 아니 되는 일이다.

  Ⓑ 기독교가 마태복음 21:13-15절이 되면 어찌 되겠는가?

  Ⓒ 기독교가 누가복음 18:8하반절에 떨어지거나 그런 유형

으로 흘러가면 누구도 개꿀이 되면 되겠는가?
　Ⓓ 그리스도인이 되어서 또는 목사가 되어서 마태복음 23:13절이 되면 되겠는가? 그 누구도 이를 모르면 아니 된다.

5대지, 그러면 반드시 믿음에의 그 결과는 나타나야만 한다 "이것이 기본이고 원리이다."

1, 목회자는 그가 그 누구이든지간에 양 무리의 본이 되어야만 한다(베드로 전서 5:3).
　Ⓐ 목사는 그 누구도 양 무리의 본이 되어야 한다. 그것이 아니면 갈대가 되거나 꼬리가 되는 것임을 잊지 말라(이사야 9:14-15).
　Ⓑ 그리스도인은 만민의 머리가 되어야 한다(신명기 28:14-15). 그러면 그 이유는 무엇인가 함이다. 그것은 하나님이 함께 하기 때문이다.
　Ⓒ 하나님의 뜻과 영광을 위해서 우리는 살아야 한다. 그 이유가 무엇인가?

2, 갈라디아서 5:22-24절을 보라. 여기서는 반드시 믿음에의 결과가 나타나야 함을 알리고 있다. 믿음에의 결과는 9가지의 열매이다.
　Ⓐ 예수 그리스도를 믿는 자들은 성령에 의한 열매를 맺어야 한다. 그것은 9가지의 열매를 맺어야 한다.
　Ⓑ 이 9가지의 열매를 맺고 그것이 바로 믿음에의 결과이다. 그러니 깨달으면 누구도 사는 길이 열린다.

3, 반드시 믿고 맡기었으니 열매가 나타나게 된다.

Ⓐ 누구도 가정에서의 열매를 맺으라. 사도행전 10:1-4절을 보고 그리고 다시 사도행전 10:24-25절을 보라.
　Ⓑ 사회에서도 반드시 믿음에의 열매를 맺어야만 한다. 그 누구도 그러지 못하면 화와 저주를 당하고 있게 된다.
　Ⓒ 종교나 교회에서도 믿음의 열매를 맺어야한다. 그렇지 못하면 아니 된다. 고린도 후서 5:17절을 보라.

　4, 외부로도 믿음의 결과가 나타나야 한다. 믿음에의 결과는 영적이나 내적으로만 나타나는 것이 아니고 외부로도 나타나야만 한다. 그것이 그 무엇이든지 간에 말이다.
　Ⓐ 믿음으로 내부적으로도 그 결과가 나타나야만 한다.
　Ⓑ 그리고 다시 믿음은 외부적으로 나타나야만 한다.
　Ⓒ 그리고 다시 믿음에 결과는 영적으로 나타나야만 한다. 그것이 하나님의 뜻이다.
　Ⓓ 그래야 외적과 내적 그리고 영적으로 일치 공동체를 이루게 되는 것이다.

　5, 그러면 그 이유는 무엇인가?
　Ⓐ 그것은 바로 그 누구도 믿음이 없이는 못살기 때문이다. 꼭 히브리서 11:6절만이 문제는 아니다.
　Ⓑ 우리의 믿음은 그 주인이 우리가 아니고 히브리서 12:2 상반절 그대로 예수 그리스도이시기 때문이다.
　Ⓒ 믿음에 그 주인이 그리스도이시니 우리는 믿음으로 살지 아니하면 빗나가고 벗어나게 된다. 누구도 믿음으로 못살면 히브리서 2:1절이나 시편 69:1-3절 그대로 세속으로 빠지고 만다. 그러면 그 결과가 어찌 될 것인가?

☆ 결론

　믿음의 원동력과 힘과 능력이 그 어디에서 나오는 것인가? 그것은 예수의 가르침 그대로 하나님의 말씀에서 나오는 것이다. 누구도 이에 대한 바른 이해가 있어야 한다. 믿음은 나로 하여금 이기게 한다. 요한복음 16:33절을 보라. 예수께서는 여기서 내가 믿음으로 세상을 이기었다고 한다. 사도요한은 요한 1서 5:4-5절에서 그리스도인은 세상을 이기어야 하는데 이기는 그것은 바로 믿음이심을 알리시고 있다. 바울은 고린도 교회 성도들에게 우리에게 이김을 주시는 하나님께 감사하라고 고린도 전서 15:57절에서 강조하고 있다. 그러면 그 이유는 무엇인가? 그것은 믿음으로 세상을 이기는 것이다.
　설령 그리스도인들에게 환난과 핍박이 온다할지라도(계시록 13:9-10) 이기라고 하는 것이다. 이는 우리에게 주시는 경고이고 교훈이다. 무엇보다 바른 이해가 요구되고 있다. 하나님께 믿음을 통하여 감사하라.

누가복음 8:1-3
믿음은 헌신과 드림이다(1)

[성경본문]

"이 후에 예수께서 각성과 촌에 두루 다니시며 하나님의 나라를 반포하시며 그 복음을 전하실쌔 열두제자가 함께 하였고 또한 악귀를 쫓아내심과 병 고침을 받은 어떤 여자들 곧 일곱 귀신이 나간 자 막달라인이라 하는 마리아와 또 헤롯의 청지기 구사의 아내 요안나와 또 수산나와 다른 여러 여자가 함께 하여 자기들의 소유로 저희를 섬기더라"

△ 서론

※ 나는 과연 하나님께 무엇을 드릴 수 있는가? 나는 하나님께 무엇을 내어 놓을 수 있는가? 그러면 하나님은 내가 드리고 바치는 것 중에서 그 무엇을 드리고 바칠 수가 있다고 보시는가? 하나님은 내 손에서 무엇을 받으시려고 하시는가? 인간은 예수를 믿고 목사가 되어도 하나님께 드리는 것이 아깝고 인색 할 때가 많다. 그래서 언제나 문제가 생긴다.

에베소서 2:8절을 보라. 믿음은 하나님의 선물이다. 모름지기 이 선물은 우리에게 구원을 가져다준다. 믿음은 하나님께 무엇인가를 드림으로부터 그 시작을 한다. 창세기 4:1-4절을 보라. 여기서 가인과 아벨이 하나님께 제사를 드리고 있다. 여기서부터 인간의 드림이 시작을 하게 된다.

창세기 22:1-14절을 보라. 아브라함이 아들이삭을 헌제로 드림으로서 그의 믿음의 확신과 확정을 확인시키고 있다. 모름지기 믿음은 헌신에서 그 시작을 하게 되는 것이다. 에베소서 5:2절에서는 그리스도께서 향기로운 제물과 생축이 되셔서 하나님께 받쳐지고 있다. 이것은 그리스도 자신이 하나님의 아들로서 자신의 믿음을 보이고 있는 것이다.

1대지, 믿음은 자기에게 가장 귀한 것을 하나님께 드리는 것이다 "믿음에의 원동력이고 힘이다."

1, 아브라함이 그 자신의 아들을 하나님께 헌제로 바치고 있다(창세기 22:1-14). 하나님은 여기서 아브라함의 믿음을 시험하고 있다.
 Ⓐ 창세기 22:1-14절을 보라. 이것이 그 무엇을 가르치고 있는가함이다.
 Ⓑ 사사기 11:30-40절을 보라. 사사 입다는 하나님께 약속을 한 그것 때문에 자기의 고명딸을 하나님께 드리게 되었다. 이는 사사인 입다만이 문제가 아니고 오늘의 우리들 자신도 하나님께 서원한 것을 반드시 드리고 바쳐야 함을 알리시고 있다. 그러면 왜 그런 것인가? 그것은 바로 믿음이란 무엇인지를 우리에게 알리시는 것이기 때문이다.

2, 사도들은 그 자신에게 가장 귀한 것이 있다면 그것은 자신들의 목이니 하나님께 목을 드리고 있다. 이것이 바로 그들 신앙의 역사이고 현 주소지인 것이다.
 Ⓐ 사도행전 12:1-2절을 보라. 야고보 사도는 그 자신의 목을 하나님께 드리고 바쳤다. 왜냐 하니 그가 하나님께 드릴

것은 그 자신의 목이기 때문이다.

ⓑ 디모데 후서 4:6-8절까지를 보라. 여기서 사도인 바울은 그 자신에게 가장 귀한 목을 내어 놓고 있다. 이것이 바로 야고보와 바울의 믿음의 행위와 결단한 것이 아닌가?

ⓒ 언제나 문제는 우리들 자신이다. 우리는 하나님께 무엇을 드리려 하고 있는가? 특히 선지자나 사도나 목사는 그 자신의 목을 하나님께 드려야 한다. 그러나 그것이 아니 되니 문제가 되고 있다.

3, 선지자들은 하나같이 그 자신의 목을 하나님께 바쳤다. 이사야나 예레미야나 세례요한을 보라. 그들이 하나님께 바친 것이 무엇인가?

ⓐ 다니엘 6:10-18절의 다니엘을 보라. 그는 그 자신의 목이나 기타 등을 하나님께 드리고 바친다.

ⓑ 다니엘 3:1-23절을 보라. 다니엘의 3친구인 사드락 메삭 아벳느고는 함께 풀무불에 던져지지만 그들은 생사를 전혀 개의치 아니하고 하나님께 산채로 드렸다.

ⓒ 이사야나 예레미야를 보고 그리고 마지막 선지자인(마태복음 14:3-12) 세례요한을 보라. 그는 그 자신의 모든 것을 아낌없이 바치고 있다(요한복음 1:19-35).

4, 선구자 세례요한을 보라. 그는 선구자로서 그 자신의 길을 가고 있다. 요한복음 1:19-35절을 보라.

ⓐ 세례요한은 선구자로서 그 자신의 제자들을 길러서 뒤에 계신 그리스도에게 바치고 있다. 그러기 때문에 요한복음 1:36-51절을 보라. 여기에 나오는 이들은 하나같이 세례요한의 제자들이다. 그는 선구자로서 부지런히 제자들을 길러서 자기

뒤에 오시는 메시야를 위하여 그들을 가르치고 아낌없이 드리고 바친 것이다. 이것이 오늘에서도 기독교적으로 하나의 큰 사건이 아닐 수가 없다. 목사나 교인들이 장로나 집사를 잘 길러서 자기 교회에서 사용하려 하지 그들을 그리스도에게 내어 놓으려고 하는가? 그것은 언어도단이고 생각이 미치지 아니하는 사건이다. 우리가 세상을 살아가면서 심혈을 기울이고 키우고 양성한 제자가 있다면 그를 그리스도에게 바칠 수 있는 용기와 결단이 있는가 하는 것이다. 그것은 하나같이 어렵다는 데에 문제가 있는 것이다.

Ⓑ 마태복음 14:3-12절을 보라. 선구자인 세례요한은 뒤에 계신 예수 그리스도를 위하여 그 자신을 보금자리인 유대와 예루살렘을 떠나서 갈릴리로 가서 뒤에 계신 그리스도를 위하여 순교를 당한 자이다. 그래서 역사는 그를 기독교적 선구자라고 부른다.

2대지, 믿음은 그 자신을 하나님께 드리고 바치는 것이다 "이것만이 헌신이고 참된 봉사이다"

1, 예수 그리스도께서는 그 자신을 하나님께 전적으로 드렸다.
Ⓐ 요한복음 12:27-28절을 보라. 하나님께서는 예수 그리스도에게 십자가에서 죽을 것을 요구하고 있다. 예수께서는 이에 순종한 것이다.
Ⓑ 예수께서는 겟세마네에서 3번씩이나 기도하시었다. 마태복음 26:36-45절을 보라. 예수께서는 겟세마네에서 십자가를 앞에 놓고서 3번씩이나 아버지께 간구하고 있다. 그러나 결국은 자기의 모든 것을 포기하고 아버지의 뜻을 따랐다.
Ⓒ 마태복음 21:38-41절을 보라. 그는 여기서 그 자신의 죽

으심을 예고하고 있다. 예고했으니 그대로 그 길을 가게 되는 것 아닌가?

2, 선지자들은 그 자신을 하나님께 드리고 바쳤다.
Ⓐ 마태복음 14:3-12절의 세례요한을 보라. 이는 선구자의 길이 그 무엇이고 어떤 것인지를 가르치고 있다.
Ⓑ 마태복음 21:31-37절을 보라. 이는 선지자의 길과 하나님의 아들의 길이 그 무엇인지 그것을 친히 보여주고 있는 것이다.
Ⓒ 예수는 하나님의 아들로서 십자가에서 죽으심의 길을 가듯이 우리들 역시 그 길을 가야만 한다. 목사나 전도자가 십자가를 벗어 놓고는 아무것도 할 수가 없다. 고린도 전서 2:2절의 바울의 고백을 보라. 이것이 그 무엇을 가르치고 있는가?

3, 사도들은 그 자신을 하나님께 드리고 바쳤다. 12명중에 하나인 사도 요한은 와석종신을 하였다. 그리고 다른 열한 제자는 순교를 당하였다.
Ⓐ 사도행전 12:1-2절을 보라. 제일먼저 야고보 사도가 순교를 당하고 있다. 그리스도 안에서 당하는 순교에는 조건도 없고 이유도 없고 무조건 적임을 알아야한다.
Ⓑ 사도행전 12:3-6절과 20:22-24절을 보라. 사도는 하나같이 죽음에의 길을 가야한다. 사도나 목사는 그 자신의 길을 하나님께 맡겨야한다. 그것이 바로 자기가 가야 할 마지막의 길인 것을 바로 알라.

4, 우리는 성서를 통하여 믿음으로 산 자들을 바로 보지 못하면 아니 된다.
Ⓐ 모세는 미디안 광야에서 믿음으로 40년을 기다렸다. 출

애굽기 3장을 보라. 그가 그 곳에서 40년을 기다린 그 이유는 무엇인가? 그것은 그 자신과 세속을 완전히 버리라는 것이 아닌가?

Ⓑ 밧모라고 하는 섬에서 외로이 약 30여 년간 혼자서 참고 기다리며 귀양을 살고 있는 사도요한을 보라(계시록 1:9). 대인이나 의인은 이런 것에서 나타나는 것이다.

Ⓒ 로마서 12:1-2절을 보라. 하나님은 우리의 몸을 산제사로 드릴 것을 요구하고 있다. 그러면 계시록 1:9절에서 사도 요한은 밧모라 하는 섬으로 귀양을 보내 30여 년간 귀양살이를 하게하고 있는 그 저의는 무엇인가?

3대지, 믿음은 누구도 그 자신을 비우는 것이다

"예수 그리스도 역시 철저히 비움으로서 믿음의 본을 보여주고 있다"(마태복음 8:20, 21:8, 빌립보서 2:5-8)

1, 믿음은 가진 자는 자기에게 있는 것들을 다 비우고 포기해야 한다. 헌신이나 비우는 것은 누구에게도 쉬운 것이 아니다. 마태복음 19:21절을 보라. 그리스도의 요구는 비우는 것이다 그리스도의 도성인신이 무엇인가?(요한복음 1:14, 1:18).

Ⓐ 빌립보서 3:5-9절을 보라. 예수 그리스도께서는 그 자신의 모든 것은 버리고 도성인신을 하신 것이 아닌가? 누구도 자신의 것을 버리지 아니하고는 그리스도를 따를 수도 믿을 수도 없는 것이다.

Ⓑ 요한복음 1:14절을 보라. 도성인신의 기본이 자신의 것을 버리고 비우는 것이다. 그래서 성서는 모두에게 대인이 되고 의인이 되려면 그 자신의 소유부터 버릴 것을 요구하고 있다.

인간은 누구도 대인이나 선인이 되기는 어렵다. 그 이유는 하나같이 몸에 지닌 것들이 너무나 무겁기 때문에 달릴 수도 없고 빨리 갈수도 없다. 그래서 예수께서는 비우라, 버리라, 팔라(교환하라)고 강조 하신다.

2, 예수 그리스도께서는 그 자신을 비움으로서(빌립보서 2:5-8) 지극히 높임을 받으신 것이다(빌립보서 2:9-11). 거두절미하고 내 것을 내어 놓으면 내 것은 얼마 되지 아니하지만 위로부터 최소한 그것에 10배는 더 받을 수가 있다. 그러나 인간은 하나같이 그것을 포기하고 있다.

 Ⓐ 공은 아래로 힘껏 내리치면 그만큼 높이 오른다. 인간은 이 원리를 모른다.

 Ⓑ 누구도 낮아지면 그만큼 높아진다. 공주의 아들인 왕자가 모든 것을 포기하고 미디안에서 40년간 낮아지고 있다. 그것도 형편없는 양치기로서 말이다.

 Ⓒ 사도는 기독교적 차원에서 가장 위대한 스승이고 전권대사이다. 그런 사도가 밧모섬에 가서 30여 년간 혼자 기도하고 있다. 이런 문제는 인간으로서 상상이 아니 되는 것이다.

3, 바울은 그 자신을 비우려고 최선을 다하고 노력을 하였다.

 Ⓐ 바울은 아라비야 광야로 가서 3년씩 머물면서 그 자신을 비웠다. 빌립보서 3:5-9절을 보라. 여기서 사도 바울은 자기 자신을 고백하고 있다. 그는 세상의 모든 것을 배설물로 여기고 있다. 그것이 바로 그의 위대성이다.

 Ⓑ 인간은 하인을 막론하고 그 자신을 버려야 하나님께로 가까이 나아 갈수가 있다. 자신을 비우고 버리지 못하면 몸에 달린 것들 때문에 하나님께 나아갈 수가 없다. 누구도 이 세

상에서 가장 어려운 것이 바로 그 자신을 버리는 것이다.
　ⓒ 이사야 6:1-9절을 보라. 하나님은 학자인 이사야를 불러서 자신을 비우라고 말씀하신다. 이사야가 자신을 비움으로서 그는 구약의 최대 선지자가 되었고 최대학자가 된 것이다.

　4, 아브라함이 각종 짐승들의 각을 다 쪼개고 아주 적은 새를 그냥 둠으로써 하나님의 벌을 받아 430년간 후손들이 나그네의 생활을 하게 되었다.
　Ⓐ 창세기 15:12-13절을 보라. 하나님께서는 참새 한 마리도 쪼개고 바쳐야 한다. 그러나 인간은 그것이 결코 쉽지가 아니하다. 바치고 드림에서도 회개가 요구되고 있으니 그것이 쉽지 아니하다는 것이다.
　Ⓑ 믿음은 하나님 앞에서 자기를 비우고 하나님과 예수 그리스도를 믿는 것이다. 누구도 하나님을 믿으려면 먼저 자신을 비워야 한다. 그래야 따라 나설 수가 있다(마태복음 4:18-22).
　ⓒ 누구도 자신을 비우고 버려야 예수 그리스도를 따를 수가 있다. 그러지 못하면 그리스도를 따를 수가 없다.

4대지, 믿음은 처음의 소생을 하나님께 드리고 바치는 것이다

　"그 누구에게도 예외는 없다. 첫 것이나 귀한 것이나 좋은 것이나 그런 것들은 다 하나님의 것임을 잊지 말라"

　1, 출애굽기 13:12절과 13:12절을 보라. 처음에 난 자녀를 하나님께 드리고 한다.

Ⓐ 그래서 기독교는 첫아들, 또 첫 곡식, 첫 열매를 하나님께 드리고 바치기도 한다.
　Ⓑ 경우에 따라서는 둘째나 셋째도 드릴수도 있으나 격이 좀 떨어진다.
　Ⓒ 이런 문제들은 하나같이 그 마음과 정신의 문제이다. 그러므로 누구도 이런 문제를 감안해서 하나님께 최선을 다해야 한다.

　2, 누가복음 2:23절을 보라.
　Ⓐ 처음 곡식과 기도로 하나님을 기쁘시게 하고 있다. 그리고 그 자신의 소원한 일을 이룰 수 있음을 알리고 있다.
　Ⓑ 처음 난 자녀는 성서적으로는 하나님의 것이다. 그것이 성서의 가르침이고 기본이다. 그러나 그것이 이루어지지 아니하는 경우들도 있다. 왜냐 하니 그것은 그 사람의 믿음의 여하에 따라서 문제가 된다.

　3, 하나님은 언제나 처음의 것을 요구하고 바라신다. 그러면 그 이유는 무엇인가?
　Ⓐ 첫째 아들, 첫 과일, 첫 곡식, 기타 첫 것을 하나님께 드리고 바치는 것을 좋아하신다. 왜냐 하니 언제나 하나님은 첫 것을 기뻐하기 때문이다.
　Ⓑ 그러나 경우에 따라서는 그 반대인 경우들도 있다. 제사장의 가문에서는 첫 아들이 아버지를 이어서 제사장이 되어야 한다. 이런 것도 하나의 교훈인 것이다.
　Ⓒ 야곱은 쌍둥이로서 첫째가 아니고 둘째이다. 그러나 하나님은 야곱을 선택하시고 있다.
　Ⓓ 하나님은 경우에 따라서 첫째가 아닌 둘째를 요구하는 경우도 있다. 창세기 4:1-8절을 보면 하나님은 가인을 선택하

시지 아니하고 아벨을 선택하는 경우도 있다.

4, 그러면 왜 처음의 것을 하나님께 드려야 하는가?
Ⓐ 그것은 그들이 하나님의 소유이고 감사의 대상이기 때문이다. 그러기에 누구도 하나님의 뜻과 섭리를 바로 아는 것이 중요한 과제이다.
Ⓑ 이스라엘이나 한국의 경우는 오랜 역사 속에서 첫 자식 또는 첫아들에 대한 지대한 관심이 있어온 것은 사실이다. 그래서 오래 동안 한국의 경우는 장자의 기독권이 생긴 것이다.

5대지, 하나님께는 물질이나 기타에서 귀한 것을 하나님께 드리기도 하였다

"물질이나 마음이나 정신이나 사상이나 사람이나 기타 등에서 중요한 것은 하나님께 바치고 드리기도 하였다"

1, 로마서 12:1-2절을 보라.
Ⓐ 여기서 하나님은 우리에게 몸을 먼저 드릴 것을 요구하고 있다. 그러면 그 이유는 무엇인가?
Ⓑ 하나님께 필요한 것은 먼저는 우리의 몸이고 마음이고 정성이고 뜻이다.
Ⓒ 그러니 그 누구도 이에 대한 바른 이해가 없으면 결코 아니 되는 것이다. 오랜 역사 속에서 하나님은 이 문제를 놓고서 우리를 보시고 있다.
Ⓓ 하나님이 우리의 몸을 예나 지금에서 요구하는 그 이유는 무엇인가? 그것은 몸이 우리에게는 가장 귀하기 때문이다.

2, 창세기 4:1-5절의 가인과 아벨의 제사를 보라. 여기서

왜 하나님은 가인보다는 아벨의 제사를 받으시는 것인가?

Ⓐ 하나님께 드리는 제사는 누구도 최선을 다해야 한다. 최선을 다하는 그것이 제사를 드리는 자는 기본자세와 원리 인 것이다.

Ⓑ 그러면 아벨의 제사들 보다(창세기 4:1-5) 여기에는 정성과 믿음이 들어가 있다. 그러니 하나님이 그의 제사를 받으신 것이다. 그것이 바로 하나님의 공정성인 것이다.

3, 창세기 14:17-20절을 보라. 아브라함이 하나님께 제사를 드리고 있다.

Ⓐ 그럼에도 이때의 아브라함의 제사는 잘못되었고 공명정대하지 못하였다.

Ⓑ 하나님의 요구는 승리가 합법적이고 공정한 것을 원하시고 있다. 그러나 인간들은 하나님의 뜻을 잘 모르고 있다.

Ⓒ 그러나 이때의 아브라함의 제사는 섬세하거나 공정하지 못한 완전히 빗나가고 있다.

4, 어느 시대나 하나님께 드려지는 제사는 공명정대해야 한다. 이것이 바로 제사의 기본이다.

Ⓐ 몸으로는 감사는 합리와 합법인 경우도 있고 그것이 잘못되어 몸이나 피부나 어리석음으로 그럴 때에는 있다.

Ⓑ 물질로의 감사도 있는데 이는 그리스도를 믿고 의지하는 그 과정에서도 나타나기도 한다. 그러나 벗어나고 빗나가는 경우도 있다.

Ⓒ 기타 등으로의 감사이다. 믿음에 감사나 정성이 결여되고 없으면 기초가 없는 믿음이 되어 넘어지고 만다. 하나님이 요구하는 믿음은 확신과 자신도 있어야 하고 그 뿌리가 튼튼하지 아니하면 아니 된다.

ⓓ 믿음은 언제 어디서나 잘못된 사고나 사상이나 인격에서 떠나고 벗어나야만 한다. 그래서 베드로 전서 4:9-11절을 보라고 성서는 강조하고 있다. 죽은 믿음이나 귀신의 믿음 따위는 하나님이 요구하지 아니하신다. 믿음에서 필요한 것은 살아 있는 믿음이나 소망과 결단력이 있는 믿음이 아니겠는가? 믿음에서 이를 바로 아는 것이 중요하다.

☆ 결론

누구도 믿음은 드리고 바침으로서 그 시작을 한다는 것을 잊지 말라. 하나님은 믿음의 조상 아브라함에게 아들을 제물로 드리라고 경고하고 있다(창세기 22:1-14). 그러면 그 저의가 무엇인가 함이다. 우리가 성서를 통하여 믿음을 볼 때에 아브라함으로부터 그 시작을 하고 있다. 하나님이 아브라함에게 요구한 믿음은 그 무엇인가?

그리고 다시 이사야 선지자의 믿음을 보라(이사야 6:1-9). 이사야는 제사장도 아니고 그렇다고 선지자인가? 그것도 아니고 그 당시의 유사(집사)도 아닌 평신도이다. 이사야는 분명 평신도임에도 불구하고 하나님은 그와 그의 믿음을 보시고 선택 하신 것이다. 이사야를 선택하신 하나님의 뜻이 그 무엇인가? 우리가 이사야서를 보면서 그의 인격과 믿음과 지식을 바로 알 수가 있는 것이다.

예나 지금에서 우리에게 가장귀한 그것을 하나님께 드려야 한다. 그렇다고 하면 그것을 하나님이 요구하시는 저의는 무엇인가? 마태복음 19:21절을 보면서 우리가 느끼고 깨달아야 할 것은 그 무엇인가? 이런 것들 하나 하나를 보면서 하나님이 나에게 요구하시고 바라시는 것을 깨달아서 하나님께 영광을 돌리지 아니하면 아니 된다. 이점을 양지해야 한다.

누가복음 8:1-3
믿음은 헌신과 드림이다(2)

[성경본문]

"이 후에 예수께서 각성과 촌에 두루 다니시며 하나님의 나라를 반포하시며 그 복음을 전하실쌔 열두제자가 함께 하였고 또한 악귀를 쫓아내심과 병고침을 받은 어떤 여자들 곧 일곱 귀신이 나간 자 막달라인이라 하는 마리아와 또 헤롯의 청지기 구사의 아내 요안나와 또 수산나와 다른 여러 여자가 함께하여 자기들의 소유로 저희를 섬기더라"

※ 우리 주님의 믿음은 철저히 드리고 바치는 것이다.
믿음은
① 자신을 포기하는 것이다. 그리고 그 자신을 버리는 것이다.
② 믿음은 그 자신을 비우는 것이다. 그 자신을 비우지 못하면 참된 믿음을 가질 수가 없다.
③ 믿음은 철저히 십자가를 지는 것이다. 우리가 져야 할 십자가는 그 무게가 180kg이다.
④ 믿음은 오직 푯대를 향해서 달리는 것이다(빌립보서 3:14).
⑤ 믿음은 철저히 아버지의 뜻을 따르는 것이다(요한복음 12:27-28).
⑥ 믿음은 예수 그리스도를 위하여 죽는 것이다(마가복음 16:18, 로마서 14:7-8).
⑦ 믿음은 무덤까지 내려가는 것이다. 곧 믿음은 가장 낮아

지고 낮아지는 것이다.
 ⑧ 믿음은 그리스도와 함께 부활에 동참하는 것이다.
 ⑨ 믿음은 예수 그리스도와 함께 승천의 영광을 얻는 것이다.
 ⑩ 믿음은 언제나 하나님의 편에 앉고 서는 것이다.
 ⑪ 믿음은 그리스도와 함께 그의 재림에 동참하는 것이다.
 ⑫ 기타 등등이다.
 믿음의 위에서 지적하는 이런 12가지에 동참을 하고 감사하는 것이다.

△ 서론

※ 믿음은 철저히 드리는 것이다. 고로 믿음은 하나님께
 ① 그 자신을 드리는 것이다(로마서 12:1).
 ② 그 자신의 몸 전체와 하나님의 요구하는 것을 모름지기 드리는 것이다(창세기 22:1-14).
 ③ 하나님께 자신이 갖고 있는 시간을 드리는 것이다. 성서를 읽는 시간과 성서를 배우는 시간과 성서를 연구하는 시간을 드리는 것이다.
 ④ 가족을 하나님께 드림이다. 아브라함이 이삭을 하나님께 드린다(창세기 22:1-14). 왜 드리는 것인가? 자식도 필요하면 하나님께 드리는 것이다. 왜 그런가? 믿음은 헌신이고 드림이다. 그 무엇보다 필요하고 요구되는 것이 아닌가? 하나님이 요구하는 것이 무엇인가?

1대지, 믿음은 하나님께 드릴 것을 드림이다

1, 믿음은 하나님께 십일조를 드림이다(말라기 3:8-10).

Ⓐ 우리는 십일조를 드리면서 믿음을 시작하고 있다. 누구도 드림이 없는 믿음은 헛것이고 무이고 무효이다. 이 십일조의 문제에 있어서는 우리가 유념해야 할 것이 있다. 유대인은 어디에 있든지 완전한 십일조를 드리고 그리고 이방인들은 보편적으로 편법적 십일조를 드린다. 그러니 이방인들은 대개가 십일조라고 말을 하나 그것은 온전한 십일조가 아니다. 여기서 이방과 이스라엘의 차이가 나는 것이다.
　Ⓑ 신명기 26:12절을 보라. 여기서 하나님께 십일조를 드리라고 한다. 인간의 감사는 일부는 두고 일부는 하나님께 드림으로서 이루어지는 것이 문제가 생긴다.

　2, 믿음은 하나님께 감사를 드리는 것이다.
　Ⓐ 시편 136:1-26절을 보라. 우리는 하나님께 26가지를 감사하라고 한다.
　Ⓑ 우리가 하나님께 감사를 하려면 그 무엇도 남김이 있으면 아니 된다.
　Ⓒ 감사는 드리는 것이다. 하나님께 드림에서 남김이 있으면 결코 아니 된다. 드림에는 전폭적인 것이다.

　3, 로마서 12:1절을 보라. 너희 몸을 하나님께 드리라고 한다.
　Ⓐ 드림에서 남김이 있으면 아니 된다. 창세기 4:1-4절을 보면 하나님은 가인의 드림보다 아벨의 드림을 받으시고 있다.
　Ⓑ 그 누구도 하나님께 그 자신을 드리는 것이 믿음이다. 조금씩 남겨 놓고 드리는 것은 필요가 없다. 그러면 왜 그런 것인가? 그것은 드림에의 원동력이기 때문이다.

　4, 누가복음 8:2-3절을 보라. 믿음은 그 무엇도 하나님께 간

절히 드림에서 시작이 되는 것이다.
　Ⓐ 여성들의 정성어린 충성과 드림을 보라. 그것만이 기쁘시게 하는 것이다.
　Ⓑ 다니엘의 드림이나(다니엘 6:10-18) 사드락과 메삭과 아벳느고의 드림을 보라(다니엘 3:1-23).

2대지, 믿음은 그 자신을 쉬지 아니하고 드림으로 해서 그 시작이 되는 것이다

　1, 성도는 하나님께 나올 때에 빈손으로 나오면 아니 된다.
　Ⓐ 출애굽기 34:20절을 보라. 이것이 바로 믿음이 아니고 그 무엇인가? 철저한 바른 이해가 요구된다.
　Ⓑ 출애굽기 23:15절을 보라. 여기서도 그 무엇을 요구하고 있는가? 믿음의 원동력은 자신도 문제이지만 십일조도 문제가 되고 있다.

　2, 빈손으로 하나님께 나오는 것은 법과 예의가 아니다.
　Ⓐ 히브리서 11:6절을 보라. 그 누구도 믿음이 있어야 하나님을 기쁘시게 한다.
　Ⓑ 성서는 항상 우리에게 하나님의 말씀을 가질 것을 요구하고 그리고 철저히 믿음에 의한 드림을 요구하고 있다. 하나님께 누구도 많이 드리는 것이 더 중요하다.

　3, 그래서 어떤 교회에서는 하나님께 나아갈 때에 최선을 다하라고 가르치신다.
　Ⓐ 히브리서 11:1하반절을 보라. 믿음은 보지 못한 것들의 증거이다. 그러면 이것이 그 무엇을 가르치고 있는 것인가 함이다.

ⓑ 믿음이 있으니 선구자 세례요한은 자신의 목을 하나님께 드리고 바친 것이다. 마태복음 14:3-12절을 보라.
　ⓒ 그 누구도 믿음대로 살면 승리자가 된다. 그러면 이것이 무엇을 가르치는가? 그것은 믿음의 위대성을 가르치는 것이다.

　4, 몸과 마음과 정성과 뜻을 가지고 하나님께 나아가야 한다.
　ⓐ 창세기 22:1-14절을 보라. 아브라함에게 하나님은 아들이 삭을 예물로 드릴 것을 요구하고 있다.
　ⓑ 하나님은 언제나 그리스도인들이 바른 자세를 가지고 그 자신을 하나님께 드리기를 요구하고 있다.

3대지, 믿음은 하나님께 그 자신의 몸을 받치는 것이다

　1, 로마서 12:1절을 보라.
　ⓐ 너희 몸을 하나님께 드리라고 한다. 하나님은 때때로 우리의 몸을 요구하고 있다. 그러면 요한복음 12:27-28절을 보라.
　ⓑ 하나님이 요구하고 바라시는 것은 우리 자신이기도 하고 경우에 따라서는 우리의 몸이기도 하다.

　2, 순교나 십자가를 지는 것은 그 자신을 하나님께 드리는 것이다.
　ⓐ 순교는 아무나가 당하는 것이 아니다. 계시록 6:8-10절을 보고 그리고 다시 계시록 6:13-16절을 보라. 여기서는 무수한 순교자들이 나오고 있다.
　ⓑ 그리고 우리가 그리스도를 위해 십자가를 지는 것도 그 자신을 드리는 것이다.

3, 믿음은 하나님께 그 몸과 시간을 드리는 것이다.
Ⓐ 믿음은 하나님께 그 자신과 몸과 시간을 드리는 것이기도 하다.
Ⓑ 누구도 하나님께 자신을 드리는 것은 결코 쉬운 것이 아니다.
Ⓒ 믿음이 없으면 아무것도 할 수가 없다. 누구도 믿음으로서만 하나님 앞에서 하나하나가 가능한 것이다. 그러나 믿음이 없으면 그 무엇도 불가능한 것이다.
Ⓓ 노아의 방주는 믿음으로 하나님을 향한 그 무엇이 있는 것인가?

4, 그리스도인이 그의 몸을 하나님께 드리지 못하면 어찌되는가? 구약성서를 보고 그리고 다시 신약성서를 보라. 선지자나 사도들이 자신의 몸을 하나님께 드리고 바친 것이다.
Ⓐ 지금에서도 하나님께서는 그 누구보다 너와 나를 필요로 하고 우리 모두를 필요로 하고 있다.
Ⓑ 그리스도인은 언제나 하나님의 것이고 하나님의 소유이니 하나님을 기쁘시게 해야만 한다. 누구도 이를 믿음으로서 생각해야만 한다. 그것이 바로 하나님의 요구하는 바이다.

4대지, 믿음은 하나님께 자신이 가진 시간을 드리는 것이다

1, 믿음은 하나님께 그 자신의 시간을 드리고 바치는 것이다.
Ⓐ 믿음이 없는 세상이다. 예수께서도 믿음이 없고 패역한 세대라고 경고하시었다(마태복음 17:17상반절).
Ⓑ 믿음이 없는 세상에서 믿음으로 산다는 것은 심히 어렵고 힘들다.

ⓒ 누가복음 18:8하반절을 보라. 예수 그리스도의 재림이 가까이 오면 그리스도에게서 믿음이 떠난다. 그러니 그 누구도 이를 바로 알고 바른 신앙을 갖지 아니하면 결코 아니 되는 것이다. 믿음을 가진 자는 될지라도 버린 자는 되지 말라.

2, 믿음은 시간과 공간과 정성을 하나님께 드리는 것이다. 무엇보다 이를 바로 아는 그것이 중요한 단서이다.
Ⓐ 이세대가 너무나 악하다. 그래서 예수께서는 마태복음 12:39절에서 악하고 음란한 세대이고 악한 세상이니 결코 용서나 용납 할 수가 없다.
Ⓑ 사람이 어디에 있든지 간에 믿음이 없으니 참으로 난감하고 어렵고 고통스러운 것이다. 이를 바로 알아야 정직하게 가고 성실하게 살고 믿음으로 승리 할 것이 아닌가?

3, 에베소서 5:16상반절을 보라. 여기서 성서는 우리에게 세월을 아끼라고 한다. 그 이유는 때가 심히 악하고 음란하기 때문이다.
Ⓐ 성서는 우리에게 세월의 문제이니 세월을 아끼라고 한다. 그러기에 여기서도 언제나 바른 이해가 심히 요구되고 있다. 그러면 왜 그런 것인가? 성령이나 말씀보다 인간들이 악한 마귀를 따르고 추종하기 때문이다.
Ⓑ 참된 믿음은 하나님의 것이고 하나님이 요구하시는 바이니 우리에게 하나님은 철저히 믿음을 요구하고 있다.

4, 믿음은 하나님께 드릴 것을 드리고 바치는 것이다.
Ⓐ 하나님께 주일을 드리고 하나님을 기쁘시게 해야 한다.
Ⓑ 안식일을 드리고(유대교) 우리가 안식일을 하나님께 드

리는 것은 결코 쉽지가 아니하다.
　ⓒ 각종 시간을 드리고 우리가 하나님께 믿음을 통한 사랑을 나누는 것은 결코 쉽지가 아니하다. 그러니 그 결과가 어찌 될 것인가?
　ⓓ 하나님의 요구가 무엇인가? 하나님께서는 아낌없이 자신을 드리고 바치는 것이다.

5대지, 믿음은 마음과 뜻을 하나님께 드리는 것이다

　1, 믿음으로 마음을 하나님께 드려야 한다.
　Ⓐ 믿음의 사람은 언제나 그 자신을 포기해야 한다. 빌립보서 3:5-9절을 보라. 바울은 그 자신이 가진 모든 것을 하나님께 완전히 드리고 바쳤다. 그가 하나님께 바침의 그 결과는 무엇인가?
　Ⓑ 빌립보서 3:12-13절을 보라. 지금까지의 모든 일들을 잊어버리고 앞만을 보고 뛰라고 한다. 그것이 바로 믿음이라고 한다.

　2, 우리의 뜻과 성품을 하나님께 드려야 한다.
　Ⓐ 믿음의 사람은 자기를 버려야 한다. 누구도 자기를 버리지 아니하고서는 하나님께 드리고 바칠 수가 없다.
　Ⓑ 그러면 왜 그런 것인가? 그것만이 믿음의 역사이고 행위이기 때문이다.

　3, 정성과 의식과 의지를 다해서 하나님께 드려야 한다.
　Ⓐ 믿음은 오직 이실직고를 요구하고 있다. 이실직고가 없는 믿음은 헛것이고 무효이다.

Ⓑ 믿음은 반드시 승리를 가지고 온다. 그것만이 사는 믿음에의 길이다. 누구에게도 그것이 없으면 결코 승리할 수가 없다.

4, 우리는 믿음으로 아낌없이 하나님께 드려야 한다.
Ⓐ 믿음은 정욕이나 욕심이 아니다.
Ⓑ 믿음은 요구나 욕망이 있어서는 결코 아니 된다.
Ⓒ 믿음이 없으면 누구에게도 소망과 사랑이 결여되고 없다.
Ⓓ 믿음은 누구도 아부아첨이 아니다.
Ⓔ 믿음은 꾀가 아니고 권모술수도 아닌 것이다. 이를 잊지 말라.
Ⓕ 믿음이 없이는 누구도 하나님께 나아 갈수가 없다. 그리고 믿음의 도리를 지키지를 못한다.

6대지, 믿음은 하나님의 일에 누구도 오직 최선을 다하는 것이다

"그것이 교회의 일이거나 성서와 관계가 된 일이거나 간에 최선을 다해야한다"

1, 믿음으로 교회의 일을 해야 한다 에클레시아의 일에(마태복음 16:18) 최선을 다하라.
Ⓐ 믿음으로 에클레시아에 최선을 다하는 것은 중요하다.
Ⓑ 마태복음 18:19-20절을 보라. 그러면 하나님이 함께 하시게 된다.

2, 교회의 안과 밖에서 하나님의 일을 부지런히 해야 한다.
Ⓐ 교회의 안과 밖에서 충성과 봉사 그리고 감사를 해야만

한다. 이것이 바로 그리스도인의 기본이고 원리이다. 그래서 성서는 우리에게 죽도록 충성하라고 명령하고 있다(계시록 2:10하반절).

Ⓑ 그리스도인은 각기 맡은 직분이나 기타 등에서 사랑을 해야 한다. 하나님이 주시는 모든 직분에 최선을 다하라. 그것들이 크고 적고 간에 문제가 아니다. 왜냐 하니 그것이 바로 나에게 주어진 사명이기 때문이다.

3, 누구도 세상에서 승리자가 되려면 믿음이 있어야 한다.
Ⓐ 교회의 일을 등한히 하거나 함부로 보지를 말라. 그러면 누구도 복을 받지 못한다. 누구도 주어지고 맡겨진 일에 최선을 다 해야 한다.
Ⓑ 하나님의 일은 교회에도 많고 가정에도 많고 직장이나 직업에도 많고 그리고 사회에도 많은 것을 잊지 말라. 언제나 일은 기도하는 마음으로 감사하는 마음으로 하라.

4, 고린도 전서 4:2절을 보라. 맡은 자에게 구할 것은 충성이라고 한다. 이는 하나님께 충성하라는 의미이다.
Ⓐ 하나님의 일은 하나님의 교회에서 주로 많이 한다. 왜냐 하니 하나님의 일터로서 보이는 곳이 바로 에클레시아이기 때문이다. 그 누구도 이를 잊으면 아니 된다.
Ⓑ 동서사방을 보라. 하나님은 쉬지 아니하고 일을 하시고 있다. 참된 그리스도인들 역시 쉬지 아니하고 하나님의 일을 해야 한다. 이것이 바로 원리이다.

☆ **결론**

　이웃의 전도나 가정의 전도나 형제의 전도는 믿음이 없으면 할 수가 없다. 예나 지금에서 전도자나 목사는 아무나가 하는 것이 결코 아니다. 그 누구도 믿음이 없는 자는 언제 어디서나 바로 설수가 없다. 믿음의 사람들이 믿음에 바로 서지 못하면 하나님 앞에서 큰일을 할 수가 없다. 그래서 하나님은 모두에게 믿음을 요구하고 있다.
　믿음은 망하는 자의 소유가 아니고 흥하는 자의 소유이고 승리자의 것임을 바로 알라. 하나님과 사람 앞에서는 믿음으로 영광을 얻고 누리는 자가 되어야 한다. 그러지 못하면 패배자에서 누구도 벗어날 수가 없다. 바른 이해가 바른 판단이 요구되고 있다.

누가복음 8:1-3
믿음은 헌신(헌납)과 드림이다(3)

[성경본문]

"이 후에 예수께서 각성과 촌에 두루 다니시며 하나님의 나라를 반포하시며 그 복음을 전하실쌔 열두제자가 함께 하였고 또한 악귀를 쫓아내심과 병 고침을 받은 어떤 여자들 곧 일곱 귀신이 나간 자 막달라인이라 하는 마리아와 또 헤롯의 청지기 구사의 아내 요안나와 또 수산나와 다른 여러 여자가 함께하여 자기들의 소유로 저희를 섬기더라"

※ 믿음이란 무엇인가?
① 믿음은 하나님과의 약속이다. 약속을 파괴하는 것은 믿음이 아니다.
② 믿음은 그리스도와의 약속이다. 그리스도와 인간은 약속한 것이 너무나 많다.
③ 믿음은 성령과의 약속이다. 성령과 우리는 날마다 약속하는 것이 너무나 많다.
④ 믿음은 말씀과의 약속이다. 말씀은 항상 우리에게 가르치고 인도하고 약속하는 바가 많다.
⑤ 믿음은 에클레시아와 나와의 약속이다. 우리는 그리스도의 몸 된 교회를 위하여 할일이 너무나 많다.
⑥ 믿음은 사회나 국가와의 약속관계이다. 믿음을 가진 자는 사회나 국가를 위하여 약속된 바를 지켜야 한다.
⑦ 믿음은 하나님의 나라와 그의 의와의 약속관계이다.

⑧ 믿음은 기타등과의 약속관계이다. 그러니 믿는 자들은 사회와 현실과 역사를 바로 보아야 한다.

△ 서론

※ 믿음은 예수 그리스도의 도성인신의 기본을 믿고 따르는 것이다. 그러려면 그 자신을 하나님께 드리고 바쳐야 한다. 그리스도의 도성인신의 역사는 우리에게 크고 작은 믿음을 가져다주신 것이다. 그러니 이 시점에서 우리가 주어진 믿음을 바로 알고 간직하는 것은 귀하고 복된 것이다.

그리고 다시 믿음은

① 믿음은 내적 약속관계이다. 하나님과 우리는 믿음을 통하여 날마다 약속관계를 지키고 있는 것이다.

② 믿음은 외적인 약속관계이기도 하다. 그러니 믿음에 의한 외적 약속은 참으로 많은 것이다.

③ 믿음은 영적인 약속이다. 믿음을 가진 자가 하나님과의 관계에서 영적인 약속이 없으면 아니 된다.

④ 믿음은 하나님과 하나님의 나라와 하나님의 의와의 약속관계이다. 이를 바로 아는 것이 중요하다. 그래서 믿는 자들은 이 약속을 철저히 지키지 아니하면 아니 된다.

⑤ 믿음은 우리에게 구원의 약속을 가져다주는 것이다. 누구도 믿으면 구원을 얻게 된다.

⑥ 믿음은 영생과 복의 약속이다. 시편 1:1-3절을 보고 그리고 다시 마태복음 5:3-9절을 보라. 그리고 다시 요한복음 3:16-19절을 보라. 믿음이 영생과 복을 약속하고 있다는 것이다.

⑦ 믿음은 우리에게 건강과 장수의 약속을 하고 있는 것이다. 그래서 성서는 우리에게 신명기 28장을 바로 보라고 충고

하고 있다.
⑧ 믿음은 기타 등의 약속인 것이다.

1대지, 믿음은 우리를 그리스도에게로 인도한다

"믿음은 나를 예수 그리스도에게 드리고 바치는 것이다. 나를 바침과 헌납이 없으면 큰 믿음을 가질 수가 없다. 에베소서 5:2절을 보라. 그리스도께서는 자신을 하나님께 생축으로 드린 것 아닌가?

1, 믿음은 이웃을 그리스도에게로 인도하는 것이다.
Ⓐ 믿음에는 이웃을 예수 그리스도에게로 인도하는 힘과 능력이 주어져 있다.
Ⓑ 믿음은 이웃을 구원하는 능력과 힘이 있다.
Ⓒ 믿음에는 인간을 구원과 영생으로 인도하는 힘이 있다. 누구도 이를 바로 아는 것이 중요하다.
Ⓓ 그러니 그 누구도 예수 그리스도를 아는 믿음이 있어야만 한다. 그리스도를 알면 그를 위해서 수고하고 노력하며 죽을 수도 있어야 한다.

2, 믿음은 자기만이 아니고 가정도 그리스도에게로 인도하게 된다.
Ⓐ 예수께서는 언제나 믿음이 없고 뒤진 자를 책망하신다. 요한복음 20:28-29절을 보라. 예수께서는 여기서 도마에게 믿음이 없음을 책망하신다.
Ⓑ 믿음은 나를 예수 그리스도에게로 드리고 바치는 것이다. 한 실례로서 야고보의 순교를 보고(사도행전 12:1-2) 그리고

마태복음 14:3-12절의 선구자 세례요한의 순교를 보라.
ⓒ 믿음을 통한 베드로의 감옥을 보라(사도행전 12:3-6). 그리고 바울의 믿음에 행위를 보라(사도행전 20:24-27).

3, 믿음은 우리 주위에 있는 각종단체들이나 각종모임을 예수 그리스도에게로 인도한다.
Ⓐ 이것이 바로 역사의 현실이고 원리인 것이다.
Ⓑ 믿음은 나를 예수 그리스도에게로 인도하고 원하는 힘과 능력이 된다.
Ⓒ 믿음은 그 자신을 구원하고 살리는 운동이고 그리고 원동력이 된다.
Ⓓ 믿음은 나를 하나님께 받치는 운동이고 힘과 능력이다. 그리고 하나님의 사랑을 받게 만드는 원동력이다.

4, 믿음은 원수나 악인들도 그리스도에게로 전도하는 힘과 능력이다.
Ⓐ 믿음은 나에게 사랑을 주는 원동력이고 힘이다.
Ⓑ 믿음은 나에게 원수를 사랑하는 힘이고 악인을 전도하고 구원하는 원동력이기도 하다.
Ⓒ 믿음은 그래서 모두에게 힘과 능력을 주시는 것이다.
Ⓓ 믿음은 나에게 세상을 이기고 마귀도 이기라고 하는 원동력이다. 그러니 감사이다.

2대지, 믿음은 우리를 그리스도에게 드리고 받치게 하는 힘과 능력이다

1, 믿음은 우리를 이웃과 더불어서 공동체 안에서 살게도 한다.

Ⓐ 누구도 믿음이 없으면 먼저는 하나님을 기쁘시게 할 수가 없다.
Ⓑ 믿음은 우리를 하나님과 그리스도에게로 인도한다. 그것이 바로 믿음의 기본이고 원리이고 원동력이다.
Ⓒ 그 누구도 믿음이 없으면 하나님을 기쁘시게 할 수가 없다(히브리서 11:6). 누구도 믿음이 없으면 히브리서 2:1절의 꼴이 되고 만다.

2, 믿음은 우리에게 몸과 마음과 정성을 바칠 것을 요구하고 있다. 창세기 22:1-14절을 보고 그리고 다시 사도행전 12:1-22절을 보라고 한다.
Ⓐ 믿음은 우리에게 예수 그리스도가 그 누구이신지를 알려주고 있다.
Ⓑ 믿음은 우리에게 하나님의 말씀이 그 무엇인지를 가르쳐 주고 있다.
Ⓒ 믿음은 우리에게 성서가 무엇인지를 가르치고 그리고 성서대로 살 것을 요구하고 있다.

3, 믿음은 우리에게 교회 안에서 생활을 하며 살기를 요구하고 있다. 그것도 성부와 함께 사는 것을 말이다.
Ⓐ 믿음은 우리에게 예수 그리스도의 몸 된 교회를(마태복음 16:18) 가르치고 있다.
Ⓑ 믿음으로 예수 그리스도를 아는 지식에 이르라고 가르치고 있다(베드로 후서 3:18).

4, 교회 안에서 서로가 화목하며 살 것을 믿음은 언제나 요구하고 있다. 이는 로마서 12:1절과 관계가 있는 것이다.

Ⓐ 하나님은 우리에게 믿음으로 살고 말씀으로 살 것을 요구하고 있다.

Ⓑ 믿음으로 생활을 하고 살 것을 요구하고 있다. 그러면 왜 그런 것인가? 이를 바로 아는 것이 중요하다.

Ⓒ 성서는 우리에게 믿음으로 세상을 이기라고 요구한다(요한 1서 5:4-5).

Ⓓ 그러니 우리에게 믿음으로 사는 길을 가르치고 있다.

3대지, 믿음은 우리로 하여금 그리스도의 십자가를 지고 가는 그 일에 전 생애를 바치라고 한다

"믿음은 누구도 십자가를 지고 가는 것이다"

1, 믿음은 나를 그리스도에게로 인도한다. 왜 그런 것인가?

Ⓐ 믿음은 언제나 오늘의 나를 예수 그리스도에게로 인도하고 있다.

Ⓑ 믿음은 예나 지금에서 우리를 하나님과 말씀으로 인도한다. 우리는 마태복음 22:29절 그대로 믿음이 없으면 하나님과 성서를 오해하고 있다. 그러니 여기서 믿음이 없으면 크게 문제가 된다. 그러기에 이를 바로 아는 것이 중요하다.

2, 믿음은 나로 하여금 그리스도의 십자가에로 이끌고 인도한다.

Ⓐ 고린도 전서 2:2절에서 바울은 그리스도와 그의 십자가만을 위해서 산다고 고백하고 있다.

Ⓑ 마태복음 10:38절과 같이 살 것을 요구하고 있다. 이것이 그 무엇인가 함이다. 여기서 바른 이해가 요구되고 있다.

ⓒ 믿음은 나로 하여금 예수 그리스도에게로 안내하고 인도하는 원동력이다.

3, 믿음은 나로 하여금 예수 그리스도의 십자가를 지는데 전생을 바치게 만든다. 디모데 후서 4:7-9절을 보면 바울은 자신을 드리고 있다.
Ⓐ 믿음은 나로 하여금 그리스도를 위해서 교회의 일을 위해서 살게 한다.
Ⓑ 믿음은 나로 하여금 마태복음 16:24절과 같이 십자가를 지게 한다. 그 누구도 믿음의 그리스도에게는 예외가 아니다.
ⓒ 믿음은 크고 생기와 호흡이 차고 넘치는 것은 잊지 말라. 반드시 믿음으로 승리자가 되어야 한다.

4, 그러므로 믿음의 사람은
Ⓐ 예수 그리스도의 십자가를 진다. 그것이 기본이고 원리가 아니고 그 무엇인가? 누구도 이를 바로 알라.
Ⓑ 예수 그리스도를 위해서 자신을 바치는 믿음을 가지라. 예수 그리스도께서는 어제도 오늘도 믿음으로 살고 생활을 하고 이기는 것을 요구하고 있다.
ⓒ 믿음의 원동력은 어제나 오늘도 살아있고 달려간다는 것을 잊지 말라.

4대지, 하나님에게는 믿음으로 드려야 할 것이 너무나 많다

"믿음은 우리가 하나님께 드릴 것을 드리게 만든다. 드릴 것이 많다. 그러니 기쁨이 아니겠는가?"

1, 믿음으로 하나님께 드려야할 것이 심히 많다.
Ⓐ 솔직히 너와 나는 하나님께 드릴 것이 그 무엇인지 그것을 바로 알아야 한다.
Ⓑ 믿음으로 예수 그리스도에게 드리고 바칠 것이 그 무엇인지를 바로 알아야 한다.
Ⓒ 믿음으로 하나님께 드릴 것과 그리고 말씀으로 하나님께 드릴 것과 성령으로 하나님께 드릴 것을 바로 아는 것이 중요하다.

2, 우리는 회개의 예물도 믿음으로 드려야 한다.
Ⓐ 민수기 31:50절을 보고 그리고 그 누구도 이에 대한 바른 이해가 없으면 아니 된다.
Ⓑ 회개는 믿음이 없는 자는 못한다. 누가복음 16:30절을 보라.
Ⓒ 믿음은 우리로 하여금 회개에 이루게 하고 고백하게 된다.

3, 믿음으로 모든 것을 드려야만 한다.
Ⓐ 출애굽기 30:12절을 보라. 여기서는 속전 예물도 드리라고 한다. 그러기 때문에 누구도 회개의 합당한 열매를 맺어야 한다. 이는 어려운 문제이다. 그러니 모두가 바로 아는 그것이 중요하다.
Ⓑ 출애굽기 21:30절을 보라. 여기서는 하나님께 속죄금을 드려야 한다. 누구도 믿음이 있으면 그것으로 경우에 따라서 속죄제물을 드리지 아니하면 아니 된다. 이는 사람이 죄를 회개하면 그에 상응하는 예물을 하나님께 드리라는 것이다.

4, 시편 49:7절을 보라. 여기서는 그 무엇을 가르치고 있는가?
Ⓐ 여기서는 속전제물을 드리라고 한다. 이 속전제물은 타

인이 드릴 수는 없다. 반드시 회개를 한 그 자신이 하나님께 드려야 하는 것이다. 그러면 그 이유는 무엇이고 그 어디에 있는 것인가?

Ⓑ 성서는 언제나 모두에게 회개하라고 한다. 그러나 인간들은 이에 대하여 별로 관심들이 없다. 그러나 회개하면 이에 대한 대가를 지불해야 한다.

5대지, 믿음으로 헌신과 용납과 대접은 필연적인 과제이기도 한다(베드로 전서 4:10-11)

1, 사사기 11:30-40절을 보라. 여기서 성서는 서원한 것은 반드시 드리라고 한다. 왜냐 하니 그것이 바로 믿음이기 때문이다.

Ⓐ 입다는 그 서원에 의해서 자기의 외동딸을 하나님께 산 채로 드렸다. 그녀는 무남동녀이었다. 믿음이 있는 자는 누구도 필요 이상의 그 무엇을 요구하고 있다.

Ⓑ 믿음은 언제나 큰 것과 필요한 것과 필요 이상의 그 무엇을 요구하고 있다.

2, 사무엘 상 1:25-28절을 보라. 사무엘의 어머니를 보라.
Ⓐ 한나는 사무엘을 서원하고 그가 드릴 것을 강조하고 있다. 그녀가 서원하고 얻는 것은 아들 사무엘이다. 사무엘 상 1:9-11절을 보라. 이는 한나의 아름다운 서원과 약속을 가르침이다.

Ⓑ 한나가 자식이 없어 서원을 하고 사무엘을 얻음이다. 그럼에도 그는 젖을 뗌과 동시에 아들을 약속의 예물로 드린 것이다.

3, 레위기 27장을 보라. 서원한 것은 반드시 하나님께 드리라고 한다.
　Ⓐ 레위기 22:21절을 보라. 여기서 성서는 서원한 예물도 드리라고 한다. 신앙적 서원이나 사고나 사상적 서원이나 기타 서원도 마찬가지이다.
　Ⓑ 그러니 성서는 우리에게 살아 있는 믿음을 요구하고 본이 되는 믿음을 요구하고 있다.

4, 레위기 5:18-19절을 보라.
　Ⓐ 회개의 헌물을 여호와에게 드리라고 한다. 그것이 바로 살아 있는 신앙의 원동력이라고 한다.
　Ⓑ 사람은 누구도 죄를 지은 것만큼 회개의 헌물을 드리라고 한다. 죄는 그 사람을 지옥과 음부로 이끌게 한다. 그러니 회개하고 죄에서 벗어나야 한다.
　Ⓒ 그래서 하나님과 성서는 우리에게 언제 어디서나 바로 살 것을 요구하고 있다.

5, 그렇게 해서 얻어지는 복은 그 무엇인가?
　Ⓐ 믿음에 의해 예수 그리스도에게로 가는 것이다.
　Ⓑ 그리고 믿음으로 성령에게로 가게 되는 것이다.
　Ⓒ 그리고 믿음으로 하나님의 말씀으로 나아가는 것이 기본이고 원리이다. 그 누구도 이를 모르면 결코 아니 된다.
　Ⓓ 믿음으로 하나님의 교회 안에 죄인을 인도하고 이끄는 힘과 능력을 가져야 한다.

6, 여기서는 바른 이해가 심히 요구되고 있다.
　Ⓐ 여기서는 믿음의 원동력이 이해가 되고 믿음에 권위와

위엄과 힘이 그 무엇인지를 바로 알아야 한다.
　ⓑ 믿음의 사람은 살아도 믿음이고 그리고 죽어도 믿음이다. 사도행전 7:54-55절의 스데반을 보라.
　ⓒ 그러니 문제는 우리에게 살아 있는 믿음이 있는가? 아니면 믿음이 죽어 있는가함이다(야고보서 2:26).

☆ **결론**

　믿음을 통하여 만사를 하나님께 드리는 자가 복이 있다. 그것이 바로 하나님과 성서의 요구사항이고 하나님의 나라와 하나님의 의에서 요구하는 바이다. 그러면 이것들이 그 무엇을 가르치고 있는가? 이웃에게도 각종물건이나 하늘의 소망을 가르치는 자들도 복이 있다. 그 이유는 무엇이고 그 어디에 있는가? 그것은 바로 믿음이 있는 자가 하늘의 소망을 두고 있기 때문이다. 하늘에다 소망을 둔자는 살아 있는 믿음과 본이 되는 믿음을 가진 자이다.
　본문에 나타나는 각종 여인들을 보라. 이들은 그 자신을 하나님께 드릴 뿐 아니라 그 자신들이 소유한 물건이나 재산마저도 그리스도에게 다 바치고 있다. 그러기에 다음을 보라.
　① 하늘의 또는 그리스도에게 드리고 바치는 자들이 복이 있다. 누구도 드리면 그것만큼 복을 받게 되는 것이다. 그 누구도 여기서는 결코 예외가 아니다.
　② 자신의 소유를 바치는 자들은 그 누구도 그것에 의해서 받을 만큼 받게 되는 것이다. 하나님은 언제나 공것은 좋아하지 아니하신다.
　③ 누구도 믿음을 통하여 받치는 것이 복이니 쉬지 아니하고 계속해서 드리는 것이 중요하다. 그러면 하나님께서는 왜

그 드리고 바치는 것을 요구하고 바라는가? 그러면 그 이유는 무엇이고 그 어디에 있는가? 그것은 바로 하나님께서는 우리가 드린 만큼 보상을 받아 오늘 보다는 내일 더 크고 훌륭하고 위대한 사람이 되라는 것이다. 그러면 이 문제에서 우리가 얻는 것은 그 무엇이고 잃은 것은 그 무엇인가 하는 것이다. 말세에는 믿음이 없어진다. 누가복음 18:8하반절을 보라. 그래서 성서는 믿음이 없는 자가 아니라 믿음이 있는 자가 되라고 강조하신다. 그러니 하나님이 우리에게 요구하고 바라시는 믿음이 무엇인가?

본문 8:2-3절에서 나타나는 몇 명의 여성들의 믿음을 보고 배우라는 것이다. 여기서 철저히 믿음의 힘과 능력을 바로 배우라는 것이다. 믿음은 승리자가 되고 패배자는 되지 말라고 경고하고 있다.

마가복음 9:22-23
믿음은 약속이다(1)

[성경본문]

"귀신이 저를 죽이려고 불과 물에 자주 던졌나이다 그러나 무엇을 하실 수 있거든 우리를 불쌍히 여기사 도와주옵소서 예수께서 이르시되 할 수 있거든이 무슨 말이냐 믿는 자에게 능치 못할 일이 없느니라 하시니"

△ 서론

※ 믿음은 나와 하나님의 약속이고 고백이다.
그러기에 약속은
① 마음으로 하는 것이다.
② 신앙적으로 하는 것이다.
③ 정신과 사상적으로 하는 것이다.
④ 몸으로 하는 것이다.
⑤ 글로 책으로 하는 것이다.
⑥ 기타 등으로 하는 것이다.

※ 믿음에서의 약속은
① 하나님과의 약속이다.
② 예수 그리스도와의 약속이다.
③ 성령과의 약속이다.
④ 말씀과의 약속이다.

⑤ 하나님의 사랑과의 약속이다.
⑥ 에클레시아와의 약속이다(마태복음 16:18).
⑦ 이웃들과의 약속이다(목사나 교인이나 형제나 부모나 자녀나 이웃등).
⑧ 기타 등의 약속이다.

하나님의 약속은 어디까지나 편무적 약속이고 편무적인 관계이다. 그러기 때문에 우리가 여기서 유의할 것은 경우에 따라서 믿음은

① 편무적 약속일 때가 있고
② 계약적관계인 경우도 있고
③ 드리고 바침에의 관계도 있고
④ 기타 등의 관계도 있다.

기독교의 믿음은 상호간의 계약이고 또한 양호간의 의존관계이다. 이것이 바로 믿음의 특색이고 이웃과 인간과의 관계형성인 것이다. 그러면서 그것이 하나님과의 관계임을 유념해야 한다. 그러나 믿음은 하나님과의 인간의 약속이고 약속관계가 되는 것이다.

그러니 우리는 여호수아 1:8-9절에서 나타난 믿음의 약속임을 찾아보지 아니하면 결코 아니 되는 것이다. 그런데 우리가 여호수아 1:8-9절을 보면서 이것이 어떤 관계와의 약속인지를 바로 보지 못하면 아니 된다. 믿음이 하나님과의 약속이고 성령과의 약속이고 그리고 하나님의 말씀과의 약속이고 구원과의 약속이니 바른 이해가 여기서는 무엇보다 필요한 것이다. 그러면 믿음의 약속이고 무엇과의 약속인지를 바로 알아야 한다.

1대지, 믿음은 계약(상호간에)이다

그러기에 우리는 여기서 히브리서 11:1절을 바로 보아야 한다. 왜 믿음이 계약관계인지를 말이다.

1, 아브라함과 여호와의 약속을 보라.
Ⓐ 아브라함이 자기 고향을 떠날 때에(창세기 12:1-3) 아들 하나 주기로 약속하시었다. 그 때의 아브라함의 나이는 75세 이었다.
Ⓑ 그런 연후에 그가 이삭을 100세에 얻게 된다. 그가 고향을 떠난 지 25년 이후이다(창세기 21:4-6).
Ⓒ 믿음으로 하나님은 아브라함과의 약속을 하신 것이다. 히브리서 6:13-16절을 보라.
Ⓓ 그러니 여기서는 그 무엇보다 바로 이해가 요구되고 있다. 하나님과의 약속은 빠르게 이루어지는 것도 있지만 그와는 반대로 수십 년 또는 수백 년 이후에 이루어지는 경우도 있다.

2, 믿음은 상호간의 계약관계이다.
Ⓐ 믿음은 계약으로서 편무계약관계이다. 그러니 그 누구도 믿음이 있는 자는 하나님과의 약속을 해야 한다.
Ⓑ 그러면 그 이유는 무엇이고 어디에 있는가? 그것은 하나님께서 인간을 믿기가 어려우니 약속을 하라는 것이다.
Ⓒ 믿음이 있는 자는 하나님과의 약속과 예수 그리스도와의 약속과 그리고 에클레시아와의 약속을 반드시 해야 한다는 것이다. 약속은 반드시 지켜야 한다는 것이다.

3. 성서는 우리에게 예수 그리스도를 믿으라고 한다. 그리하면 구원을 얻고 하나님과의 약속을 받게 된다고 한다.

Ⓐ 믿음은 영적인 약속이지 육적인 약속은 아니다.

Ⓑ 믿음은 전적인 약속이다. 그러니 그 누구도 이 전적인 약속을 바로 아는 것이 중요하다.

Ⓒ 그리고 믿음은 하나님 앞에서 전적 편무약속이다. 그러니 누구도 이 약속을 지키면 구원을 얻고 건강과 장수하여지고 하나님 앞에서 복을 받는다.

Ⓓ 아브라함은 창세기 12:1-3절을 통하여 하나님과의 편무계약을 맺고 25년 후에 아들이삭을 예물로 받았다. 그리고 히브리서 6:13-15절을 보면 아브라함이 받은 약속은 엄청나게 많고 큰 것이다.

4. 믿음은 하나님과 우리 사이의 약속관계이다. 그러니 누구도 이를 반드시 지켜야만 한다.

Ⓐ 그 누구도 믿음으로 살면 복이 되고 아름다운 것이 된다. 누구도 믿음이 없으면 아니 된다. 히브리서 11:1절을 보라. 누구도 하나님을 기쁘시게 하려면 먼저 믿음이 있어야 한다.

Ⓑ 범죄는 믿음의 적이다. 범죄는 버림과 의식을 당하는 것이다. 믿음은 천국의 문을 열고 그리고 그 반대는 지옥의 문을 연다. 믿음이 없는 자의 생활을 하지 말고 믿음이 있는 자의 생활을 해야 한다.

5. 그 누구도 예수 그리스도를 믿으면 구원을 얻고 천국을 가게 된다(사도행전 16:30-31).

Ⓐ 누구도 예수를 믿으면 구원을 얻는 것은 기본과 철칙이다. 믿음의 힘을 얻는 것은 성서와 역사의 가르치심이고 하나

님의 요구사항이다.

　Ⓑ 창세기 12:3-6절을 보라. 하나님은 아브라함에게 편무적인 약속을 하고 있다.
　Ⓒ 그러면 그 이유는 무엇인가? 하나님께서는 어제도 오늘도 우리에게서 크고 작은 믿음을 요구하고 있다.
　Ⓓ 누가복음 17:6절을 보라. 여기서는 하나님이 우리에게 큰 믿음이 아니어도 상관이 없다고 하시며 겨자씨 한 알만한 믿음을 요구하고 있다. 겨자씨는 심히 적은 것이로되 그것이 하나님 앞에서는 큰일을 할 수가 있다.

　2대지, 믿음은 계시의 약속이다

　"누구도 믿음이 없으면 그 무엇도 받을 수가 없고 무엇도 무효가 된다. 그러나 믿음이 있으면 계시를 받고 은혜를 받고 큰일을 할 수가 있는 것이다. 여기서 바른 이해가 요구되고 있는 것이다. 계시록 1:1-3절을 보고 1:9절을 보라. 여기서도 하나님과 계시의 약속과 계약관계가 나온다."

　1, 하나님은 꿈이나 환상 또는 계시 가운데에서도 계시의 약속을 하신다.
　Ⓐ 스가랴나 다니엘이나 기타 성서를 보면 하나님께서는 계시 가운데에서 약속을 하신다.
　Ⓑ 사도 요한은 계시록 1:1-3절에서 하나님의 계시를 받고 있다. 그것이 바로 그의 믿음이다. 그가 믿음이 없으면 계시를 받을 수 없음과 동시에 무인고도인 밧모섬에서 30여 년간을 외로이 견딜 수가 없었을 것이다.

2, 아브라함은 고향을 약속가운데 떠나고 있다. 창세기 12:1-3절을 보라.

Ⓐ 그에게는 계시의 약속이 있기 때문에 주저 없이 고향을 떠나게 된다. 그러나 사실은 일가친척이나 사업이나 기타 모든 것이 있는 고향을 누구도 떠나는 것이 쉽지가 아니하다.

Ⓑ 오직 그리스도인은 계시에 의해서 오고 간다. 누구도 계시가 없이는 함부로 오고 갈수가 없다. 그리고 누구도 믿음의 약속이 없으면 세상과 어두움과 악의 세력들을 이길 수가 없다.

3, 믿음으로 따르면 반드시 약속이 온다.

Ⓐ 누구도 믿음으로 승리를 하라. 승리가 바로 믿음에의 약속인 것이다. 믿음의 약속은 반드시 승리하게 된다.

Ⓑ 믿음의 약속은 땅에서 만의 것이 아니고 하늘과도 관계가 있고 된다. 이는 그 누구도 잊으면 아니 된다.

4, 그래서 대 환난의 때에도 핍박이 오고 고통이 와도 넘어지지 아니하고 승리할 수가 있다.

Ⓐ 믿음은 약속의 행동이다. 그러기 때문에 누구도 믿음으로 승리를 하고 이겨야 한다.

Ⓑ 그 누구도 믿음의 약속이 없거나 생활의 약속이 없으면 이길 수가 없다. 베드로 전서 5:9절에서 너희는 믿음을 굳게 하여 악한 마귀를 이기라고 한다. 그러면 그 이유는 무엇이고 그 어디에 있는가?

5, 누구도 예배당에 나오면 하나님과 믿음의 약속이 온다. 그런 경우는 반드시 이겨야만 한다.

Ⓐ 예배당을 나가서 보면 부절히 믿음으로 이기라고 한다. 그러면 그 이유는 무엇인가? 믿음으로 살고 행동하면 반드시

감동이 오고 승리가 무엇인지를 우리에게 가르치고 있다.

Ⓑ 기독교회란 그 무엇인가? 교회는 하나님과 인간의 만남과 약속의 장소이다.

Ⓒ 그리고 교회는 성령과 그리스도인과의 약속 장소가 아닌가? 하나님께서 그리스도인을 만나기 위하여 에클레시아 교회로 항상 찾아오신다. 그러면 그 이유는 무엇인가? 만남과 약속은 좋은 것이고 아름다운 것이 아닌가?

3대지, 믿음은 하나님과의 약속을 기다리는 것이다

"그 누구도 승리를 하고 앞서가게 되는 것이다."

1, 아브라함은 고향을 떠난 이후에 하나님과의 약속을 25년 동안 기다리셨다.

Ⓐ 그가 고향을 떠날 그 때에(창세기 12:1-3) 그의 나이는 75세이었고 그가 이삭을 낳을 때에도 100세이었다(창세기 21:1-7).

Ⓑ 믿음은 하나님과의 약속인 동시에 구원과의 약속이고 그리고 믿음은 영생과의 약속이다. 주어진 약속이니 우리는 그를 믿고 따르는 것이 아닌가? 그러니 믿음의 약속은 언제나 의미를 많게 하고 있다.

2, 믿음은 약속이니 반드시 그 결과가 있기 마련이다.

Ⓐ 약속이니 반드시 복을 주시고 함께할 것을 믿는다. 그것을 믿으니 구원이고 영생이고 축복이 아닌가? 그 누구도 이를 모르면 아니 되는 것이다.

Ⓑ 약속이니 반드시 이루실 것을 믿는 것이다. 믿는 대로 되는 것이다. 마가복음 9:23절을 보라. 믿음은 능치 못함이 없

음을 우리에게 알리시고 있다.

　ⓒ 믿음은 그 누구도 믿는 것을 받으실 것을 믿어야 한다. 이 세상에서는 그 무엇보다 믿음이 앞선다. 그러면 그 이유는 무엇인가?

　ⓓ 믿음은 상 주실 것을 믿어야 한다. 그러면 먼저 히브리서 6:13-15절을 보라. 아브라함은 믿음으로 축복과 약속을 받은 것이다. 그래서 성서는 히브리서 11:6절을 유의해 보라고 한다.

　3, 히브리서 11장의 아브라함과 이삭과 야곱의 믿음을 보라. 믿음은 현재적 실상이 아닌가? 그래서 히브리서 11:1절에서는 믿음은 바라는 것들의 실상이라고 말하고 있다.

　ⓐ 믿음은 바라는 것들이 반드시 이루어진다는 것이다. 누구도 믿음이 있으면 반드시 승리를 하고 그 반대는 무너지고 만다. 그것은 믿음의 중요성을 강조하는 것이다.

　ⓑ 믿음은 믿는 대로 이루어진다. 누가복음 17:6-9절을 보라. 믿는다는 것을 중요한 분야이다.

　ⓒ 마가복음 5:25-34절을 보라. 그러기에 믿음은 현실적으로 나타나서 우리에게 확고부동한 신념을 보이려하고 있다. 하나님을 믿는 고백도 입으로 마음으로 또는 행동이나 글로 하는 것이다. 이는 서원하는 것과도 관계가 있는 것이다.

　4, 마가복음 5:25-34절의 혈루증 여인의 믿음을 보라. 그는 죽으면 죽으리라는 결사적 신앙을 우리에게 보여주고 있다.

　ⓐ 누구도 하나님을 믿는 믿음에서는 죽으면 죽으리라는 것이다. 믿음은 죽음을 현실화 한다.

　ⓑ 이런 믿음은 이방적이기 보다 유대적이니 멀거나 가까운

것을 개의치 아니하고 달려온 것이다. 믿음은 언제나 이런 결단과 확신이 요구되고 있다.
ⓒ 그래서 예수께서는 이 여인의 간절한 사고와 믿음을 보시고 말씀으로 그녀의 병을 고쳐 주신다.

5, 누구도 일단 믿고 나면 믿음은 상호의 약속관계를 가지게 만든다.
Ⓐ 그 누구도 여기에서는 결코 예외가 아니다. 믿음에는 신사적 또는 예외가 필요가 없는 것이다.
Ⓑ 믿음은 오직 결단적으로 결사적이어야 한다. 누구에게도 믿음은 확고부동한 신념과 의지와 결단이 오직 필요한 것이다. 언제나 예수께서는 바로 이런 믿음을 우리에게 요구하고 있다.

4대지, 믿음은 어디까지나 최고의 약속이행인 것이다

1, 믿음은 만사가 현실 안에서 이루어진다.
Ⓐ 믿음은 어디까지나 땅의 약속이 아니고 하늘의 약속이다. 그 누구도 이에서 벗어나면 아니 된다.
Ⓑ 믿음은 성령과의 약속관계이다. 그러니 누구도 성령을 떠나서는 아니 된다.
ⓒ 믿음은 하나님의 말씀과의 약속관계이다. 고로 말씀에서 떠나면 아니 된다.
Ⓓ 믿음은 구원과의 약속관계인 것이다. 구원을 얻으려는 자들은 이 약속을 잘 지켜야 한다.

2, 믿음은 하나님과 예수 그리스도를 믿고 따르는 것이다.

Ⓐ 빌립보서 2:16절을 보라. 믿음은 예수 그리스도의 날에 자랑할 것이 있어야 한다. 목사나 교인이 그리스도의 날에 자랑할 것이 그 무엇인가?
   Ⓑ 고린도 후서 1:14절을 보라. 이것이 그 무엇을 가르치고 있는가? 이를 바로 아는 것이 믿음이다.
   Ⓒ 고린도 전서 2:2절을 보라. 우리의 자랑할 것은 오직 예수 그리스도와 그의 십자가뿐임을 바로 알라. 여기서는 오직 갈라디아서 6:14절을 유의해 보아야 한다.

   3, 갈라디아서 1:10절을 보라. 믿음을 가진 자는 오직 하나님만을 기쁘시게 해야 한다.
   Ⓐ 하나님은 언제나 우리에게 믿음과 확신과 자신과 용기와 결단을 요구하고 있다.
   Ⓑ 그리고 믿음의 관계에서 약속을 요구하기도 한다. 그러니 이를 바로 알아야만 한다.

   4, 믿음은 하나님의 약속대로 이루어지는 것을 믿는 것이다.
   Ⓐ 믿음으로 행하시는 약속을 받으라. 마태복음 8:5-10절에서 백부장을 보라. 이것이 그 무엇을 우리에게 알리시고 있는가?
   Ⓑ 히브리서 6:13-15절의 아브라함을 보라. 아브라함이 하나님께 믿음으로 복 주실 것을 약속받고 있지 아니하는가 함이다
   Ⓒ 그러니 믿음의 약속은 반드시 받고 이루어져야 한다. 이것은 예나 지금에서 우리에게 주시는 바이다.

   5, 믿음은 언제 어디서나 이런 결과를 반드시 가져오고 있다.
   Ⓐ 마가복음 9:23절을 보라. 여기서 예수께서는 믿는 자에게는 능치 못함이 없다고 한다. 믿는 자에게는 믿음에의 약속이 있다. 그러니 이를 바로 알라. 언제나 성서는 우리에게 믿음대

로 되라고 한다. 그것이 바로 승리하는 비결임을 알리신다.

Ⓑ 마가복음 11:24절을 보라. 여기서 예수께서는 누구도 기도하고 구하는 것은 받는 줄로 믿으라고 한다. 그러면서 누구든지 기도하면 그대로 이루어 주신다고 하신다.

Ⓒ 어떤 이는 약속이 없으니 하나님의 도우심과 사랑을 받지 못한다고 한다. 그러니 그 누구도 여기서는 바른 이해가 필요하다.

☆ 결론

누구에게 있어서도 믿음은 철저히 하나님과의 약속이다. 그리고 구원이나 영생과의 약속이다. 그러니 이를 바로 알고 지켜야 한다. 하나님께서는 성서를 통하여 믿음의 약속이 그 무엇인지 그것을 알리시고 있다. 누구에게도 약속됨이 없는 믿음은 헛것이고 바람에 나는 겨와 같은 것이 된다(시편 1:4). 그러니 누구에게도 반드시 믿음의 약속이 필요하다.

솔직히 그 이유는 무엇이고 그 어디에 있는가함이다. 약속이 있고 믿음과 변함이 없는 믿음은 언제나 우리에게 요구하고 있다. 하나님을 믿으니 또 나를 믿으라고 예수께서는 말씀 하고 계신다. 그러면 그 이유는 무엇인가? 그것은 믿음의 원동력과 힘이 어떤 것인지 그것을 우리에게 보여주고 있는 것이다.

예수께서는 요한복음 14:26-28절을 통해서 보혜사 성령을 주실 것을 약속하신다. 그러나 요한복음 20:26-29절과 같이 도마 같은 믿음을 요구하지 아니하신다. 이는 믿음이 어떤 것인지를 가르치며 우리에게 큰 믿음을 요구하고 있다. 후지거나 뒤 떨어지는 믿음을 갖지 말라. 그것은 누구에게도 도움과 덕이 되지 못한다. 철저한 믿음의 사람이 되라.

마가복음 9:22-23
믿음은 순종이다(1)

[성경본문]

"귀신이 저를 죽이려고 불과 물에 자주 던졌나이다 그러나 무엇을 하실 수 있거든 우리를 불쌍히 여기사 도와주옵소서 예수께서 이르시되 할 수 있거든이 무슨 말이냐 믿는 자에게 능치 못할 일이 없느니라 하시니"

△ 서론

※ 믿음은 철저히 순종하는 것이다.
① 아브라함의 순종을 보라(창세기 12:1-3).
② 이삭의 순종을 보라(창세기 22:1-14).
③ 모세의 순종을 보라(모세는 애굽의 왕자를 버리고 미디안으로 가서 40년간 목동 생활을 하며 순종하였다).
④ 엘리야의 순종을 보라(열왕기 상 18:1-40).
⑤ 이사야의 순종을 보라(이사야 6:1-9, 20:1-3).
⑥ 예레미야의 순종을 보라. 예레미야는 제사장의 아들로서 제사장의 교육을 받던 중 20세 전후에 이사야서를 읽고 하늘의 부르심을 받았다.
⑦ 다니엘의 순종을 보라. 그는 하나님의 뜻에 따라 사자굴 속에 들어갔다(다니엘 6:10-18).
⑧ 사도들의 순종을 보라. 야고보는 목 베임을 당하여 최초의 사도 순교자가 되었고 요한은 밧모섬으로 귀양 가서 약 30

년간 외로이 홀로 주님과 동행하는 놀라운 저력을 보였다. 그리고 베드로는 로마로 가서 거꾸로 십자가를 지고 순교를 당하기도 하였다.

⑨ 바울의 순종을 보라. 그는 부르심을 받고 아라비야 광야로 가서 3년간 기도하며 머물렀다가(갈라디아서 1:11-19) 다시 예루살렘으로 돌아왔다가 바나바에 의해서 고향 다소로 내려가서 또 다시 몇 년간 머무는 고행을 하기도 하였다. 그의 인내는 우리가 익히고 배우지 아니하면 아니 된다.

⑩ 오늘 우리들의 믿음에의 순종이다. 우리는 다니엘 같은 믿음이나 세례요한과 같은 믿음이나 사도들의 믿음을 본받고 배우고 익히고 있는가함이다. 솔직히 우리는 믿음에서 누구를 키포인트로 삼고 그를 통하여 예수 그리스도를 배우고 익히고 따르고 있는가함이다.

⑪ 기타로서 히브리서 11:1절을 보라. 믿음은 바라는 것들의 실상이고 보지 못한 것들의 증거가 아닌가? 예수께서는 요한복음 20:29절에서 보지 못하고 믿는 자들은 복되도다 라고 도마에서 경고하신 것을 바로 보아야 한다.

△ 서론

히브리서 11:1-3절을 유의하여 보라. 이는 우리에게 믿음이 어떤 것인지 그것을 우리에게 알리고 있는 것이다. 사무엘 상 15:22절을 보라. 여기서 성서는 순종하는 것이 제사보다 낫다고 한다. 하나님은 우리에게 믿음이란 본 것도 요구하고 보지 못한 것도 요구하신다. 그러니 믿음은 참으로 귀하고 복되고 아름다운 것이다. 그 누구도 믿음에 대하여는 함부로 말을 할 수가 없다. 그러면 다음을 보라. 다음의 성서와 다음의 사람들을 우리가 배우지 아니하면 아니 된다.
① 모세의 미디안 광야에서 40년을 참고 견딘 것을 보라.
② 이사야 선지자가 부름을 받은 이후에 40년간 선지자로서 외치고 또 외친 것을 보라.
③ 예레미야가 20세 전후에 부르심을 받고 50년 동안 외친 사실을 보라. 예레미야와 호세아는 구약 성서에서 눈물의 선지자라고 말하고 있다.
④ 사도요한이 밧모섬으로 귀양을 가서 30여 년간 홀로 주님과 동행한 것을 보라.
⑤ 사도행전 9장에서 바울은 부름을 받고 아라비야 광야로 가서 3년간 기도하다가 갈라디아서 1:15-21절 돌아온 이후에는 다시 자기의 고향인 다소로 가서 몇 년간 기도하는 그를 보라.
⑥ 선구자 세례요한은 태어난 이후에 걸음을 걸을 때부터 광야로 나가서 자기 뒤에 오실 메시야를 기다리고 있다. 누가복음 1:80절을 보라. 그리고 그는 광야로 나가서 몇 가지를 위하여 외치고 있다. 요한복음 1:19-34절을 보면 뒤에 오신 그분을 위하여 외치고 그리고 다시 요한복음 1:35-37절을 보라. 제자 양성에 최선을 다하였고 주님이 오시니 제자들을 주님께 맡기고 있다.

요한이나 안드레나 베드로나 빌립이나 나다나엘 같은 사람들은 선구자 세례요한의 제자로서 광야에서 스승을 따라 열심히 배우고 익혀서 예수께서 오시니 그의 제자들이 되어 평생토록 주님의 제자로서 길을 가게 한 것은 철저히 스승이신 세례요한의 은덕이 아닌가? 그는 제자인계를 외치고 갈릴리로 와서 왕을 책망하고 순교를 당하였다. 마태복음 14:3-12절을 보라. 그런데 놀라운 것은 세례요한의 유언이다. 마태복음

14:12절에서 자기의 죽음을 예수께 고하라고 하신다. 세례요한의 예언의 구절이다.

1대지, 믿음은 순종이다

1, 베드로 전서 1:14절을 보라. 여기서 믿음은 순종이라고 한다.
  Ⓐ 기독교는 순종하는 신앙이 필요하다. 믿음에의 순종하는 역사나 일이 없으면 그런 믿음은 헛것이고 열외의 믿음이다.
  Ⓑ 예레미야 17:9절을 보라. 왜 이렇게까지 되는 것인가? 그것은 잘못된 신앙은 결코 아니 되기 때문이다. 누구도 이를 바로 알라.

2, 창세기 22:1-14절을 보라.
  Ⓐ 순종은 언제나 대답을 잘하는 것이다. 믿음에서의 대답은 순종에서 나온다. 고린도 후서 1:18-20절을 보라. 믿음은 철저히 "예"이다. 그것은 순종에의 예이다.
  Ⓑ 순종은 예를 잘하는 것이다. 고로 믿음을 가진 자는 하나님 앞에서 예를 잘해야 한다.
  Ⓒ 하나님께서 아브라함의 순종을 배우라. 창세기 12:1-4절을 먼저 보고 그리고 다시 창세기 22:1-14절을 보라. 믿음은 순종에서 나타난다.

3, 고린도 후서 1:17-20절을 보라. 예수 그리스도는 하나님께 오직 예이다. 예수 그리스도는 철저히 하나님께 순종하며 자신의 미를 보이고 있다.
  Ⓐ 믿음이 있는 자는 무조건적으로 예이다. 이는 철저한 대

답이다. 믿음은 언제나 부르심의 상을 위하여(빌립보서 3:14) 일어나 달려가는 것이다.
　Ⓑ 효성이 지극한 자녀들도 부모의 부르심에 대답을 잘해야 신의와 신뢰가 나오게 된다.
　Ⓒ 예수 그리스도의 사랑과 피의 십자가이지만 반대로 아버지의 부르심에 대한 대답의 십자가이기도 한다.

　4, 이사야 6:1-9절을 보라.
　Ⓐ 하나님이 그를 부르시니 그는 "예"하고 나선다.
　Ⓑ 하나님 아버지께서는 아들에게 순종하고 십자가를 질 것을 요구하고 있다. 요한복음 12:27-28절을 보라.
　Ⓒ 예수 그리스도께서는 아버지께 철저히 그 자신의 모든 것을 드리고 받치며 십자가를 지라고 하신다(마태복음 26:32-45).

　2대지, 믿음에서 불순종은 버림과 죽음이다

　1, 부자청년을 보라.
　Ⓐ 마가복음 10:17-22절을 보라. 이 부자청년은 버릴 것을 버리지 못하니 문제가 생긴다. 왜 그런 것인가?
　Ⓑ 마태복음 19:16-22절을 보라. 이 부자청년을 보라. 그는 여기서 의기가 양양하지 아니하는가?(마태복음 19:16-20) 그래서 예수께서는 그에게 버릴 것을 버리라고 한다.
　Ⓒ 예수 그리스도의 요구는 네 소유를 버리고 팔고 그것을 가난한 이웃들에게 나누고 도와주라고 한다. 그것이 바로 그리스도인의 길이고 목사나 종들의 길이고 부자들의 길이라고 한다.

2, 부자청년을 보라. 따르라고 하시는 그 예수의 저의는 무엇인가? 그것이 그의 길이기 때문이다.
ⓐ 마태복음 19:21절을 유의하여 보라. 이것이 그 무엇을 가르치고 있는가?
ⓑ 그러나 청년은 버릴 것을 버리지 못하고 오히려 더 소유하려고 한다(마태복음 19:22). 그러니 그는 버리고 떠난다. 그래서 예수께서는 마태복음 19:23-24절로 경고 하신다.

3, 그러면 왜 부자청년은 예수에게서 등을 돌리고 떠나는가? 하나는 그는 공덕론의 대가이기 때문이다. 얼마를 바치고 구원을 얻으려니 문제가 생긴 것이다.
ⓐ 마태복음 19:21절을 보라. 여기서 예수 그리스도께서는 그 자신의 소유를 버리라고 한다. 그럼에도 그는 버리지 못하고 앉고 지고 이고 있다. 그러니 그것이 문제가 된다.
ⓑ 마태복음 19:22절을 보라. 그는 세상과 돈과 성공과 출세를 위해서는 결코 19:21절은 아니 되니 등을 돌리고 떠나게 된다. 참으로 어이가 없는 일이다.

4, 믿음은 하나님의 요구(말씀)를 받아들어야 한다.
ⓐ 마태복음 19:23-24절을 먼저 보라. 그러니 심판장이신 그리스도께서는(요한복음 5:22-24, 5:27, 5:30) 믿음을 받아들이고 따를 것을 요구한다.
ⓑ 마태복음 19:21절은 예수 그리스도의 요구이다. 그러나 이에 대하여 부자청년은 버리고 떠난다. 마태복음 9:22절을 보라.
ⓒ 그러나 이런 것은 결코 믿음이 아니다. 믿음이 아니니 버리고 떠날 수밖에 없다. 믿음으로 순종하고 구원을 얻도록 해야 한다. 믿음은 바라는 것들의 실상이 아닌가? 그러니 승리해야 하는 것이다.

3대지, 믿음은 언제나 순종을 요구하고 있다

1, 믿음은 순종을 요구하고 받아들이고 있다.
Ⓐ 마태복음 19:21절을 다시 보라. 이것은 어디까지나 그리스도께서 인간의 믿음과 순종을 요구하고 있는 것이다. 그러나 인간은 언제나 그 반대이다.
Ⓑ 마태복음 19:22절을 보라. 인간은 그리스도와 이웃을 버리고 세상과 세속 도시 속으로 떠나간다. 그러면 그 이유는 무엇이고 어디에 있는가?
Ⓒ 인간은 마태복음 19:22절과 그리고 19:23-24절로 가기 때문에 언제나 문제가 심각하여 진다.

2, 믿음은 언제나 이런 것이 아닌가?
Ⓐ 믿음은 자기의 의지와 의사를 버리는 것이다. 그러니 믿음이 없으면 누구도 아니 된다.
Ⓑ 믿음은 나의 각오나 생각을 버리는 것이다. 그것이 기본이고 의지와 의식이다. 그러니 이를 잘 감안해야 한다. 그러지 못하면 믿음이 없거나 배신하는 자로서 인간의 길을 가게 되는 것이다.

3, 믿음은 자기 자신을 포기하는 것이다.
Ⓐ 누가복음 19:1-10절의 삭개오를 보라. 내가 오늘 네 집에 유하여야 하겠다라고 하신다(누가복음 19:9). 그러면 이것이 그 무엇을 가르치는 것인가?
Ⓑ 삭개오는 예수께서 요구하는 바를 들어 주고 있다. 예수께서는 삭개오를 부르시고 그의 집으로 가서 유하시게 되었다.

ⓒ 이런 것들은 마태복음 19:16-22절과는 완전히 비교와 대조가 되는 것이다. 눈이 있으면 마태복음 19:16-22절을 보고 그리고 다시 누가복음 19:1-10절에 말씀을 비교와 대조하여 보라.

4, 믿음은 철저히 진리를 받아들이는 것이다.
Ⓐ 예수 그리스도의 당시는 철저히 예수를 믿으면 출교까지 한다고 한다(요한복음 9:22).
Ⓑ 예수께서는 여기서 받아들이는 것이 그 무엇인가? 누구도 이를 개의치 말라는 것이다.
ⓒ 인간은 예수 그리스도를 받아들이는가와 그리고 반대인간에 대하여 바로 알라고 하신다.
Ⓓ 믿음은 철저히 자기를 버리고 하늘의 부르심과 그 뜻을 따라서 순종을 하면서 달려가지 아니하면 아니 된다. 그러나 하나같이 믿음이 없다. 그러니 순종이 필요가 없게 된다. 그러니 누구도 이를 바로 알라.

4대지, 믿음은 항상 우리에게 받아들일 것을 요구하고 있다

1, 믿음은 언제나 먼저 구하는 것이다. 자기의 요구에 따라 믿음은 달라진다.
Ⓐ 마태복음 7:7절을 보라. 여기서는 철저히 구하라고 한다. 그리고 이어서는 찾으라고 한다. 그리고 다시 문을 두드리라고 한다. 그러면 그 이유는 무엇인가?
Ⓑ 믿음은 언제 어디서나 우리에게 쉬지 아니하고 필요한 것을 요구하고 있다. 그러면 그 이유는 무엇인가?

2, 믿음은 철저히 말씀을 받아들이는 것이다. 하나님과 말씀을 받아들이려면 자기 자신을 버려야 한다.
ⓐ 예수 그리스도께서는 구하라고 하신다. 구하는 그것이 바로 믿음의 원리와 원동력이다.
ⓑ 믿음은 예수 그리스도의 십자가를 받아들이는 것이다.
ⓒ 믿음은 구원과 영생과 복락을 받아들이고 믿는 것이다.
ⓓ 믿음은 성찬예식이나 하나님의 에클레시아를 받아들이는 것이다. 이것이 아니면 믿음이 아닌 것이다.

3, 누가복음 1-8절의 현실을 보라.
ⓐ 여기에 한 과부의 열성과 끈질김을 배우고 익혀야 한다. 그것이 아니고 못되면 믿음이 아니다.
ⓑ 믿음은 구하는 것이다. 밤과 낮을 가리지 아니하고 쉬지 아니하고 구하는 것이다. 그것도 자신이 필요한 것을 구하는 것이다.

4, 믿음은 순종과 바라는 것을 요구하는 것이다.
ⓐ 구하는 것에는 반드시 순종이 필요하다. 그러니 그 누구도 이에 대한 바른 이해가 있어야만 한다.
ⓑ 자기의 소원을 구하고 순종하는 것이 믿음이다. 자기가 이 세상이나 교회당 안에서 그리고 하나님의 나라에서 쉬지 아니하고 구해야 한다. 믿음의 원동력이 그 무엇인가?

5대지, 믿음은 언제나 섬기고 따르고 봉사하는 그것이다

1, 믿음은 언제나 섬김이다.
ⓐ 믿음은 항상 하나님을 섬기는 것이다.

Ⓑ 믿음은 아들이신 예수 그리스도를 섬기는 것이다.
Ⓒ 믿음은 성령을 의지하고 섬기는 것이다.
Ⓓ 믿음은 하나님의 교회인 에클레시아를 섬기는 것이다.
Ⓔ 믿음은 성도의 공동체에서 서로가 공히 섬기는 것이다.
Ⓕ 믿음은 오늘에서 너와 나를 공히 섬기고 봉사하는 것이다.

2, 믿음에 의한 순종과 섬김을 보라.
Ⓐ 누가복음 8:2-3절을 보라. 남녀노소가 다 예수 그리스도를 섬기는 것이 믿음이다. 섬김이 없으면 믿음은 죽고 만다.
Ⓑ 예수 그리스도께서는 전적으로 섬김에 역점을 두고 있다. 예수 그리스도를 섬기는 것은 복을 받은 자의 자세이고 기본이다. 그 누구도 이것이 기본이고 원리가 아니겠는가?

3, 믿음은 시종일관 섬기는 것에 있다.
Ⓐ 믿음을 가진 자는 성도를 섬기고 에클레시아 교회를 섬겨라.
Ⓑ 에클레시아 안에서 서로가 봉사하고 섬겨라. 섬기는 것은 자신을 하나님께 드리고 바치는 행위이다.
Ⓒ 섬김이 없거나 뒤지면 그것은 버림을 받기 위한 전초적 작업이다. 하나님께서는 언제나 우리의 섬김을 요구하고 있다.

4, 믿음은 철저히 충성하는데 있다. 충성이 없는 것은 결코 믿음이 아닌 것이다.
Ⓐ 믿음은 충성에서 그 출발을 한다. 계시록 2:10절을 보라. 여기서는 죽도록 충성하라고 한다. 그러면 생명의 면류관을 얻는다고 한다.
Ⓑ 믿음은 살아 있음을 요구한다. 죽은 믿음은 아니 된다

(야고보서 2:17, 2:26).
ⓒ 그러니 하나님 앞에서 살아있는 믿음을 보아야 한다. 그러니 바른 이해가 여기서 무엇보다 요구되고 있다.

☆ **결론**

그러니 성서는 우리에게 살아 있는 믿음을 가지라고 요구하고 있다. 물론 그것이 하나님께서 우리에게 요구하는 바이기도 하다.
※ 그러면서 사람이 살아 있는 믿음을 가지려면
① 자기를 버려라.
② 자기를 비워라.
③ 자기를 드려라.
④ 자기를 바쳐라.
⑤ 자기의 허리를 굽혀라(낮아지라).
⑥ 자기를 완전히 비움을 통하여 하나님을 기쁘시게 하고 즐겁게 하라.
⑦ 자신을 철저히 죽이라.
⑧ 고린도 전서 2:2절의 바울 마냥 오직 그리스도와 그의 십자가만을 내세우고 십자가를 지라고 한다. 이것이 바로 목사나 그리스도인의 태도와 자세가 아니겠는가? 누구도 순종하는 믿음을 가지라. 그리고 다시 누구도 이웃이나 하나님께 보이는 생활을 하라. 그러면 그 이유는 무엇인가? 이에 대한 답은 그것이 바로 죽은 믿음이 아닌 살아 있는 믿음이고 구원을 얻고 천국으로 가는 믿음이 아니겠는가? 하나님은 오늘도 우리가 바로 이런 믿음의 소유자가 되기를 철저히 바라고 있다.

마가복음 9:22-23
믿음은 약속이다(2)

[성경본문]

"귀신이 저를 죽이려고 불과 물에 자주 던졌나이다 그러나 무엇을 하실 수 있거든 우리를 불쌍히 여기사 도와주옵소서 예수께서 이르시되 할 수 있거든이 무슨 말이냐 믿는 자에게 능치 못할 일이 없느니라 하시니"

※ 믿음은 약속이다(1).
① 믿음은 하나님과의 약속이다.
② 믿음은 예수 그리스도와의 약속이다.
③ 믿음은 성령과의 약속이다.
④ 믿음은 말씀과의 약속이다.
⑤ 믿음은 구원과의 약속이다.
⑥ 믿음은 영원과 영생과의 약속이다.
⑦ 믿음은 하나님의 나라와의 약속이다.
⑧ 믿음은 교회 곧 에클레시아와의 약속이다.
⑨ 믿음은 기타 등과의 약속이다.

※ 믿음은 약속이다(2).
① 믿음은 죄사함에의 약속이다.
② 믿음은 중생에의 약속이다.
③ 믿음은 구원에의 약속이다.
④ 믿음은 다시 사는 약속이다(부활체).

⑤ 믿음은 다시 오심에의 약속을 믿는 것이다(사도행전 1:9-11).
⑥ 믿음은 심판의 약속을 믿는 것이다(계시록 20:11-15). 우리가 예수를 잘 믿으면 심판을 받지 아니하고 구원을 얻는다. 요한복음 3:16-18절과 5:24절을 보라.
⑦ 믿음은 천국과 지옥의 약속이다.
⑧ 믿음은 영원히 그리스도와 함께 사는 약속이다.
⑨ 기타 등의 약속이다.

△ 서론

※ 성서가 강조하고 있는 믿음은 시종일관 약속이다. 그래서 창세기 12:1-3절까지를 보면 아브라함의 믿음이 돋보이게 나타나고 있다. 아브라함은 믿음과 축복이 무엇인지를 아는 사람이었다.

1대지, 믿음은 위엣 것을 바라보고 나가는 것이다(골로새서 3:1)

1, 골로새서 3:1절을 보라.
Ⓐ 우리가 땅에 것을 사모하며 달려갈 것인가? 아니면 위엣 것을 바라보고 달려 갈 것인가? 여기서 양자택일을 해야 한다. 그러면 왜 그런 것인가? 인간은 왜 땅의 것을 버리고 위엣 것을 찾아야 하는가?
Ⓑ 인간은 그 누구도 위엣 것을 찾지 못하면 결코 아니 된다.
Ⓒ 성서의 약속은 위엣 것을 찾으라는 것이 아니겠는가? 그러면 왜 그런 것인가? 그것이 바로 하나님의 요구사항이기 때문이다.

2, 골로새서 3:2절을 보라(빌립보서 3:14하반절). 성서는 여기서 우리에게 위엣 것을 좇으라고 한다. 그러면 왜 믿음이 있는 자는 위엣 것을 좇아야 하는가? 답) 그것이 인간의 본분이기 때문이다.

Ⓐ 그리스도인이 위엣 것을 좇으려면 최선을 다하고 경우에 따라서는 목숨까지 버려야 한다.

Ⓑ 믿는 자는 반드시 하나님과의 약속을 지켜야만 한다. 약속은 계약관계이다. 그러니 지키고 따라야 한다.

Ⓒ 믿음으로 기도하는 것은 약속관계이고 찬송을 하는 것도 약속관계이다. 그러니 약속은 계약이므로 반드시 지켜져야 한다.

3, 믿음은 위엣 것을 얻고 보고 달리는 것이다.

Ⓐ 빌립보서 3:14상반절을 보라. 믿음으로 푯대를 향하여 달려야 한다고 강조하고 있다. 믿음이 없는데 푯대가 있겠는가? 하나님의 나라의 푯대는 믿음을 가진 것이 아닌가?

Ⓑ 디모데 후서 2:5절을 보라. 믿음으로 천국을 향하여 달려가는 것이다. 그것이 십자가와 죽음의 길이라고 하여도 말이다.

4, 믿음은 반드시 계약이다. 그러니 약속을 이행하여야 하는 것이다.

Ⓐ 약속은 한편만의 것이 아니다. 약속은 어디까지나 상호적이다. 믿음은 편무적이기 보다 상호적이다. 하나님과 나와의 관계에서 믿음은 성립이 되는 것이다.

Ⓑ 믿음은 신의를 지키고 위에서 일을 하는 것이다. 믿는 자에게 약속이행이다. 그러니 신의가 없으면 아니 된다.

Ⓒ 믿음은 상호적이니 약속부터 지켜야만 한다. 믿음은 상호적이고 때로는 편무적이다. 그러니 믿는 자는 반드시 믿음에 의한 약속을 지키는 것이 상책이다.

5, 하나님이 우리에게 약속을 지키라고 요구하신다.

Ⓐ 하나님이 우리에게 약속은 반드시 지키고 이루라고 요구하신다. 그 저의는 무엇인가?

Ⓑ 하나님이 우리에게 성서를 주신 것은 약속을 지키라는 것이다.

Ⓒ 그러기에 성서를 보라. 그리고 하나님이 주신 십계명을 보라. 이것들 모두가 약속을 지키라는 것이 아닌가?

Ⓓ 하나님께서는 오늘도 믿음에의 약속을 지키라고 한다. 그것이 바로 사는 유일의 길이라고 한다.

2대지, 믿음은 약속이다

"약속은 반드시 문서화해야 한다. 구두적인 약속은 변하고 변질될 수도 있다."

1, 약속은 입으로도 한다. 때로는 입으로의 약속이 구두약속이기는 한다. 그러나 필요하기도 한다.

Ⓐ 하나님은 아브라함과의 약속을 구두로 하였다. 창세기 12:1-4절과 히브리서 6:13-16절을 보라.

Ⓑ 그리고 하나님께서는 모세와도 약속을 하신다. 출애굽기 3장이하를 보라.

Ⓒ 예수께서도 이 문제를 논하고 있다. 요한복음 14:2-3절을 보라. 예수께서는 여기서 하늘나라의 구원과 우리의 약속을 가르치고 있다.

Ⓓ 그리고 하나님은 노아와도 약속을 하신다(창세기 6장 7장 8장). 그러면 왜 그런 것인가? 그것이 하나님의 선하신 뜻이기 때문이다.

2, 믿음은 때로는 문서화하기도 한다. 왜냐 하니 그것이 약속이행이기에 그러하다.
Ⓐ 하나님께서는 미가 선지자와도 약속하신다(미가 7:12). 그러면 그 이유가 무엇인가?
Ⓑ 하나님께서는 이사야를 부르시며 약속을 하신다(이사야 6:1-9). 그러면 그 이유는 무엇인가? 그것은 그들이 그 시대에서는 반드시 필요한 자들이기 때문이다.

3, 하나님의 약속은 구약에서는 39권이고 신약에서는 27권이다. 그래서 합하니 66권이 다 하나님의 약속이다.
Ⓐ 약속은 반드시 문서화하는 것이 좋다. 왜 그런 것인가? 인간은 사람 앞에서는 바르지 못하고 하나님 앞에서도 속이고 눈치를 보고 바르지 못하기 때문이다.
Ⓑ 믿음은 하나님 앞에서 약속이기에 반드시 문서화하라. 글로서 문서화하기도 하고 양심과 신앙에의 문서화하는 것이 좋다. 그것이 글이나 책이나 아니면 믿음과 정신과 사상에의 문서화하는 것도 좋다. 그렇게 해서 일생동안 그 약속을 지키려고 노력하는 것은 좋은 일이다.

4, 그러면 왜 하나님께서는 믿음을 문서화하는가? 그것은 약속이니 그러하다. 그러니 이것을 문서화하지 아니하면 꼬리를 내리고 위증과 거짓을 말하고 도망가기 때문이다.
Ⓐ 하나님께서는 필요하시니 바울을 부르신다. 그러면서 그가 하나님 앞에서 약속이행을 철저히 할 것을 요구하신다. 특히 사도행전 9:14-15절을 보라고 경고 하신다.
Ⓑ 바울은 사도행전 9:1-9절을 통하여 부르심을 받았다. 그러니 그는 하나님 앞에서 철저히 약속 이행할 것을 강조하신

다. 로마서 14:7-8절을 보고 그리고 다시 디모데 후서 4:7-9절을 보라. 그는 약속한 그대로 자기의 삶을 살고 달려 왔음을 고백하고 있다.

5, 하나님과 인간과의 약속에서는 반드시 율법이전보다 율법이후에는 문서화하는 것이 좋다. 율법이전은 모세 5경이 기록되기 이전이고 문서 이후는 모세 5경이 기록된 그 이후이다. 그러니 이것을 우리가 현실적으로 바로 아는 것이 중요하다.

Ⓐ 사도행전 10:1-4절을 보라. 하나님께서는 고넬료에게도 약속 하신다.

Ⓑ 이 하나님의 약속은 천지 창조를 통하여서 잘 나타내고 있다. 그것도 쉬지 아니하고서 말이다(시편 147편).

3대지, 믿음은 약속이니 하나님께서 우리에게 성서를 통하여 영원한 약속을 하신다

1, 하나님과의 우리와의 약속을 보라. 하나님께서는 나를 부절히 이끄시고 인도하시고 약속을 하고 계신다.

Ⓐ 이 약속의 먼저는 구원에의 약속이다. 구약성서 그 자체가 바로 약속이 아니겠는가? 심지어는 하나님이 그의 아들 예수를 우리에게 주신 것은 약속이다(마태복음 1:21).

Ⓑ 영생에의 약속이다. 영생에의 약속이니 반드시 문서화해야한다. 요한복음 3:16-18절을 유의하여 보라. 이것이 바로 영생에의 약속이다.

Ⓒ 하나님께서는 믿는 그리스도인들과 쉬지 아니하고 약속하며 계시는 것 아닌가? 우리는 언제나 성서 안에서 약속이행을 찾아보고 감사해야 한다.

2, 믿음에 의해 천국을 약속하심이다.

Ⓐ 구원과 천국과 낙원을 약속하심은 감사이다. 천국은 경우에 따라서 계시되신 천국도 있지만 약속의 장소이기도 하다. 마태복음 3:12절이나 13:30절을 보라.

Ⓑ 하나님은 쉬지 아니하고 우리를 부르신다. 왜 우리를 부르시는가? 그것이 바로 약속이행이기 때문이다.

Ⓒ 그러면 왜 하나님께서는 우리와의 약속을 지키려고 하시는가? 약속을 지키는 것은 감사이고 찬송이 아니겠는가? 여기서는 바른 이해가 요구되고 있다.

3, 하나님은 우리에게 믿음 안에서 천국과 구원을 약속하고 계신다.

Ⓐ 믿음에 의한 약속은 우리를 구원하시려 하기 때문이다.

Ⓑ 하나님은 약속으로 구원을 하려 하신다. 그러면 그 저의는 무엇인가? 이를 바로 아는 것이 중요하다. 다니엘 3:1-23절을 보라. 하나님은 사드락과 메삭과 아벳느고를 보시고 계신다. 하나님의 약속은 그들을 풀무불에서 죽이는 것이 아니고 역사의 등경위에 높이 올려서 사람들이 그들을 보게 하시기 위한 것이다.

4, 하나님은 우리에게 믿음으로 사는 것을 약속하시고 계신다. 그래서 베드로 후서 3:18절을 유의하라고 하신다.

Ⓐ 믿음으로서 모든 것을 약속을 받고 행하니 복을 받는 것이다. 누구에게도 믿음이 없으면 약속을 받지 못한다. 믿음은 우리에게 구원의 약속과 천국의 약속을 받게 하는 비결임을 알리시고 있다.

Ⓑ 히브리서 11:6절을 보라. 누구도 믿음이 없으면 하나님을

기쁘시게 할 수가 없다. 왜 그런 것인가?

ⓒ 우리는 믿음으로 구원과 영생의 약속을 받아내야 하는 것이다. 그 누구도 이를 함부로 여기지 말라.

5, 믿음으로 그리스도께서는 우리에게 다시 오신다고 약속을 하시면서 그것을 글로 쓰고 성서라는 책 안에서 약속까지 하고 계신다.

Ⓐ 그러면 하나님의 약속이 그 무엇인가? 그것은 하나는 요한복음 14:2-3절이다. 여기서 그리스도께서는 자기가 먼저 가서 처서를 예비하면 다시 와서 우리를 그곳으로 인도하신다고 약속하신 것이다.

Ⓑ 예수 그리스도의 약속은 우리를 구원하는 것이고 우리를 하나님의 나라로서 백성으로 만드시는 것이다.

ⓒ 이 하나님의 약속은 나를 하나님의 나라의 백성으로 또는 하나님 아버지의 아들 휘오스로 만들어 주시는 것이다.

4대지, 그러면 여기서는 믿음과 약속을 보라

1, 믿음에의 약속이 없으면 그리스도께서는 그 자신의 다시 오심을 알리거나 강조할 수가 없다. 그러니 의미를 많게 하는 것이다.

Ⓐ 그러면 하나님과 나라의 약속은 그 무엇인가?

Ⓑ 그러면 나는 하나님께 그 무엇을 약속하고 있는가? 그러면 그것이 바로 나의 생명인가? 그것이 아니면 그 무엇인가?

ⓒ 하나님과의 약속도 없는 자가 해야 할 일은 그 무엇인가? 기실은 아무것도 없다.

2, 믿음은 언제나 철저한 약속을 요구하고 있다. 그러나 하

나님 앞에서 약속이 없는 자 마냥 살고 있다. 그러니 그것이 문제가 된다.

　Ⓐ 교회를 나오고 있는 자는 그 무엇인가? 그들은 하나님께 약속이 있어야 한다.

　Ⓑ "나는 예수를 믿습니다." 라고 말할 때에 그것에는 이미 하나님과의 약속이 있는 것이다.

　Ⓒ 그 누구도 약속이 없으면서 믿으려는 자는 곤란하여진다. 왜냐 하니 그것이 헛것이고 무효이기 때문이다.

　3, 믿음은 내세의 약속을 가져오게도 한다.

　Ⓐ 누가복음 23:43절을 보라. 예수께서는 한 강도에게 내가 너와 함께 오늘 낙원에 있으리라는 약속을 하신다. 이는 구원과 영생에 대한 약속이다.

　Ⓑ 요한복음 14:2-3절을 보라. 예수께서는 자기가 다시 와서 자기가 있는 그 곳에 우리도 함께 할 것을 약속하고 있다.

　4, 믿음의 원동력과 힘은 우리가 내세를 믿고 생각할 그 때에 이루어지는 것이다. 누구도 인생은 믿음이 없이는 살수가 없다

　Ⓐ 누가복음 16:19-31절을 보라. 여기서 어리석은 부자는 물을 달라고 요구하거나 이 세상에 있는 자기의 가족의 구원을 약속해 달라고 요구하고 있다. 그러니 그런 약속은 거부가 되고 만다.

　Ⓑ 내가 하나님께 이제까지 약속을 한 것이 그 무엇인가? 그것을 위해서는 목숨을 버릴 수가 있어야 한다.

　5, 믿음과 약속을 보라.

　Ⓐ 믿음은 영원과의 약속이다. 내가 하나님 앞에서 믿음으

로 약속을 하는 것은 참으로 놀라움이 아닐 수가 없다.

ⓑ 믿음은 예수 그리스도 안에서의 약속이다. 믿음으로 예수 그리스도 안에서 살고 생활하며 쉬지 아니하고 약속을 이행하는 것은 큰 축복이다. 그 누구도 이를 명심해야 한다.

ⓒ 예수 그리스도의 나라에서의 약속이다. 그 나라에서(누가복음 22:29) 영원히 함께 사는 약속이다. 그러니 감사이고 축복이다. 그 누구도 이를 모르면 결코 아니라는 것이다.

ⓓ 누구도 목사나 교인으로서 하나님과의 약속을 잊으면 아니 된다. 하나님과의 약속은 구원에 대한 약속이고 천국과 영생에 대한 하나님의 약속인 것이다. 그러니 그 누구도 이를 잊지 말라. 왜 그런 것인가? 하나님은 우리와의 약속을 귀히 여기시기 때문이다.

☆ **결론**

하나님께서는 오늘도 우리와의 약속을 반드시 지키신다. 왜 그런 것인가? 그것은 하나님께서 약속을 중히 여기시기 때문이다. 그리고 하나님은 우리와의 약속을 잊지 않고 생각하기 때문이다. 그러기에 누구도 약속을 잘 지키고 이행하는 자가 되어야 한다. 그러면 왜 그런 것인가? 그것이 바로 하나님께서 요구하시고 바라시는 바이기 때문이다.

누구도 하나님 앞에서 약속이 있는 자가 되고 약속이 없는 자가 되지 말라. 약속이 없으면 심신이 무너지고 하나님 앞에서 도움을 받을 수가 없다. 그래서 하나님께서는 우리에게 약속이 있는 자가 되라고 말씀하신다. 그 누구도 약속이 무너지면 하나님께 영광을 돌릴 수가 없다. 하나님과의 약속을 통하여 복을 받고 복을 얻는 자가되라. 이것을 하나님은 요구하신다.

마가복음 9:22-23
믿음은 약속이다(3)

[성경본문]

"귀신이 저를 죽이려고 불과 물에 자주 던졌나이다 그러나 무엇을 하실 수 있거든 우리를 불쌍히 여기사 도와주옵소서 예수께서 이르시되 할 수 있거든이 무슨 말이냐 믿는 자에게 능치 못할 일이 없느니라 하시니"

△ 서론

※ 믿음은 약속이다.
① 믿음은 구원의 약속이다(요한복음 3:16).
② 믿음은 영생의 약속이다(요한복음 3:18).
③ 믿음은 성령의 약속이다(요한복음 14:26).
④ 믿음은 중생의 약속이다(요한복음 3:3, 3:5).
⑤ 믿음은 하나님의 아들의 약속이다(마태복음 5:9).
⑥ 믿음은 천국시민의 약속이다(마태복음 5:8).
⑦ 믿음은 부활완성의 약속이다(마태복음 28:1-10, 고린도전서 15장).
⑧ 믿음은 영육의 축복의 약속이다(요한 3서 1:2).
⑨ 믿음은 지식의 약속이다(디모데 후서 3:16, 베드로 후서 3:18).
⑩ 믿음은 지혜의 약속이다(디모데 후서 3:15).
⑪ 믿음은 인격의 약속이다.

⑫ 믿음은 앞서는 약속이다. 사람은 그 누구도 믿음 따라 앞서기도 하고 뒤지기도 한다.
⑬ 믿음은 100배의 축복의 약속이다(마가복음 10:30).
⑭ 믿음은 누구도 머리가 되는 약속이다(신명기 28:13, 이사야 9:14).
⑮ 믿음은 영감의 약속이다(욥기 33:14-16, 36:10, 37:15-16).
⑯ 믿음은 기타 등의 약속이다.

1대지, 믿음은 내세에 대한 약속이다(요한복음 14:2-3)

1, 예수 그리스도께서 반드시 다시 오신다. 마태복음 24:42-47절과 마태복음 25:1-9절을 보라.
Ⓐ 데살로니가 전서 4:14-17절을 보라. 이미 그리스도의 재림과 동시에 모든 성도들이 낙원에서 나와서 백보좌의 심판과 (계시록 20:11-15) 구원을 얻게 되어져 있다. 이것이 하나님의 뜻과 요구이다.
Ⓑ 마태복음 16:27-28절을 보라. 예수 그리스도께서는 천사들과 함께 오신다. 이것이 그리스도와 우리와의 미래적 또는 종말적인 약속이다.

2, 마태복음 19:19-22절을 보라.
Ⓐ 마태복음 19:21절을 보라. 예수께서는 여기서 부자청년에게 하늘의 보화를 약속하신다. 그러나 세속도시 속에서 살고 있는 부자청년은 하늘의 보화보다 이 땅위 보화를 더 요구하고 있다. 그러니 어찌 되겠는가?
Ⓑ 그러면 그 이유는 무엇이고 그 어디에 있는 것인가? 그것은 바로 하나는 계산을 잘하는 것이고 하나는 보화가 무엇

인지 그것을 잘 알라는 것이고 하나는 비교와 설계를 잘하라는 것이다. 그래야 승리를 할 수가 있다는 것이다.

3, 믿음은 위에서 부르심에 대한 약속이다.
Ⓐ 마태복음 4:18-21절을 보라. 예수께서는 베드로와 안드레 야고보와 요한을 여기서 부르신다. 그러면서 이들에게 너희는 계산을 잘하라고 명령하신다. 누구도 계산을 잘못하면 망가지고 부서지고 넘어지고 죽기까지 한다.
Ⓑ 마태복음 9:9-11절을 보라. 예수께서는 여기서 마태를 부르신다. 그러면 그를 왜 부르시는가? 그가 필요하시니 부르신다. 여기서 마태는 계산을 잘하여 열두 사도 중 하나가 되고 불의의 명작인 마태복음을 남기게 된다.
Ⓒ 믿음은 부르심에 순응하여 따라 나서는 것이다. 그래야 승리하는 것이다.

4, 믿음은 부르심에의 약속이다.
Ⓐ 하나님께서 어제도 오늘도 쉬지 아니하고 부르신다. 왜 부르시는가? 필요하시니 부르시는 것이 기본과 원리이다. 요한복음 1:35-51절을 보라. 이들은 하나같이 세례요한의 수제자들이다. 스승이신 세례요한이 가라하니 이들은 반대 없이 나사렛 예수를 따라 나서고 있다.
Ⓑ 믿음은 어제도 오늘도 반드시 부르심에 부응하여 따라 나서는 것이다. 그러니 이사야 6:1-9절을 보고 그리고 다시 사도행전 9:1-9절을 보라. 그리스도께서는 사울을 무조건적으로 부르신다.
Ⓒ 그러면 부르시는 그 이유는 무엇인가? 사도행전 9:14-15절을 유의하여 보라. 참으로 놀랍지 아니한가?

5, 그러면 왜 믿음은 부르심인가? 그리고 믿음은 부르심에서 그 시작을 하는 것이다. 믿음은 이에 대한 그의 약속이 있기 때문에 부르시는 것이다.

Ⓐ 예수 그리스도를 보라. 과거나 현재에도 그에게는 너무나 많은 사람을 필요로 하고 있다.

Ⓑ 하나님의 몸 된 에클레시아를 보라(마태복음 16:18). 그곳에서는 지금도 쉬지 아니하고 일군을 부르시고 있다. 마태복음 18:19-20절을 보라. 여기서 제자들은 왜 부르시는지 그 이유를 밝히고 있다.

Ⓒ 예수 그리스도에게는 지금도 많은 일군들이 필요하고 요구된다. 그러면 그 이유는 무엇인가? 그것은 하나님의 나라의 일군들이고 필요한 것이다.

2대지, 믿음이란 무엇인가? "하나님과의 각종 약속관계"

1, 믿음은 그 하나가 부르심의 약속이다.

Ⓐ 믿음은 그 누구도 약속의 부르심이다. 그러니 믿음을 크게 가지라.

Ⓑ 믿음은 모두에게 믿음에의 원동력이 무엇인지 그것을 요구하고 있다.

Ⓒ 믿음은 큰 것을 요구하는 것이 아니다. 그 이유는 무엇인가? 누가복음 17:5절을 보라. 제자들이 여기서 우리에게 믿음을 더하소서 하시니 그리스도께서는 누가복음 17:6절에서 "너희에게 겨자씨 한 알만한 믿음이 있으면" 된다고 말씀하신다.

Ⓓ 예수 그리스도께서는 도성인신을 하신다(요한복음 1:14). 그리고 언제나 우리와 함께하고 하나님의 나라를 세우심에 있어서 일군이 필요함을 알리시고 있다.

2, 믿음은 그 다음은(2번째) 보호하심에의 약속이다.

Ⓐ 그리스도께서는 우리에게 이 세상의 끝 날까지(마태복음 28:20) 함께 하신다고 약속하시고 있다.

Ⓑ 그러면 그 이유는 무엇인가? 하나님의 나라는 지키심과 보호의 장막이듯이 믿음의 약속도 역시 그러함을 알린다. 그러니 그 누구도 믿음에 대한 바른 이해를 요구해야 한다.

3, 믿음은 하나님과의 약속을 지키는 것이다.

Ⓐ 믿음에서 우리가 반드시 유의해야 할 것은 그 하나는 편무적이라는 것이다. 하나님과 인간과의 관계에서는 말이다. 믿음이 편무적이니 창세기 12:1-4절을 보고 그리고 다시 창세기 22:1-14절을 보라. 오직 하나님 편에서 믿음의 문제를 말씀하고 있다. 그러면 왜 그런 것인가? 그것은 바로 하나님의 요구사항이기 때문이다. 하나님께서는 어제도 오늘도 인간을 보시며 구원하시려 하신다.

Ⓑ 다른 그 하나는 믿음은 상호간의 약속이다. 신약이나 구약의 전 내용이 무엇인가? 그것은 하나같이 죄인 구원이다.

Ⓒ 그 누구도 믿음이 없으면 하나님의 약속을 받지 못한다. 그 이유는 무엇이고 어디에 있는가함이다. 믿음이 있는 자는 이에 대한 바른 이해가 있어야 한다.

4, 하나님께서는 어제도 오늘도 필요한 자를 부르신다.

Ⓐ 하나님께서는 아브라함을 부르신다. 창세기 12:1-4절을 보라. 아브라함은 믿음으로 약속을 받고 고향을 떠나서 하나님이 인도하는 곳으로 찾아가게 된다.

Ⓑ 하나님은 믿음을 통하여 모세를 부르시는 것이다. 모세는 40여 년간 미디안 광야에서 양치기를 하였다. 출애굽기 32

장을 보라. 양치기하는 모세를 부르시고 있는가? 그것은 그가 필요하시니 부르신 것이다.

ⓒ 하나님이 부르시는 일군은 시대마다 다르다는 것을 바로 알라. 아브라함 때에는 그가 필요하시니 부르시고 노아의 때에는 그가 필요하시니 부르시고 이사야 때에는 그가 필요하시니 부르시고 바울의 때에는 바울이 필요하시니 부르신다. 사도행전 9:14-15절을 보라. 하나님께서는 필요한 자를 부르시는지 그것을 여기서 가르치고 있다.

5, 하나님이 부르시는 자들을 보라.
Ⓐ 하나님은 사무엘이 필요하시니 그를 부르신다. 사무엘상 3장과 4장을 보라. 이는 의미하는 바가 많다.
Ⓑ 하나님은 사울을 다메섹에서 부르신다(사도행전 9:1-9). 분명히 사울은 그리스도의 대적자이고 반대자이다. 그가 행한 업적을 보면 도저히 그를 부를 수가 없다. 그러나 하나님께서는 그런 인간을 일군으로 필요하시니 부르신다.
ⓒ 역사나 성서적으로 보면 사울은 하나님 앞에서 큰 그릇이다. 하나님이 탐을 낼만한 그릇이다. 그가 쓴 저서로서 로마서 - 히브리서까지를 보라. 놀랍지 아니한가?

3대지, 하나님께서 믿음을 따라서 필요한자 하나하나를 부르시고 계신다

"모세를 보고 엘리야와 엘리사를 보라. 이들은 부르시지 아니하는가?

1, 예수께서는 제자와 사도들을 부르신다(마태복음 10:1-6).
Ⓐ 마태복음 4:18-20절과 4:21-22절을 보라. 여기서 예수 그

리스도께서는 베드로와 안드레를 부르고 이어서 야고보와 요한을 부르신다. 이들 하나하나를 불러서 사도로 삼으신 것은 놀라움의 역사이다.

Ⓑ 마태복음 9:9절을 보라. 마태는 세리이지만 주님이 필요로 하시니 그를 부르신다. 왜 그를 부르시는가? 그것은 바로 그가 일군으로도 필요하고 성서 저자로도 필요하기 때문이다. 구약에서는 이사야나 예레미야나 에스겔 같은 사람이 필요하고 신약에서는 바울과 마태와 사도요한과 같은 사람이 필요하기에 부르시고 그리고 오늘에서는 필요한 일군을 부르시는 것이다.

2, 하나님께서는 일군이 필요하시니 필요에 따라서 부르신다.
Ⓐ 경우에 따라서는 이방사도를 부르기도 하신다. 사울과 바나바를 하나님은 부르신다. 그래서 바울과 바나바는 부르심을 받고 이방 사도로서 많은 일을 초대교회에서 하고 있다.
Ⓑ 경우에 따라서 하나님은 속사도를 부르시기도 하신다. 마가나 누가나 디모데와 같은 자들을 누가복음과 사도행전의 저자이고 그리고 마가는 마가복음에 저자이고 그리고 디모데는 바울의 믿음의 아들로서 신약시대의 모든 교회들에게 큰 업적을 남기기도 하였다. 그러므로 우리는 이 사도시대에 대하여 바로 알라. 하나는 그리스도께서 세운 열두 사도가 있고 하나는 성령께서 세우신 이방 사도로서 바울과 바나바가 있고 그리고 하나는 하나님이 세운 초대교회에서의 속 사도들이 있다. 이들은 마가나 누가나 디모데 등인데 안타까운 것은 이 속 사도에서 빠진 사람들이 있다. 디모데 후서 4:10절을 보면 데마와 그레스게와 디도와 같은 자들은 속 사도에 들어갔으면 하였다. 그러나 잘못되어 빠진 자들이다.

3, 구약에서도 하나님은 선지자들을 부르시고 약속을 지키셨다.
  Ⓐ 하나님은 먼저 이사야를 부르신다. 이사야 6:1-9절을 보라. 하나님은 왜 그를 부르시는가? 답) 이사야 6:7-9절을 보라. 그 해당이 나와 있다.
  Ⓑ 예레미야를 부르신다. 예레미야 1:6-9절을 보라. 하나님이 왜 예레미야를 부르시는지 그 이유가 일목요연하게 나타나고 있다.
  Ⓒ 하나님은 다니엘을 부르신다. 왜 하나님은 다니엘을 부르시고 계시는가? 하나님은 다니엘 그에게 명철과 총명을 주시었다. 다니엘 5:11절과 5:14절을 유의하여 보라.
  Ⓓ 하나님은 오늘에서도 우리를 부르신다? 왜 부르시는가? 우리에게 직분을 주시고 일을 맡기시려 하시는 것이다. 맡은 자는 언제나 충성을 해야만 한다. 그것이 기본이고 원리이다. 고린도 전서 4:2절을 유의하여 보라.

4, 신약성서를 보라. 하나님은 필요한 자를 부르시고 계신다.
  Ⓐ 요한복음 1:36-51절을 보라. 여기서 하나님께서는 제자들이 필요하니 부르신다. 그런데 여기에 나타난 이들은 하나같이 세례요한의 제자들임을 바로 알라.
  Ⓑ 요한복음 1:34-51절을 보라. 여기서 세례요한은 그 믿음의 분량을 따라서 보내시고 있다.
  Ⓒ 구약이나 신약에서 그리고 오늘에서 하나님은 우리들 하나하나를 보시고 계신다. 누구도 이를 바로 아는 것이 중요하다.

5, 하나님이 이렇게까지 하시는 그 이유는 무엇인가?
  Ⓐ 그것은 그 사람의 믿음의 능력과 역사에 따라서 행하여야 할 일이 있기 때문이다.

Ⓑ 그 사람의 능력과 역사를 따라서 모두가 일을 해야 하기 때문이다.
Ⓒ 믿음의 원동력과 능력과 힘과 역사를 바로 보고 바로 알라.

4대지, 하나님은 필요에 따라 자기의 사람들을 부르시고 계신다

"고로 역사와 현실을 바로 보라. 하나님은 왜 자기의 사람들을 부르시는가? 필요하시니 부르신 것이다"

1, 그러면 초대교회를 보라. 초대 교회에서는 일군들이 너무 많이 필요하다. 그래서 마태복음 10:1-6절을 보라.
Ⓐ 초대교회에서는 전도자 빌립이 필요하시니 그를 부르신다(사도행전 8:26-39).
Ⓑ 초대교회에서 전도자 바나바가 필요하시는 하나님은 그를 부르신다(사도행전 4:36-37).
Ⓒ 하나님은 스데반이 필요하시니 그를 부르시기도 하신다(사도행전 6:1-5).

2, 초대 교회에서는 어거스틴이나 그에게 동조한 세력들을 보라.
Ⓐ 신약시대에 와서 하나님은 말씀의 사람 어거스틴을 부르신다. 하나님이 그를 부르시는 것은 성서 66권을 분리 작업을 하게 하신 것이다.
Ⓑ 그리고 기독교의 도리와 교리를 바로 세우시기 위하여 하나님은 어거스틴과 그의 일파들을 부르신 것이다. 부르시는 자들을 적재적소에 보내어서 크고 작은 일들을 맡기시기 위한 것이다. 오늘에서 결코 예외는 아니다.

3, 종교 개혁자들을 보라.

Ⓐ 루터를 보라. 그는 천주교의 신부이었다. 그럼에도 하나님은 그가 성서 66권을 2000독이나 하게 하시고 40대 초반에 종교개혁의 깃발을 들게 하시고 그 일을 감당하게 하시었다. 그는 성서 66권을 라틴어에서(로마) - 독일어로 번역하여 일반 성도들이 성서를 읽게 하고 그리고 그는 상당수의 책을 써서 기독교를 알리기도 하였다.

Ⓑ 그리고 다시 칼빈을 보라. 그는 20대 초반에 종교개혁을 하였으나 그는 1차 계획에 실패하고 기독교강요를 쓰게 하고 이어서 그는 외국에로 도피 했다가 30대에 돌아오게 되었다. 루터는 독일에서 칼빈은 프랑스에서 종교개혁을 하게 하시고 승리하게 하시었다.

Ⓒ 하나님은 언제나 각기 그 그릇대로 사용을 하신다(사도행전 9:14-15).

4, 하나님께서는 오늘의 우리를 보시고 부르신다.

Ⓐ 하나님은 우리를 소명자로 부르신다. 그것도 우리가 하나님의 일을 열심히 하라고 그리고 어떤 이는 순교를 당하게도 하신다. 사도행전 9:14-15절을 보라. 하나님은 각기 그 사람의 그릇대로 언제나 사용을 하신다.

Ⓑ 하나님은 소명자로 우리를 부르신다. 누구도 그리스도의 일을 하고 또는 목회자가 되어서 일을 하라고 부르신다. 그러니 사도행전 9:1-9절을 보고 그리고 다시 아사야 6:1-9절을 보라. 각기에게 소명대로 맡기실 일이 있으니 부르신 것이다.

Ⓒ 우리는 하늘의 보호하심을 입기 위해 부르심에 응해야 한다. 그러니 믿음을 바로 알아야 한다. 하늘이 왜 나를 부르신 것인가? 그것은 해야 할 일 곧 소명이 있기 때문이다.

5, 믿음에의 기타 성이다.
  Ⓐ 그 누구도 부르심에 대한 책임을 반드시 져야한다. 나를 불러주었는데 책임의식이 없으면 넘어지고 무너진다.
  Ⓑ 따름에 대한 책임을 그 누구도 부르심에 대한 책임과 함께 져야한다. 그러나 인간들은 하나같이 그것에 대한 회피를 하고 있으니 문제가 된다.
  Ⓒ 인간은 누구도 따름에 대한 책임을 반드시 져야한다. 물론 부르심에 대한 그 책임도 져야한다. 그러니 목사는 목사로서 교인은 교인으로서 책임의식이 분명해야 한다. 이를 잊으면 아니 된다.
  Ⓓ 그래서 성서는 이사야 6:7-9절과 사도행전 9:14-15절을 바로 보라고 경고하고 있다.

☆ 결론

하나님께서는 언제 어디서나 우리의 믿음 하나하나를 보시고 계신다. 그러면서 그 사람의 믿음에 따라 그와 약속을 하신다. 하나님과의 약속은 너무나도 많고 크고 위대하다. 누구도 버리거나 떠나면 아니 된다. 오늘도 하늘은 나를 필요로 하고 있다. 그래서 배움의 전당인 신학교나 대학원이나 박사원으로 나를 부르시고 계신다. 하늘이 나를 부르시는 것은 그만한 이유나 조건이 있기 때문이다. 하나님은 오늘도 나에게 사명을 완수하라. 그리고 부르심에 소명도 완수하라고 말씀하신다. 목사나 교인에게는 부르심에의 소명도 있고 이 세상에서도 해야 할 사명도 있다는 것을 바로 알아야 한다. 누구도 부르심의 소명을 등한히 하거나 버리거나 아무렇게 생각하면 아니 된다.

하늘은 구약에서 선지자들을 보시고 그리고 의인들과 선인들과 족장들과 제사장들과 사명자들을 부르신 것인가? 그러니 그 누구도 부르심에 대하여 함부로 대하거나 처신하면 아니 된다. 오늘에서도 나를 하나님이 부르신 것인가? 이것을 바로 아는 것은 중요한 과제이다. 로마서 11:34-35절을 보라. 하나님이 왜 나를 부르신 것인가? 우리는 왜 하나님을 바로 알아야 하는가? 이것을 모르면 아니 된다. 누구도 믿음은 약속임을 바로 알아서 하나님의 일을 하도록 최선을 다하여야 한다.

마태복음 8:5-13
너희 믿음대로 되라(1)

[성경본문]

"예수께서 가버나움에 들어가시니 한 백부장이 나아와 간구하여 가로되 주여 내 하인이 중풍병으로 집에 누워 몹시 괴로와하나이다 가라사대 내가 가서 고쳐 주리라 백부장이 대답하여 가로되 주여 내 집에 들어오심을 나는 감당치 못하겠사오니 다만 말씀으로만 하옵소서 그러면 내 하인이 낫겠삽나이다 나도 남의 수하에 있는 사람이요 내 아래도 군사가 있으니 이더러 가라하면 가고 저더러 오라하면 오고 내 종더러 이것을 하라 하면 하나이다……"

△ 서론

※ 성서는 언제나 우리에게 믿음대로 되라고 한다. 여기서 이것을 바로 알아야 한다.
① 문제는 믿음이 큰 것인가 하는 것이다.
② 아니면 믿음이 중간 상태인가 하는 것이다.
③ 믿음이 있는가? 아니면 믿음이 없는가 하는 것이다.
④ 아니면 귀신의 믿음인가 하는 것이다. 기독교 안에 목사나 교인들 가운데 워낙 귀신의 믿음이 많다.
⑤ 살아 있는 믿음인가? 아니면 죽은 믿음인가 함이다. 야고보서 2:20절과 2:26절을 보라. 죽은 믿음이 나온다. 오늘의 목사나 교인들의 상당수의 믿음은 살아있는 믿음이 아닌 죽은

믿음들이다. 비 신앙이나 불신앙 등은 다 죽은 믿음이 아니겠는가?

⑥ 교회를 다니고 예수를 믿는 것 같으나 필요가 없는 믿음들이다. 그러니 문제가 생긴다.

⑦ 골로새서 2:23절과 같이 자의적 믿음인가? 현대 교회의 목사나 교인들은 하나같이 자의적 믿음을 가지고 오고 간다. 그러니 그 개인적으로는 예수를 잘 믿고 교회를 열심히 다니는 것 같다. 그러나 그것이 개인적이고 자의적이니 문제가 심각하여진다.

⑧ 임의적 믿음인가? 목사나 교인이 교회를 부지런히 다니면서 임의적인 믿음을 가지면 심각함이 드러난다. 데살로니가 후서 2:3절이나 데살로니가 후서 2:4절적으로 그 자신이 신격화가 되고 사이비 교주가 되고 자칭 하나님이 되어서 오고 간다. 현대교회 안에서는 자칭 하나님이 참으로 많다. 그러니 그것이 문제가 되고 있다.

⑨ 목사가 되고 교인이 되어도 점신적이고 박수무당적이고 사이비적인 믿음을 가지고 있다. 그런 유형의 믿음으로 살고 있는가? 상당수의 목사들은 성서를 이용하고 악용하고 있으니 자칭 하나님이 되고 신격화 되고 있다. 빌립보서 3:18-19절을 보라. 여기서 바른 문제가 생기는 것이다.

⑩ 상당수의 목사나 교인들이 광신적 믿음을 가지고 있다. 그러니 그것이 문제이다. 사람들은 교회를 다니고 예수를 믿는데 광신자는 되지 말라고 하나같이 요구하고 있다. 하나님이 요구하는 것은 성서를 읽는데 광신자가 되고 성서를 배우는데 광신자가 되고 성서를 연구하고 원고를 쓰고 책을 쓰는데 광신자가 되어야지 예배당을 다니고 목사를 믿고 따르고 부흥회나 기도원이나 세미나를 찾아서 돌아다니는 것에 광신

자가 되면 되겠는가? 그것은 결코 아니 되는 것이다. 이점을 모두가 유념해야 한다. 거두절미하고 우리가 광신자가 되는 것은 나쁘다. 성서를 읽고 성서를 배우고 성서를 연구하는데 광신자가 되는 것은 좋은 일이다.

⑪ 뒤틀린 전도서 9:3절적인 믿음을 가진 것인가? 아니면 그 반대적인 믿음을 가진 것인가? 사람은 누구도 이 세상을 살아가려면 지구가 둥글듯이 약간씩 인간은 미쳐서 돌아가는 것은 사실이다. 미친 세상에 살기에 믿음 역시 약간씩 이상 현상을 가지는 것은 당연지사이다.

⑫ 그리고 다시 유념할 것은 빌립보서 3:18-19절의 믿음이나 다시 데살로니가 후서 2:3-4절의 믿음을 가지는 것은 잘못된 것이고 사이비적이고 스스로 신격화하는 것이다. 오늘의 현대에서는 교회와 목사와 교인들이 이런 것을 가지고 신앙생활을 하고 있다. 그러니 그것이 바로 문제가 된다.

⑬ 현금당대의 교회나 목사나 교인들을 하나같이 우상이나 미신적인 믿음을 가지고 오고 가기에 종교도 이상해지고 목사나 교인들을 이상한 기류에 휩싸이고 사로 잡혀서 거짓된 믿음과 불신앙이 판을 치고 정도에서 벗어나 있으니 그것이 문제이다.

⑭ 현대는 하나같이 믿음에서 떠나서 믿음 아닌 것을 가지고 오고 가서 문제를 야기 시키고 있는 것이다. 그러니 그 결과가 어찌 될 것인가? 그러니 수많은 교인들이 사이비나 사이비교주나 이단교주들을 따라서 오고 가니 기독교가 심각한 문제로 따라가고 있는 것 아닌가?

⑮ 기타 등등이다.

1대지, 소경들에게 주신 경고

1, 마태복음 9:27-30절을 보라.
Ⓐ 소경들이 소리를 지르며 예수에게 나오고 있다.
Ⓑ 왜 소경들이 외치고 있는가? 소경들이 외치는 목적이 무엇인가?
Ⓒ 소경들이 눈을 뜨게 해 달라고 간절한 기도의 요구가 있다.
Ⓓ 나타나고 있는바 그대로 앞을 보지 못한 자들이 소리질러외치고 있다. 그것은 바로 자기들의 소원을 예수께서 들어 달라고 요구이다.

2, 그러면 여기서 강조하고 있는 이 소경들은 누구인가?
Ⓐ 하나는 그 당시의 역사적인 소경들이다. 이들은 순수 앞을 보지 못하는 소경들을 의미한다.
Ⓑ 마태복음 13:13-15절에서 나오는 그런 자들도 소경이다. 이들은 영적 소경들이다.
Ⓒ 영과 육이 동시에 보이지 아니하는 소경들도 있다. 이들은 종교적으로나 사회적으로 문제가 있다. 특히 이사야서를 보면 이사야 선지자는 이 문제는 심각하게 다루고 있다. 이사야 6:9-10절을 보라.
Ⓓ 그래서 성서는 어떤 경우에 영과 육이 소경된 그들을 향하여 계시록 3:18-19절을 예고하면서 경고의 메시지를 보이고 있다.

3, 그러면 소경은 그 무엇을 하는 자인가?
Ⓐ 육신의 소경도 이상에는 많다. 그들은 출생시로 부터 소경된 자들도 있고 육신의 잘못이나 병에 의해서 소경된 자들도 있고 또는 신체적으로 잘못되어서 구조상 소경이 된 자들도 있다.

Ⓑ 영적으로 또는 영혼의 소경들도 있다. 이 영혼의 소경은 어찌할 도리가 없다. 앞에서 지적한 마태복음 13:13-15절이나 이사야 6:9-10절의 소경은 다 영적인 문제에 의한 것이니 곤란하다.

Ⓒ 영적 또는 영혼의 소경의 문제는 계시록 3:18-19절을 보면 하나님의 말씀의 약으로 고치고 보게 해야 한다. 그러나 그들은 죽어도 말씀과는 거리를 두고 살려고 한다. 그러니 여기서부터 문제가 생긴다. 영적 또는 영혼의 소경은 치유가 오직 하나님의 말씀뿐임을 깨닫고 바른 이해를 하지 못하면 아니 된다.

4, 소경들의 요구사항을 보라.

Ⓐ 그들은 하나같이 자기들의 소원을 들어달라고 요구하고 있다. 육신의 소경이 요구하고 바라는 것이 그 무엇일까? 답) 그 육신과 관계가 된 것들이다. 마태복음 20:32-33절을 보라.

Ⓑ 믿음 그대로 성서는 이루어진다고 한다. 소경만이 아니고 일반 병자들도 그러하다.

Ⓒ 성서는 언제 어디서나 믿음이 있는 자는 그 믿음대로 되라는 것이다. 그 이유는 무엇인가? 누가복음 17:4-5절을 성서는 보라고 우리에게 강조하고 있다.

5, 소경들이 요구하는 바가 이루어지고 있다.

Ⓐ 예수께서는 소경들을 보시고 소경들아 너희 믿음대로 되라고 하신다(마태복음 9:28). 이것이 원리이고 기본인 것이다.

Ⓑ 소경의 눈이 열리게 된다. 이는 밝아짐을 의미함이다. 마태복음 20:32-33절을 보라. 소경들의 요구는 눈을 뜨는 것이었다.

ⓒ 육신의 눈이 먼 자들아 너희의 요구대로 되라고 하신다. 육신의 눈을 바라고 요구하는 것은 그 무엇인가? 그것을 들어주신다.

2대지, 이방 연인에게 주신 경고

"마태복음 15:24-28절과 마가복음 7:26절을 유의하여 보라."

1, 그녀는 수로보니게 여인이다.
Ⓐ 이 여인은 이방여인이다.
Ⓑ 이방여인은 유대적 입장에서 이방적인 개이다(마태복음 15:25-27).
ⓒ 이방인은 성서적으로 개라고 한다. 그러면 왜 예수께서 계시는 곳까지 나온 것인가? 그것이 신비이고 하나님의 뜻이다.
Ⓓ 예수 그리스도께서는 이 여인에게 은총과 자비를 베푸시고 있다. 이점을 양지해야 한다.

2, 이 여인은 순수 이방여인이다. 이방 여인이 그리스도에게 와서 자기의 소원을 요구하고 있다.
Ⓐ 흉악한 귀신이 딸에게 들었다는 것이다. 그러면 왜 그런가? 그것은 그녀가 이방여인이고 그녀의 딸 역시 이방인으로서 흉악한 귀신이 들렸다는 것이다.
Ⓑ 이방여인인데 그 외딸이 흉악한 귀신 병에 걸렸다. 그의 어미가 믿음이 있다. 그러니 그리스도에게 달려 나온 것이다. 그러니 의미하는 바가 심히 많은 것이다.
ⓒ 여기서 유의할 것은 아이의 어미가 예수를 보신 것이 아니고 예수께서 그녀를 보신 것이다.

3, 이방인이니 멀리서 예수를 찾아 나온 여인이다. 이는 바로 딸을 둔 어미들의 소원이 무엇인가 하는 것이다.
 Ⓐ 그녀는 예수로부터 이방 개라는 대접을 받으면서도 그대로 받아들인다. 그녀가 왜 예수로부터 예수에게 이방인의 대접을 받고 있는가?(마태복음 15:21-25)
 Ⓑ 그리고 그녀는 예수로부터 이방 여인 곧 개의 취급을 받고 있는 것인가?(마태복음 15:24-27)
 Ⓒ 이는 여러 가지 의미를 가지고 있는 것이다. 바른 이해가 요구되고 있다.

4, 그 여인에게 주어지는 대접들을 보라.
 Ⓐ 그녀는 이방이면서도 예수 그리스도에게로 나온 것이다. 예수께서 여기서 보신 이방인을 보라. 의미가 많다.
 Ⓑ 그녀는 어떠한 수치나 부끄러움이나 괴로움을 당해도 전혀 개의치 아니하였다.
 Ⓒ 그러니 이 여인을 향하신 그리스도의 능력과 역사와 힘을 보라. 이는 의미하는 바가 많은 것이다.

5, 주어지는 축복을 바로 보라.
 Ⓐ 예수께서는 여인을 보시고 너희 믿음대로 되라. 마태복음 15:28절을 보라. 딸은 멀리 있고 그의 어머니는 예수 앞에 있다. 이것이 무엇을 가르치고 있는가?
 Ⓑ 이방 개라는 수치의 대접도 마다하지 아니하는 믿음이다. 그러니 병을 고침에 있어서 전혀 부끄러움을 개의치 아니하고 있다.
 Ⓒ 그러면 그 이유는 무엇인가? 이는 여기서 예수 그리스도에 영광과 하나님의 능력을 맛보려는 것이다.

3대지, 가버나움의 백부장에게 주신 경고

"이는 지도자나 주인에게 주신경고"

1, 마태복음 8:5-13절을 보라.
    Ⓐ 이 사람은 가버나움지역의 로마군인으로서 사령관인 백부장이다.
    Ⓑ 그에게는 믿음이 있다. 믿음이 있으니 그 무엇도 개의치 아니한다.
    Ⓒ 그러니 그는 예수에게 나왔고 자기의 수하인을 나사렛 예수에게 맡기고 있는 것이다. 예수께서 보시니 그에게는 큰 믿음이 있다.

2, 이 사람은 이방인이고 그의 직급이나 직위는 백부장이다. 이런 자에게 믿음이 있다. 그러니 놀랍다는 것이다.
    Ⓐ 이 사람은 분명 이방인이고 로마인이다.
    Ⓑ 그에게는 초자연적인 믿음과 초능력이 있다. 그러니 놀라움이다. 그리고 그가 예수에게 나오고 그 자신의 믿음을 보이고 있다.
    Ⓒ 언제나 하나님은 이런 초능력의 믿음의 소유자를 찾으시고 계신다. 왜 찾으시는가? 그런 자가 필요하기 때문이다.

3, 그는 로마인으로서 가버나움지역의 사령관이다.
    Ⓐ 그래서 그는 고백하기를 "내 집에 들어오심을 감당치 못함이다"라고 고백하고 있다. 그럼에도 이 백부장의 믿음은 초역사와 초능력과 살아있는 믿음이다. 예수께 하인의 병을 고

쳐 달라고 요구하고 있다.
Ⓑ 예수께서는 그 사람을 보시고 당신의 믿음이 크다고 하신다. 그러면서 보지도 아니한 환자의 병을 고쳐주신다. 여기서는 상호간의 인격과 믿음을 보이심이다.

4, 예수께서는 그 사람을 보시고 "너희 믿음대로 되라"고 하신다.
Ⓐ 하나님의 믿음대로 되라는 것이 아니다.
Ⓑ 예수 그리스도의 믿음대로 되라는 것도 아니다.
Ⓒ 성령의 믿음대로 되라는 것도 아니다.
Ⓓ 목사나 기도원 원장의 믿음대로 되라는 것 역시 아니다.
Ⓔ 이는 어디까지나 백부장 당신의 믿음대로 되라는 것이다. 그러니 의미하는 바가 많다.

5, 믿음이 있으니 너희 하인의 병이 고쳐진다고 말씀하신다.
Ⓐ 믿음이 없는 자가 아닌 믿음이 있는 자가 되라고 하신다.
Ⓑ 믿음이 있으면 반드시 이기고 승리한다는 것을 알리시고 있다.
Ⓒ 주인의 믿음으로 하인이나 종의 병을 고친다는 것은 보통의 일이나 능력이 아니다.
Ⓓ 분명 이 백부장은 로마인이다. 그의 믿음으로 하인의 병을 고친다는 것은 결코 쉬운 일이 아니다. 그러나 종의 병은 고쳐지고 있다.

4대지, 귀신의 병이든지 간에 아들을 고치심

"이는 귀신 병자의 아버지에게 주신경고"

1, 믿는 자에게 능치 못함이 없다. 마가복음 9:23절을 보라. 이 사람은 세상적으로 믿음이 있는 자이다.

Ⓐ 마가복음 9:22절을 보라. 이 사람은 먼 곳으로부터 예수를 찾아 달려온 자이다.

Ⓑ 마가복음 9:14-27절을 보라. 그가 예수를 이방지역의 헐몬산에 까지 찾아 온 것은 귀신의 병이든 자기 아들을 구하기 위함이다.

2, 귀신들린 자식을 부모가 예수를 찾아 나온 것이다.

Ⓐ 이는 자녀를 가진 부모의 일면을 보임이다. 아들은 귀신병이 들어서 미쳐 있다. 그러니 그냥은 아니 된다. 이것은 어린 청소년이나 청년이나 남녀를 둔 부모의 현실을 말하는 것이다.

Ⓑ 그의 고백과 같이 물에도 불에도 마구 뛰어들고 죽이려고까지 하였다. 그 이유는 무엇인가? 그것은 하나님을 바로 믿지 아니한 자들의 현실이 아니겠는가?

Ⓒ 이런 것이 바로 귀신들의 속성이고 현 주소지가 아니겠는가?

3, 예수의 단호한 태도와 경고는 무엇인가?

Ⓐ 믿는 자에게는 능치 못함이 없고 무엇이든지 가능하다. 왜 그런 것인가? 히브리서 11:6절을 보라. 믿음이 있어야 하나님을 기쁘시게 할 것이다.

Ⓑ 히브리서 11:1상반절을 보라. 믿음은 바라는 것들의 실상이다.

Ⓒ 히브리서 11:1하반절을 보라. 믿음은 보지 못한 것들의 증거이다.

4, 누구도 하나님을 믿으면 능치 못할 것이 없다. 왜 그런 것인가?

Ⓐ 믿음은 우리가 하나님을 믿는 것에 원동력과 힘이 아니고 그 무엇인가?

Ⓑ 믿음이 있으면 귀신들도 믿고 떤다(야고보 2:19상반절). 그러면 그 이유는 무엇이고 그 어디에 있는가? 본문은 믿음의 원동력과 힘을 가르치고 있는 것이다.

Ⓒ 성서를 통하여 예수께서는 믿음은 이런 것이고 능한 것임을 알리신다.

5, 예수 그리스도의 진의가 무엇인가?

Ⓐ 전적으로 믿으라는 것이다. 세상이나 사회나 국가나 종교나 목사나 교인을 믿으라는 것이 결코 아니다. 오직 예수만을 믿으라는 것이다.

Ⓑ 그 누구도 예수만을 믿으면 된다는 것이다. 믿으면 그만이다. 다만 의심하지 말라. 본 사건은 귀신들린 아이의 아버지가 예수를 찾아가서 예수를 만나지 못하고 제자들과 분쟁이 일어난 사건이다. 이것은 아주 잘못된 사건이다.

Ⓒ 어느 시대나 믿음은 능치 못함이 없으니 믿으라는 것이다. 마가복음 11:23절에서는 의심치 말라. 믿음에서 의심을 하면 금물이 된다. 목사나 교인은 하나님 앞에서 어느 것도 무효화 하지 말라.

Ⓓ 마태복음 17:20절을 보라. 너희에게 겨자씨 한 알만한 믿음이 있으면 그대로 된다. 그리고 믿음이 있으면 산을 옮길 수 있다는 것이다. 마가복음 11:20-23절을 보라. 이는 우리에게 주시는 경고장이다.

☆ 결론

하나님께서는 우리에게 반드시 믿으라. 그리고 의심하지 말라. 믿음에서 예수를 찾아가야지 제자들이나 목사를 찾아가면 아니 된다. 그러면 실패를 하고 무너진다. 그 누구도 자기의 믿음을 그대로 지키고 살라. 이것이 온전하신 하나님 아버지의 뜻이고 요구하는 바라고 하신다. 언제나 성서는 우리에게 먼저 하나님의 편이 되고 그리고 다음은 예수 그리스도의 편이고 그 다음은 성서와 성령의 편이 되라고 하신다. 그리고 그 마지막에는 이웃이나 죄인의 편이 되라고 하신다.

인간의 편으로 보면 우리는 먼저 성서적으로 이스라엘 편이고 그 다음이 그리스도인의 편이라는 것을 잊으면 아니 된다. 그러면 마가복음 9:23절을 보라. 예수께서는 우리에게 믿는 자는 능치 못함이 없다고 하신다. 그러면 그 저의는 과연 무엇이고 어디에 있는가함이다.

우리는 본 설교에서 4가지 부류의 인간들을 상고하였다. 하나하나가 주시는 경고이고 주시는 메시지이다. 그러니 바른 이해가 무엇보다 필요하다는 것을 깨달아야 한다. 능력 주시는 자안에서 능치 못함을 감사하라.

마태복음 8:5-13
너희 믿음대로 되라(2)

[성경본문]

"예수께서 가버나움에 들어가시니 한 백부장이 나아와 간구하여 가로되 주여 내 하인이 중풍병으로 집에 누워 몹시 괴로와하나이다 가라사대 내가 가서 고쳐 주리라 백부장이 대답하여 가로되 주여 내 집에 들어오심을 나는 감당치 못하겠사오니 다만 말씀으로만 하옵소서 그러면 내 하인이 낫겠삽나이다 나도 남의 수하에 있는 사람이요 내 아래도 군사가 있으니 이더러 가라하면 가고 저더러 오라하면 오고 내 종더러 이것을 하라 하면 하나이다....."

△ 서론

※ 나의 믿음은 그 무엇인가? 그리고 어느 것인가? 그리고 나의 믿음은 그 표준이 무엇인가?

① 나의 믿음은 귀신의 믿음인가?(야고보서 2:19) 현대 교회에서 목사나 교인들의 믿음이 절반 가까이가 귀신들의 믿음이 아니겠는가? 하나같이 야고보서 3:15절이 아닌가?

② 그러면 나의 믿음은 큰 믿음인가? 뽕나무를 바다에 심고 산을 바다로 옮길 만한 믿음인가?

③ 나의 믿음은 적은 믿음 그리고 보잘것없는 믿음인가? 하늘이나 땅에 내어 놓을 만한 믿음이 못되는가? 그래서 제자들이 누가복음 17:5절에서 요구한바 그대로인가?

④ 나의 믿음이 겨자씨만한 믿음인가? 예수께서는 누가복음 17:6절에서 겨자씨의 믿음을 강조하시었다. 우리는 여전히 겨자씨의 믿음을 가지고 있는가?

⑤ 우리의 믿음은 중풍병자적인 믿음인가? 중풍병자적인 믿음이니 반신반불수의 신자가 아닌가? 그래서 반은 건강하고 반은 병들어 있는 것 아닌가? 현대교회 안에는 목사도 그렇고 교인들 역시 반신불수 병신 자들로 가득히 채우고 있는 것 아닌가?

⑥ 우리의 신앙은 날마다 하나님 앞에서 의심을 하는 믿음인가? 교회를 다니고 예수를 믿고 있으나 언제 어디서나 하나님을 의심하고 예수를 의심하고 천국과 지옥을 의심하고 낙원과 음부를 의심하는 그런 신앙인가? 그러니 참으로 어리석고 안타까운 믿음이 아닌가?

⑦ 우리의 믿음이 터전이나 뿌리까지 흔들리는 그런 믿음인가? 그래서 바람에 나는 겨의 믿음인가? 이사야 9:14-15절을 보라. 뿌리가 흔들리니 문제가 되는 것이다.

⑧ 우리의 믿음은 뿌리가 없는 믿음인가? 그래서 우리는 유다서 1:7-8절의 믿음인가? 이런 믿음은 얼마 후면 타락이 되고 그리스도로부터 떠나고 버림을 당하는 믿음이 아닌가?

⑨ 우리의 믿음은 나무도 크고 잎만 무성한 그런 믿음인가? 예수께서는 마태복음 21:19-20절에서 열매가 없고 잎만 무성한 무화과나무를 저주한 것 아닌가? 현대교회는 교회당도 크고 교인도 많고 그러하다. 구원을 얻는 믿음이 없으니 잎만 무성한자들의 믿음이 아닌가?

⑩ 나의 믿음은 죽은 믿음인가? 아니면 살아 있는 믿음인가? 죽은 믿음이니 야고보서 2:26절을 보라. 이런 믿음은 절대로 아니 되는 것 아닌가?

⑪ 우리의 믿음은 하늘에도 소망이 없고 땅에서도 소망이 없는 그렇고 그런 믿음이 아닌가? 하늘의 소망이 없으니 구원과 영생도 없고 낙원과 천국도 없는 참으로 몰상식한 자들이 아닌가? 마태복음 23:15절을 보라.

⑫ 어디에 내어 놓아도 열매가 없는 그렇고 그런 믿음인가? 자기는커녕 다른 사람도 구원을 얻지 못한 자들이 아닌가? 자기도 남도 구원을 얻지 못하게 하고 방해공작을 하는 자들이다. 그러니 마태복음 23:13절의 꼴이 아닌가?

⑬ 하나님 앞에서 이런 자들은 저주의 대상들이 아닌가? 마태복음 7:21-23절을 보면서 바른 이해와 바른 판단이 없으면 아니 된다.

⑭ 기타 등등이다. 믿음은 참으로 귀하고 복된 것이다. 하나님은 인간들에게 믿음을 따라서 복을 주고 누구도 믿음대로 살라고 하신다. 여기서 철저히 바른 이해가 요구되고 있다.

1대지, 마태복음 9:20-22절을 보라

"여기에는 혈루증 여인이 나온다. 예수께서는 혈루증 여인에게 네 믿음대로 되라. 그리고 믿는 그대로 될 것이다 라고 말씀 하신다."

1, 딸아 네 믿음이 너를 구원할 것이다.
Ⓐ 이 여인의 병은 고칠 수가 없는 불치의 병이다.
Ⓑ 그럼에도 불구하고 그녀는 자기의 병을 그리스도에게로 가지고 나와서 고침을 받으려 하고 있다. 성서를 보면 자녀나 부모나 이웃이나 하인을 위해 병을 가지고 나와서 고침을 받는 경우도 더러 있다.

ⓒ 혈루증병은 여인들에게만 있는 것이 아니고 남자들에게도 있는 병이다. 특히 여인의 경우에는 아이들이 월경으로부터 시작하여 월경이 끊어지면 혈루증병도 고침을 받게 된다. 그런데 그 사이가 너무 길기에 대다수의 여인들은 그만 그 병에 죽고 만다. 그래서 여인들이 이 병에 걸리면 결혼도 못하고 출산도 못하고 거의가 죽게 된다.

ⓓ 이 여인이 생사를 하나님께 맡기고 그리스도에게 나왔으나 그 때에 예수께서는 그녀의 믿음을 보시고 네 믿음이 너를 구원하였다고 하신다. 이것이 바로 축복이다.

2, 예수께서는 여기서 이 여인을 보시고 너희 믿음대로 되라고 말씀 하신다.

Ⓐ 혈루증 여인을 보시고 예수께서는 너희의 믿음대로 되라. 이는 그때나 오늘이나 간에 우리에게 주시는 믿음의 경고장인 것이다. 하나님은 여기서 우리를 보시고 우리의 믿음대로 되라고 하신다. 참으로 놀라운 일이다.

Ⓑ 이 여인의 병은 이미 12년이 지나갔다. 이 여인의 병은 여성으로서 만 13-14세 사이로부터 그 시작된 것이다. 물론 20대나 30대에 가서 이 병에 걸리는 경우도 있고 때로는 출생시로부터 걸리는 경우도 있다. 여자만이 아니고 남자 아이들도 어려서 이 병에 걸리는 경우가 많다.

ⓒ 그런데 이 병에 걸리면 만나서는 아니 된다. 그래서 이웃이나 누구를 만나면 아니 된다. 유대나라에서는 이 병에 걸리면 성전에 나가는 것도 불법이다. 그러니 나갈 수가 없고 여인의 경우는 남자들과 대화를 나누거나 손으로 남자를 만지는 것은 불법으로서 살인죄에 해당사항이 됨으로 이 여인이 예수에게 와서 그의 옷에 손을 댄 것은 돌로 쳐서 죽일 죄목

이 된다. 이를 감안한 예수께서는 그 여인을 불쌍히 여기고 있다.

3, 예수께서는 혈루증 여인을 향하여 너희 믿음대로 되라고 말씀 하신다.
Ⓐ 이 여인은 예수에게 나올 그때부터 자기의 목을 걸거나 아니면 추방과 축출이 될 각오를 하고 나왔다. 그것이 아니면 절대로 혈루증 여인이 건강한 남자에게로 접근은 불가능하다. 이 여인의 행동적인 믿음을 보라. 사람들이 사이에 숨어서 나왔고 그리고 그 자신을 그리스도에게 보이고 있다. 누구도 이런 믿음이 있어야 한다.
Ⓑ 본문이 가르치고 있는 진리는 현실과 역사와 믿음을 바로 보라는 것이다.
Ⓒ 이 여인의 신앙은 죽으면 죽으리라. 또는 불굴의 신앙의 소유자이다.

4, 마태복음 14:31절을 보라. 예수께서는 여기서 믿음이 적은 자여 왜 의심을 하느냐 사람이 믿음이 적으면 물에도 빠지고 크고 작은 시험을 당한다. 이런 문제로 예외는 결코 아니다.
Ⓐ 믿음이 있으면 산을 옮기게 된다. 예수께서는 여기서 믿음이 없으면 아무것도 할 수가 없다고 하신다. 그러면 마태복음 14:31절의 전 내용을 보라.
Ⓑ 왜 물에 빠지는가? 하나는 믿음이 없고 하나는 믿음이 적고 하나는 의심을 하였기 때문이다.

5, 그러면 여기서 예수께서는 병든 여인을 보시고 너희의 믿

음대로 되라고 하신다. 그 저의가 무엇인가?

ⓐ 그 이유는 무엇인가? 그래야만 너희 병을 고칠 수가 있다는 것이다. 여기서 믿음대로 되라는 것과 또 믿음대로 하라는 것은 큰 문제이다.

ⓑ 너희 믿음이 너를 구원 하였다. 이것은 예수의 선언이고 예수 그리스도의 가르치심이기도 하다.

ⓒ 너희 믿음대로 살라. 또는 너희 병을 고침 받으라. 또는 구원을 얻으라는 것이 핵심적인 진리가 아니겠는가?

2대지, 마태복음 21:22절에서는 믿음대로 구하라고 하신다

"믿고 구하면 누구도 믿는 그대로 되는 것이다. 성서는 언제나 이 문제를 일목요연하게 말씀하고 있다."

1, 하나님 앞에서 무엇이든지 믿고 구하는 것은 반드시 받는다.

ⓐ 이는 마태복음 21:19-20절의 사건에서 연관이 되는 것이다. 무화과나무가 저주를 받고 뿌리까지 말라 죽은 것도 유념해야 한다.

ⓑ 이런 것들 하나 하나를 보고 제자들이 예수에게 물으니 예수께서는 여기서 믿음이 그 무엇인지를 강조하고 있다. 이는 참으로 의미하는 바가 많다.

2, 마태복음 7:7절에서는 구하는 자는 주신다고 하신다.

ⓐ 마태복음 7:7-9절을 보라. 구하라는 것은 또 찾으라는 것은 또는 문을 두드리라는 것은 의미하는 바가 많다. 이것이 바로 예수 그리스도의 가르치심과 기본과 원리인 것이다.

ⓑ 예수께서는 제자들에게 철저히 구하라고 하신다. 여기서

우리는 여기서 철저히 그의 말씀을 지키고 있는가? 그것이 아니면 그 반대인가 하는 것이다.
ⓒ 그 누구도 이에 대한 바른 이해와 바른 생각들을 하고 있는가함이다.

3, 마태복음 21:21절 그대로 믿음이 있고 의심치 아니하면 어찌 되겠는가? 그래서 예수께서는 너희의 산 믿음을 보이라고 말씀하신다.
Ⓐ 믿음이 있고 의심치 아니하면 이 산을 옮기라고 하여도 그대로 되라고 하신다. 이것은 하나님의 역사와 능력이 아니하고 서는 아니 된다.
Ⓑ 누구도 이 산을 옮기라고 하면 때가 되면 그것이 그대로 되는 것이다. 그러면 그 이유는 무엇인가? 믿음은 값지고 귀하고 복된 것이기 때문이다.
ⓒ 그래서 하나님은 우리에게 불 굴레신앙이나 살아있는 신앙이나 소망이 있는 신앙을 요구하고 있다.

4, 누구든지 하나님 앞에서 믿고 구하는 것은 반드시 받는다.
Ⓐ 이는 하나님의 선교사역이다. 믿음은 인간과의 관계이니 하나님과의 관계이다.
Ⓑ 믿음이 하나님과의 관계이니 여기서 바라고 요구하는 것이 그 무엇인가? 이에 대한 바른 이해가 철두철미해야 한다.
ⓒ 하나님의 요구사항은 철저한 믿음을 요구한다. 그러나 세상은 돈과 성공과 출세 등이다. 그러니 문제가 된다. 누구에게도 이에 대한 바른 이해가 없으면 결코 아니 된다.
5, 그러면 그 이유는 무엇이고 그 어디에 있는가?

Ⓐ 여기서 예수 그리스도의 요구하심이 그 무엇인가? 그것도 믿음 그 하나를 놓고서 말이다.

Ⓑ 누구도 믿음을 가진다는 것은 중요하지만 그리고 다시 큰 믿음을 가지는 것도 중요하지만 그것 못지않게 믿음대로 산다는 것이 중요하다.

Ⓒ 그러면 여기서 하나님이 이것들 하나하나를 요구하고 바라는 것이 중요함을 깨달으라고 한다.

3대지, 마태복음 9:22-26과 마가복음 5:36절을 보라

1, 마가복음 5:36절을 보라.
예수께서는 여기서 인간들에게 두려워말고 믿기만 하라고 강조하신다. 이는 마가복음 5:36-43절의 전 내용이 아니겠는가?

Ⓐ 성서는 여기서 그리고 어디서나 우리의 살아 있는 믿음을 요구하고 있다. 그러면 그 이유는 무엇인가?

Ⓑ 히브리서 12:2절을 보라. 믿음은 이 땅이나 인간의 것이 아닌 하나님의 소유임을 알게 된다.

Ⓒ 그런데 여기서 문제가 되는 것은 바로 그것이 하나님과 관계가 되는 것이기 때문이다.

2, 회당장 야이로의 딸이 죽었다는 소식을 예수와 제자들이 듣고 있다.

Ⓐ 믿음에서 의심이나 염려나 두려움은 금물이다. 그래서 하나님은 여호수아를 선택하여 모세의 후계자로 세우면서 여호수아 1:7-9절을 경고하시며 강하고 담대하라고 하시었다. 믿음은 인내와 참음과 수고와 노력이 필요하다. 그러니 두려움

과 공포는 결코 아니 된다.
　Ⓑ 의심은 마귀적이지 신앙적인 것은 아니다. 의심이나 염려나 걱정은 비신앙적이다. 믿는 자가 믿음에 의해 의심이 생기는 것은 아주 나쁜 마귀적인 것이다. 믿음을 소멸하고 갉아먹고 죽이는 행위는 의심으로서 용납이 아니 되는 것이다.

　3, 회당장 야이로에게 주시는 메시지는 놀라운 것이다.
　Ⓐ 이는 그가 타의 다른 사람의 모범이 된다는 것이다. 그것은 그가 그렇게 살아서 타인의 귀감이 되었다는 것이다.
　Ⓑ 그가 그렇게 해서 본이 되고 타의 귀감이 된 것은 귀하고 아름다운 일이다. 그러니 너희도 그렇게 하라는 진리이다. 그러니 누구도 이에 대한 바른 이해가 있어야만 한다.

　4, 그러기에 본문은 이 땅위에서 자녀를 가진 부모에게 주시는 하늘의 메시지인 것이다.
　Ⓐ 본문은 예나 지금에서 각 가정의 자녀를 둔 부모들에 대한 경고이고 교훈이다.
　Ⓑ 이 여인이 자기의 딸을 위해서 병을 고쳐줄 것을 요구한 것이나 헐몬산까지 와서 아들의 병을 고쳐달라고 하는 것은 하나같이 자녀를 둔 부모에 대한 경고의 목소리이다.

　5, 성서는 종종 영육 간에 병든 자녀를 둔 그 부모에게 주시는 메시지가 있다. 하나는 정신을 차리라는 것이고 다른 하나는 믿음에 대한 확고부동한 신념을 가지라는 것이다.
　Ⓐ 두려워말라고 하시는 예수 그리스도의 진의와 마음을 바로 알아야 한다. 왜 그런 것인가? 그것이 바로 하나님의 사랑을 알리시는 것이다.

Ⓑ 믿기만 하라. 그 누구도 믿고 두려워하지 말고 자신을 가지면 하나님의 영광을 보게 된다.
　Ⓒ 요한복음 11:1-44절의 마르다와 마리아에게 나타난 하나님을 향한 믿음을 보이라고 한다.
　Ⓓ 본문에서 나타난 사건들 하나 하나 역시 누구든지 예수 그리스도에게로 나오는 자는 그것이 바로 믿음에의 능력과 힘이다. 누구도 이를 바로 알지 못하면 결코 아니 되는 것이다. 그 누구도 믿고 의지하고 따르기만 하면 된다고 강조하신다. 이것이 바로 믿음에의 진면목이고 행위인 것이다.

4대지, 너희는 누구도 믿음대로 되고 승리하라는 것이다

　1, 믿음은 인간의 것이 아닌 하나님의 것이다(히브리서 12:2). 그러니 죽은 자도 살리는 능력이 있다는 것이다.
　Ⓐ 구약의 엘리야나 엘리사를 보라. 엘리사는 죽은 아이를 살리고 하나님께 영광을 돌리고 있다. 이것이 바로 그의 믿음이다. 그가 하나님을 믿으니 죽은 아이를 살리게 된다(열왕기상 4:1-37).
　Ⓑ 신약의 베드로를 보라(사도행전 9:35-42). 그가 믿음으로 행하니 죽은 자들도 살리게 된다. 그 이유가 무엇인가? 그것은 그의 간절한 마음 때문이다.
　Ⓒ 믿음이 있으면 죽은 자도 살리고 각종 이적도 행하게 된다.

　2, 성서는 언제나 우리에게 너희 믿음대로 되라고 하신다.
　Ⓐ 그러면 우리가 현실적으로 믿고 구하는 것이 그 무엇인가? 그것이 바로 산 믿음이고 체험적인 믿음이 아니겠는가? 하나님은 언제 어디서나 우리에게 산 믿음과 체험적인 믿음을

요구하고 있다.
Ⓑ 문제는 언제나 우리들이다. 우리에게 산 믿음과 체험적인 믿음이 있는가? 아니면 없는가 하는 것이다. 철저한 믿음을 요구하고 있다.

3. 그리스도인은 언제나 오늘이 전부가 아니다. 이를 명심하라.
Ⓐ 그리스도인에게는 오늘도 있고 내일도 있다. 그러니 믿음은 오늘이고 현재이지 내일은 아니다. 오늘이 있다는 것은 생각해야 한다.
Ⓑ 그리스도인에게는 영원한 천국도 있다. 그러기에 천국을 향하여 어제도 오늘도 내일도 달려가야 한다. 이것은 잊지 말라.
Ⓒ 그리스도인에게는 영원한 세계와 소망이 있다. 분명히 영원하고 완전한 세계가 있다. 그러니 굴하지 아니하고 그 세계를 향하여 달리고 또 달려야 한다(빌립보서 3:14).

4. 그리스도인에게는 내일이 있으니 믿고 달리고 따라야 한다.
Ⓐ 그리스도인에게는 오늘도 있고 그리스도의 날인 내일이 있으니 쉬지 아니하고 달리고 또 달려야 한다.
Ⓑ 그리스도인은 그 누구도 뒤를 돌아보면 아니 된다. 빌립보서 3:12-13절을 유의하여 보라.
Ⓒ 그리고 다시 누가복음 9:62절을 보아야 한다. 뒤를 보면 아니 된다. 예수께서는 우리에게 앞만 보고 뛰라고 하신다.
Ⓓ 그러면 왜 그런 것인가? 그것은 예수 그리스도께서 우리의 뒤에 계시는 것이 아니고 앞에 계시기 때문이다.

5. 그리스도인은 오늘을 위해서 살수는 없다. 이것이 그리스도인의 영광이고 현실이다.

Ⓐ 그리스도인에게는 오늘과 내일이 있고 그리고 천국이 있다. 우리는 오늘과 내일에서 천국으로 갈 것이다. 그러니 이를 바로 알고 부지런히 뛰고 열심히 달리고 전진해야만 한다.
Ⓑ 그리스도인에게는 영원한 세계가 있고 그 영원한 세계는 아버지와 아들의 나라이고(누가복음 22:29) 그리고 아버지의 집인 것이다(요한복음 14:2).
Ⓒ 그리스도인에게는 하늘과 하나님이 계신다. 그곳은 아버지의 영원하고 완전한 집이다(요한복음 14:2-3). 그래서 선지자나 사도들과 오늘의 목사들이 그 집을 향하여 뛰고 달려가고 있다. 물론 뛰고 달리다가 넘어질 수도 있고 헐벗고 굶주릴 수도 있고 죽임을 당할 수도 있다. 그러나 그것을 개의치 말아야 한다.

☆ 결론

거두절미하고 여기서 하나님이나 성서가 바라고 요구하는 바가 그 무엇이고 그 어디에 있는가 하는 것이다. 믿음은 언제나 어디서나 그 누구에게도 본을 보일 것을 요구하고 있다. 그러면 하나님이나 성서가 이 과정에서 요구하고 바라는 것이 그 무엇인가? 여기서 하나님과 성서가 요구하는 것은 남의 믿음이 아닌 바로 우리 자신들의 믿음인 것이다. 그러면 그 이유는 무엇이고 그 어디에 있는 것인가 함이다.

하나님은 오늘의 나를 보시고 요구하시면서 할일이 너무 많다고 강조하신다. 그것은 우리 자신의 믿음을 보시기 위한 것이다. 그 누구도 이것을 잊으면 결코 아니 되는 것이다. 이 시점에서 우리는 성서와 현실과 역사를 바로 보아야 한다.

거두절미하고 예나 지금에서 하나님이 나에게 요구하는 것이 무엇인가? 그것을 덮어 놓고 땅의 일을 하라는 것이 아니고 하늘의 일 또는 하나님의 일을 하라는 것이 아닌가? 그럼에도 불구하고 하나같이 땅의 일에 코가 끼고 다리가 잡혀서 후들거리고 있다. 그러니 그 결과가 어찌 될 것인가? 하나님 앞에서 회개하고 각성하고 달려야한다. 그것만이 사는 유일의 길이고 법칙이다. 믿음이 있는 자가 되고 누구도 믿음이 없는 자는 되지 말라. 이것을 하나님은 요구하신다.

마가복음 9:22-23
믿음은 순종이다(2)

[성경본문]

"귀신이 저를 죽이려고 불과 물에 자주 던졌나이다 그러나 무엇을 하실 수 있거든 우리를 불쌍히 여기사 도와주옵소서 예수께서 이르시되 할 수 있거든이 무슨 말이냐 믿는 자에게 능치 못할 일이 없느니라 하시니"

△ 서론

※ 믿음은 무엇인가?
① 믿음은 하나님께 순종하는 것이다. 선지자들이나 사도들은 목숨을 바쳐 순종하였다.
② 믿음은 예수 그리스도에게 순종하는 것이다.
③ 믿음은 하나님의 말씀에 순종하는 것이다.
④ 믿음은 성령의 계시와 역사에 순종하는 것이다.
⑤ 믿음은 하나님에 의한 영적역사와 영감에 순종하는 것이다.
⑥ 믿음은 하나님의 나라와 그 의에 순종하는 것이다.
⑦ 믿음은 에클레시아(교회) 일에 순종하는 것이다.
⑧ 특히 목사나 장로는 총회나 노회에 순종하는 것이다.
⑨ 믿음은 하나님의 나라와 그 나라의 일에 순종하는 것이다.
⑩ 믿음은 예수의 가르침 그대로 절대적 지옥을 가지 말라는 일에 순종하는 것이다(마가복음 7:39-50).
⑪ 믿음은 기타 등에도 순종하는 것이다.

1대지, 순종이 없는 믿음은 믿음이 아니다

1, 믿음은 예나 지금에서 우리의 순종만을 요구하고 있다.
Ⓐ 부모는 자녀들에게 효도와 공경을 요구하고 있다. 그리고 스승은 제자들에게 철저한 순종을 요구하고 있다.
Ⓑ 사회나 국가는 우리에게 최선과 열성을 요구하고 있다.
Ⓒ 순종이란 단어는 오직 성서와 하나님 앞에서만 사용이 되는 단어이다. 잘못된 것은 결코 아니 되는 것이다. 바울은 에베소서 6:1절에서 자녀들이 교회 안에서 목사에게 순종하라고 한다. 그러기에 이는 의미하는 바가 많게 하고 있는 것이다.
Ⓓ 세상의 부모에게는 효와 공경이 필요하고 스승에게는 따름이 필요하고 교회 안에서는 목사나 어른들에게 순종이 필요함을 바로 알라.

2, 이 세상에서는 그리스도인으로서 순종이 없는 것은 뒤지고 동 떨어진 믿음이다. 그 누구도 순종이 없는 믿음은 아니 된다.
Ⓐ 믿음은 사랑과 헌신과 순종이 필요하고 그것에서 자라가야 한다.
Ⓑ 믿음에 따름과 순종이 없으면 어찌 되겠는가? 그러면 그것은 위선과 거짓과 의식과 형식이 되는 것이 아니겠는가?
Ⓒ 예나 지금에서 하늘은 우리에게 이런 믿음을 요구치 아니한다. 고로 바른 이해가 요구 된다.

3, 믿음에서 순종이 없는 것은 믿음이 아니다. 그것은 외식이고 형식이다.

Ⓐ 우리가 교회에서(에클레시아) 충성과 봉사가 없으면 아니 된다. 왜 그런가? 우리가 교회에서 충성과 봉사가 없으면 반대와 거역과 부정과 비판이 나오기 때문이다.
 Ⓑ 우리가 예수를 믿는 것에 어찌 거부와 부정과 반대가 나오겠는가?
 Ⓒ 믿음이 없다. 그러니 그 곳에서 무엇이 나오겠는가? 마태복음 19:21-22절을 보라. 부자청년에게 믿음이 없다. 그러니 그리스도를 배신하고 떠나게 된다.

 4, 믿음은 언제 어디서나 무조건적이다. 그러기에 히브리서 11:6절이 여기서 그 무엇을 가르치는가?
 Ⓐ 믿음으로 순종함에 있어서 조건이나 토시를 달면 되겠는가? 그것은 결코 아니 되는 것이다.
 Ⓑ 우리가 예수를 믿거나 교회를 나오는 것에서 조건이 없어야 한다. 그 누구도 무조건적이어야 한다.
 Ⓒ 믿는 것에 순종하며 가야지 언제 어디서나 조건을 달면 그것은 아니 된다. 창세기 12:1-4절의 아브라함을 보고 그리고 다시 창세기 22:1-14절을 보라. 믿음은 무조건적임을 알리시고 있다.

 5, 우리가 예수를 믿음에서는 조건이 있으면 아니 된다.
 Ⓐ 사무엘 상 1장과 2장을 보라. 한나는 아들 사무엘을 무조건적으로 하나님께 바친 것이다.
 Ⓑ 우리가 하나님께 바치거나 드리는 것에서 조건이 있으면 그것은 믿음이 아니다. 그러면 사무엘 상 1:23-28절을 보고 다시 사무엘 상 2:18-21절을 보라. 이렇게 하여 이들은 하나님을 기쁘시게 하는 믿음을 보이거나 갖게 되었다. 믿음은 아주 단

순하고 조건이 없는 것이다.

2대지, 믿음은 절대적이고 또는 절대로 순종하는 것이다

"순종은 그 자신을 하나님께 바치고 드리는 것이다"

1, 믿음은 굳거나 쥐거나 취하는 것이 아니다.
Ⓐ 믿음은 무엇을 가지거나 형식을 드러내는 것이 아니고 처음부터 끝까지 하나님께 드리는 것이다.
Ⓑ 믿음은 송곳이나 창이나 칼이나 바늘 마냥 찌르고 상대방에게 피를 흘리게 하고 아프게 하는 것 역시 결코 아니다.
Ⓒ 믿음이 있는 자는 하나님과 공동체를 가지기에 자기의 것을 보이고 나타내면 결코 아니 된다. 고로 믿음은 아주 단순하고 아주 솔직해야 한다.

2, 믿음은 오늘도 순종하고 내일도 순종하지 아니하면 아니되는 것이다. 믿음의 기초는 단순하고 솔직하고 순종함을 그 기초로 두어야 한다.
Ⓐ 믿음에서는 순종을 목표로 삼고 죽을 때까지 달려가는 것이다. 이것이 기본이고 원리인 것이다.
Ⓑ 예수 그리스도의 순종의 하이라이트는 오직 십자가에서 죽으심인 것이다. 그런데 오늘에서 너와 나의 순종은 조건적이기 때문에 아름답거나 결코 선하지 못한 것이다.

3, 그리스도인은 그가 그 누구이든지 간에 하나님의 말씀에 절대적으로 순종하고 성령의 가르침에 언제나 순종해야 한다.
Ⓐ 그래서 하나님의 말씀에 성서는 목이라고 걸어야 함을

알리신다. 그러면서 예수께서는 히브리서 3:5-6절을 통하여 순종의 미덕을 가르치고 있다.
　Ⓑ 그리스도인은 말씀에 순종하고 죽을 수도 있어야 한다. 기독교는 피의 종교이고 순종의 종교이다. 그리스도를 위해서는 언제나 죽을 수도 있는 것이다.

　4, 그리스도인은 절대적으로 하나님과 그의 의와 천국에 그 목이라도 걸어야 한다. 그것이 바로 하나님의 요구하는 바의 그 순종의 미덕이다.
　Ⓐ 순종에서는 참된 왕과 진실한 신하의 도리가 필요하다. 그것은 어제도 오늘도 내일에서도 요구가 되고 필요한 것이다.
　Ⓑ 그럼에도 문제는 목사나 교인들이 하나님께 공경하고 예수 그리스도에게 효를 하라고 한다. 여기서 엄청난 문제가 생기는 것이다.

　5, 하나님 앞에서는 믿음에의 순종 이외에는 그 무엇도 필요가 없다. 순종은 없고 효와 공경만 있는 그런 믿음을 왜 요구하고 필요한 것인가?
　Ⓐ 그런데 여기서 유념할 것은 순종에는 반드시 책임을 수반함을 바로 알라.
　Ⓑ 그리고 순종의 핵심은 예수 그리스도의 십자가를 보고 깨달아야 한다. 예수께서는 십자가에서 죽으심을 통하여 미의 결과를 보이고 순종에의 결과도 보이신 것이다. 누구도 인간은 믿음에서 본분과 목적을 보여야 한다.

　3대지, 믿음에 순종은 책임을 완수하는 것이다

1, 그 누구도 예수를 믿으면 각기 자기에게 주어지는 책임이 있다는 것을 알고 그 책임을 완수하여야 한다.

Ⓐ 계시록 2:10절을 보라. 네가 죽도록 충성하라고 한다. 그러면 죽도록 충성하는 것이 그 무엇인가?

Ⓑ 고린도 전서 4:2절을 보라. 맡은 자에게 구할 것은 충성이라고 한다. 성서는 언제나 믿음은 충성을 그 기본으로 하고 있음을 알린다. 이것을 바로 아는 것도 중요하다.

Ⓒ 그러면 그 이유는 무엇인가? 여기서는 바른 이해가 요구되고 있다.

2, 믿음에 의한 순종에는 그것에 자신의 목을 걸 수도 있다.

Ⓐ 히브리서 3:5-6절을 보라. 예수 그리스도께서는 하나님의 아들로서 충성하고 순종한 것이다.

Ⓑ 예수 그리스도께서는 충성과 순종의 미덕과 도리를 보이시려고 십자가에서 죽으신 것이 아닌가? 누구도 이를 바로 아는 믿음이 필요하다.

Ⓒ 예수께서는 아버지께 순종하려고 십자가에서 죽으신 것이다. 요한복음 12:27절을 보라고 요구하신다.

3, 누구도 예수를 믿으려면 각기 주어진 책임에 최선을 다해야만 한다. 누구도 책임소재에서 벗어나면 아니 된다. 그러면 믿음에서 일탈하게 된다.

Ⓐ 우리가 예수를 믿으려면 먼저 하나는 믿음에의 충성을 보이고 다른 하나는 믿음에의 확신과 자신을 보여야 하고 그리고 다른 하나는 믿음에 의한 순종에의 미와 미덕을 보여야 한다.

Ⓑ 그러므로 우리는 믿음으로 하나님께 나아가서 그 자신의

믿음을 보이지 아니하면 아니 된다. 믿음에의 결과는 그 자신을 하나님께 바치는 것이 아닌가?

4, 예수를 믿는 자는 하나님이나 에클레시아가 주어지는 그 책임에 충성과 순종을 하여야 한다.

Ⓐ 믿음의 사람들은 언제나 주어진 책임소재 또는 책임을 완수 하여야 한다. 누구도 주어진 책임을 완수치 못하는 것은 믿음이 아니다.

Ⓑ 믿음을 가진 자는 언제나 어디서나 믿음의 기초와 원동력과 능력과 힘을 보이고 나타내야만 한다. 그러려면 확고부동한 신념과 믿음이 있어야만 한다.

Ⓒ 누구에게도 믿음이 있으면 그 무엇도 실천하고 감사할 수가 있다. 그러나 믿음이 없으면 아무것도 할 수가 없다. 그래서 하나님께서는 언제나 우리에게 믿음을 보이라고 강조하신다. 고로 우리는 하나님께 우리의 믿음을 보여야 한다.

5, 믿음의 사람들은 언제 어디서나 책임감에 충실하고 충성하는 자가 되어야 한다. 그러지 못하면 칭찬을 받을 수가 없다. 마태복음 7:21-23절의 이런 지도자가 왜 하나님께 버림을 받고 책망을 당하는 것인가? 그 원리와 기본을 바로 아는 것이 중요하다. 그 누구도 여기서는 예외가 아닌 것이다. 이를 바로 아는 것이 중요하다.

Ⓐ 모세는 하나님 앞에서 만사에서 본을 보이셨다. 모세는 미디안에서 40년간 목동으로 참고 견디며 일을 하였다.

Ⓑ 이사야는 예루살렘을 위시하여 그 주변에서 40년간 최선을 다하여 외치고 글을 남겼다.

Ⓒ 예레미야는 50년간 믿음으로 참고 견디며 일을 하였다.

Ⓓ 사도요한은 밧모섬의 귀양지에서 약 30여 년간을 참고 견디었다. 그것이 바로 그와 하나님과의 관계에서 맺은 언약과 믿음인 것이다.
　Ⓔ 요셉은 애굽에서 종으로서 최선을 다하였다. 그리고 하나님이 그 자신을 돌아볼 그 때까지 참고 기다렸다.

4대지, 믿음에의 순종은 그 자신을 포기하고 하나님 아버지의 뜻에 맡기고 따르는 것이다(마가복음 14:21, 마태복음 21:38-45)

1, 예수께서는 자기의 모든 것을 포기하고 아버지의 뜻을 따르고 순종하였다. 요한복음 12:27-28절을 보라.
　Ⓐ 자기의 요구나 소원을 포기하고 전적으로 아버지께 맡기는 그것을 보이시고 있다.
　Ⓑ 믿음은 원래 자기 자신을 비우는 것이다. 믿음은 자기를 채우는 것이 아니고 비우는 것이다. 이를 바로 알라. 그러기에 사도나 주의 종들은 자기를 비워야 말씀이 들어오고 성령이 함께하는 것이다. 그 누구도 이를 바로 모르면 결코 아니 되는 것이다.

2, 믿음은 그 자신의 소원을 이루는 것이다.
　Ⓐ 그 자신을 하나님께 맡기고서 나아가는 것이 믿음이다. 믿음은 하나님께 그 자신을 맡기고 드리는 것이다. 그래야 믿음이 자란다.
　Ⓑ 믿음은 그 자신을 포기하는 것이다. 그 누구도 믿음으로 그 자신을 포기해야 자라고 채우고 나아가서 십자가를 지고 죽는 것이다.

ⓒ 그래야 누구도 그 믿음이 자라고 성숙해지고 나아가는 것이다.

3, 믿음은 그것에 의한 순교도 불사하는 것이다. 누구도 이를 바로 모르면 아니 된다.
Ⓐ 기독교의 박해시에 믿음이 없으면 넘어진다. 그러기에 누구도 스데반의 믿음을 보라. 사도행전 7:54-60절을 보면 그는 믿음으로 순교를 당하고 있다.
Ⓑ 그리고 다시 야고보 사도의 순교를 사도행전 12:1-2절에서 찾아보라고 한다. 그럼에도 불구하고 하나같이 그들은 감사하며 순교를 당하였다.

4, 믿음은 아버지의 뜻을 따르고 순종하는 것이다.
Ⓐ 베드로는 거꾸로 십자가를 졌다. 그러나 그것은 그는 감사하고 찬송하고 있다. 그리스도인의 순교는 감사가 아니겠는가?
Ⓑ 고린도 전서 2:2절의 바울을 보라. 여기서 바울은 예수 그리스도와 그의 십자가만을 전달하다가 죽을 것을 고백하고 있다.
ⓒ 스데반은 돌에 맞아서 죽었다(사도행전 7:54-60). 그럼에도 이것이 스데반에게는 영광이고 영화이고 감사와 축복인 것이다.

5, 믿음의 결과는 감사도 하지만 순교도 불사한다는 것이다.
Ⓐ 사도행전 12:1-5절을 보라. 야고보는 목 베임을 당하여 죽었으나 그것이 그에게는 감사이었다.
Ⓑ 마태복음 14:1-12절을 보라. 선구자 세례요한은 목 베임을 당하여 죽었다. 그럼에도 그는 마태복음 14:12절을 보면 자

기의 죽음을 뒤에 계신 예수 그리스도에게 전하라고 하신다. 이는 그의 순교가 그에게 최고와 최대의 영광과 감사라는 것이다. 그 누구도 이를 바로 모르면 아니 된다.

6, 믿음은 순종이고 순종은 경우에 따라서 순교로 갈수도 있다. 그러니 믿음은 경우에 따라 순교까지 불사하게 된다.
Ⓐ 그러니 믿는 자는 순종의 미와 미덕을 보이라고 하나님이 이것을 요구하신다. 왜 그런 것인가?
Ⓑ 믿음은 추하고 더러운 것이 결코 아니고 아름답고 고귀한 것이니 그러하다. 그러니 믿는 자는 앉으나 서나 감사해야 한다. 이것이 바로 하나님과 성서가 요구하는 바의 믿음이다.

☆ 결론

그 누구도 믿음으로 순종을 하고 따르면 반드시 복이 온다. 다음을 보라.
① 믿음은 반드시 그 결과가 나타난다.
② 믿음은 반드시 소원이 성취된다.
③ 믿음은 크고 작은 역사나 나타난다.
④ 믿음은 힘과 능력이 생기고 활력이 나타나기도 한다.
⑤ 믿음은 하나님께 영광을 얻고 경우에 따라서 순교도 당할 수가 있다.
⑥ 믿음에 의한 하늘과 땅의 복을 받기도 한다. 사도행전 7:55-56절이 스데반에게는 최대의 축복이 아니고 그 무엇인가?
⑦ 하나님은 우리에게 복을 주시려한다. 그러나 우리는 언제나 믿음에 의한 복보다는 다른 것을 요구한다. 그러니 문제가 심각하여진다.

구약성서를 보라. 대 선지자들은 대 선지자들대로 또는 소 선지자는 소 선지자들대로 최선을 다하고 자기들이 받아야할 복을 받은 것이다. 그러니 누구도 이를 바로 아는 것이 중요한 과제이다. 하나님은 오늘도 우리가 믿음에 의한 복이 있는 자가 되기를 바라신다. 누구도 복이 없는 자는 되지 말라. 하나님은 우리가 복이 없는 자가 되는 것을 원치 아니하신다. 이를 바로 알아서 하나님께 감사하라.

마가복음 9:22-23
믿음은 의지 의탁하는 것이다(1)

[성경본문]

"귀신이 저를 죽이려고 불과 물에 자주 던졌나이다 그러나 무엇을 하실 수 있거든 우리를 불쌍히 여기사 도와주옵소서 예수께서 이르시되 할 수 있거든이 무슨 말이냐 믿는 자에게 능치 못할 일이 없느니라 하시니"

△ 서론

※ 믿음은 다음과 같은 것들이다.
① 믿음은 나를 누구에게 의지하는 것이다. 솔직히 나는 나를 누구에게 의지 해 본적이 있는가?
② 나는 나를 누구에게 의탁해 본적이 있는가? 아니면 없는가?
③ 나는 나를 누구에게 맡긴 적이 있는가? 자신을 누구에게 맡긴다는 것은 결코 쉬운 일이 아니다.
④ 나는 나를 하나님께 전폭적으로 맡겨 본적이 있는가? 말이나 글로서는 쉽다. 그러나 이는 결코 쉬운 것이 아니다.
⑤ 나는 나를 예수 그리스도에게 완전히 맡겨 본적이 있는가? 그리고 나를 예수 그리스도에게 완전히 맡길 수가 있는가?
⑥ 나는 나를 성령께 완전히 맡길 수가 있는가? 나는 나를 성령에게 맡겨본 적이 있는가? 아니면 맡겨본 적이 없는가?
⑦ 나는 나를 하나님의 말씀에 전적으로 맡길 수가 있는가? 특히 나는 하나님의 말씀에 나의 목을 걸고 나를 맡겨 본적이

있는가?

⑧ 나는 나를 하나님의 교회 에클레시아에 나를 맡겨본 적이 있는가? 아니면 아직도 나를 맡겨본 적이 없는가?

⑨ 나는 나를 내세에 맡겨본 적이 있는가? 목사나 교인으로서 낙원과 천국이 또는 불신자로서 음부나 지옥에 나를 맡겨본 적이 있는가?

⑩ 나는 나를 구원에 대하여 맡겨 본적이 있는가? 아니면 전혀 맡겨본 적이 없는가?

⑪ 나는 나를 영생에 대하여 맡겨 본적이 있는가? 아니면 전혀 없는 것인가?

⑫ 나는 기타 등에 대하여 맡겨 본적이 있는가? 나는 심판에 대하여 나를 맡긴 적이 있는가? 아니면 전혀 없는 것인가 함이다.

믿음은 전폭적으로 나 자신을 하나님께 맡기는 것이다. 믿음은 전적으로 자기 자신을 맡기는 것이다. 그러나 맡기지 못하니 목사나 교인들이 믿다가 타락이 되고 넘어지고들 한다. 그러니 그 결과가 전혀 없는 것이다. 노부모가 자녀들에게 의지하고 맡기는 것이 원리가 아닌가? 그리고 어린 아이들이 부모에게 그 자신을 의탁하고 맡기는 것이 기본이 아닌가? 부모는 어린 아이에게 생의 보금자리이고 맡김의 온상이고 원상이 아니겠는가? 누가 이것을 모를 것인가?

믿음이란 나를 기초부터 하나님께 맡기는 것이다. 그리고 믿음은 나를 하나님께 드리는 것이다. 예수 그리스도에게 그 자신을 바치는 것이 아니겠는가? 그러기에 누구도 정상적인 믿음을 가져야만 한다. 왜 그런 것인가? 그것이 믿음에의 전초 또는 원초이기 때문이다.

1대지, 믿음은 예수 그리스도에게 철저히 잡히는 것이다

1, 믿음은 하나님께 그 자신을 의탁하고 의지하는 것이다. 이것이 바로 믿음에의 기본이고 원리이다.

Ⓐ 믿음은 예수 그리스도에게 철저히 의탁하고 의지하는 것이다. 여기서 누구도 벗어나면 전도가 아닌 탈선의 길을 가게 된다.

Ⓑ 믿음은 원리적으로 예수 그리스도에게 잡히는 것이다. 내가 예수 그리스도를 결코 잡는 것이 아니다. 내가 예수를 잡으면 얼마 후에 탈선하고 믿음을 버리고 마는 것이다.

Ⓒ 내가 예수 그리스도에게 잡히니 나는 죽고 그리스도만 살게 된다. 그래서 사도행전 9:1-9절과 이사야 6:1-9절을 보라고 말씀하신다.

2, 믿음은 그 누구도 그리스도에게 잡히는 것이다. 철저히 잡히는 것이 믿음이다. 왜 교회를 떠나는가? 왜 믿다가 타락을 하는가? 그것은 잘못된 잡힘이 그렇게 되는 것이다.

Ⓐ 인생은 악하다. 그리스도의 말씀 그대로 악하고 음란하다(마태복음 12:39). 그러기에 예수 그리스도를 잡지를 못한다. 그러니 그리스도가 잡아야 한다.

Ⓑ 인생은 부족하고 연약하다. 그리고 심히 모자란다. 그러니 언제 어디서나 아무것도 할 수가 없다. 이 점을 양지해야 한다.

Ⓒ 그래서 그 자신을 예수 그리스도에게 맡기는 것이다. 예수 그리스도에게 그 자신을 맡기지 아니하고서는 아무것도 할 수도 없고 잡을 수도 없다. 그러기에 참으로 인생은 어리석고 우둔하고 미련하고 무지하다. 그러니 어찌 하는가?

3. 성도는 예수 그리스도에게 그 자신을 의지나 의탁해야만 하는 것이다. 이것이 바로 믿음의 원동력과 정도와 정로이다.

Ⓐ 그리스도인은 하나님과 사람 앞에서 부끄러우면 아니 된다. 보일 것을 보이고 감사할 것은 감사해야 한다.

Ⓑ 그리스도인은 언제 어디서나 믿음이 무엇인지를 바로 알고 바로 살아 가야한다.

Ⓒ 하나님께서는 그리스도인들이 바로 서고 바로 살고 바로 생활하는 그것을 요구하고 바라신다. 그러나 인간들이 어리석으니 믿음에의 룰과 핵심과 원리를 바로 알지 못한다. 그러니 문제가 생긴다.

Ⓓ 그러면서도 믿음에의 원리와 원동력과 핵심을 바로 알지 못한다. 그러니 여기서 문제가 생긴다.

4. 믿음은 우리가 예수 그리스도에게 완전히 사로잡히는 것을 의미한다.

Ⓐ 우리가 하나님을 잡는 것이 아니다. 그러면 얼마가지 못해서 잡은 그 손이나 힘을 놓고 만다. 힘이 없으니 모든 것이 끝이 난다.

Ⓑ 어제도 오늘도 우리는 예수 그리스도에게 자신을 맡기고 잡혀서 살고 달려가야 한다. 그것이 아니면 예수를 믿으면서도 무너지고 만다.

Ⓒ 예수를 믿다가 타락을 하는 자 그리고 예수 그리스도를 버리는 자들의 그 수효가 얼마인가? 그러기에 이런 것들은 결코 아니 된다.

2대지, 믿음이란 자기의 가정이나 자신을 그리스도에게 맡기는 것이다(마가복음 9:22)

1, 그 자신이나 가정을 그리스도에게 맡기지 못하면 큰 풍파가 일어나는 것은 당연지사가 아니겠는가?
Ⓐ 믿음은 그 자신도 그 가정도 가정에서 행하는 모든 생업도 하나님께 맡기는 것이다. 창세기 12:1-4절의 아브라함을 보라.
Ⓑ 그리고 다시 창세기 22:1-14절을 보라. 하나님은 아브라함을 통하여 믿음이 무엇인지를 알리시고 있다. 아브라함의 아들이삭을 하나님께 드려지는 희생의 양이었다.
Ⓒ 하나님은 아들이삭을 제물로 받으신 것이다. 그 이유는 무엇인가?

2, 마가복음 4:35-41절을 보라. 여기서 하나님은 믿음이 무엇인지를 알리시고 있다.
Ⓐ 제자들이 자기들의 마음대로 노를 저으니 시험에 빠지고 만다.
Ⓑ 파도가 일어나고 노을이 계속해서 일어난다. 하나님께 맡기면 모든 것이 그 끝이 날 것을 인간들이 노을 잡고 있으니 수고와 노력이 헛것이 된다.
Ⓒ 하나님께 그 자신의 모든 것을 아낌없이 드리고 바치는 것이 믿음에의 핵심이다. 그러나 인간들은 수고와 노력을 하니 아무것도 아니 된다.
Ⓓ 그러면 왜 하나님께서는 우리의 믿음을 요구하고 있는가? 그것이 그 누구 때문이고 그 무엇 때문인가 하는 것이다.

3, 가정이나 교회나 그 개인의 배에 노를 누가 잡아야 하는가 하는 것이다. 이를 바로 아는 것이 중요하다.
Ⓐ 사도행전 10:1-4절을 보라. 고넬료는 하나님께 그 자신의 가정을 바치고 있다. 그것이 참된 믿음임을 알리고 있다.

ⓑ 그러니 고넬료의 그 가정과 벗들이 함께 성령을 충만히 받고 세례를 받게 된 것이다. 이에 대하여는 결코 누구도 예외가 아니다.
　ⓒ 그러니 사도행전 10:44-48절을 유의하여 보라고 한다. 그러니 그 결과는 엄청나게 가져온 것이다.

　4, 그 개인의 노나 가정의 노나 예배당의 노를 그 누가 잡아야 하는가함을 우리에게 알리시고 있다. 분명한 것은 인간이 아닌 예수 그리스도가 잡아야 함을 성서는 알리고 있다.
　ⓐ 믿음은 그 개인의 문제와 가정의 문제도 있지만 철저히 하나님과 그 자신의 문제임을 바로 알아야 한다.
　ⓑ 누구도 개인과 가정의 문제를 하나님께 맡겨야 한다. 그래야 하나님과 사람 앞에서 승리를 할 수가 있는 것이다. 믿음의 사람이 함부로 하면 아무것도 되는 것이 없다. 시편 17:14절을 보라. 그리고 다시 마태복음 19:21-22절을 보라. 이런 자들은 하나같이 자기들의 마음대로 하고 등을 돌리는 이루어지는 것이 하나도 없다.

　　3대지, 믿음이란 그 자신의 소유를 그리스도에게 맡기는 것이다

　"그 자신을 맡기지 아니하면 하나같이 믿음에서 떠나게 된다"

　1, 믿음은 그 자신의 모든 것을 그리스도에게 맡기는 맡김으로부터 그 시작을 하는 것이다. 누구도 자신의 소유가 남아 있으면 이생이나 저 생에서 믿음의 길을 갈수가 없다. 민수기 22:21-35절의 어리석은 선지자가 왜 그런 길을 갔는가? 그것

은 자신의 소유가 남아 있기 때문이다.

　Ⓐ 믿음은 철저히 나를 버림으로서 그 시작을 하게 된다. 나를 두고는 믿음에의 길을 갈수가 없다.

　Ⓑ 믿음은 그 누구도 자신을 포기함으로서 그 시작이 되는 것이다. 그래서 선지자나 사도는 의인이고 대인이고 큰 사람들이 된 것이다.

　Ⓒ 믿음으로 그 자신을 하나님께 드리고 바쳐야 한다. 그것만이 유일의 길이고 정로이다. 현대인들이 믿음에서 가벼운 것은 정로나 정도의 길을 가지 못하기 때문이다.

　2, 믿음은 그 개인의 문제로 문제이거니와 그 가정의 모든 것도 그리스도에게 맡기는 것이다.

　Ⓐ 믿음의 사람이 자기가 살아 있으면 아무것도 아니 된다. 자기가 살아 있으면 믿음이 없고 살기와 살생과 거짓과 위선만이 그에게서 나오게 된다. 여기서 문제가 생긴다.

　Ⓑ 그 누구도 먼저 자기를 비우고 그 안에 그리스도를 넣고 자기를 버리게 되면 믿음으로 승리하게 되는 것이다. 누구도 여기서는 예외가 아니다.

　Ⓒ 믿음으로 승리를 할 것인가? 아니면 믿음으로 패배를 할 것인가? 마태복음 19:21-22절을 보라. 부자청년은 자기를 선택하고 그리스도를 버리고 있다.

　Ⓓ 믿음은 누구도 뒤를 돌아보는 것이 아니다. 빌립보서 3:12-13절을 보고 누가복음 9:62절을 유의하여 보라.

　3, 믿음은 교회당의 모든 것을 그리스도에게 맡기는 것이다. 목사나 교인이 되어서 이 모든 것을 그리스도에게 맡기지 아니하면 믿음은 없게 되고 미신과 우상만 있게 된다.

Ⓐ 예수 그리스도께서 그 자신을 우리에게 완전히 맡기신다. 그 자신을 우리에게 맡기시니 우리도 그에게 모든 것을 맡기게 되는 것이다.
　Ⓑ 그리스도께서는 우리의 가는 길을 다 보시고 다 아신다. 그러니 그리스도께서는 그 자신만이 아니고 모든 것을 맡기셨으니 바른 이해가 심히 요구되고 있다. 그러면 왜 그런 것인가? 그것이 바로 그리스도인의 길이고 행동이고 인격이니 그러한 것이다. 그 누구도 여기서는 예외가 아니다.

　4, 그래서 믿음은 그 자신과 그리스도가 하나가 되는 것이다.
　Ⓐ 신명기 28:1-6절을 보라. 그 누구도 여호와의 법도를 지키고 따르면 모든 사업이 형통하여진다. 그것이 바로 성서의 가르침이고 원리이다.
　Ⓑ 그리스도께서는 십자가를 지는 것도 완벽하게 하나님께 맡기신 것이다. 그러기에 예수의 십자가는 그 무게가 180kg이나 되지만 믿음으로 사는 자들은 그것을 지게 된다.
　Ⓒ 하나님의 뜻과 섭리 그대로 누구도 십자가를 져야한다. 그리하면 영광을 받는다.
　Ⓓ 그 자신을 그리스도에게 드리고 바치니 그는 언제 어디서나 믿음으로 승리를 가져오고 하나님께 감사하게 된다. 왜 그런 것인가? 그것이 바로 믿는 자들의 길이고 하나님께 감사하는 길이기 때문이다.

　　4대지, 믿음이란 나아가야 할 그 길을 그리스도에게 맡기는 것이다

　　"이런 각오와 각성이 없으면 누구도 아니 되는 것이다."

1, 믿음은 나의 가는 길을 언제 어디서나 그리스도에게 맡기는 것이다.

Ⓐ 믿음은 나의 소유를 그리스도에게 드리고 바치는 것이다.

Ⓑ 믿음은 나의 가는 길을 그리스도에게 맡기고 뒤에서 따라가는 것이다.

Ⓒ 믿음은 나의 것과(소유) 그리고 나의 길을 그리스도에게 완전히 드리고 바치는 것이다.

Ⓓ 믿음은 언제나 어디서나 나 자신을 그리스도에게 맡기지 아니하고서는 갈수가 없다. 그 누구 이를 명심하고 언제나 그리스도의 뒤를 따르도록 해야 한다.

2, 잠언 16:9절을 보라. 인간들이 자기의 모든 계획을 세우거나 가지거나 하여도 그것은 확인과 확정을 세우시는 분은 하나님이시다. 맡김에서 3분의 1이나 5분의 1을 드리면 아니 된다. 인간들이 어리석어서 하나님께 3분의 1이나 5분의 1을 드리고 따라 가려고 한다. 그러니 수고스럽고 짐이 되고 무거운 것임을 바로 알라.

Ⓐ 언제나 인도는 하나님이 하시고 우리는 뒤를 따라야 한다. 그러므로 선지자나 사도의 길이 형통하고 감사한 것이다.

Ⓑ 이사야를 보고 예레미야를 보고 세례요한의 가는 길을 보라. 하나같이 형통하지 아니하는가?

Ⓒ 이들은 하나님께 자신들의 모든 것 맡기니 안정이 되고 편안한 것이 아닌가? 자신을 하나님과 예수 그리스도에게 맡기니 감사이고 찬송이 아니겠는가? 누구도 이를 바로 아는 것이 믿음에의 길인 것이다.

3, 아브라함이 믿음으로 고향 하란을 떠나게 된다(창세기

12:1-4).

Ⓐ 아브라함은 모든 것을 아끼고 귀히 여기나 믿음으로 순종하여 고향을 떠나게 된다.

Ⓑ 이사야나 예레미야는 모든 것을 하나님께 맡기고 일을 한 자이다. 그들은 목숨도 하나님께 맡겼다.

Ⓒ 믿는다고 하면서 그 자신의 소유나 가진 것을 맡기지 못하는 것은 믿음이 아니다. 그 이유는 무엇인가? 구약성서를 보고 신약성서를 보라. 하나같이 소유를 맡기지 못하니 죽음을 맞게 된다. 누가복음 12:16-21절을 보고 그리고 다시 누가복음 16:19-26절을 보라. 하나같이 자신의 소유를 움켜잡고서 죽음을 맞게 된 것이 아닌가?

4, 믿음은 누구도 믿고 따르는 것이다. 믿음을 가진 자는 누구도 뒤를 돌아보면 아니 된다. 빌립보서 3:12절과 3:13절을 보라. 성서는 철저히 믿음을 가진 자는 뒤를 돌아보지 말라고 경고하고 있다. 믿음을 가진 자가 뒤를 돌아보면 죽음과 파괴 뿐이다.

Ⓐ 누구도 믿음을 가진 자는 앞만 보면서 달려가야 한다(빌립보서 3:14). 믿음이 있는 자가 뒤나 옆을 보면 되겠는가?

Ⓑ 믿음을 가진 자는 절대로 뒤돌아보면 아니 된다(누가복음 9:62).

Ⓒ 그리스도께서는 앞에 계시고 절대로 뒤에 계시지는 아니한다. 그러니 목사나 교인들이 이 원리와 기본을 바로 모르면 아니 된다.

5대지, 믿음이란 처음부터 예수 그리스도에게 자기의 모든 것을 의지나 의탁이나 맡기는 것이다

"하나님께도 그리고 성령에게도 말씀이나 에클레시아 교회에도 맡긴 적이 있는가 하는 것이다"

1, 기본적으로 믿음은 나를 그리스도에게 맡기는 것인가? 왜 그런 것인가?
 Ⓐ 믿음은 나와 그리스도와의 관계를 맺음에서 이루어진다.
 Ⓑ 믿음은 나를 그리스도에게 맡기는 것이다. 맡기지 못하면 믿음에서 제외가 된다.
 Ⓒ 로마서 14:7-8절을 보라. 나를 그리스도에게 맡겼으니 사나 죽으나 우리는 그리스도의 것이다. 이 점을 양지해야 한다.

2, 믿음이란 그 자신의 소유를 그리스도에게 맡기고 드리는 것이다. 마가복음 5:28-29절을 보라. 오늘에서 너와 나는 이것이 과연 가능한 것인가함이다.
 Ⓐ 그리스도에게 우리 자신을 드리고 맡기는 것이 믿음이니 쉬지 아니하고 달려가야 한다. 그러려면 그 누구도 믿음이 살아 있어야 한다(히브리서 11:6).
 Ⓑ 우리는 믿음의 주인이신 그리스도를 배우고 따라야 한다. 히브리서 12:2절을 보라. 이것이 그 무엇을 알리시고 있는지를 말이다.

3, 믿음은 처음부터 그 자신을 그리스도에게 바치는 것이다. 그 누구도 이를 잊으면 아니 된다.
 Ⓐ 하나님 앞에서 누구도 믿음이 없으니 어찌 되는가? 그러면 그 누구도 짐승이 되는 것이다.
 Ⓑ 다니엘을 보라(다니엘 6:10-18). 그리고 사드락과 메삭과

아벳느고의 믿음을 보라(다니엘 3:13-23). 이런 것들이 바로 살아 있는 믿음이 아니겠는가?

  4. 믿음은 어느 시대나 그 자신의 것을 맡기고 드리고 바치는 것이다. 그러나 이것이 이루어지지 아니하니 문제가 생긴다. 그러면 여기서 어찌 해야 하는가?
  Ⓐ 믿음의 사람이 하나님께 그 자신을 드리지 못하면 믿음에서 떠날 것 아닌가? 그러면 왜 그런 것인가? 그것은 바로 하나님이 경고와 징계하시기 때문이다. 그러기에 하나님을 믿고 의지해야 그것이 산 소망이고 산 믿음이 되는 것이다.
  Ⓑ 예수께서는 십자가를 지는 것도 철저히 하나님 아버지께 그 자신을 맡기는 것이다. 그러면 그 이유는 무엇인가? 맡기는 것은 우리가 연약하고 부족하기 때문이다. 그러니 철저히 믿음에의 승리자가 되라고 한다.
  Ⓒ 그리스도와 십자가를 지고 하나님께 맡김과 같이 그 누구도 이것이 가능해야만 한다. 그래서 성서는 우리에게 깨어 있고 믿음에의 승리가 되라고 요구하신다. 그 누구도 이를 바로 보고 바로 알아야 한다.

  ☆ 결론

  히브리서 11:1-3절의 내용이 무엇이고 그리고 다시 믿음에의 원동력이 그 무엇인가 함이다. 누구도 이에 대한 문제를 바로 알지 못하면 아니 된다. 열왕기 상 18:19-39절의 850명의 믿음이 그 무엇이고 그리고 다시 엘리야의 믿음의 원동력과 그 목적이 무엇인가 함이다. 그리고 이들과는 달리 다시 열왕기 상 22:5-6절에 나타난 바의 400명의 선지자의 믿음이 그 무엇이고 그 어디에 있는가함이다. 그러니 850명을 보고 다시 400명의 선지자들을 보라. 이들은 이스라엘의 지도자들이다. 그러니 그들에 의한 믿음이 그 무엇을 가져다주고 있는가?

히브리서 11:1상반절을 보라. 믿음은 바라는 것들의 실상이라고 한다. 그리고 다시 히브리서 11:1하반절을 보라. 믿음은 보지 못한 것들의 증거라고 한다. 그러면 왜 그런 것인가? 그것은 바로 믿음의 고귀성과 진리가 그러하기 때문임을 알리시고 있다. 여기서는 무엇보다 철저히 바른 이해가 요구되고 있다. 하나님께서는 언제나 우리들 모두의 믿음을 귀하게 보시고 계신다. 그러나 현금당대의 목사나 교인들이 믿음을 등한히 여기도 업신여기기 때문에 언제나 하나님의 진노를 받게 된다. 그래서 누구도 하나님은 용서치 아니하고 징벌하시고 경계하신다. 믿음이 없는 자가 되지 말고 믿음이 있는 자가 되라고 경고 하신다. 그러니 누구도 바른 이해가 있어야만 한다. 믿음으로 상을 얻은 자가 될지라도(히브리서 10:35) 뒤로 물러가서 침륜에 빠진 자가 되면 아니 된다(히브리서 10:39).

빌립보서 3:12-16
믿음은 경주이다(1)

[성경본문]

"내가 이미 얻었다 함도 아니요 온전히 이루었다 함도 아니라 오직 내가 그리스도 예수께 잡힌바 된 그것을 잡으려고 좇아가노라 형제들아 나는 아직 내가 잡은 줄로 여기지 아니하고 오직 한일 즉 뒤에 있는 것을 잡으려고 푯대를 향하여 그리스도 예수 안에서 하나님이 위에서 부르신 부름의 상을 위하여 좇아가노라 그러므로 누구든지 우리 온전히 이룬 자들은 이렇게 생각할찌니 만일 무슨 일에 너희가 달리 생각하면 하나님이 이것도 너희에게 나타내시리라……"

△ 서론

※ 믿음이란 무엇인가?
① 믿음은 경주이다. 달려가는 것이다. 달리는 자가 뒤나 옆을 보면 아니 된다.
② 믿음은 쉬지 아니하고 달려가는 것이다.
③ 믿음은 누구도 중단 없이 또는 도중에 하차함이 없이 달려가는 것이다.
④ 믿음은 끝까지 달려가는데 도중에 쉬지도 중단하지도 아니하고 달려가는 것이다. 특히 신학교 와서 공부하다가 넘어지면 빨리 돌아오는 자는 20년 보통은 30년 정도가 걸린다.
⑤ 믿음은 어제를 보는 것이 아니고 오늘과 내일을 보며 달

리는 것이다. 어제나 과거를 보면 넘어진다. 중단의 하차는 불신자가 기독교를 돌아오는 것 보다 훨씬 어렵다.

⑥ 믿음은 누구도 쉬지 아니하고 달려가는 것이다. 그러면 왜 믿음에서 쉬는 것도 없고 달려야 하는가? 그것은 하나는 성령의 은사가 함께하고 다른 그 하나는 말씀의 능력이 함께하기 때문이다. 그래서 믿는 자가 조금 쉰다고 하는 것은 다시 돌아오는 것이 심히 어렵다는 것이다.

⑦ 믿음은 오늘과 내일을 보며 앞에 계신 푯대를(빌립보서 3:14, 히브리서 10:35) 보고 달리는 것이다. 달려가면서 공장이나 회사나 사장이나 사무실이나 가정이나 예배당이나 목사나 교인들이 부르는 소리를 들어서는 아니 된다. 오직 앞만 보고 뛰어야 한다.

⑧ 누구도 믿음은 자기를 버리고 뛰는 것이다. 믿음을 가진 자는 몸을 가볍게 해야 된다. 그러니 몸에 주렁주렁 달려있는 것을 제거하고 버려야 한다. 이것이 바로 소명자의 길이다.

⑨ 경주자는 반드시 룰을 지켜야 한다. 경주복을 입고 흉패도 붙이고 신도 신고 모든 의식구조가 정상적이 되어야 한다. 그러지 못하면 도중에 낙오자가 되고 만다. 그래서 바울은 믿음의 아들 디모데에게 경고하기를 목사는 하나는 열심히 공부해서 다른 사람을 잘 가르치고(디모데 후서 2:2하반절) 둘째는 좋은 군사가 되고(디모데 후서 2:3) 셋째는 생활에 얽매이지 아니하고(디모데 후서 2:4상반절) 넷째는 법대로 경기하는 자이다(디모데 후서 2:4하반절).

⑩ 경주자는 남의 룰을 밟으면 실격이다. 경주자는 법대로 경주하라(디모데 후서 2:5하반절). 절대로 남의 룰을 밟지 말라. 남을 침범하지 말라. 남을 못살게 하거나 짓이기거나 남에게 위해를 가하지 말라. 오직 자기의 길만 가라. 그러면 그 이

유는 무엇인가? 그것은 나 자신이 하나님 앞에서 상을 받고 하나는 구원을 얻어야 하기 때문이다.
  ⑪ 기타 등등 이다.
  믿음은 달음질 곧 앞의 푯대를 향하여 뛰는 것이다. 누구도 옆을 보거나 도중에 쉬거나 노는 것은 아니 된다. 누구에게도 믿음은 그 목적지가 분명하기 때문에 앞만 보고 뛰고 달려야만 한다. 이에 대한 바른 이해가 없으면 목사도 장로도 교인도 세속에 물이 들면 다 넘어지게 된다. 이를 양지해야 한다.

  고린도 전서 9:23-26절을 보라. 믿음은 쉬지 아니하고 달려가는 바로 그것이다. 그런데 요즘 보니 목사나 교인으로서 달리기는커녕 놀고 쉬는 자들이 너무나 많다. 그런데 유의할 것은 믿음은 임시적인 것이 아니고 정기적 또는 정상적인 것으로서 뛰는 것이다. 믿음은 그 자신을 먼저 포기해야 한다. 그래서 바울은 빌립보서 3:4-9절을 보라. 먼저 그는 자신의 모든 것을 버렸다.

  1대지, 믿음은 푯대를 향하여 달려가는 것이다

  "믿음은 나에게 있어서 푯대를 만들어 주고 그 푯대를 향하여 달려가라고 권고하고 있다"

  1, 믿음은 확실히 푯대가 있는 것이다.
  Ⓐ 그래서 믿음은 푯대를 향하여 뛰면서 복음에 참예하는 것이다(고린도 전서 9:23하반절).
  Ⓑ 가야하는 푯대가 없는 것은 믿음의 길이 아니다. 그러니 빌립보서 3:14절을 보라. 의미하는 바가 많다.

ⓒ 믿음은 모든 세계가 하나님의 말씀으로 지어진 것이지 없는 것은 결코 아니다. 그러니 히브리서 11:2절을 보라.

ⓓ 믿음은 누구도 천성을 향하여 달리고 달리는 것이다. 여기서 유의할 것은 믿음은 앞만 보고 가는 것이다.

2, 믿음은 누구도 목적지를 향해 달려가는 것이다.
Ⓐ 믿음은 확고부동한 신념과 의지 속에서 달리는 것이다.
Ⓑ 믿음은 누구에게도 목적지가 있는 것이다. 목적지가 있는 것은 믿음이고 목적지가 없는 것은 누구에게도 믿음은 아니다.
ⓒ 믿음을 가진 자는 오늘도 뛰고 그리고 내일도 뛰는 것이다. 믿음은 앞만 보고 뛰니 숨이 차고 고달파도 뛰어야 하는 것이다.

3, 그러면 그리스도인의 풋대와 목적지는 그 어디인가?
Ⓐ 믿음은 세상 속으로 흘러 떠내려가는 것이 아니다(히브리서 2:1).
Ⓑ 믿음은 날마다 깊은 물에 빠지고 넘어지고 병들고 죽고 하는 것이 아니다. 시편 69:1-3절 그리고 시편 69:14-15절을 유의하여 보라.
ⓒ 믿음은 승리자의 것이지 패배자의 것은 결코 아니다. 이기는 자가 상을 얻는다(히브리서 10:35).

4, 빌립보서 3:14하반절을 보라. 믿음은 전재조건은 아니지만 상을 위하여 쫓아가는 것이다. 마태복음 10:42절과 히브리서 11:6절을 보라.
Ⓐ 믿음은 살아 있는 뿌리가 필요하다. 뿌리가 없는 믿음은

살아 있는 것이 아니고 뿌리가 있는 믿음은 살아 있다.
Ⓑ 그러기 때문에 믿음은 하나님과 자기와의 관계이지 누구에게 빌려 줄 수가 있는 것은 아니다.

5, 빌립보서 3:12하반절을 보라. 그리스도에게 잡힌바 된 그것을 잡으려고 쫓아가는 것이 믿음이다. 믿음 하나를 놓고 누구와 나누워 가지거나 이러쿵 저러쿵 해서는 아니 된다.
Ⓐ 고린도 전서 9:26절을 보라. 바울은 여기서 내가 달음질하기를 방향 없는 것과 같이 아니하고 방향을 정하고 뛴다고 강조하고 있다.
Ⓑ 믿음은 그 누구나가 가지거나 공유할 수 있다는 것은 결코 아니다.
Ⓒ 믿음은 타인의 소유가 아니다. 믿음은 전적으로 그리스도 안에서 내가 믿는 그것이다. 그러니 알곡이 필요하다.

2대지, 믿음은 앞만을 향해 달리는 것이다

"믿음은 가진 자는 뒤를 보면 낙오자가 된다"

1, 믿음은 뒤를 보는 것이 아니다.
Ⓐ 누가복음 9:62절을 보라. 뒤는 분명히 마귀의 것이고 앞은 하나님의 것이다.
Ⓑ 빌립보서 3:12-13절을 보라. 믿음은 뒤에 것을 다 잊어버리는 것이다. 믿음은 앞만 보고 달리는 것이다.
Ⓒ 왜냐하면 하나님이 앞에 계시기 때문이다.

2, 믿음은 옆이나 뒤나 좌나 우를 보면 아니 된다. 누구도

그러면 실격이다.
Ⓐ 그 누구도 뒤에서 예수 그리스도를 잡는 것은 아니 된다. 그것은 파괴이고 죽음이다.
Ⓑ 믿음은 앞에서 예수 그리스도를 잡고 따라가는 것이다.
Ⓒ 그러면 그 이유는 무엇인가? 그것은 믿음의 푯대가 앞에 있는 것이지(빌립보서 3:14) 뒤에 있는 것이 결코 아니기 때문이다.

3, 디모데 후서 4:7절을 보라. 그리스도인은 믿음을 가지고 앞에 계신 주님을 향하여 쉬지 아니하고 달리는 것이다.
Ⓐ 예수 그리스도께서는 언제나 우리 앞에 계시고 앞에서 나아가신다.
Ⓑ 예수 그리스도는 결코 뒤에 계시는 분이 아니시다. 뒤에는 언제나 신앙적 포로병들이 있고 그들이 가는 곳이다.
Ⓒ 그리고 뒤에는 믿음의 패잔병들이 오고 간다. 이를 바로 알라.

4, 고린도 전서 9:26절을 보라. "경주하는 방향이 뚜렷해야 한다."
Ⓐ 왜 그런 것인가? 믿음은 강력한 힘과 능력이 있기 때문이다. 하나님은 날마다 우리의 믿음을 철저히 보시고 계신다.
Ⓑ 그래서 성서는 히브리서 11:6절을 예의주시하고 있다. 그러면 그 이유는 무엇인가?

5, 빌립보서 3:12절을 보라. 믿음을 가진 자는 오직 앞만을 보고 좇아가야 한다. 그러면서 정신들을 차려야 한다(베드로 전서 4:7).

Ⓐ 그리스도인은 달려가야 할 목적지가 분명히 있어야 한다. 누구도 목적지가 없으면 방향감각을 잃게 된다.
Ⓑ 하나님의 요구는 목적을 걸고 달리는 것이지 목적의식을 버리거나 잃고서 달리는 것은 아니라는 것이다.
Ⓒ 그 누구도 믿음이 없는 자는 되지 말라. 믿음의 사람으로 그 누구도 거듭나지 아니하면 아니 된다(요한복음 3:3, 3:5).

3대지, 믿음은 누구도 뒤를 돌아보는 것이 아니다(빌립보서 3:13)

"믿음은 나의 잘못과 거짓과 위선을 생각하고 책임을 지는 것이다"

1, 믿음은 뒤에 있는 것이 아니고 언제나 앞에 있다.
Ⓐ 그러니 믿음은 뒤에서 너를 보는 것이 아니다.
Ⓑ 그러니 믿음은 앞에서 나를 보는 것도 아니다. 믿음은 철저히 예수 그리스도 안에서 우리를 보는 것이다.
Ⓒ 믿음은 존재가 있고 존재 가치가 있는 것이다. 그러니 믿음으로 성서는 세상을 이기라고 말씀하신다. 요한 1서 5:4-6절을 보라.

2, 믿음은 앞에 있는 것이다. 그래서 앞을 보고 뛰라고 말씀하신다. 왜 그런 것인가?
Ⓐ 경주자가 앞을 보고 뛰어야지 뒤를 보고 뛰면 넘어지거나 남의 라인을 밟아서 실격을 당하거나 한다. 믿음으로 예수께서는 세상을 이기었다고 말씀 하신다. 요한복음 16:33하반절

을 보라. 여기서 예수께서는 믿음으로 세상을 이기었다고 강조 하신다.
  Ⓑ 그러나 누구도 믿음이 없으면 지거나 패배한다. 이것이 바로 성서의 가르침이고 역사의 기본이다.

  3. 믿음은 앞에서 또는 앞을 향해 뛰는 것이지 뒤를 보면서 뛰는 것은 아니다. 누가복음 9:62절은 의미하는 바가 많다.
  Ⓐ 그 누구도 뒤를 보면 넘어진다. 뒤를 보면 뒤지거나 실격을 당하거나 무너지고 만다.
  Ⓑ 인생의 뒤는 사단의 자리이다. 창세기 3:1-6절의 어리석은 하와가 뒤를 보다가 뱀에게 물린 것이다. 사단은 나를 넘어지게 하려고 그리고 죽이려고 나의 뒤에서 갖은 오락을 부린다.
  Ⓒ 그래서 성서는 우리에게 앞에 그리스도께서 계시니 앞만 보고 뛰라고 말씀하신다. 우리는 언제나 성서의 가르침 그대로 하면 되는 것이다.

  4. 그런데 왜 사람들은 믿는다고 하면서도 왜 뒤를 돌아보고 있는가? 그 이유는 무엇이고 그 어디에 있는 것인가?
  Ⓐ 뒤를 돌아보면 그 누구도 마귀의 시험을 받는다.
  Ⓑ 뒤를 돌아보면 그 누구도 어리석음의 침륜에 빠진다(히브리서 10:39).
  Ⓒ 그러니 그 누구도 세상과 악과 현실을 이기려면 세상을 보거나 그리고 일하는 상황을 보지 말라. 그러면 아니 된다.
  Ⓓ 하나님의 요구는 철저히 믿음으로 이기라는 것이지 지거나 넘어지는 것은 아니다.

5, 믿음으로 승리하는 자가 되라. 패배는 용서를 못한다.

Ⓐ 그 누구도 뒤를 보면 히브리서 2:1절에 떨어진다. 그러면 낙오자가 된다.

Ⓑ 그러면 왜 성서가 우리에게 빌립보서 3:13절을 요구하고 있는가? 그것은 앞만 보고 가라는 것이다.

Ⓒ 언제 어디서나 세상에서는 믿음으로 승리를 해야 하는 것이다. 누구도 승리는 믿음으로 하는 것이지 세속이나 돈으로 하는 것은 아니다.

4대지, 믿음은 자기를 의심이나 이것저것을 생각하는 것이 결코 아니다

"믿음은 철저히 자기를 비우는 것이다"

1, 빌립보서 3:14절 그대로 믿음의 사람이 앞서고 앞에 가고 리더가 되어야 한다. 이것이 바로 우리 예수께서 요구하는 바이다. 목사나 교인은 언제나 믿음으로 살다가 죽어야 한다.

Ⓐ 믿음은 이기고 승리하는 것이지 넘어지고 패하는 것이 아님을 성서는 경고하고 있다.

Ⓑ 누구도 믿음이 없으면 곤란하여 진다. 경우에 따라서 믿음은 체험적이다. 죽고 사는 것도 여기에 준하기도 한다.

2, 믿음은 그 자신을 생각하는 것이 아니다. 오직 하나님만을 생각하는 것이다.

Ⓐ 그리스도와 우리는 혈맹관계로 맺는 것이다. 내가 예수를 믿을 때에 나에게 이미 하나님은 그리스도의 피를 주신 것이다.

Ⓑ 내가 그리스도를 위해 죽을 수가 있는 것이 믿음이다. 왜 그런 것인가? 그것은 바로 믿음이 혈맹관계이니 그러하다.

3, 믿음은 현재의 나를 그리스도인으로 만들어서 중책을 맡기시는 것이다.
 Ⓐ 어느 시대나 믿음은 패배가 아니다. 믿음은 마귀에게 포로가 되는 것도 아니다.
 Ⓑ 믿음은 반드시 승리하는 것이다. 하나님의 요구는 믿음으로 이기고 승리하는 것이지 패배하라는 것은 결코 아니다.
 Ⓒ 믿음은 오늘날만 필요한 것이 아니고 죽기까지 필요하고 이 세상에서만 필요한 것이 아니고 저 세상에서도 필요하다.

4, 마태복음 8:22-23절을 바로 보라고 한다.
 Ⓐ 믿음은 부모의 죽음 앞에서도 굴하지 아니하고 무너지지 아니하고 떳떳하게 그리스도의 제자의 길을 가는 것이다.
 Ⓑ 믿음은 나그네의 길 일지라도 굴하지 아니하고 승리하여 가는 것이다. 누구도 믿음으로 자신을 망가뜨리면 아니 된다.
 Ⓒ 믿음은 자신을 이기고 마귀를 이기고 세상에서 승리하는 것이다.

5, 믿음으로 오늘과 어제와 내일을 이겨야 한다. 믿음은 이기는 것이지 지는 것은 결코 아니다.
 Ⓐ 그러면 그 이유는 무엇이고 그 어디에 있는 것인가 함이다.
 Ⓑ 믿음은 베드로 후서 3:18절과 같이 예수 그리스도를 아는 지식에서 자라가라는 것이지 다른 것은 아니다. 믿음의 사람은 세상에서 떳떳하고 승리하며 가야 한다.

☆ 결론

경주나 경기는 참으로 무서운 것이다. 왜냐 하니 사람들은 일들을 제외하고 다른 사람들은 생각이 없다. 인간들은 무엇에든지 우승의 트로피만 생각하지 진자들의 눈물과 한숨을 생각하지 아니 한다. 믿음은 어느 시대에서나 그리고 어느 장소에서나 요구하는 것이 많다. 이기라는 것이나 하나님께 감사하는 것이나 하나님을 찬양하는 것에 반드시 이기라고 가르치고 있다.

오늘의 기독교가 목사나 교인들이 이김을 주시는 하나님께 과연 진심으로 감사하고 있는가? 그 누구도 믿음의 승리자는 될지언정 절대로 패배자는 되지 말라. 이것이 믿음의 승리자가 해야 하는 일이다.

세상은 세상을 보면서 이기는 자에게 박수를 치지만 종교에서 마귀나 어두움과의 전쟁에서 이기지 못하고 패배하는 것은 손가락질 하면서 승리하는 것에 대하여는 별로 관심들이 없다. 믿음의 승리자는 될지라도 패배자는 되지 말라. 이것이 바로 우리 주님이 요구사항이다. 하나님은 오늘도 나를 보고 이기는 자가 되고 승리하는 자가 되고 감사하는 자가 되라고 한다.

마가복음 9:22-23
믿음은 하나님께 모든 것을 바치는 것이다

[성경본문]

"귀신이 저를 죽이려고 불과 물에 자주 던졌나이다 그러나 무엇을 하실 수 있거든 우리를 불쌍히 여기사 도와주옵소서 예수께서 이르시되 할 수 있거든이 무슨 말이냐 믿는 자에게 능치 못할 일이 없느니라 하시니"

△ 서론

※ 믿음이란 무엇인가? 이에 대한 바른 이해가 있는가?
믿음은
① 자기의 몸을 맡기는 것이다.
② 믿음은 자기의 영혼을 맡기는 것이다.
③ 믿음은 자기의 생사를 맡기는 것이다.
④ 믿음은 인격과 지식과 지혜를 맡기는 것이다.
⑤ 믿음은 정신과 사상과 감정을 맡기는 것이다.
⑥ 믿음은 자기의 소망과 미래를 맡기는 것이다.
⑦ 믿음은 자기의 구원과 영생을 맡기는 것이다.
⑧ 믿음은 그 자신의 생업을 맡기는 것이다.
⑨ 믿음은 가족을 맡기는 것이다.
⑩ 믿음은 부모나 자녀나 형제나 식구들 하나하나를 맡기는 것이다.
⑪ 믿음은 에클레시아(교회)를 맡기는 것이다.

⑫ 믿으면서 나와 관계 된 것과 가정이나 사업과 관계가 된 것 그리고 교회와 관계가 된 것을 맡기고 있는가?
⑬ 믿음은 나의 생사의 문제만이 아니고 나의 모든 것을 드리고 바칠 수가 있는가?
⑭ 기타 등등 이다.
이 모든 것을 드리고 바치고 맡기는 것이 믿음이다. 그렇게 하려면 그 자신을 포기하고 바치지 아니하면 아니 된다.

1대지, 믿음은 전적으로 자기 자신을 맡기는 것이다

1, 믿음은 누구도 하나님께 그 자신을 완전히 맡기면서 그 시작을 한다.
Ⓐ 믿음은 그 자신을 하나님께 드리는 것이다. 그 자신을 하나님께 드리니 자기를 알게 되고 바치게 되는 것이다.
Ⓑ 믿음은 누구도 그 자신을 하나님께 맡김으로서 그 시작을 하는 것이다.
Ⓒ 믿음은 누구도 하나님께 그 자신을 바치고 드림으로서 형성이 된다. 누구도 이에 대한 바른 이해가 없으면 결코 아니 된다.

2, 믿음은 그 자신을 전적으로 비우는 것이다.
Ⓐ 자신을 비울수록 믿음이 크게 들어간다. 빌립보서 3:5-8절을 보라. 바울은 그 자신을 철저히 비우고 있다. 믿음은 누구도 그 자신을 배워야 된다. 창세기 12:1-3절을 보라. 아브라함은 자기의 고향을 떠나면서 모든 것을 버리고 비우고 떠난 것이다.
Ⓑ 믿음은 그 자신을 하나님께 드리고 바침으로서 그 시작

을 한다. 다니엘 3:1-21절을 보라. 다니엘의 3친구는 그 자신들을 비우고 믿음을 갖게 되었다. 마태복음 19:21절을 보라. 드리거나 비우지 아니하고서는 믿음을 가질 수가 없다.
ⓒ 믿음은 그 자신을 하나님께 드린 것에서 그 시작을 한다. 다니엘 6:10-18절을 유의하여 보라. 다니엘은 비우고 사자 굴 속에 들어간 것이다.

3, 믿음은 그 자신을 하나님께 바치고 드리는 것으로부터 그 시작을 한다.
Ⓐ 믿음은 그 자신만이 아니고 아브라함 마냥 자녀도 하나님께 바치는 것이다(창세기 22:1-14).
Ⓑ 그러면 이 모든 것은 무엇을 가르치고 있는가? 이는 믿음의 원동력과 가치를 가르치고 있는가?
ⓒ 그 누구도 자신을 하나님께 드리고 바치지 아니하면 결코 아니 되는 것이다.

4, 믿음은 누구도 하나님을 의지하고 의탁하는 것이다. 시편 37:5절을 보라.
Ⓐ 믿음으로 사는 자는 그 자신을 하나님께 드리고 바치지 아니하면 결코 아니 되는 것이다.
Ⓑ 그 누구도 믿음이 없으면 하나님을 기쁘시게 하기는커녕 (히브리서 11:6) 그 자신도 하나님께 드리고 바칠 수가 없다.

5, 예수께서 먼저 그 자신을 십자가에서 버리신 것을 바로 알아야 한다(빌립보서 2:5-8).
Ⓐ 예수 그리스도께서는 우리에게 이사야서를 보고 예레미야를 보라고 한다. 그들은 하나같이 죽으면서도 하나님만을

기쁘시게 하였다.

ⓑ 예수 그리스도께서는 누구보다 선구자 세례요한을 보고 있다. 그리고 다시 세례요한의 죽음도 보고 있다(마태복음 14:3-12).

2대지, 믿음은 하나님 앞에서 자신을 포기하는 것이다

그 누구도 자기를 포기하지 아니하면 믿음의 길을 갈수가 없다. 예수께서는 자기 자신을 포기하고 십자가를 지셨다. 빌립보서 2:5-8절을 보라. 이로 인하여 그리스도께서는 하나님 아버지께 영광을 받으신 것이다(빌립보서 2:9-11).

1, 예수 그리스도께서는 하나님 앞에서 자기를 십자가에서 포기한 그것을 영광으로 아셨다. 바울은 빌립보서 3:5-9절을 통하여 자기를 비우고 포기한 것이 무엇인지 그것을 알리시고 있다.

ⓐ 예수께서는 그 자신을 하나님 앞에서 비우시며 하심이 어떻게 해야 하는지 그것을 보이고 있다. 빌립보서 2:8절을 보라.

ⓑ 예수께서는 마태복음 8:20절과 21:18절을 통하여 그 자신을 철저히 비우셨다. 그가 비우지 아니하고서는 도성인신에(요한복음 1:14) 참뜻을 보일수가 없었다. 예수께서는 십자가를 지신 것은 도성인신의 참뜻이 십자가에 있음을 알리시고 있다. 그래서 바울은 고린도 전서 2:2절에서 그리스도와 그의 십자가만을 자신은 전달하겠다고 고백하고 있다.

2, 바울은 예수 그리스도를 얻기 위하여 그 자신을 비우고 포기 하였다. 그것만이 자신의 길이라고 믿었다.

Ⓐ 사도행전 20:22절-24절을 보라. 그 자신이 예수 그리스도의 십자가를 선택하고 반드시 죽음이 그 뒤를 따를 것을 알고 있다. 그러나 그것이 가는 길이니 어찌 하는가?
　Ⓑ 디모데 후서 3:7-9절을 유의하여 보라. 예수 그리스도를 따르는 것은 누구도 십자가를 지는 것이고 그리스도의 뒤에서 십자가를 지고 죽는 것이 아닌가? 그것이 바로 사도나 선지자들이나 바울의 길이 아니겠는가?
　Ⓒ 따름에서는 험하고 어려워도 그것이 영광의 길이니 가야 하는 것이다.

　3, 바울은 그리스도를 믿는 그 믿음에 의해서 그 자신의 모든 소유를 배설물로 여겼다. 빌립보서 3:4-9절을 유의해 보라.
　Ⓐ 여기서는 그 누구도 결코 예외가 아니다. 죽으면 죽으리라 이다.
　Ⓑ 그럼에도 현대인은 교회 안이나 밖에서 자신을 비우지 못한다. 이것이 큰 낭패가 아니겠는가?

　4, 그러면 빌립보서 3:5-8절은 그 무엇을 알리시고 있는가?
　Ⓐ 이는 바울이 세상에서 그 자신이 버릴 수가 있는 것은 다 버리고 간다는 것이 아닌가?
　Ⓑ 바울의 신앙과 사상은 바로 고린도 전서 2:2절에서 그리스도와 그의 십자가만을 전달하는 그것이 아닌가?
　Ⓒ 그리스도와 그의 십자가만을 전달하는 그 자신은 완전히 살고 죽는 것이 무엇인지를 여기서 알리시고 있다.

　5, 그러면 믿음에서 예수 그리스도가 요구하고 바라는 것이 그 무엇인가? 이를 바로 알라.

Ⓐ 그러면 믿음에서 우리에게 요구하는 것은 그 무엇인가? 예수께서 요구하는 것은 우리의 확고부동한 진리와 믿음의 승리인 것이다.
Ⓑ 언제나 어디서 간에 예수 그리스도께서는 믿음을 요구한다. 그러나 말세가 되니 하나같이 누가복음 18:8하반절이 되어서 하나님께서는 실망하고 슬퍼하신다.

3대지, 믿음은 하나님께 그 자신을 의탁하고 비우고 바치는 것이다

1, 열두 제자들을 보라. 이들은 그 자신을 끝까지 바치고 드렸다.
Ⓐ 이들은 모두가 불고가사 불고처사를 하고 예수 그리스도를 따랐다.
Ⓑ 예수의 십자가를 앞에 놓고서 두 종류의 무리가 나타난다. 가룟유다는 스승을 배신하고 떠나가고 있다. 그러나 다른 제자들은 끝까지 스승을 따르고 있다.
Ⓒ 가룟유다는 요한복음 13:2절과 같이 사단이 들어가니 스승을 팔고 말았다(마태복음 26:14-16).
Ⓓ 어느 누구도 믿음이 헤이해지면 스승을 팔고 진리를 배도하는 일이 일어난다. 현금당대는 말씀을 가르치는 스승도 헌신짝 같이 버리고 떠난다. 바울이 디모데 후서 4:10절에서 지적한 사람은 오늘날에도 얼마든지 있다.

2, 믿음으로 우리는 그리스도에게 그 자신을 드리고 바친다. 그것이 바로 믿음에의 원동력이 아니겠는가?
Ⓐ 그래서 성서는 믿음이 있는 자는 천국을 믿음이 없는 자

는 지옥을 간다고 경고하고 있다.
  Ⓑ 천국과 지옥은 그 사람의 믿음의 여하에 따라서 달라진다. 성서는 우리에게 마태복음 20:1-12절을 보라고 한다. 이것이 그 무엇을 가르치고 있는가?

  3, 믿음이 먼저 그 자신을 하나님께 의탁하고 맡기는 것이다.
  Ⓐ 히브리서 11:6절을 보라. 누구도 믿음이 없이는 하나님을 기쁘시게 할 수가 없다.
  Ⓑ 믿음이 있다고 하면서 그 자신을 하나님께 드리고 바치는 것이 중요하다. 그것이 아니니 거짓이다.
  Ⓒ 그럼에도 불구하고 이에 대한 바른 이해가 없으면 아니 된다. 정반대는 하나님의 뜻이 아니다.

  4, 우리의 현재는 그리고 어제와 오늘은 하나님께 맡기는 것이 믿음이다. 믿음은 우리가 하나님과 손을 잡고 빌립보서 3:14 그대로 푯대를 향하여 달려가는 것이다.
  Ⓐ 나는 이제까지 살면서 나를 하나님께 드리고 바쳐보았는가?
  Ⓑ 나는 예나 지금에서 하나님께 나를 드리고 바치고 있는가?
  Ⓒ 나는 나의 미래를 그리고 나의 가는 길을 하나님께 드리고 바칠 수가 있는가? 나는 이 모든 것을 위해서 그 무엇을 할 수가 있고 그리고 준비를 하고 있는가? 이에 대한 바른 이해가 있는가?

  5, 그러나 하나같이 믿음이 없으니(누가복음 18:8하반절) 언제나 그것이 문제가 된다.
  Ⓐ 마태복음 25:9-12절의 기름이 없는 인간을 보라. 그 결과

가 어찌 되는가?

Ⓑ 하나같이 믿음이 없으니 하나님을 기쁘시게 하기는커녕 하나님을 고통스럽게 만들고 있다.

Ⓒ 그러기에 누구도 반드시 믿음이 있어야 한다. 그러니 히브리서 11:1상반절을 보라. 이것이 그 무엇을 현실적으로 알리시고 있는가? 바른 이해가 요구되고 있다.

4대지, 믿음은 그 누구도 그 자신과 관계가 된 것을 송두리 째 바치고 의탁하는 것이다

"마태복음 19:21절을 보라. 이것이 주님께서는 우리에게 요구하고 있다. 이 시점에서 우리는 우리와 관계가 된 것을 다 버리고 하나님과의 관계를 형성하고 달려갈 수가 있는 것인가? 여기서 바른 이해가 요구되고 있다."

1, 믿음은 그 자신과 관계가 된 것들 모두를 하나님께 완전히 맡기는 것이다. 그래야 바울과 같이 큰 믿음을 가질 수가 있다. 이사야 20:1-3절을 보면 이사야는 3년 동안 벌거벗고 나가서 외쳤다. 빌립보서 3:5-8절을 보면 바울은 세상의 모든 것을 하나의 냄새나는 배설물로 여기고 있다.

Ⓐ 가정이나 개인의 문제도 여기서는 하나님께 맡기라고 한다. 왜 그런 것인가?

Ⓑ 사업이나 장사의 문제도 역시 하나님께 완전히 맡기고 생활하라고 한다. 왜 그런 것인가? 그것이 바로 믿음이기 때문이다.

Ⓒ 직장이나 직업의 문제에서도 하나님께 완전히 맡기고 생활하라고 한다. 그러지 못하면 믿음의 핵심과 원동력이 무너

진다. 누구도 이것을 감안해야 한다.

  2, 그 자신이나 이웃이나 형제의 문제도 믿음으로 맡기는 것이 중요하다.
  Ⓐ 마태복음 19:21절을 유의해 보라. 이 사람은 마태복음 19:16-20절을 보면 잘난 자이고 앞선자가 아니겠는가?
  Ⓑ 그런데 그가 왜 마태복음 19:21-22절을 보라. 그가 이렇게 미끄러지고 넘어진 이유가 무엇인가? 그는 처음부터 믿음의 사람이 아닌 공덕론자이기 때문이다. 그러니 주께서 보실 때에 문제가 있는 자이다.

  3, 믿음은 하나님과 하늘에 대한 소망이 있는 것이어야 한다. 어차피 믿음은 하늘과 땅에도 있는 것이 아닌가?
  Ⓐ 우리는 하나님께 소망이 있는가? 아니면 전혀 소망이 없는가 하는 것이다. 바른 이해가 심히 요구되고 있다.
  Ⓑ 믿음이 있다면 누구에게도 내세에 대한 확고부동한 신념이 있어야 한다.
  Ⓒ 믿음이 있는 자는 천국과 지옥 그리고 낙원과 음부에 대한 바른 이해가 있어야 한다. 이것이 마음속에 없으면 믿음은 외식과 형식과 피부적이 되고 만다. 그러면 누구도 거짓된 믿음을 가지게 된다.

  4, 믿음은 내세에 대한 바른 소망이 요구되고 있다. 물론 믿음에는 바른 이해가 있어야만 한다.
  Ⓐ 누구도 믿음에 내세에 대한 소망이 없으면 그 믿음은 헛것이고 귀신의 믿음이 된다.
  Ⓑ 믿음은 내세에 대한 소망 가운데 크게 나타나고 자라게

된다. 이는 그 누구에게도 예외가 아닌 것이다.
　ⓒ 이 생이나 내세에 대한 소망 가운데 우리는 바로 서야만 한다. 그 이유가 무엇인가? 바울이 로마서 14:7-8절에서 외친 바 그대로이다.

　5, 그 누구도 믿음은 앞만을 향하여 달려가는 것이다. 누구도 뒤를 돌아보면 아니 된다.
　Ⓐ 빌립보서 3:12절과 3:13절을 보라. 그 누구도 믿음은 앞만을 보고 달려가는 것이 아닌가? 이것을 하나님께서 빌립보서 3:14절에서 요구하고 있는 바이다.
　Ⓑ 믿음은 누가복음 9:62절 그대로 뒤는 돌아보지 아니하고 앞만을 보면서 목적지까지 달려가는 것이다. 하나님은 예나 지금에서 우리들 모두에게 이것을 요구하고 있다.
　ⓒ 믿음은 처음부터 빌립보서 3:14절이 아닌가? 믿음은 하나님과 천국과 구원을 위해서 앞으로 달려가는 것이 아닌가? 그 누가 어디서 무슨 소리를 해도 그것은 아니 된다.
　Ⓓ 하나님은 언제나 우리 앞에서 가시고 계신다. 그러면서 우리의 믿음을 요구하고 바라신다.
　Ⓔ 믿음은 처음부터 승리자의 것이지 패배자나 포로자의 것은 결코 아니다. 그래서 하나님은 우리에게 믿음으로 세상과 마귀를 이기고 승리하라고 하신다. 믿음은 세상과 마귀를 이기고 하나님 앞에서 우리 자신을 드러내는 것이다.

　☆ 결론

　문제는 우리 자신의 것들 모두를 하나님께 맡길 수가 있는가? 아니면 맡길 수가 없는가 하는 것이다. 속성적으로 아니니아식은 아니 된다(사도행전 5:1-10). 그러면 왜 그런 것인가? 그것은 인간은 언제나 자기라는 집을 메고 돌아다니는 달팽이나 고슴도치 유형이기 때문이다. 그러니 교회를 다니고 예수를 믿어도 문제가 심각하여진다. 인간은 어디서나 유리하면 고개를 내밀거나 쳐들고 돌아다닌다. 불리하고 어려우면 속으로 들어가 버리니 그것이 문제가 된다.

그래서 하나님은 오늘의 나를 보면서 정신을 차리라고 한다. 믿음의 사람은 언제나 겸손하고 낮아져야 한다. 그 자신을 나타내거나 돋보이는 형은 아니 된다. 믿음의 사람은 하나님과 사람 앞에서 부끄러움이 없어야 한다. 이것이 바로 하나님이 예나 지금에서 우리들 모두에게 요구하시고 바라시는 바이다. 나에게 믿음이 있고 크다면 하나님의 사람으로서 손색이 없고 크고 작은 일들을 감수 할 수가 있을 것이다. 믿음을 통하여 하나님께 감사하라.

마가복음 9:22-23
믿음은 의지 의탁하는 것이다

[성경본문]

"귀신이 저를 죽이려고 불과 물에 자주 던졌나이다 그러나 무엇을 하실 수 있거든 우리를 불쌍히 여기사 도와주옵소서 예수께서 이르시되 할 수 있거든이 무슨 말이냐 믿는 자에게 능치 못할 일이 없느니라 하시니"

△ 서론

※ 믿음이란 무엇인가?
① 나를 드리는 것이다.
② 나를 바치는 것이다.
③ 나는 비우는 것이다.
④ 회개하며 사는 것이다.
⑤ 나를 맡기는 것이다.
⑥ 나의 모든 것을 의지나 의탁하는 것이다.
⑦ 나의 십자가를 지는 것이다.
⑧ 내 속에 하나님의 말씀을 넣고 채우는 것이다.
⑨ 성령을 받고 충만 하는 것이다.
⑩ 그리스도를 위해서 죽을 수도 있는 것이다.
⑪ 하나님의 말씀을 위해 죽을 수도 있는 것이다.
⑫ 말씀과 성령의 인도하는 대로 믿고 따르는 것이다.
⑬ 예수 그리스도를 모시고 사는 것이다.

⑭ 예수 그리스의 십자가를 대신지고 죽는 것이다.
⑮ 기타 등이다.

1대지, 믿음은 나의 생사를 완전히 그리스도에게 맡기는 것이다

1, 믿음은 우리의 생사를 그리스도에게 맡기는 것이다.
Ⓐ 인간은 한번은 죽는다(히브리서 9:27상반절). 그래서 하나님께서는 범죄 한 아담에게 너는 흙이니 흙으로 돌아가라고 하신다(창세기 3:19).
Ⓑ 그러니 인간은 생사의 문제를 하나님께 완전히 맡겨야 한다.

2, 믿음은 우리의 모든 것을 맡기고 믿는 것이다. 히브리서 11:1-2절을 보라.
Ⓐ 인간이 생사의 문제를 하나님께 완전히 맡기지 못하면 그때에는 믿음이 없다.
Ⓑ 예수를 믿으니 하나님을 믿는 것이 된다. 요한복음 14:1절을 보라. 이것이 믿음의 기본이고 원동력이 아니고 그 무엇인가?

3, 인간의 생사를 전부 하나님께 맡기는 것이다.
Ⓐ 우리의 수고와 노력에 감사하는 것이다. 왜냐 하니 마태 11:28상반절을 보라. 믿음에는 수고가 따른다.
Ⓑ 그러니 믿는 자는 수고와 무거운 짐을 하나님께 맡기고 오라고 부르신다.
Ⓒ 믿음은 예수 그리스도와 하나님께 나아가는 것이고 달려가는 것 아닌가?

4, 우리의 생사도 하나님과 믿음에 있고 믿음의 능력과 역사도 하나님께 있다. 이것을 바로 알라.

Ⓐ 믿음에의 부와 가난도 하나님께 있다. 부도 하나님께 있다. 예수 그리스도에 의한 가난도 하나님께 있다. 누가복음 16:19-31절을 보면서 감사하라.

Ⓑ 믿음의 생사도 하나님께 있다. 믿음으로 사는 것은 창세기 12:1-3절도 하나님께 있다. 그리고 창세기 22:1-14절과 그리고 사도행전 12:1-2절과 그리고 사도행전 12:3-6절도 하나님께 있다.

2대지, 믿음에는 우리의 구원과 영생의 문제를 완전히 그리스도에게 맡기는 것이다

1, 우리의 믿음에 구원이 있다(마태복음 1:21). 이것이 기본이고 원리이다.

Ⓐ 마태복음 1:21절을 보라. 예수 그리스도께서는 자기 땅과 자기 백성을 위해 오시었다.

Ⓑ 빌립보서 3:20절을 보라. 그리스도는 우리의 구원자시이다. 구원자이시니 우리는 살아도 죽어도 그분만을 위해서 살고 죽어야 한다.

Ⓒ 구원자에게 우리의 구원을 맡겨야 한다.

2, 우리의 믿음에 영생의 문제가 있다.

Ⓐ 우리는 믿음으로 구원을 얻는다.
Ⓑ 우리는 믿음으로 영생을 얻는다.
Ⓒ 우리는 믿음으로 이기고 승리를 한다. 그것이 육신의 승리와 영혼의 승리를 가지고 온다.

Ⓓ 그러니 우리는 영생을 위해서라도 믿음이 있고 믿음으로 승리를 해야 한다.

3, 믿음에서 가장 무서운 것이 무엇인가? 뭐니 뭐니 해도 그것은 십자가이고 십자가를 지고 죽는 것이다.
 Ⓐ 믿음으로 살려고 하면 승리해야 한다. 하나님은 오늘의 우리를 돌아보시고 승리하게 하신다.
 Ⓑ 요한 3서 1:2절과 같이 영혼이 잘되어야 육신도 잘된다. 이를 거부하고 멀리하면 되겠는가?

4, 믿음 안에서 그 자신을 맡기면 그것에는 승리와 이김을 주시는 하나님께 감사하게 된다.
 Ⓐ 믿음이 없으면 세상으로 흘러 떠내려가고 만다(히브리서 2:11). 그러면 그 이유가 무엇인가?
 Ⓑ 믿음은 세상을 이기고 자기를 이기고 마귀를 이긴다.

3대지, 믿음이란 우리의 죽음의 문제를 그리스도에게 맡기는 것이다

1, 그리스도께서는 그 자신의 죽음의 문제를 아버지에게 맡기고 있다. 그러면 그 이유는 무엇인가?
 Ⓐ 요한복음 12:27-28절을 보라. 예수 그리스도께서는 왜 십자가를 놓고서 도성인신(요한복음 1:14, 1:18) 아들에게 이를 맡기고 있다.
 Ⓑ 마태복음 26:36-44절을 보라. 하나님은 겟세마네에서 예수 그리스도의 요구에 불응하시고 있다. 왜 그런 것인가? 그것은 아들이 십자가를 지라는 것이다. 그러면 그 이유는 무엇인가?

2, 사도행전 7:59-60절을 보라. 스데반은 믿음 안에서 그 자신을 맡기고 있다.
   Ⓐ 하나님은 스데반의 눈을 열어서(사도행전 7:54-56) 하나님의 우편에 계시는 예수 그리스도를 보이신다.
   Ⓑ 예수 그리스도는 분명히 하나님의 아들이시다(마태복음 3:17).
   Ⓒ 하나님의 아들이시니 십자가를 지라고 하신다. 빌립보서 2:5-8절을 보라.

   3, 예수 그리스도는 죽음에서 그 자신의 영혼을 맡기신다. 왜 그런 것인가? 그것은 예수의 죽음이 가져오는 것이다.
   Ⓐ 누가복음 23:40절을 보라. 예수 그리스도께서는 여기서 죽으시며 그 자신의 영혼을 하나님께 부탁하고 있다.
   Ⓑ 사도행전 7:59절을 보라. 여기서 스데반은 그 자신의 영혼을 하나님 아버지께 부탁하고 있다. 그 이유는 무엇인가?

   4, 믿음에서 어느 것이 그리고 그 무엇이 큰 것인가?
   Ⓐ 그 무엇이 믿음인가?
   Ⓑ 그 무엇이 그의 십자가와 관계가 있고 되는 것인가?
   Ⓒ 그 이유는 무엇이고 그 어디에 있는 것인가?
   Ⓓ 믿음은 귀한 것이고 복된 것인가?

   4대지, 믿음이란 우리의 제반의 문제를 그리스도에게 의탁하고 맡기는 것이다

   1, 믿음은 각종 질병들을 그리스도에게 의탁하는 것이다.
   Ⓐ 타인의 각종 질병을 나의 믿음으로 고칠 수가 있는가? 하

나님께 나의 목을 드리고 바칠 수가 있는가? 과연 그러한가?
　Ⓑ 그 자신의 질병을 바칠 수가 있는가? 과연 내 자신에게 있는 그것이 과연 하나님께 무엇을 드리고 바칠 수가 있는가?
　Ⓒ 특별은사로서 각종 귀신들의 질병을 고칠 수가 있는가? 믿음으로 이기고 드리고 바칠 수가 있는가?

　2, 믿음은 자신과 가정의 문제를 그리스도에게 의탁하라.
　Ⓐ 그 개인의 장래문제를 완전히 맡길 수가 있는가?
　Ⓑ 각기 그 개인의 결혼의 문제를 책임 질수가 있는가? 과연 그런 것인가?
　Ⓒ 각기 직업과 직장과 사업의 문제를 책임 질수가 있는가? 과연 그런 것인가? 그것 때문에 나의 믿음을 그리스도에게 의탁 할 수 있는가?

　3, 믿음은 각기 그 개인의 문제를 그리스도에게 맡긴다.
　Ⓐ 자신의 문제를 그리스도에게 드리고 바칠 수가 있는가? 내가 오늘에서 가진 것이 어떤 것인가?
　Ⓑ 그 개인의 출세와 성공의 문제를 맡길 수가 있는 것인가?
　Ⓒ 가정의 사업과 개인의 사업들을 하나님에게 맡기게 된다. 믿음으로 나의 모든 것을 드리고 바칠 수가 있는가?
　Ⓓ 그러면 왜 믿음을 하나님이나 세상이나 이웃이 요구하고 있는가?

　4, 그 자신의 정신과 사상과 의탁과 의지 그리고 믿음의 자세들을 하나님께 맡긴다.
　Ⓐ 국가적인 문제와 사회적인 문제를 하나님께 맡긴다.
　Ⓑ 그 지역적인 문제와 기존의 종교적인 문제와 그 개인의

신앙적인 문제까지 하나님께 맡긴다.
ⓒ 그 개인의 믿음이니 큰 믿음도 필요하고 겨자씨의 믿음도 필요하다(누가복음 17:6).

5대지, 믿음이란 예수 그리스도에게 그 자신을 맡기는 것이니 믿고 완전히 의지하는 것이다

1, 기독교의 믿음은 웃는 것이 아니고 심사숙고한 것이다.
Ⓐ 기독교의 믿음은 3치 혀에 있는 것이 아니다.
Ⓑ 기독교의 믿음은 몸 전체와 관계가 된 것이다. 하나님은 그것을 요구하고 있다.
ⓒ 그러면 왜 하나님이 인간에게 믿음을 요구하시는가? 믿음은 현실이고 체험이다.

2, 믿음은 바라는 것의 실상이다(히브리서 11:1상반절).
Ⓐ 믿음은 그 주인이 있으니(히브리서 12:2) 그 누구나 함부로 소유할 수 있는 것이 아니다.
Ⓑ 히브리서 11:6절을 보라. 믿음이 없으면 하나님을 기쁘시게 할 수가 없다.
ⓒ 그러면 그 이유는 무엇이고 어디에 있는 것인가? 그것은 믿음의 승리는 그 무엇인지를 바로 알라.

3, 믿는 것은 기본적으로 이루어지는 것이다.
Ⓐ 우리가 믿는 것은 구원도 있지만 하나님을 기쁘시게 하는 것이다.
Ⓑ 그러면 왜 하나님을 기쁘시게 하는 것인가? 그것은 그 누구를 위한 것인가? 그것은 예수 그리스도와 하나님을 위한

것이기 때문이다. 이것을 알아 두어야 한다.

  4, 믿음은 믿는 그대로 된다. 히브리서 11:6절을 보라. 믿음이 없이는 아무것도 아니 된다. 그 누구도 현실과 역사를 직시하고 현실을 바로 보아야 한다.
  Ⓐ 믿음을 버리지 말라.
  Ⓑ 믿음을 가지고 승리하도록 하라.
  Ⓒ 승리는 믿음을 가진 자의 것이지 믿음을 버린 자의 것은 아니다.
  Ⓓ 빌립보서 2:5-8절을 보고 그리고 빌립보서 2:9-11절의 예수 그리스도를 보라고 하신다. 그리고 다시 빌립보서 3:5-8절을 보고 3:9-11절에서는 바울의 믿음을 보아야 한다. 그러니 믿음으로 승리하라는 것이 아닌가?

  ☆ 결론

  믿음으로 하나님께 의지하면 의탁하며 살아야 한다. 믿음으로 모든 것을 맡기며 모든 믿은 것과 소원하는 바가 이루어진다. 믿음으로 하나님께 그 자신이 요구하고 바라는 바를 맡기고 의지와 의탁하고 맡김이 없으면 곤란하다. 믿음이 없는 것보다 믿음이 있는 것을 요구하는 그 저의를 바로 알아야 한다. 믿음은 마태복음 19:21절이 그 무엇인지를 바로 아는 것이 아닌가? 믿음은 마태복음 23:30절과 23:31절을 바로 믿고 내세에 대한 확고부동한 신념과 의지와 의식을 바로 갖는 것이 아닌가? 믿음으로 승리하고 하나님께 감사하라. 이것이 믿는 자의 승리의 길이 아닌가? 이를 바로 알라.

빌립보 3:12-16
믿음은 경주이다(2)

[성경본문]

"내가 이미 얻었다 함도 아니요 온전히 이루었다 함도 아니라 오직 내가 그리스도 예수께 잡힌바 된 그것을 잡으려고 좇아가노라 형제들아 나는 아직 내가 잡은 줄로 여기지 아니하고 오직 한일 즉 뒤에 있는 것을 잡으려고 푯대를 향하여 그리스도 예수 안에서 하나님이 위에서 부르신 부름의 상을 위하여 좇아가노라 그러므로 누구든지 우리 온전히 이룬 자들은 이렇게 생각할찌니 만일 무슨 일에 너희가 달리 생각하면하나님이 이것도 너희에게 나타내시리라....."

△ 서론

※ 믿음은 경주이니 누구든지 달려가지 못하면 깊은 물에 빠지고 만다(시편 69:1-3, 69:14-15). 믿음은 경주이니 다음을 유념하여야 한다.

① 믿음은 언제나 달려가는 것이다. 어제도 오늘도 내일도 쉬지 아니하고 달려가는 것이다.

② 믿음은 누구도 도중에 쉬는 것이 아니다. 쉬면 마귀가 와서 먹어 버린다. 그래서 예수께서는 마태복음 13:4절을 보라고 한다.

③ 믿음은 노는 것이 아니다. 믿음의 사람이 놀면 악한 영들의 시험에서 벗어나지를 못한다.

④ 믿음은 끝까지 뛰는 것이다. 끝까지 뛰려면 좌나 우를 보면 아니 된다.
⑤ 믿음은 목적지를 정해 놓고 뛰는 것이다. 누구도 여기서는 결코 예외가 아니다.
⑥ 믿음은 환난과 핍박이 와도 끝까지 달리는 것이다. 계시록 13:9-10절을 보라.
⑦ 믿음은 목적지가 있는 것이다. 목적지가 없는 것은 믿음이 아니다.
⑧ 목적지까지 달려가서 반드시 승리하는 것이 믿음이다. 믿음에는 결코 포기나 중단하는 것이 없다. 덮어 놓고 끝까지 달려가는 것이다. 빌립보서 3:14절을 보라.
⑨ 디모데 후서 4:10절을 보라. 믿음은 세상 속으로 빠지는 것이 아니다. 세상에서 승리하는 것이 믿음이다.
⑩ 믿음은 세상으로 흘러 떠내려가는 것이 아니다. 히브리서 2:1절을 보라.
⑪ 믿음은 그리스도께서 잘했다고 칭찬할 그때까지 달려가는 것이다. 그러기 때문에 믿음은 누구도 뒤를 돌아보지 아니한다. 본문 3:12-13절을 보라. 믿음은 앞만 보고 뛰는 것이다.
⑫ 기타 등이다.

1대지, 믿음은 처음부터 뒤를 돌아보는 것이 아니다

1, 믿음은 쟁기를 잡고 뒤를 돌아보는 것이 아니다. 누가복음 9:62절을 보라. 누구도 믿음의 사람은 앞만 보고 뛰어야 한다.
Ⓐ 믿음은 누구도 앞만 보고 뛰는 것이다. 그 이유는 달려가는 푯대가 앞에 있기 때문이다.
Ⓑ 누구도 뒤는 보지 말라. 뒤를 생각하지 말라. 뒤는 마귀

의 자리이다. 우리의 뒤는 빌립보서 3:12-13절적이다. 그러니 뒤를 보지 말고 앞에 계신 주님만을 보고 뛰어야 한다.

2, 믿음에는 뒤가 없다 오직 앞만 있다(빌립보서 3:12).
ⓐ 믿음은 앞만 보고 뛰는 것이다.
ⓑ 누가복음 9:62절을 보라. 이것이 믿음의 힘이고 원동력이 아닌가?
ⓒ 그럼에도 그 누가 이것을 모르겠는가? 믿음의 경주 선상에서 동서사방을 보라. 이것이 무엇인지를 알리고 있다.
ⓓ 히브리서 2:1절이 그 무엇을 가르치고 있는가?

3, 믿음은 뒤로 흘려 떠내려가는 것이 아니다. 히브리서 2:1절을 보라.
ⓐ 믿음에는 뒤가 없다. 믿음은 앞만 있다.
ⓑ 믿음은 푯대만 있다(빌립보서 3:14). 그 누구도 이를 모르면 결코 아니 된다. 그러면 그 이유는 무엇이고 그 어디에 있는가?
ⓒ 믿음의 승리는 앞에 있는 것이지 누구에게도 결코 뒤에 있는 것이 아니다. 이를 바로 아는 것이 중요하다.

4, 믿음의 경주가 뒤를 돌아보면 아니 된다. 그러면 낙오자가 되거나 넘어진다.
ⓐ 그러면 누구도 다치게 된다. 누가복음 9:62절을 먼저 유의해 보지 아니하면 결코 아니 된다.
ⓑ 다른 하나는 타락을 하고 만다. 왜 그런 것인가? 그것은 믿음은 앞으로 나아가는 것이지 뒤로 가는 것은 결코 아닌 것이다.

Ⓒ 다른 하나는 그 자신을 망가지게 하는 것이다. 왜 그런 것인가? 그것은 믿음이 앞으로 나아가는 것이기 때문이다.

5, 누구도 믿음의 사람이 뒤를 돌아보면 큰 시험이나 큰물에 빠지고 만다.
　Ⓐ 시편 69:1-3절을 보라. 믿음의 길에는 바다나 물이 있다는 것을 바로 알라.
　Ⓑ 시편 69:14-15절을 보라. 이런 것은 언제나 오고 임하는 것이 아니겠는가?
　Ⓒ 시편 66:8-10절을 보라. 믿음의 사람에게는 자주 각종시험들이 온다는 것을 잊으면 아니 된다. 누구도 여기서 실족하면 넘어진다.

2대지, 믿음은 부르심에의 소리를 듣는 것이다

"이 소리를 다른 말로는 소명의 소리 또는 천명의 소리이고 다른 말로는 하늘의 소리를 듣는 것이라고 한다."

1, 믿음은 소명이나 그리고 믿음은 천명이다. 그리고 하늘의 소리를 듣는 것이다. 그래서 믿는 자는 땅을 보고 가는 것이 아니고 하늘을 보고 가는 것이다.
　Ⓐ 믿음은 천명을 받는 것이다.
　Ⓑ 믿음은 오직 하늘의 소리를 듣는 것이다.
　Ⓒ 하늘이 나를 필요로 해서 부르시는 것이다. 그래서 그 소리를 듣고 따르는 것이 믿음이다. 사도행전 9:14-15절을 보라. 믿음은 자의적으로 함부로 하는 것이 아니다.

2, 믿음은 앞에서 부르시는 그 소리를 부지런히 듣는 것이다. 왜 그런 것인가? 그것이 바로 소명이기 때문이다.

Ⓐ 빌립보서 3:14절을 보라. 그래서 모두가 달리는 것이다. 그러기에 빌립보서 3:14절을 보면 여러 면에서 많은 것을 우리에게 가르치고 있다.

Ⓑ 이사야 6:1-9절을 보라. 믿음은 이미 준비가 된 자들의 길이 아니겠는가? 그는 누구도 여기서 벗어나면 아니 된다.

Ⓒ 이사야는 자기를 불러주신 그 분을 위해서 생명 걸고 가겠다고 작심하고 있다. 목사나 전도자는 어디까지나 여기에 준해야 한다.

3, 하나님은 필요에 따라 언제 어디서나 사람을 부른다. 마태복음 4:18-22절을 보고 그리고 다시 마태복음 9:9절을 보라.

Ⓐ 출애굽기 3장에서는 모세를 부르신다. 왜 모세를 부르시는가? 그는 이미 40년 동안 준비를 한 자이기 때문이다.

Ⓑ 이사야 6:1-9절을 보라. 여기서는 평신도인 이사야를 부르신다. 왜 여호와께서는 이사야를 부르시는 것인가? 그것은 이사야 6:8-9절 그대로 보내려고 하시니 마땅한 사람이 없다는 것이다. 보내면 죽으면 죽으리라 하여야 하니 그것이 아니라는 것이다.

Ⓒ 사도행전 9:1-9절을 보면 하나님은 사울을 부르신다. 여기서 그를 부르시는 것은 십자가의 용사로서 열방으로 보내려 하시는 것이다.

4, 그러면 소명 곧 하늘이 그를 부르시는 것은 그가 너무 필요하기에 부르시는 것이 아닌가?

Ⓐ 이사야 6:6-9절을 보라. 이 길은 부르심의 길이고 대답하

며 가야하는 그 길이고 뒤는 없고 앞만 있는 그 길이 아닌가?

　Ⓑ 사도행전 9:14-15절을 보라. 그 누구도 이를 예상이나 예측을 하지 못하고 있다. 그러나 부르심을 받은 자는 그 길을 가야만 한다.

　5. 언제나 하나님 앞에서는 일군이 필요하다. 땅의 일군이 아닌 하늘의 일군이 필요하다. 하나님께서는 구약 때만이 아니고 신약 때에도 지금에서도 하늘의 일군이 될 자들을 찾아 다니신다. 오대양 6대주 안에 있는 사람 중에 일군을 찾으시는 예수를 보라.

　Ⓐ 출애굽기 3장을 보라. 하나님은 모세를 광야에서 부르신다. 왜 부르시는가? 그는 이미 40년간 준비와 예비를 하고 있기 때문이다.

　Ⓑ 이사야는 지금 왕궁에서 열심히 일을 하고 준비를 하고 있다. 그가 필요하시니 그를 부르신다.

　Ⓒ 하나님은 사도요한을 사도로 부르시고 30여년 가까이 밧모라는 섬에서 그를 보시고 계신다(계시록 1:9).

　Ⓓ 하나님은 사울을 보수파에서 또는 대학 교수나 서기관으로서 예수의 반대편에 서서 악을 행하고 있다. 그러나 그가 필요하시니 부르신다. 사도행전 9:1-9절을 보라. 부르심을 받은 사울은 빌립보서 3:5-9절을 보면 그는 세상의 모든 것을 배설물로 여기고 있다. 하나님이 사울을 선택한 것은 그 목적이 사도행전 9:14-15절을 보면 일목요연하게 잘 나타나고 있다.

　3대지, 믿음은 누구도 하나님의 힘을 주신 그때까지 쉬
　　　지 아니하고 달려가는 것이다

"믿음은 하나님의 도우실 것을 믿고 달리는 것이다. 그리고 믿음은 하늘의 뜻을 따라 행하는 것이다."

1, 믿음은 끝까지 달려가는 것이다(빌립보서 3:14).
Ⓐ 믿음은 도중에 하차 하거나 자포자기를 하거나 중단을 모르는 것이다. 그러니 50년 60년 100년 동안 쉬지 아니하고 달려가는 것이다.
Ⓑ 믿음은 도중에 누구도 하차를 하거나 아니면 스스로 포로병 노릇하고 좌절하는 것이 아니다. 누구도 믿음의 포로병이 되지 말라.

2, 믿음은 뒤를 돌아보는 것이 아니다.
Ⓐ 누가복음 9:62절을 보라. 뒤를 보면 낙오자가 된다. 누구도 뒤를 보면 전쟁터에서 패잔병이 되고 만다. 십자가의 용사가 뒤를 보면 낙오병이 되거나 포로병이 된다.
Ⓑ 뒤를 보면 세상으로 흘려 떠내려가거나(히브리서 2:1) 그것이 아니면 이 세상에의 깊은 물에 빠지고 만다(시편 69:1-3, 69:14-15). 그러면 그 결과가 어찌 될 것인가?

3, 도중의 하차는 누구도 생각할 수가 없다.
Ⓐ 빌립보서 3:14절을 보라. 바울은 우리에게 도중하차를 하지 말 것을 경고하고 있다.
Ⓑ 고린도 전서 9:24절을 보라. 이렇게 되어야 함을 알리시고 있다. 누가복음 9:62절을 우리에게 가르치고 있다.
Ⓒ 믿음으로 상을 얻을 때까지 달려가야 한다. 히브리서 10:35절에서 이것이 바로 성서의 가르침의 핵심이고 진리이다.

그럼에도 그 이유는 무엇인가?

4, 믿음의 소유자에게는 언제나 인내가 필요하다. 히브리서 10:36절을 보라.
Ⓐ 하늘의 상을 얻으려는 자는 끝까지 뛰어야 한다. 앞만 보고 말이다.
Ⓑ 고린도 전서 9:27절을 보라. 이것이 진리의 원동력이고 힘이다. 그 누가 이를 모른다고 할 것인가?
Ⓒ 예수께서 원하시는 것이 그 무엇인가? 그것은 빌립보서 3:12절이나 3:14절 그대로 라는 것이다.

5, 믿음은 우리의 것이 아닌 그 주인님의 것이다. 믿음은 철저히 하나님의 소유이다. 그러니 예수 그리스도의 소유인 것이다.
Ⓐ 히브리서 12:2절을 보라. 그러면 이것이 그 무엇을 가르치고 있는 것인가? 도중하차는 절대로 아니 된다. 신학생이 신학을 도중하차 하면 20-30년 후에 돌아온다. 목사가 탈락하고 실망하면 다시 돌아올 확률은 0.2%정도이다.
Ⓑ 믿음은 언제인가? 그 때가 되면 주인에게로 돌려드리고 우리는 가야한다. 믿음은 결코 어리석음이 아니다. 그리고 도중하차도 아니다.
Ⓒ 믿음은 마태복음 24:47-51절의 유형이 결코 아니다.
Ⓓ 그리고 믿음은 하나같이 마태복음 25:1-12절의 어리석음과 미련함이 결코 아니다.

4대지, 믿음은 처음부터 경주하는 것이다
"믿음은 언제나 경주이다. 그것도 앞만 보고 뛰는 것이다."

1, 믿음은 쉬지 아니하고 푯대를 향하여 달려가는 것이다.

ⓐ 빌립보서 3:12절을 보라. 누구도 과거나 현재에서 뒤를 보면 절대로 아니 된다. 예수께서는 누가복음 9:62절을 통하여 뒤를 보지 말고 앞만 보라고 경고 하신다. 왜냐하면 그것이 믿음에의 길이기 때문이다. 믿음에의 길은 마태복음 7:13-14절을 보면서 가라고 명령하신다. 왜냐 하니 참된 믿음에의 길은 좁은 길이기 때문이다.

ⓑ 빌립보서 3:14절을 보라. 누구도 푯대를 향하여 가는 그 길은 결코 넓은 길이 아니다.

ⓒ 그 누구도 믿음의 원동력을 바로 보아야 한다. 끝까지 쉬지 아니하고 달리고 뛰는 그것이 믿음이다. 누구도 도중하차는 결코 아니 된다. 고린도 전서 9:25절을 보라.

2, 성서는 언제나 우리에게 믿음에의 좁은 길과 좁은 문으로 들어가라고 명하신다.

ⓐ 그럼에도 불구하고 세상 사람들은 믿음을 오해하고 있다. 하나님만 오해하는 것이 아니라 성서도 오해하고 있다. 그래서 마태복음 22:29절은 의미하는 바가 많다. 이런 문제는 과거나 현재에서 두고 두고 큰 문젯거리가 되고 있다.

ⓑ 믿음은 언제나 어디서나 나만의 것도 아니고 너만의 것도 아니다. 믿음은 철저히 하나님의 것이고 예수 그리스도의 것임을 잊으면 아니 된다.

3, 믿음은 장기적으로 달리는 것이다. 어제도 오늘도 10년 전에도 1년 전에도 달리는 것이다.

ⓐ 믿음은 하나의 마라톤이다.

ⓑ 믿음은 언제나 쉬지 아니하고 뛰고 달리는 것이다. 그러

니 누구도 포기는 아니 된다.

ⓒ 하나님은 언제나 우리에게 믿음으로 승리할 것을 요구하고 있다. 왜 그런 것인가?

ⓓ 하나님이 기독교나 목사나 교인들에게 바라는 것은 믿음의 승리자가 되는 것임을 철저히 우리에게 알리시고 있다.

4, 믿음은 경주이니 쉬지 아니하고 달려야 하고 그리고 달림에는 이겨야하고 승리의 영광을 차지해야 하는 것이다. 믿음에서 패배는 용서가 아니 되는 것이다.

Ⓐ 오늘의 나에게 하나님이 요구하는 것은 견인불발한 믿음과 확고부동한 믿음인 것이다.

Ⓑ 그리고 하나님이 내일의 나에게 요구하는 것은 오직 믿음이다. 우리가 하나님께 바칠 수 있는 것은 믿음 그것 하나뿐이다.

ⓒ 때로는 믿음에 마태복음 5:10절이 필요하다. 그리고 마태복음 5:14-18절과 같은 것도 필요하다. 경우에 따라서는 시편 66:8-10절이 요구되기도 한다.

5, 믿음은 승리하여 상을 주실 그때까지 뛰고 달려야 한다. 하나님이 요구는 그것 하나뿐이다.

Ⓐ 그 누구도 이에 대하여는 바른 판단과 이해가 있어야만 한다. 믿음은 언제나 우리에게 거룩함과 진실함과 승리를 가져다주는 것이다.

Ⓑ 믿음이 있는 자는 누구도 정로를 걸어야 한다. 벗어나거나 빗나가면 누구도 목적지로 갈수가 없다. 수많은 신학자나 성서학자나 목사나 교인들이 빗나가는 것은 믿음에서 이탈하였기 때문이다.

ⓒ 성서가 강조하고 있는 믿음에의 경주는 법대로 해야만 한다. 디모데 후서 2:1-2절을 보라. 이것이 그 무엇을 가르치고 있는 것인지를 말이다. 여기서는 바른 이해와 확고부동한 신념을 요구하고 있다.

☆ 결론

그러면 그 누가 믿음에의 소유자인가? 그 누가 터전이 흔들리지 아니하는 믿음을 소유하고 있는가? 믿음은 깊이나 무게가 있어야 한다. 그래야 흔들리지 아니한다. 그 이유가 무엇인가? 우리의 믿음은 세상보다 하나님을 더 요구해야 한다. 고린도 전서 9:24하반절을 보라. 믿음은 경주이고 끝까지 달리고 뛰는 것이다. 믿음은 푯대를 두고서(빌립보서 3:12) 달리는 것이 아닌가? 그 누구도 결코 예외가 아니다.

그 누구도 믿음에의 승리자가 되라. 믿는 자나 목사나 우리는 패배자가 아닌 승리자로서 뛰어야만 한다. 믿는 자가 마태복음 21:1-2절 마냥 이파리만 가득해서야 되겠는가? 그리고 다시 믿는 자가 마태복음 25:1-12절이 과연 되어서야 되겠는가? 등은 있으나 기름이 없으니 어찌 하는가? 하나님이 과거나 현재에서 요구하고 바라시는 것이 그 무엇인가?
하나님의 요구는 철저히 믿음에의 승리가 아닌가? 이를 놓고서 우리도 왈가왈부를 해서는 아니 된다. 왜냐 하니 믿음은 승리자의 것이지 패배자의 것은 아니기 때문이다. 이것을 모두가 유념하고 깨닫지 못하면 아니 된다. 이것이 바로 하나님의 요구 사항이기 때문이다.

빌립보 3:12-16
믿음은 경주이다(3)

[성경본문]

"내가 이미 얻었다 함도 아니요 온전히 이루었다 함도 아니라 오직 내가 그리스도 예수께 잡힌바 된 그것을 잡으려고 좇아가노라 형제들아 나는 아직 내가 잡은 줄로 여기지 아니하고 오직 한일 즉 뒤에 있는 것을 잊어버리고 앞에 있는 것을 잡으려고 푯대를 향하여 그리스도 예수 안에서 하나님이 위에서 부르신 부름의 상을 위하여 좇아가노라 그러므로 누구든지 우리 온전히 이룬 자들을 이렇게 생각할찌니 만일 무슨 일에 너희가 달리 생각하면 하나님이 이것도 너희에게 나타내시리라"

◇ 서론

※ 믿음은 경주이다.
경주는
① 먼저는 경주복을 입어야 한다.
② 충분한 훈련을 하고 경주장 안에서 뛰어야 한다.
③ 마태복음 25:1-12절의 어리석고 미련한 자가 되면 아니 된다.
④ 경주는 반드시 룰을 이탈하면 아니 된다.
⑤ 경주는 아무렇게나 또는 자기 마음대로 해서는 아니 된다.
⑥ 경주는 푯대를 정해 놓고 뛰는 것이다. 푯대가 없는 경주는 무효이다.

⑦ 빌립보서 3:14절과 히브리서 10:35절의 상을 얻을 때까지 포기하지 아니하고 달리는 것이다.
⑧ 경주는 디모데 후서 2:5절 마냥 반드시 법대로 해야 한다. 법에서 벗어나면 실격이다.
⑨ 경주는 누구도 도중에서 포기하는 것은 아니 된다.
⑩ 경주는 끝까지 간다. 푯대나 목적지에서 잘했다고 칭찬을 받고 영광을 얻게 되는 것이다.
⑪ 기타 등등이다.

1대지, 믿음은 흔들리는 것이 아니다

"기초가 튼튼하면 어떠한 바람이나 비에도 흔들리지 아니한다."

1, 믿음은 좌로 흔들리는 것이 아니다.
욥기 1장과 2장을 보라. 욥은 10자녀와 모든 재산을 잃었으나 흔들리지 아니하고 욥기 1:21절에서 자기 고백이 나온다.
Ⓐ 믿음은 경주이니 놀거나 쉬거나 잠을 자거나 놀이를 하는 것이 결코 아니다. 믿음의 사람은 뿌리가 적어서 흔들리면 되겠는가? 그것은 아니 된다.
Ⓑ 믿음은 언제나 그대로 서 있는 것이다. 언제나 변함없이 그 자리에 세워져 있어야 한다.
Ⓒ 그러니 믿음이 흔들리거나 변하거나 룰에서 벗어나면 아니 된다.

2, 믿음은 우로 흔들려서도 아니 된다.
Ⓐ 믿음은 바로 가고 바로 서는 것이다. 그래서 믿음의 사람이 좌로나 우로나 흔들리면 아니 된다. 하나님께서는 모세

에게도 그러하였지만 특별히 여호수아에게 여호수아 1:7절에서 좌로나 우로나 치우치지 말라고 경고하고 있다. 믿음의 사람이 좌로나 우로 치우치고 흔들리면 되겠는가? 그것은 아니 된다.

    Ⓑ 누가복음 9:62절이 그 무엇을 가르치고 있는가?
    Ⓒ 빌립보서 3:12절과 3:13절을 보라. 여기서 성서는 누구도 믿음이 흔들리면 그때에는 히브리서 2:1절의 결과가 나타난다. 그리고 믿음이 흔들리면 좌로나 우로 변질과 변색이 되기에 그것은 결코 아니 된다.

  3, 믿음은 그 터전이 흔들리는 것이 아니다.
    Ⓐ 믿음은 그 뿌리가 흔들리는 것이 결코 아니다. 뿌리가 흔들리면 나무는 죽고 만다. 이 원리와 기본이 무엇인지를 바로 알아야 한다. 모든 것은 정로와 정 위치에 서서 가야 한다.
    Ⓑ 믿음은 언제나 같고 언제나 그 자리에 서 있고 그리고 언제나 하나님만을 보고서거나 달려간다. 그러니 마태복음 2:1-12절의 동방박사들을 보라. 이런 것이 믿음이 아니겠는가?
    Ⓒ 믿음의 사람들은 언제나 하나님이나 하늘을 보고 달려간다. 골로새서 3:1절과 3:2절을 보라. 이것이 바로 믿음의 사람들이 되어야 할 일과가 아니겠는가? 믿음의 사람은 세상과 이웃과 종교와 목사를 보고 가는 것은 결코 아니다.

  4, 믿음은 방향감각이 흔들리는 것이 아니다. 그러니 믿음의 승리가 무엇인지를 바로 알아야 한다.
    Ⓐ 하나님은 언제나 어디서나 우리에게 믿음을 오해하지 말 것을 요구하고 있다.
    Ⓑ 믿음은 외길이고 좁은 길이고 좁은 문이다. 마태복음

7:13-14절을 보라. 그러므로 믿음은 때로는 굵고 때로는 가늘다. 그 이유는 믿음은 언제나 원칙적이고 원리적이기 때문이다. 오늘의 믿음과 어제나 내일의 믿음이 같아야 하는데 보편적으로 그러하지를 못한다.

5, 믿음은 그 주의와 주변을 바로 보아야 한다.
Ⓐ 좌와 우를 바로 보아야 한다. 그래야 흔들리지 아니한다. 믿음은 앞만 보면서 달려 갈수가 있어야 한다.
Ⓑ 이웃과 형제를 바로 보아야 한다. 믿음에 기본도 이웃이나 형제를 바로 아는 것이 되어야 한다.
Ⓒ 종교나 기독교나 목사나 교인을 바로 보아야 한다. 믿음은 때때로 종교성과 관계가 있고 사회나 국가나 주위나 의식과도 관계가 있고 되는 것이다.
Ⓓ 그러나 잘못된 사이비 믿음이나 거짓된 믿음은 대단히 곤란하다.

2대지, 믿음은 잘못된 현실과 역사를 바로 보아야 한다

1, 마태복음 16:27-30절을 보라.
Ⓐ 왜 그런 것인가? 그것은 믿음의 원동력과 위력을 바로 모르기에 문제가 된다.
Ⓑ 사이비적이고 이단적인 믿음이나 그것들에 속한 믿음을 하나님은 원하지 아니하신다. 빌립보서 3:18-19절에 나타나고 있는 거짓되고 허황된 믿음을 보라. 이것이 가당한가? 그러면 왜 이와 같은 현실이 나타나는 것인가? 성서는 이를 용납하고 있는가?

2, 마태복음 19:21-22절을 보라.
ⓐ 믿음은 경우에 따라서 공동체적이 되어야 한다. 그러나 그것이 복잡한 것은 결코 아니다. 하나님은 예나 지금에서 복잡다단한 것은 원치 아니하신다. 믿음에 복잡다단한 것은 결코 아니 된다.
ⓑ 믿음은 진실이고 단선적이지 복합된 것은 아니 된다. 그러기에 믿음은 언제나 정도와 정로가 중요한 것이다.

3, 믿음은 나와 관계가 된 것을 포기하고 달리는 것이다.
ⓐ 누구도 믿음을 가지려면 나를 버려야 한다. 빌립보서 3:4-8절의 바울을 보라. 그가 모든 것을 버리니 크게 된 것 아닌가?
ⓑ 권세도 지위도 출세도 성공도 믿음은 다 버리는 것이다. 믿는 자가 히브리서 2:1절이 되거나 시편 69:1-3절이 되면 되겠는가? 그것은 결코 아니 되는 것이다.
ⓒ 믿음은 때로는 창세기 12:1-3절이 요구되고 그리고 다시 때로는 창세기 22:1-14절이 요구된 것이다.

4, 믿음은 세속적인 것을 다 버리는 것이다.
ⓐ 가던 배가 파선이 되면 사람들은 탄 배를 버리고 사는 길을 모색 하여야 한다. 이와 같이 믿음은 세속에 속한 것이 아니다. 그러니 바른 이해가 있어야 한다.
ⓑ 믿음은 믿음을 가진 자가 설령 세속도시 속에서 산다고 하여도 그것을 기회로 해서 살수는 없는 것이다. 그러니 영역이 함께 죽게 된다.
ⓒ 믿음이 없는 자로 살지 말고 믿음을 가진 자로 살아야 한다. 이것이 바로 정로이다.

5, 그 누구도 믿음을 바로 알지 못하면 그리고 빗나가면 잘못된 길 또는 음부로 가는 길을 가게 된다.

Ⓐ 믿음은 예수 그리스도 안에서 있는 것이고 그리고 예수 그리스도 안에서 사는 것을 의미한다. 여기서는 고린도 후서 5:17절이 의미가 있다.

Ⓑ 믿음은 철저히 예수 그리스도 안에 있는 것이다. 그러니 누구도 예수 그리스를 벗어나면 믿음이 없는 자가 되고 만다.

Ⓒ 요한 1서 5:1-8절을 보라. 믿음은 철저히 이기는 것이지 패배하거나 지는 것은 아니다.

Ⓓ 믿음으로 승리하고 패배는 하지 말라. 그러면 그 이유는 무엇이고 어디에 있는가?

Ⓔ 믿음은 땅에 있거나 속한 것이 아니고 철두철미 하늘에 속한 것임을 잊지 말라. 어리석은 자는 믿음을 땅에서 찾으려고 한다. 그러면 실패하고 만다.

3대지, 경주자는 그 누구도 그 몸을(영과 육을) 가볍게 하여야만 한다 "경주자의 기본자세"

1, 경주하는 자가 그 몸이 무거우면 아무것도 할 수가 없다. 왜 그런 것인가?

Ⓐ 믿음은 땅에 있는 것이 아니기에 땅에서 찾으면 곤란하다. 믿음은 하늘에 있는 것이니 성서를 통하여 믿음을 찾고 발견 해야만 한다.

Ⓑ 하나님의 나라에서는 믿음과 소망은 없고 오직 사랑만이 존재한다. 그러기에 고린도 전서 13:13절을 보면서 이를 깨달아야 한다. 여기서 바른 이해가 요구되고 있다.

Ⓒ 그리고 믿음은 다른 사람에게 보이거나 나타내려는 것이

아니고 오직 하나님께만 보이고 나타내야 한다.

  2, 경주자는 누구도 그 몸을 가볍게 해야 한다. 그래야 경주자로서 장기적이고 달려가면서 승리를 할 수가 있다. 로마서 12:1절을 보라. 그리고 엘리야의 믿음은 그 몸을 가볍게 함으로서 생긴 것이다. 그리고 이사야나 예레미야는 믿음 역시 그 몸을 가볍게 함으로서 나타난 현상이다. 그리고 다니엘을 보라. 그의 집에는 가진 것이 아무것도 없다. 대적 자와 반대자들이 얼마나 그를 씹고 중상모략을 하였을까?
  Ⓐ 믿음의 사람은 불교에서 주장하는 것은 바로 해탈하여 가진 것이 없게 하라고 한다. 이 문제는 모든 종교와 동일함을 깨달아야 한다.
  Ⓑ 인생이 해탈하지 못하면 결과론에 있어서 범죄를 하거나 넘어지기가 쉽다. 왜 그런 것인가? 그것은 가진 것이 많으면 살아남기가 힘들기 때문이다.

  3, 경주자는 경주를 하고 경주는 반드시 승리를 하여야 한다.
  Ⓐ 이런 경우는 무엇보다 믿음의 경주가 얼마나 중요하다는 것을 알린다. 하나님께서는 우리에게 살아 있는 믿음을 요구하지 죽은 것이나 자라지 못하는 믿음을 요구하지 아니한다.
  Ⓑ 믿음의 승리를 위해 기도하고 감사하고 축하하라. 그러나 그것이 원리적으로 승리하라는 것이다. 그러니 감사이다.

  4, 몸을 가볍게 한 경주자가 하나님 앞에서 얻는 것은 그 무엇인가 하는 것이다.
  Ⓐ 믿음은 누구도 그 자신의 몸부터 하나님께 드리기 위해서는 가볍게 해야 한다.

Ⓑ 믿음은 뜻과 정성을 다하여 하나님께 받치는 것이다.

Ⓒ 믿음은 나를 하나님께 드리고 바침을 통해서 그 빛을 나타내는 것이다. 믿는 자가 그 자신을 하나님께 드리고 바치지 못하면 어찌되는가? 그것은 아니 된다. 믿음은 자신의 몸을 드리고 그 자신의 몸을 드리고 바치는 것이다. 그러면 누구도 타의 모범이 된다.

5, 그리고 경주자는 반드시 경주 복을 입고서 경주의 룰을 지키며 달려야 한다. 바울은 에베소서 6:10-19절을 통하여 경주자는 반드시 전신갑주를 입으라고 한다.

Ⓐ 창세기 12:1-3절을 보면서 누구도 그 믿음을 처음부터 키우지 아니하면 아니 된다.

Ⓑ 하나님과 사람 앞에서 우리는 믿음이 있는 자가 되고 믿음이 없는 자는 아니 된다. 하나님은 우리의 믿음을 요구하고 있다.

4대지, 그러면 경주자가 갖출 것은 그 무엇인가?

바울은 에베소서 6:10-19절을 통하여 전신갑주와 경주복을 입을 것을 요구하고 있다. 그러면서 바울은 믿음의 아들 디모데에게 법대로 경주하라고 경고하고 요구하신다(디모데 후서 2:5).

1, 먼저 경주자는 질서와 법과 룰을 지켜야 한다고 강조하고 있다. 믿음은 큰 것이 요구된다. 그러나 경우에 따라서는 겨자씨의 믿음도 요구된다(누가복음 17:6).

Ⓐ 경주자는 자기가 선 바로 그 자리에서 뛰어야 한다. 믿

음에 원동력과 힘은 무기력한 자의 것이 아니고 힘껏 달리는 자의 것이다.

 Ⓑ 그 누구도 하나님과 사람 앞에서 바른 이해가 요구되고 있다. 왜 그런 것인가? 그것은 믿음이 무엇보다 중요하기 때문이다.

 2, 경주자는 반드시 자기의 라인선을 지켜야 한다. 경주자가 남의 라인을 밝으면 탈락하고 만다. 믿음을 가진 자는 자기의 갈 길을 두고 남의 눈과 선을 보면 아니 된다.

 Ⓐ 경주는 처음부터 열심히 달리는 것이다. 믿음은 어제도 오늘도 그리고 내일도 달리는 것이 믿음이다. 하나님의 요구 사항은 믿음이 없는 자가 아니고 믿음이 있는 자이다.

 Ⓑ 하나님의 요구는 믿음이 큰 자와 있는 자이지 믿음이 없는 것은 결코 아니 된다. 그러니 그 자신의 믿음을 종종 점검해야 한다. 바울이 빌립보서 3:4-9절을 통하여 자기의 소유를 배설물로 여기고 달린 것은 참으로 잘한 일이다.

 3, 경주자는 그 자신의 권리와 권위와 의무를 단단히 지켜야만 한다.

 Ⓐ 믿음은 교회의 건축 과정에서도 필요하다.
 Ⓑ 믿음은 신학교 교육의 과정에서도 필요하다.
 Ⓒ 믿음은 목사안수의 과정에서도 필요하다.
 Ⓓ 믿음은 질병이 오고 시험이 오는 그 과정에서도 필요하고 요구된다.
 Ⓔ 그러면 왜 그런 것인가? 이런 것은 우리의 믿음에서 벗어나고 떠나면 결코 아니 되기 때문이다.

4, 경주자는 오직 자신의 라인선만 지키고 법과 의무를 잘 이행하여야 만 한다.

Ⓐ 경주자의 경주 법은 그 무엇인가? 이것은 어디까지나 그리스도 안에서 믿음으로 행하고 살지 아니하면 결코 아니 되는 것이다.

Ⓑ 경주자의 의무는 무엇인가? 바른 이해와 위치가 필요함을 알아야 한다.

Ⓒ 믿음은 순종이고 결단이다. 그러므로 오직 믿음에는 누구도 모가 있으면 결코 아니 된다.

5, 믿음은 규칙이 있고 정의가 있고 룰이 있고 자기의 의무가 있고 믿음에의 표준이 있는 것이다. 그러기 때문에 믿음은 잘못된 것은 결코 아니 된다.

Ⓐ 믿음은 누구도 안내자의 인도와 지도를 받아야 하고 그리고 믿음이 없는 것 보다는 믿음이 있는 것이 요구됨을 바로 알라.

Ⓑ 경주자는 무엇보다 옷과 돈과 출세와 성공을 가볍게 보고 뛰어야한다. 하나님께서는 창세기 12:1-3절을 통하여 자기의 몸을 가볍게 함이 무엇인지를 가르치고 그리고 다시 창세기 22:1-14절을 통하여 그 자신에게 무엇이 중요하고 필요한지 그것도 버리고 믿음에의 승리자가 되어야 함을 가르치고 있다. 그러니 인간들은 이 위의 두 가지 문제를 놓고 도망치고 마태복음 19:21-22절로 가 버린다. 그러니 그 결과가 어찌 될 것인가 함이다.

◇ 결론

경주자는 각종 음식이나 금은보화나 고가의 의복을 멀리하고 그 몸을 가볍게 해야만 한다. 믿음의 사람은 언제나 그 자신부터 에베소서 5:26절 그대로 깨끗이 하고 무엇보다 몸을 가볍게 해야만 한다.

믿음의 경주자는 반드시 해야 할 것은
① 충분한 훈련을 해야 할 것이다.
② 그 몸을 가볍게 해야 할 것이다.
③ 마음과 정신과 사상을 가볍게 해야 할 것이다.
④ 이 세상적인 것을 다 버리고 말씀으로 무장하여 전신갑주를 입어야 할 것이다.
⑤ 믿음과 생활과 현실을 아주 가볍게 해야 할 것이다.
⑥ 그 자신을 버리고 십자가를 지고 몸을 깨끗이 해야 할 것이다.
⑦ 그리고 그 자신을 비우고 바치고 드리는 것은 기본으로 해야 할 것이다.
⑧ 그 자신을 바침으로서 불고가서 불고처사도 각오해야 할 것이다.
⑨ 십자가를 지고 죽는 것도 각오해야 할 것이다.

여기서 우리는 엘리야는 승천하면서 이 세상에서 입었던 외투마저도 지상에 벗어 던지고 갔으며 세례요한은 예루살렘과 유다의 슈퍼스타로서 그 길을 버리고 주님이 계시는 갈릴리와서 보고 느끼고 깨닫는 것이 무엇인가? 이 두 사람에게서 우리가 배울 것은 둘 다 무소유의 원칙을 지켰다는 것이다. 그러니 하나님 앞에서 자기의 길과 업과 룰과 위치를 바로 지키지 못하면 아니 된다는 것이다. 이를 놓고 기도하고 감사하라.

송기호목사 출간저서들 107권

【종말론 13권】

번 호	책 명	페이지	가 격
대환란 제1권	대환란의 서막	426쪽	5,000원
대환란 제2권	피난처	434쪽	6,000원
대환란 제3권	적그리스도의 출현	416쪽	6,000원
대환란 제4권	666의 비밀	416쪽	6,000원
대환란 제5권	대 환란의 시작	416쪽	6,000원
대환란 제6권	최후의 그날들	406쪽	6,000원
대환란 제7권	두 감람나무	442쪽	6,000원
대환란 제8권	성서적 종말사	440쪽	6,000원
대환란 제9권	종말에 나타난 대사들	432쪽	7,000원
대환란 제10권	메시야의 선포식	434쪽	7,000원
대환란 제11권	순교자	420쪽	7,000원
대환란 제12권	공중휴거냐 환란통과냐?	451쪽	8,000원
대환란 제13권	천년왕국이 있는가? 없는가?	404쪽	7,000원

【마가복음 연구, 전12권】

번 호	책 명	페이지	가 격
1	마가복음 연구 제 1권	364쪽	4,500원
2	마가복음 연구 제 2권	396쪽	6,000원
3	마가복음 연구 제 3권	470쪽	7,000원
4	마가복음 연구 제 4권	426쪽	7,000원
5	마가복음 연구 제 5권	429쪽	7,000원

번 호	책 명	페이지	가 격
6	마가복음 연구 제 6권	413쪽	7,000원
7	마가복음 연구 제 7권	429쪽	7,000원
8	마가복음 연구 제 8권	417쪽	7,000원
9	마가복음 연구 제 9권	419쪽	8,000원
10	마가복음 연구 제 10권	416쪽	8,000원
11	마가복음 연구 제 11권	419쪽	9,000원
12	마가복음 연구 제 12권	367쪽	8,000원

【천국의 메시지(4복음 설교집 11권) 계속됨】

번 호	책 명	설교편수	페이지	가 격
1	천국의 메시지 [제 1권]	26편	343쪽	12,000원
2	천국의 메시지 [제 2권]	18편	308쪽	18,000원
3	천국의 메시지 [제 3권]	15편	304쪽	18,000원
4	천국의 메시지 [제 4권]	14편	314쪽	18,000원
5	천국의 메시지 [제 5권]	13편	324쪽	18,000원
6	천국의 메시지 [제 6권]	14편	314쪽	18,000원
7	천국의 메시지 [제 7권]	14편	324쪽	18,000원
8	천국의 메시지 [제 8권]	12편	321쪽	18,000원
9	천국의 메시지 [제 9권]	13편	319쪽	18,000원

번호	책 명	설교편수	페이지	가 격
10	천국의 메시지 [제 10권]	13편	315쪽	18,000원
11	천국의 메시지 [제 11권]	13편	311쪽	18,000원

【마태복음 설교 4,000편연구, 전60권】

번호	책 명	설교편수	페이지	가 격
1	마태복음설교3000편연구[제 1권]	89편	546쪽	15,000원
2	마태복음설교3000편연구[제 2권]	86편	547쪽	15,000원
3	마태복음설교3000편연구[제 3권]	83편	561쪽	15,000원
4	마태복음설교3000편연구[제 4권]	87편	561쪽	15,000원
5	마태복음설교3000편연구[제 5권]	88편	561쪽	15,000원
6	마태복음설교3000편연구[제 6권]	92편	550쪽	15,000원
7	마태복음설교3000편연구[제 7권]	86편	556쪽	15,000원
8	마태복음설교3000편연구[제 8권]	85편	556쪽	15,000원
9	마태복음설교3000편연구[제 9권]	85편	558쪽	15,000원
10	마태복음설교3000편연구[제10권]	86편	555쪽	15,000원
11	마태복음설교3000편연구[제11권]	84편	559쪽	18,000원
12	마태복음설교3000편연구[제12권]	84편	559쪽	18,000원
13	마태복음설교3000편연구[제13권]	84편	557쪽	18,000원

번호	책 명	설교편수	페이지	가 격
14	마태복음설교3000편연구[제14권]	83편	559쪽	18,000원
15	마태복음설교3000편연구[제15권]	82편	562쪽	18,000원
16	마태복음설교3000편연구[제16권]	83편	557쪽	18,000원
17	마태복음설교3000편연구[제17권]	80편	560쪽	18,000원
18	마태복음설교3000편연구[제18권]	83편	557쪽	20,000원
19	마태복음설교3000편연구[제19권]	82편	568쪽	20,000원
20	마태복음설교3000편연구[제20권]	81편	559쪽	20,000원
21	마태복음설교3000편연구[제21권]	83편	556쪽	20,000원
22	마태복음설교3000편연구[제22권]	81편	559쪽	20,000원
23	마태복음설교3000편연구[제23권]	80편	560쪽	20,000원
24	마태복음설교3000편연구[제24권]	78편	560쪽	23,000원
25	마태복음설교3000편연구[제25권]	80편	557쪽	23,000원
26	마태복음설교3000편연구[제26권]	82편	554쪽	25,000원
27	마태복음설교3000편연구[제27권]	78편	561쪽	25,000원
28	마태복음설교3000편연구[제28권]	77편	562쪽	25,000원
29	마태복음설교3000편연구[제29권]	78편	558쪽	25,000원
30	마태복음설교3000편연구[제30권]	80편	556쪽	25,000원
31	마태복음설교3000편연구[제31권]	80편	544쪽	25,000원
32	마태복음설교3000편연구[제32권]	81편	559쪽	25,000원
33	마태복음설교3000편연구[제33권]	80편	559쪽	25,000원
34	마태복음설교3000편연구[제34권]	78편	559쪽	25,000원
35	마태복음설교3000편연구[제35권]	75편	559쪽	25,000원
36	마태복음설교3000편연구[제36권]	78편	559쪽	25,000원
37	마태복음설교3000편연구[제37권]	77편	562쪽	25,000원

번호	책 명	설교편수	페이지	가 격
38	마태복음설교3000편연구[제38권]	75편	560쪽	25,000원
39	마태복음설교3000편연구[제39권]	77편	557쪽	25,000원
40	마태복음설교3000편연구[제40권]	76편	561쪽	25,000원
41	마태복음설교3000편연구[제41권]	75편	562쪽	25,000원
42	마태복음설교3000편연구[제42권]	73편	557쪽	25,000원
43	마태복음설교3000편연구[제43권]	76편	562쪽	25,000원
44	마태복음설교3000편연구[제44권]	77편	560쪽	25,000원
45	마태복음설교3000편연구[제45권]	75편	562쪽	25,000원
46	마태복음설교3000편연구[제46권]	79편	563쪽	25,000원
47	마태복음설교4000편연구[제47권]	76편	560쪽	25,000원
48	마태복음설교4000편연구[제48권]	76편	565쪽	25,000원
49	마태복음설교4000편연구[제49권]	75편	558쪽	25,000원
50	마태복음설교4000편연구[제50권]	75편	559쪽	25,000원
51	마태복음설교4000편연구[제51권]	78편	559쪽	25,000원
52	마태복음설교4000편연구[제56권]	78편	557쪽	25,000원
53	마태복음설교4000편연구[제53권]	74편	562쪽	25,000원
54	마태복음설교4000편연구[제54권]	75편	562쪽	25,000원
55	마태복음설교4000편연구[제55권]	81편	563쪽	25,000원
56	마태복음설교4000편연구[제56권]	74편	561쪽	25,000원
57	마태복음설교4000편연구[제57권]	78편	564쪽	25,000원
58	마태복음설교4000편연구[제58권]	75편	558쪽	25,000원
59	마태복음설교4000편연구[제59권]	221편	594쪽	25,000원
60	마태복음설교4000편연구[제60권]	567편	598쪽	25,000원

【핫 이슈 저서들 10권 계속됨】

번호	책 명	페이지	가 격
1	죽음의 세계[상권]	384쪽	18,000원
2	죽음의 세계[하권]	401쪽	18,000원
3	사후의 세계[제 1권]	439쪽	18,000원
4	사후의 세계[제 2권]	453쪽	18,000원
5	사후의 세계[제 3권]	433쪽	18,000원
6	사후의 세계[제 4권]	449쪽	20,000원
7	사후의 세계[제 5권]	459쪽	20,000원
8	사후의 세계[제 6권]	460쪽	20,000원
9	사후의 세계[제 7권]	454쪽	20,000원
10	사후의 세계[제 8권]	461쪽	20,000원

【총회회보에서 사후의 세계 연구】

편	제 목	비 고
제 1편	목사나 성도가 "천국이나 낙원으로 갈 그 때"에 가져갈 것이 있는가?	총회회보 1-8호
제 2편	천국(낙원)은 어떤 곳인가?	총회회보 9-16호
제 3편	천국은 어떤 자가 들어가는가?	총회회보 17-24호
제 4편	천국에 있는 것들은?	총회회보 25-33호

【믿음에 대한 설교】

번호	책 명	설교 편수	페이지	가 격
1	믿음에 대한 설교[상권]	36편	437쪽	20,000원

믿음에 대한 설교(상권)

2022년 9월 5일 인쇄
2022년 9월 15일 발행

정가 20,000원

판권소유

■ 저 자 / 송 기 호
■ 발 행 인 / 오 영 순
■ 발 행 처 / 정오출판사
■ 서울 동대문구 천호대로9가길 10(2층)
■ 대표전화 / 963-0331, 2254-0691
■ 등록번호 / 제300-2005-125호
■ 등 록 일 / 2005년 7월 25일

※ 파본은 언제나 교환해 드립니다.

송기호 목사 저서들은 전국 기독교서점에서 판매되고 있습니다.